U0900259

21世纪新闻传播学实验系列教材

丛书主编　黄秋生

报纸电子编辑实验教程

胡丹　主编

中国人民大学出版社
·北京·

总序

1969 年 7 月 21 日，全球 5.2 亿不同国籍、不同年龄、不同肤色的观众坐在各自的家中，兴致勃勃地观看了由美国 CBS 广播公司转播的“阿波罗 11 号”宇宙飞船在月球登陆的实况。宇航员阿姆斯特朗走下登月舱舷梯的最后一级时，指着他即将踏上月球粉状表面的左脚说：“对于一个人来说，这是一小步，但对于全人类来说，这是向前跨了一大步。”这一大步，预示着人类探索宇宙奥秘进入了一个里程碑式的新起点，同时，这一大步又预示着人类信息传播进入了一个划时代的新时期。它印证了加拿大传播学者马歇尔·麦克卢汉在此前提出的“电视的出现促成了地球村的诞生”的著名论断。

事隔近 40 年，高速发展的科学技术令人瞠目结舌，而多媒介的传播方式同样使人耳目一新。最起码来说，网络传播速度的迅捷和在全球范围的普及使人类信息传播从手段、方法、技巧直至理念都有了根本性的改变。它一反以前报纸、电台、电视台点对面的单向传播和各自独立的传播方式，形成了双向互动、多媒介融合、优势互补的新格局。这种格局在一定程度上改变了人们的生活、工作和人际交往方式，改变了文科和理工科分离的人才培养模式，淡化了新闻与传播类专业与其他专业的界限，因此对高校新闻传播类人才培养提出了更高的要求。

半个多世纪来，我国高等院校新闻与传播类人才培养存在着理论与实践脱节的现象：重课堂而轻实验，重理论而轻实践。培养出来的学生动手能力明显偏弱。近七八年虽有较大的改观，但仍与教育部的人才培养要求和社会用人需求有较大的差距。究其原因，与多数学校无完善的实验教学环境与设施，与全国至今无一部正规出版的配套的实验教材，也与办学者的人才培养理念有极大的关联。

新闻传播类学科是应用性很强的学科，培养的学生主要面向各类新闻与传播媒体，因此要求学生在具有较深厚的理论功底的同时，又要具备较强的实际动手能力。特别是在市、县级电视台，由于人员不多，分工不会太细，因此又可能要求从业人员具有摄像、编辑、采访以及设备系统连接、基本设备维护、设备功能挖掘的多种技能。从这一角度看，我们培养的学生既要具备应有的较广博的人文知识，又要具备一定的操作技能以及与操作技能相关联的理工类知识。因此，在课程中安排一定量的实验，使学生能通过实验与实践理解和印证课堂理论知识，就显得非常重要。

有人说，新闻传播类学科是文科中的理科，刚听起来挺突兀的，但细细想来，还真有一定的道理。与其他文科类学科相比，新闻传播类学科又有许多不同之处：要接触到大量的仪器设备，要用好用活这些设备就有必要懂得其基本原理，如要用好用活你手中的照相机，不懂得光圈、速度之间的关系，不懂得光学成像原理是不行的，要用好用活你手中的摄像机，不懂得光电转换原理，不懂得三基色原理也是不行的，等等。这不仅仅是会用设备的问题，而是用好设备、充分利用设备性能举一反三、为艺术创作服务的问题。当然，这些原理应该是作为文科学生能听得懂、能够接受的最基本的原理。

新闻传播专业许多理论是从前人的多次实践中得来的。有许多理论学生是了解的，但并不一定理解，不理解也就难以体会到其中的精髓，更谈不上灵活运用。要使学生充分理解这些理论，又必须有充分的条件和时间开设实验课，在实验课中加以印证和理解，才能使学生知其然，也知其所以然。

理工类学科需要大量的实验和实践，传媒类学科同样需要大量的实验和实践。在多年的教学实践中，笔者发现，理工类的实验大多以验证性实验为主，实训为辅，而传媒类的实验则以实训为主，验证性的实验为辅，这应该是两者最大的区别。以验证性为主的实验一般可以一次性完成，而以实训为主的实验则往往需要反复多次。因此，传媒类实验又似乎是一类开不完的、永无止境的实验。

设备原理辅助操作技术，操作技术又支撑艺术创作。原理、技术和艺术相辅相成，融为一体，是传媒类实验的一大特点。操作技术、艺术可以在以后从事的工作实践中得以提高，而设备原理则是很难靠自己摸索所能掌握的。因此，在课堂上增加一些原理部分，再通过实验课程进行验证很有必要。对于原理部分，难免有人会提出这样的问题：为什么要学原理？因为以后并不搞设备维修。我们认为，学习设备原理确实不是为了设备维修，而是为了利用原理解决许多技术操作和艺术创作问题。如电视摄像中的白平衡调整，如果不理解摄像机的分色原理、色彩还原原理等，也就很难面对复杂的光色环境，把握白平衡调整的关键点，按照制作者的意图创作出符合技术或艺术要求的电视作品来。

如前所说，科技的发展、理念的更新使我们的传媒事业已进入了一个多媒介融合的新时代。报纸、广播、电视、计算机网络等媒介不再是分立的传播方式。不断变化着的传播理念和社会用人需求决定了以后的人才培养应该走厚基础、宽口径、全方位、系统化、一专多能的道路。为此，我们在实验室建设、实验课程和实验项目的开设、实验教学理念以及手段和方法及技巧等方面作了较大的改进和调整，同时组织力量编写了这套"21世纪新闻传播学实验系列教材"。该系列教材计划首批推出六本，分别是：《电视摄像实验教程》、《电视非线性编辑实验教程》、《报纸电子编辑实验教程》、《平面设计实验教程》、《网页制作实验教程》、《摄影实验教程》。该系列教材全部完成后将涵盖新闻学、传播学所辖的新闻学、广播电视新闻学、广告学以及戏剧影视文学、影视艺术等多个传媒类相关专业的实验内容。

据了解，该系列教材是目前全国新闻传播类首套系统的实验教材，它不但适合于高校学生实验教学用，也适合于传媒专业爱好者自学之用，同时还可作为现代传媒界从业人员的专业参考书。该系列教材的编写出版如果能为我国传媒类人才培养贡献绵薄之力，我们将感到无限欣慰。

南昌大学校长

周文斌

2008年8月

前 言

我们正在经历这样一个时代，人们必须依赖大量的信息才能生活得更好，因此也就对信息的传播质量和传播形式提出了更加严格的要求。为了适应这种时代的需求，现代传播科技高速发展起来，各种传播媒介之间的技术壁垒逐渐消除，新媒介与传统媒介之间开始互相融合，取长补短。各种传统媒体在借助新技术，对自己的传统业务进行改革。

传统平面印刷媒介——报纸，同样地正在经历着这场革命。我们发现，报纸版面已经不再是一张纯粹的新闻纸，而是日益成为新闻报道与艺术审美的混合体。报纸要在市场中取胜，版面中仅有纯粹的新闻报道还远远不够，采编部门要进行版面策划、设计等整体的包装组合后走向市场，才能发挥报纸媒体的强大力量。

这意味着什么呢？一张版面需要整合一个团队的力量，才能最终完成。对于新闻从业者来说，报纸编辑的工作越来越复杂；对于新闻院校的师生而言，报纸编辑的教学，需要在应用新信息技术的前提下，运用电子环境进行采编各个环节的实践操作模拟，也就是说，理论的武装必须早早接受实践的打磨，教学才能真正进入佳境。而这一切，需要两个条件的完美结合：技术和理念。

在大学里进行科研和教学的工作者们发现，新闻教育也在进行着一场革命，这场革命是围绕着新技术的发展而展开的。教学者通过利用新技术进行辅助教学，再灌输学生以理论知识，可以让学生发挥主观能动性。从报纸选题策划、组稿、改稿，到配置稿件、图片、图元编辑、组版，最终完成自己的电子版面作品，在报纸电子编辑技术发明之前，这还是一个不可能企及的梦。

现在这个梦想成真了，但前提条件是，我们必须熟练操作先进技术，还必须系统掌握新闻与传播学理论的基础。业界对从业者素质的要求，让我们有了这样一个认识：倘若能将报纸编辑教学工作进行技术实践与理论的融会贯通，使我们的学生能够及时掌握编辑原理和业界报纸编辑技术最新发展动态，将是一件非常有意义的事情。正是本着这样的心愿，我开始了这本教材的编写。

本书立足全国新闻报业的发展动态，总结各类报纸编排实践经验，结合报纸排版软件技术，试图通过讲述目前报业各类报纸编辑的操作原理及操作技巧、电子编辑软件的操作方法，最终使教学工作能够从实际出发解决现实问题，紧跟上教育教学发展的前沿动态。因此，技术与理念并重、贴近实践是本书的最大特色。

在写作体例上，本书打破了实验技能与理论基础相分离的格局，以“实验课时”的编排方式将实验理论、原理及内容结合起来。同时，本书并不局限于电子软件技术操作，而是将理念与设计艺术规律作为并行的部分，每一实验内容都紧密联系报纸编排实际，有意识地采用大量案例，使用各类报纸电子版面和软件操作界面截图，从具体作品的技术分析入手，采用举例说明、图文并茂的方式，将编辑思想、创意和电子技术紧密结合起来，因此，本书适合大学新闻与传播专业学生和媒介从业人员学习和参考之用。

值得说明的是，本书的编写凝聚了许多前人的研究成果和现行的流行理论，这些理论与成果对于本书的完成有着十分重要的借鉴作用。然而新闻实践的发展永不止步，所以本书也需要不断得到完善，其中的不足之处，真诚地希望能够得到读者的批评指正。

作者

目录

第一章

概　述

随着现代传播科技的发展，新闻出版业对从业者运用现代化技术的能力要求越来越高，从文稿的录入、编排，到电子排版软件组版技术、数字图像处理技术、网络多媒体技术的运用，无不要求从业者具备全面的技能和相应的理论基础：美术编辑必须有新闻功底，文字编辑必须有版面美学基础……在电子编辑技术的冲击下，传统报业对编辑的定位已经无法涵括新的历史发展形势下编辑的内涵特点。

第一节　报纸电子编辑内涵

一、编辑及报纸编辑的内涵

“编”、“辑”最初是两个毫无关联的单音节词。“编”，原意是串联龟板或竹简的绳索，引申为“按次序编排”，如《史记·孔子世家》：“上纪唐虞之际，下至秦缪，编次其事”。“辑”，原意是和协，譬如《诗经·大雅 ·板》：“辞之辑矣，民之洽矣”，引申为“将文字资料加以收集”，又如《汉书·艺文志》：“夫子既卒，门人相与辑而论纂，故谓之《论语》”。汉代刘向父子对历代典籍的编辑工作，就已有辑集、审读、编校、文字加工和撰写提要等与现代编辑工序相近的工作，而最迟在唐代初年，“编辑”成为双音节词，有时也被认为“校理，摩研编削”，如《南史·刘苞传》：“少好学，能属文，家有旧书，例皆残蠹，手自编辑，筐箧盈满。”

可见，“编辑”此时有“文字资料的收集和整理工作”之内涵。①

研究编辑工作发展史的学者认为，有书籍就有编辑概念的出现，我国最早的书籍是甲骨文，最初的编辑就应该是卜筮官、史官、乐师，而我国第一位大编辑是孔子。实际上，在古代，编辑概念容量比较大，它既可指文字资料的收集和整理，又可理解为对古籍的校理，还可解释成收集材料整理成书，“编著合一”是古代编辑活动的普遍特征。但站在现代出版业的角度来看，“编著合一”的现象已不多见。两宋时期，出版业产生并开始发展，手抄、印刷等复制手段的创新，赋予了编辑丰富多彩的内涵，因此，有学者认为，古代编辑正式产生于两宋，此前只是编辑出现的萌芽时期，抄本盛行的唐代，编辑的内涵才与现代意义上的编辑相接近。本书中所探讨的报纸电子编辑，与现代出版业有着不可分割的联系。

也许，我们可以从另一个角度来探讨编辑一词的内涵：英文中“编辑”一词有“edit”、“editor”、“editorship”三种含义，分别指编辑行为（作动词）、编辑工作者（作名词）、编辑工作（作名词）。而汉语的“编辑”一词则集编辑行为、编辑工作者、编辑工作这三种含义于一身，由此可对编辑内涵做出判断：

（1）编辑是指对他人现有的作品和资料进行整理和加工、使之适合传播目的与复制要求的精神劳动。这是从编辑是一种行为的角度而言的。

（2）编辑是指在对他人现有的作品和资料进行整理和加工、使之适合传播目的与复制要求的精神劳动过程中的工作者。这是从编辑是工作者的角度而言。根据《出版专业人员职务试行条例》，编辑从业人员（含美术编辑）设编审、副编审、编辑、助理编辑职务。

（3）编辑是指从事对他人现有作品和资料进行整理和加工、使之适合传播目的与复制要求的一种精神劳动的社会职业。

根据以上的判断，如果采取第一种含义，那么报纸编辑则可定义为：对现有的稿件进行搜集、选择、整理和加工，使之适合报纸传播目的与复制要求的精神劳动。

二、什么是报纸电子编辑

既然已经将报纸编辑内涵了解清楚，就不难理解报纸电子编辑的内涵了。人类信息的出版经历了手抄、印刷、电子拷贝等方式，现代传播科技技术，使得传统平面印刷的报业告别了铅与火的时代。报纸电子编辑的复制手段正是依托于以计算机网络为基础的新信息传播技术。编辑记者利用网络浏览信息、整理信息、

① 参见姚福申：《中国编辑史》，1～2页，上海，复旦大学出版社，2004。

发送信息，甚至还从中取得新闻素材；利用新兴排版软件进行新闻图片的数字化处理、新闻稿件中文字的各种特殊效果制作、版面的各种图案美化装饰……新信息传播技术进入报纸编辑，揭开了人类印刷业的新纪元。

总之，报纸电子编辑是指依托计算机技术及现代网络通信技术，对现有的稿件进行搜集、选择、整理和加工，使之适合报纸传播目的与复制要求的精神劳动。传统的新闻编排工作完全依靠纸和笔，传递稿件、排字和拼版都是依靠人工进行，速度相对缓慢，排版效果也受到很大限制。而电子技术的引进，使得报纸编辑的各项工作流程得到了极大的简化。但是值得注意的是，为了适合报纸传播目的和复制要求，编辑工作内容仍是相当复杂而重要的。

三、报纸电子编辑的工作流程

自报纸创刊出版发行，编辑的工作始终贯穿其中，报纸编辑工作内容包括策划、编稿和组版三部分。策划指报纸的整体设计、新闻报道的策划与组织，编稿指分析与选择稿件和制作标题，组版指配置版面的内容和设计报刊版面。[①] 其中，无论是报纸定位，编辑方针，还是版面主题，稿件的选择、修改和排版，标题的制作方式，图文的排放，字体大小的确定……一个完整的报纸生产周期无不凝聚着编辑的心血，编辑在这一周期中各项工序的安排程序就是报纸编辑工作流程。

根据我国各大报社技术装备的具体情况，报纸电子编辑工作流程分为依托网络电子和不依托网络电子两种方式。二者工作内容具体如图 1—1、图 1—2。

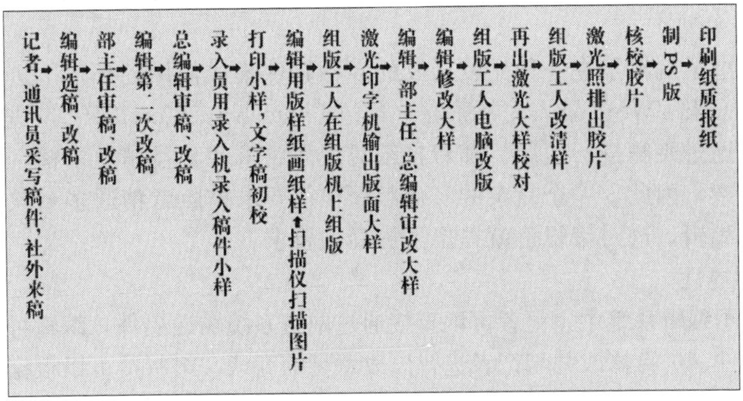

图 1—1 不依托网络电子编排流程图

资料来源：肖伟编：《报刊电子编辑教程》，17～19 页，广州，暨南大学出版社，2006。

① 参见郑兴东、陈仁凤、蔡雯：《报纸编辑学教程》，5 页，北京，中国人民大学出版社，2001。

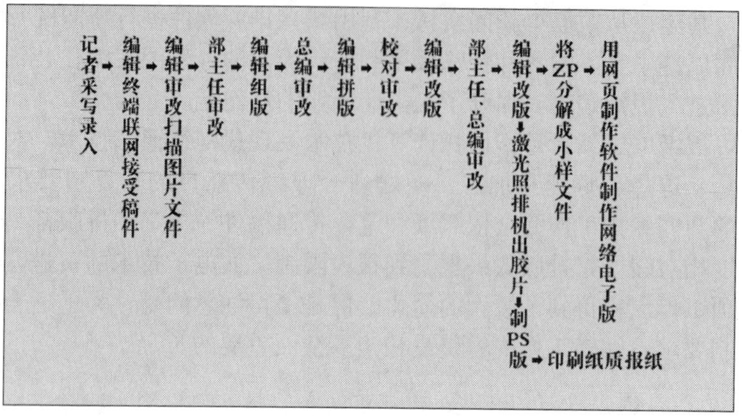

图1—2 依托网络电子编排流程图

资料来源：肖伟编：《报刊电子编辑教程》，17～19页。

四、报纸电子编辑的工作特点

1. 交互式

彩色桌面系统形成后，网络报纸的组版者往往可以直接在排版软件的界面上进行版面设计，排版软件可以达到“所见即所得”的效果，输出的效果可在输出文件之前随时展现在组版者面前，组版者随时可以进行修改，并通过排版软件的各种提示进行版面的完善，这种交互式的特点是过去出版系统无法比拟的。

2. 技术型

报纸电子编辑是在一种比较开放的多种软件集成使用的环境下进行的，譬如，通过Office Word录入文字素材，通过Photoshop、CorelDRAW进行图像素材处理，通过飞腾进行组版。随着报纸对版面要求的日益精益求精，设计的版面日益复杂，因此，一个复杂的彩色版面往往要求排版者精通多个软件才能完成版面的编辑，这对编辑也就提出了更高的要求。

3. 便捷性

在电子编辑系统中，记者可以直接通过网络系统输送稿件，编辑可以通过联网接受稿件、进行修改并与记者进行修改意见的商谈，组版员可以根据版面编辑的编排思想随时进行交互式的版面设计，这大大加快了排版的速度，提升了各种编排技术，使得报纸编辑彻底告别了铅与火的时代，迎合了信息高速发展时代的需要。

第二节 桌面出版系统与飞腾排版系统

一、桌面出版系统简介

桌面出版系统一般包括前端制作系统和后端输出系统，其中前端制作系统包括排版软件、图像处理软件和图形软件等等；后端输出系统包括栅格图像处理器(Reseau Image Processor，简称 RIP)，以及激光照排机或激光印字机等输出设备。

在桌面出版系统中，用户首先面临的是版面的制作，不管是排报纸、杂志、书还是平面广告，都要处理文字、图形和图像等素材，并把这些素材安排在一个页面内，这个版面制作过程主要由排版软件来完成。

排版软件的处理对象主要包括三种类型。第一种是文字，一般可以在排版软件中直接输入，或者在其他小样录入软件中录入后，通过灌文排入排版软件中；第二种是以点阵描述的图像，可以由扫描仪或数字照相机等输入设备生成，也可以由图像处理软件（如 Photoshop）生成；第三种对象是图形，可以直接在排版软件中生成，也可以由其他图形软件生成，通过图形功能可以画一些直线、圆、曲线等图元。

排版软件在安排文字时，必须处理文字排版的各种要求，包括字体、字号的变化，英文在换行时的拆音节处理，各种禁排的处理（如标点符号不能排在行首等等），这些文字排版的要求，目的就是要使排出来的版面更漂亮，并且符合传统的习惯。排版软件不仅要在版面中安排文字，还要在版面中安排图像以及画一些图形等等。

国内常见的排版软件有方正飞腾、方正维思、PageMaker、QuarkXPress 等交互式排版系统，以及方正书版等批处理排版系统。

二、飞腾排版系统简介

由方正技术研究院开发的方正飞腾排版系统（以下简称飞腾），作为方正桌面出版系统的重要组成部分，是一种大型的、面向对象的彩色排版软件。目前在国内外的很多报社、杂志社、出版社、印刷厂和广告公司等印刷出版单位广泛使用。

该软件 1.0 版本于 1994 年年底发布。1995 年 4 月 12 日，飞腾 2.0 版软件通过了中华人民共和国电子工业部的鉴定。1995 年 6 月，由中国软件行业协会和英特尔技术发展（上海）有限公司联合举办的“首届中国PC机应用软件设计大奖赛”中，方正飞腾排版软件获得了大奖赛的一等奖。1998年10月，飞腾的3.0版本再次通过了中华人民共和国信息产业部主持的鉴定，鉴定委员会认为：“方正飞腾3.0版是一个优秀的排版软件，标志着我国电子排版领域最新的技术水平及成果，在中文排版方面的技术居国际领先水平，建议进一步加强推广应用工作。”

飞腾不仅在国内外的中文排版领域取得领先地位，它利用排版核心采用双字节处理的优势，以及对汉字排版的经验，在1997年还推出了日文飞腾排版系统，并逐渐进入日本市场。目前飞腾在日本主要用于排报纸、杂志以及商业广告等，其中有一家杂志社每两个星期出版一本1 000多页的彩色杂志，其排版的自动化程度非常高。

三、飞腾排版系统在报纸电子编辑工作流程中的运用

飞腾排版系统在报纸电子编辑工作流程中，主要运用于以下方面：

1. 录入稿件

记者采写的新闻稿件，飞腾排版系统中称之为文字素材，通过计算机技术以纯文本等形式录入后，可排入飞腾版面中，并对之进行编排。

2. 排入图片

飞腾排版系统中称图片为图像素材，通过扫描，图片以飞腾系统可以接受的格式保存在指定的计算机储备系统中，之后可排入飞腾版面中，并对之进行剪裁、编排等处理。

3. 组织、修改版面

譬如新闻稿件在版面中的配置、标题的制作，总之，报纸组版、审改、拼版、改版等一系列工序，都可在飞腾中完成。

四、飞腾基本工具条

飞腾提供了不少操作工具，有用于排表格的，有用于排数学公式的，有用于排文字的，有用于图元排版的，有用于基本操作的……有些工具的使用会简化操作，如加着重点、块层次的调整，在工具条上点一下即可，不必从菜单中层层寻找命令；有些操作必须使用工具才能完成，如画图元必须使用图元工具，块对齐操作必须通过块对齐工具，排数学公式必须用数学工具。

选择“显示”菜单的“工具条”命令，弹出“显示工具条”对话框（如图1—3），

在这里选择要在屏幕上显示的工具类型。它里面有三个页选项，每个页选项中列出的工具不同，选中的在名称前面以对勾标明。

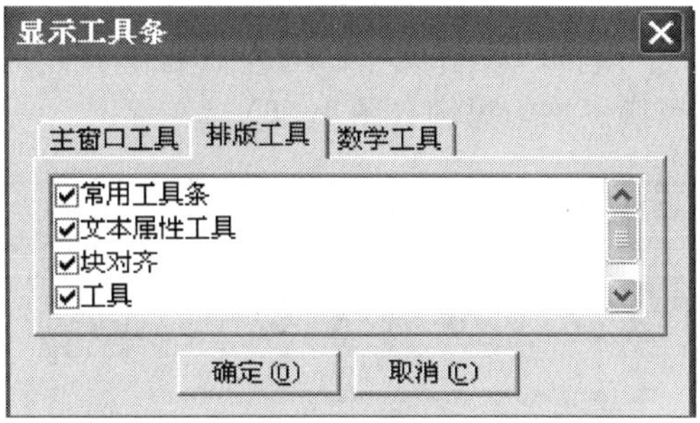

图 1—3 “显示工具条”对话框

例如选中图 1—3 中的“工具”项将在版面上显示出该工具条（如图 1—4），其他工具条的设置也一样。

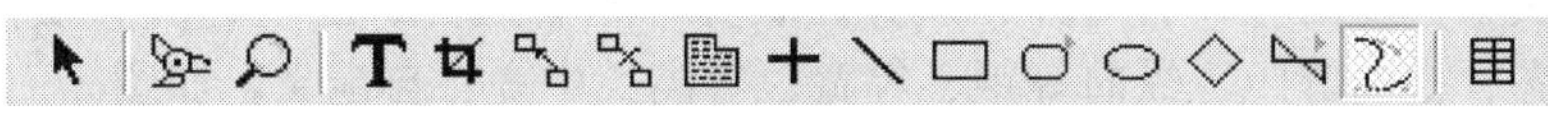

图 1—4 版面上显示的工具条

编辑不同对象时要使用不同的工具，工具被选中后会凹下，随之鼠标指针的形状也会发生相应改变，这时就可以进行相应的编辑操作了。工具条可以被拖动，放在屏幕的任何位置，也可以用箭头工具在边缘拖动来改变形状，成为两层或三层。

1. 排版工具

如图 1—3，这部分用于选择屏幕上是否显示“常用工具条”、“文本属性工具”、“块对齐”工具条以及“工具”。

“常用工具条”中的工具第一行从左到右依次为：新建、打开文件、保存文件、排入文字、排入图像、打印、发排、裁剪、复制、粘贴、撤销、恢复、显示比例，第二行从左到右依次为：显示文字块边框、显示背景格、显示换行换段、固定提示线、正向横排、正向竖排、反向横排、反向竖排、前翻、翻到最前、后翻、后翻到底、层次翻动、块合并/分离、数学、编辑窗口、关于飞腾（图 1—5）。

图 1—5 版面上显示的“常用工具条”

“文本属性工具”主要用于文字的编辑，第一行从左到右依次为：字体、字号，第二行从左到右依次为：字加粗、斜体字、下划线、上划线、加删除线、加上着重点、加下着重点、上标字、下标字、边框、取消装饰，第三行从左到右依次为：形成叠题、纵中横排、段首大字、居左（右不齐）对齐、居左（右齐）、居中、居右（尾）、撑满、均匀撑满（图 1—6）。

图 1—6　版面上显示的“文本属性工具”

块对齐的操作只能通过块对齐工具来完成。“块对齐”工具条中的工具从左到右依次为：左对齐、右对齐、顶齐、底齐、左右边齐、上下边齐、横向中齐、纵向中齐、横向等距、纵向等距、等宽、等高、中齐、自定义，如图 1—7 所示。

图 1—7　版面上显示的“块对齐”工具条

“工具”如图 1—8 所示。

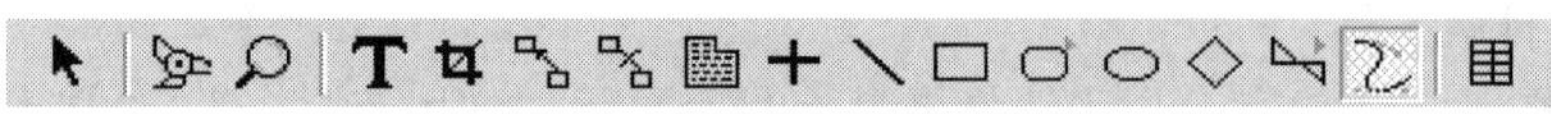

图 1—8　版面上显示的“工具”

“工具”中工具的功能从左至右依次为：

 选取工具，用于选取对象。

 旋转与变倍工具，用于对象的旋转、倾斜、变倍操作。

 缩放工具，用于改变显示比例。选中该工具，工具中是“+”时，为放大显示。按下“Ctrl”后，工具中变成“—”，为缩小显示。

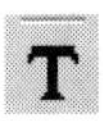 文字工具，用于输入文字、选取文字。

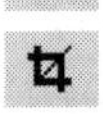 图像裁剪工具，用于裁剪图像和在裁剪区内移动图像以选取最佳的裁剪部位。

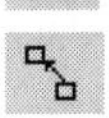 连接工具，用于连接几个文字块，使得它们之间有文字的续排连接关系。

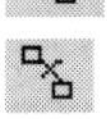 取消连接工具，用于将文字块之间的连接取消。

文字块工具，用于画不规则文字块。

画垂直水平线工具，用于绘制垂直、水平的直线。

画线工具，用于绘制直线。

画矩形工具，用于绘制矩形或正方形。

画圆角矩形工具，用于绘制圆角矩形。

画椭圆形工具，用于绘制椭圆形或圆形。

画菱形工具，用于绘制菱形。

画多边形工具，用于绘制多边形或折线。

画贝塞尔曲线工具，用于绘制贝塞尔曲线。

表格工具，用于表格的绘制。

2. 主窗口工具

“主窗口工具”选项卡中只有一个“常用工具条”复选框，如图 1—9。

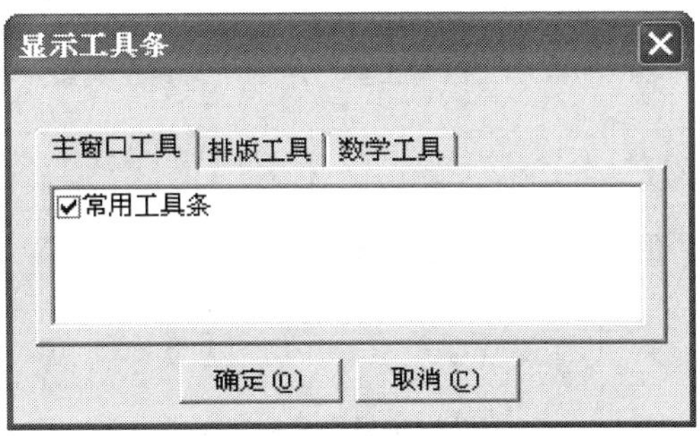

图 1—9 “主窗口工具”选项卡

选中该复选框，在飞腾窗口中无文件打开时显示出该常用工具条，该工具条上含有新建、打开、发排和关于飞腾几个工具（如图 1—10）；在无文件打开的状态下其他工具条是不显示的。

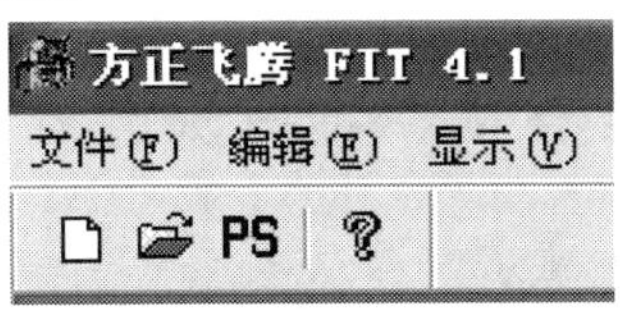

图 1—10 主窗口中的“常用工具条”

3. 数学工具

“数学工具”选项卡中有四个选项：“常用工具条”、“数学 1”、“数学 2”和“数学 3”（如图 1—11）。

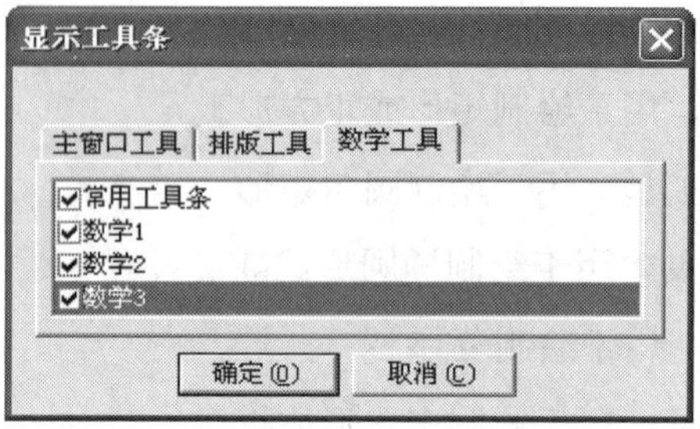

图 1—11　“数学工具”选项卡

选中各复选框，将在数学排版窗口显示出这些工具条，数学工具中含有排各种数学公式的工具（如图 1—12 至图 1—15）。

图 1—12　“数学工具”中的“常用工具条”

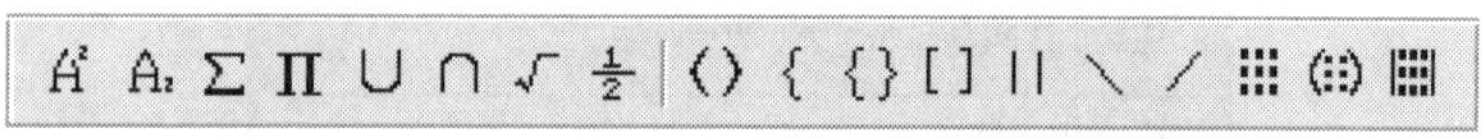

图 1—13　“数学工具”中的“数学 1”工具

图 1—14　“数学工具”中的“数学 2”工具

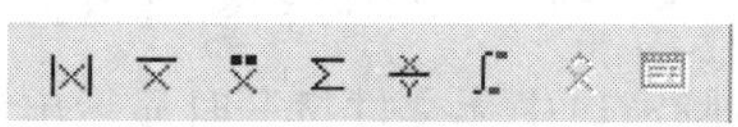

图 1—15　“数学工具”中的“数学 3”工具

第三节　飞腾快速入门

一、飞腾版面中的编排元素

飞腾的处理对象主要包括文字、图像、图元三种。但是，在报纸版面编排中，往往还有一些特殊的元素。如图 1—16 所示，这是一个常见的由飞腾排版软件组织的报纸版面，在该版面中包括了文字内容、文字块、图元、图像、表格、颜色等元素，其中，文字本身及排入文字的区域是不可混淆的。我们可以把文字本身称为文字内容或者文字，把排入文字的区域称为文字块。文字块可以有不同的形状，文字块中的文字则可以设置成不同的效果，如变体字、装饰字、沿线排版等，这些编排手段是需要相互融合才能达到版面的最佳效果的，因此，飞腾版面由主要编排元素如文字、图像、图元以及特殊编排元素如文字块、表格、颜色等组成，它们是构成版面不可缺少的编排元素。

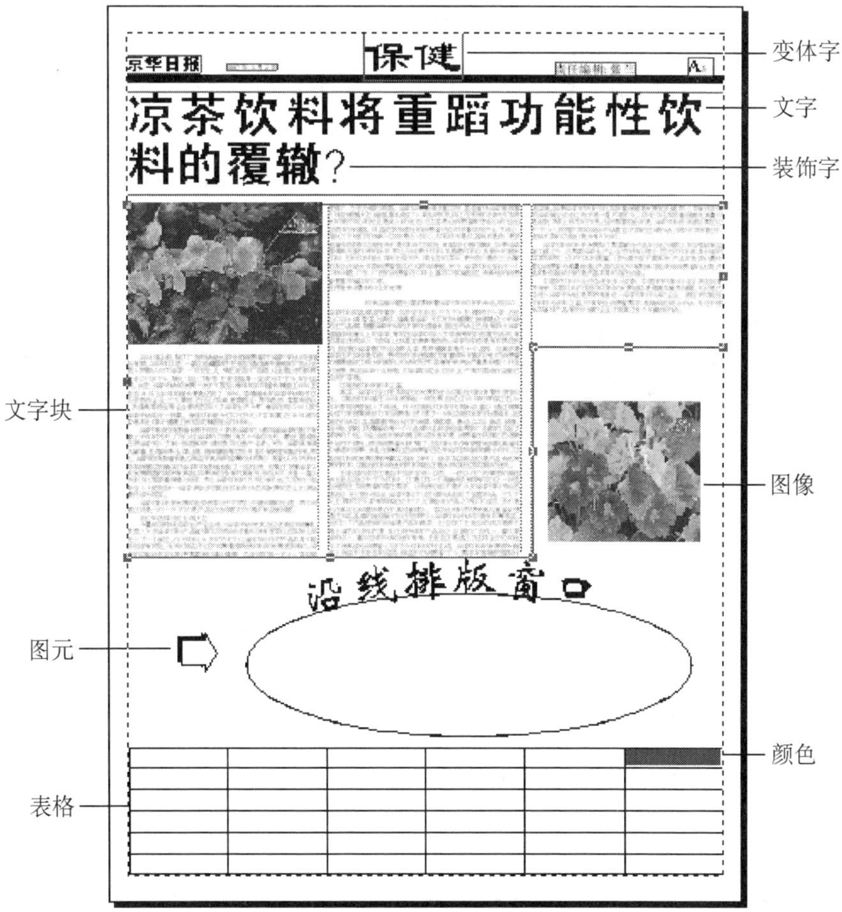

图 1—16　典型的飞腾版面

二、飞腾快速入门

排版中的常用操作步骤如下。

1. 新建文件

（1）依次单击程序→北大方正→飞腾 4.1 专业版命令，或者双击桌面上的“飞腾 4.1 专业版”启动图标

，启动飞腾 4.1。

（2）飞腾启动后，弹出“版面设置”对话框，把该对话框中的页面大小设置为 4K，选中“单面印刷”复选框。单击确定后即可建立一个新文件。

2. 排入文字素材及图像

新建文件后，首先要把文件和图像排入到该文件版面中。具体步骤如下：

（1）单击“文件→排入文字”命令（快捷键为 Ctrl+D），或者单击工具栏中的按钮，打开，显示如图 1—17。

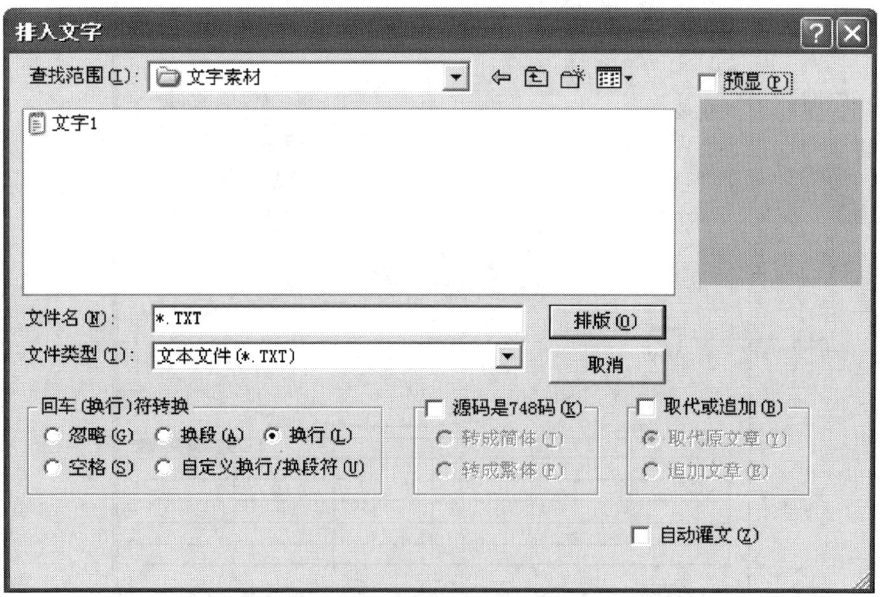

图 1—17 “排入文字”对话框

（2）单击“预显”复选框，可以预先显示出所选文件的内容，找到所需的文件，此处是 TXT 文件，单击排版按钮，该对话框关闭。在飞腾窗口中，会出现图标，此时按住 Ctrl 键，在窗口中单击，会自动生成一个整版的文字块。否则会弹出如图 1—18 的对话框。此对话框用来设置文字块的大小，此处使用默认值，单击“确定”按钮，飞腾窗口会出现一个红色的方框如图 1—19，方框中的文字就是排入的文字素材。

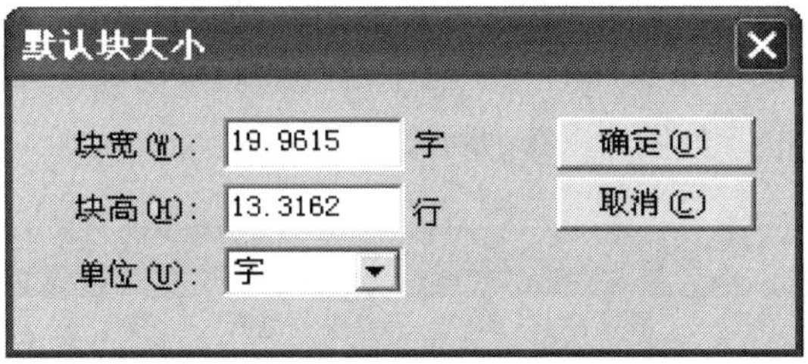

图 1—18 “默认块大小”对话框

图 1—19 排入的文字块

(3) 单击“文件→排入图像”命令，或者单击工具栏中的按钮，弹出“图像排版”对话框，选择所需要的图像，单击“排版”，随后在版面任意处单击，即可排入图像。

3. 设置字体字号

纯文本文件排入飞腾后，字体和字号以飞腾默认的设置显示，为了美观，需要根据要求自己设定文字的字体和字号。具体步骤如下：

选择“**T**”工具，在版面的文字块中选择要修改的文字，按 Ctrl＋F 即可进入“字体号”对话框，如图 1—20 所示。

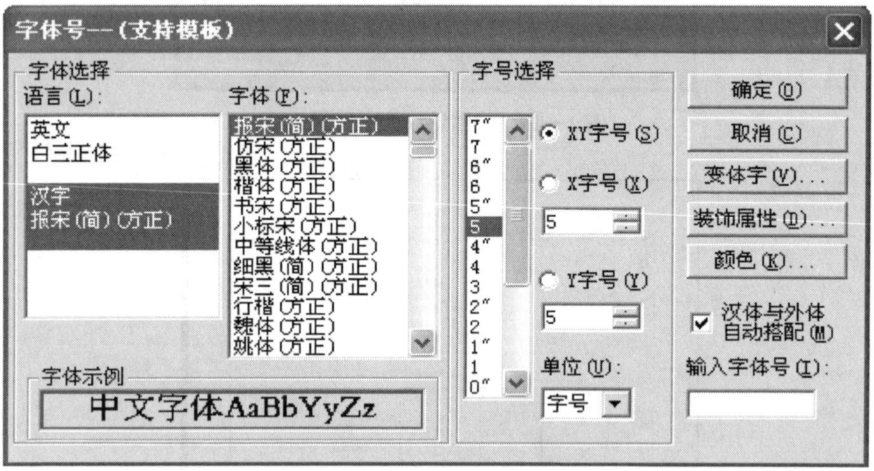

图 1—20 “字体号”对话框

4. 保存文件

排版结束后，必须进行存盘操作。按 Ctrl＋S 或单击工具栏中进行存盘。

5. 文件的输出

排版结束存盘后，需要将飞腾文件输出成 PS 文件，再使用方正的 RIP 在激光打印机或照排机上输出纸样或胶片。具体步骤如下：

(1) 单击“文件→发排”或者 Ctrl＋P 键，如果在发排前没有保存此文件，飞腾会弹出一个是否要存盘的对话框，如图 1—21 所示。如果单击“是”，则存盘后再发排，如果单击“否”，则不存盘直接发排，单击“取消”，则不存盘也不发排。单击“是”或“否”后，会弹出“发排”对话框，如图 1—22。如果在发排前已经存过盘了，飞腾发排时不会弹出提示存盘的对话框。

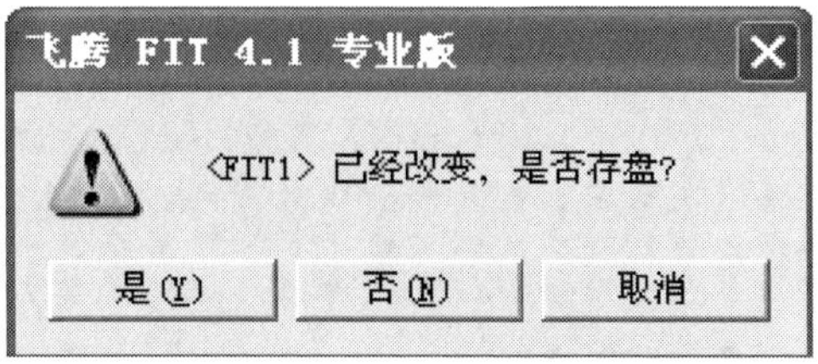

图 1—21 存盘提示窗口

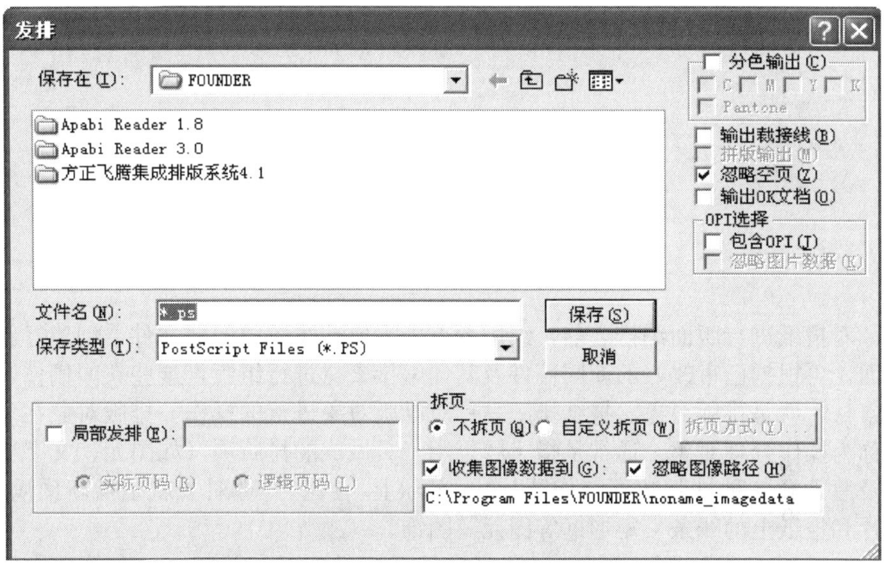

图 1—22 “发排”对话框

(2) 采用的默认的文件名，在“保存在”下拉列表中选择 PS 文件保存的路径，单击“保存”按钮，飞腾即会输出 PS 文件到指定目录下。

6. 退出飞腾

执行“文件”菜单的“退出”命令或单击飞腾窗口的关闭按钮，则可退出飞腾。如果当前编辑的文件未存盘，系统会给出一个提示信息，询问是否先存盘然后退出。

学习与思考

1. 试比较报纸传统编辑与电子编辑的不同。
2. 请简述飞腾排版系统中图像与图元两种编排元素的异同。

第二章

飞腾的基本操作

对报纸进行版面编排之前，组版者首先需要在飞腾中新建文件，创建好新的版面，再根据已审改好的新闻稿件及其他编排素材进行组版，这些新闻稿件及编排素材，就是排版对象。报纸排版是针对排版对象进行的操作，排版对象在飞腾中称为操作处理对象，通常是指飞腾里用工具做成的排版项（如图元、文字块），以及灌入的各种排版数据（如图片）。实际上，这些处理对象就是指新闻稿件、图片和报纸上的线条、矩形框等图元及图饰。

针对排版对象进行组版的过程经常涉及文件打开、关闭、保存等基本的操作，因此，我们有必要先了解飞腾中文件的基本操作和排版对象。

实验目的

本实验主要讲述飞腾中文件的建立、打开与保存等每次使用飞腾要做的基本操作以及排版对象的基本操作方法。

实验原理

采用飞腾排版软件进行报纸新闻稿件、图片、图元的编排操作，必须在飞腾中指定文件的版面上实现。并且任何编排操作都离不开操作对象。飞腾中对文字、文字块、图片和图元的操作，构成了报纸组版的主要过程。

实验条件

“新建”按钮、“打开”按钮、“保存”按钮、“关闭”按钮、选取按钮、“块合并”按钮、“块分离”按钮、块参数窗口、状态窗口等。

实验内容

实验一　飞腾文件的基本操作

一、飞腾排版文件的类型

这里主要介绍飞腾建立排版文件的两种格式：

1. 飞腾文件（＊.FIT）

FIT 文件是飞腾软件生成的文件，这种格式保存的文件可用飞腾直接进行编辑。

2. 飞腾的备份文件（＊.BAK）

该文件格式与＊.FIT 相同，在最初保存飞腾文件时自动生成，以后每做一次存文件操作，则自动更新内容，即先将原 FIT 文件存为 BAK 文件，再将当前正在编辑的文件存为 FIT 文件。它是 FIT 文件的备份文件，主要用于恢复原有文件。

二、新建文件

（1）单击“文件→新建”命令，或单击窗口工具条中的“新建文件”按钮 ，或按快捷键 Ctrl＋N，弹出“版面设置”对话框（如图 2—1）。

（2）根据需要进行版面参数设置。

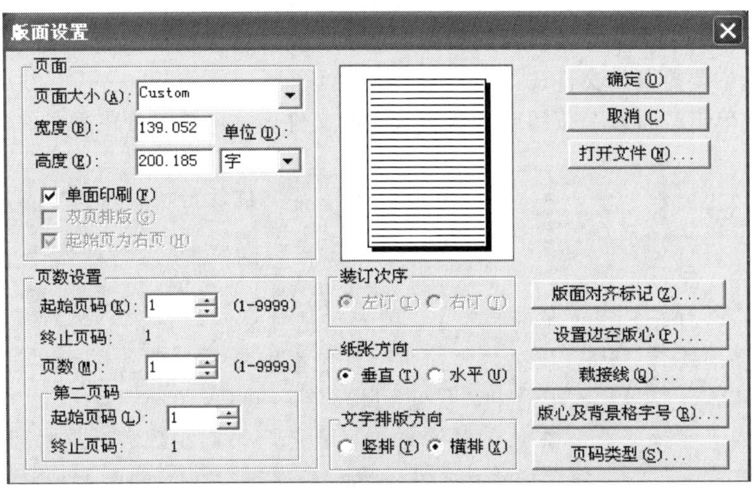

图 2—1　“版面设置”对话框

提示
“版面设置”对话框的具体介绍请参见第三章。

（3）设置完毕后，单击“确定”按钮，即可新建一个文件。

三、打开文件

（1）单击“文件→打开”命令，或直接点击窗口常用工具条中的“打开文件”按钮，或者按快捷键 Ctrl＋O。

（2）弹出“打开”对话框，如图 2—2 所示。

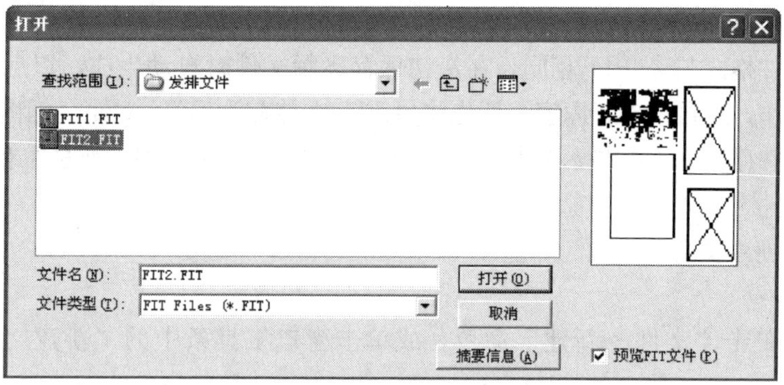

图 2—2　“打开”对话框

（3）在“查找范围”下拉列表中选择要打开文件所在的文件夹，再在“文件类型”下拉列表中选择要打开的类型，然后在文件名文本框中输入文件名或在列表框中选中要打开的文件。

（4）单击“打开”按钮或者双击选中的文件名，即可打开飞腾文件。

提示
（1）飞腾中每次只允许打开一个 FIT 文件，打开后才可进行文件的编辑。如果要一次打开几个飞腾文件，可以同时启动多个飞腾窗口，但是，这会占用大量系统资源。

（2）在打开 FIT 文件的过程中，有时仅通过文件名不能确定所选择的文件就是想要的文件。FIT 系统在“打开”对话框中提供了预显信息以便用户确认，在“打开”对话框中选中“预览 FIT 文件”选项，则所要打开的文件的第一页的内容会缩小显示在预显对话框中。但是，只有在保存时选择了“生成 FIT 预览信息”的文件在打开时才可以预览其第一页的小图。

四、保存文件

“文件”菜单中的“存文件”命令和“另存为”命令都能够保存飞腾新建的和打开的文件，所不同的是：“存文件”命令覆盖原文件，而“另存为”命令则可将文件换名保存为另外一个文件。

（1）单击“文件”菜单中的“另存为”或“存文件”命令，或者直接点击窗口常用工具条中的“保存”按钮，或使用快捷键Ctrl+S。如果当前文件没指定文件名，可单击“文件→另存为”命令，则弹出对话框，如图2—3所示。

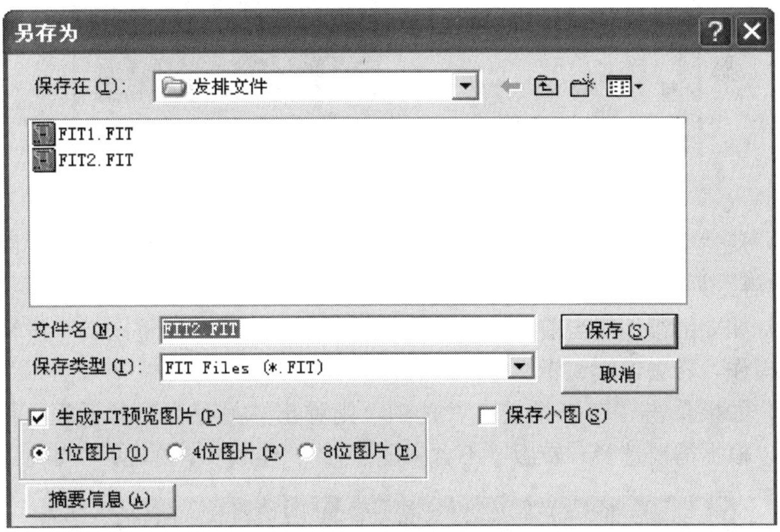

图2—3　“另存为”对话框

（2）从“保存在”列表中选择保存该文件的文件夹。在“文件名”文本框中输入文件名。从“保存类型”下拉列表中确认文件的类型（缺省为*.FIT）。

（3）为了在打开文件时能预览文件内容，选中“生成FIT预览图片”。选择图片的精度，有1位图片（黑白）、4位图片（16色）和8位图片（256色）的复选框。如果需要，在“摘要信息”按钮下的“主题、作者、单位”文本框与“备注”列表框中输入相应的信息，此信息会在打开对话框中显示。

（4）“保存小图”的作用是在保存飞腾文件时，用低分辨率的小图代替当前文件中的图像写入飞腾文件，这样可以提高飞腾文件的速度。

（5）单击“保存”按钮，当前新建或打开的文件则被存于指定的文件中。

五、保存文件时遇到没有排完的文字块

如果在“选项”对话框中的“环境设置”选项卡中选中“检查剩余文字”复选框，如果存盘时有没有排完的文字，则会弹出“存文件—文章没排完”对话框，如图 2—4 所示。

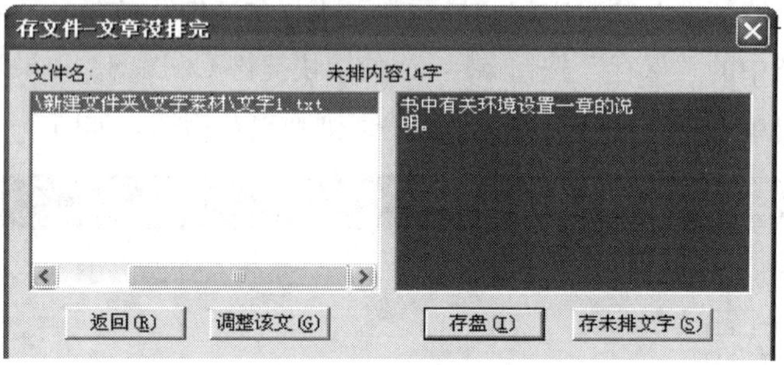

图 2—4 “存文件一文章没排完”对话框

(1) 从“文件名”列表框中选看未排完文字所在的文本文件的文件名。从“未排内容”列表框中查看未排完文字块中未排的内容。

(2) 如要继续编辑当前文件，单击“返回”按钮或“调整该文”按钮，则中止存盘操作，转去继续编辑文件。

(3) 如果单击“存未排文字”选项，则弹出“另存为”对话框（如图 2—5），可以根据需要选择“转版（不含标题）”或“连载（含标题）”选项。

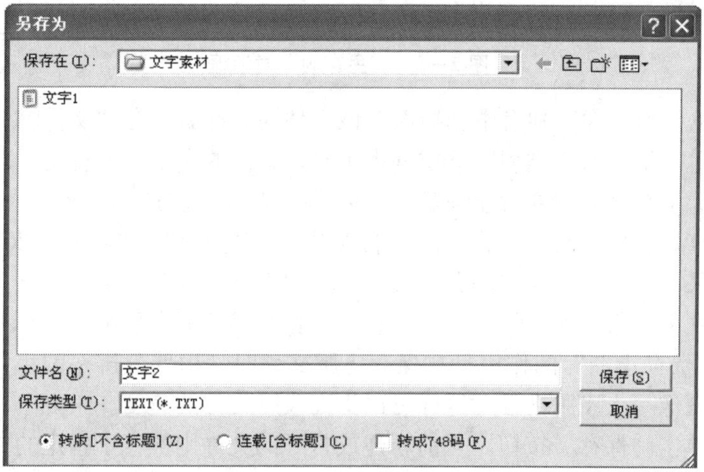

图 2—5 “另存为”对话框

（4）如果不考虑未排完文字，直接保存文件，可单击“存盘”按钮。如果该文件从未保存，会弹出“另存为”对话框。如果已保存过，则不会弹出该对话框，而直接保存飞腾文件。

提示

（1）“转版（不含标题）”或“连载（含标题）”这两个单选按钮在排报纸时很有用，报纸经常会有几期报纸连载某篇文章或一张报纸用几个版面连续刊登某篇文章的情况，在排版的时候，需要确切知道上一期报纸排到文章的什么位置，利用这两个单选按钮，可以将文件的未排完部分单独保存为一个文件，使连载和转版的文章在下一次能继续使用。

（2）连载的文章仍要保留标题，而转版的文章不要保留标题。

六、关闭文件

（1）单击“文件→关闭”命令，或者飞腾文件窗口的“关闭”按钮，用于关闭当前打开的 FIT 文件。

（2）如果当前编辑的文件未经存盘，系统会给出一个提示信息对话框，如图 2—6 所示，询问是否先存盘然后关闭。

如需要存盘，则单击“是”按钮，系统将执行“存文件”命令来保存文件的修改；单击“否”按钮，文件将不做存盘而被立即关闭；单击“取消”，飞腾将不做任何改变，返回原排版窗口。

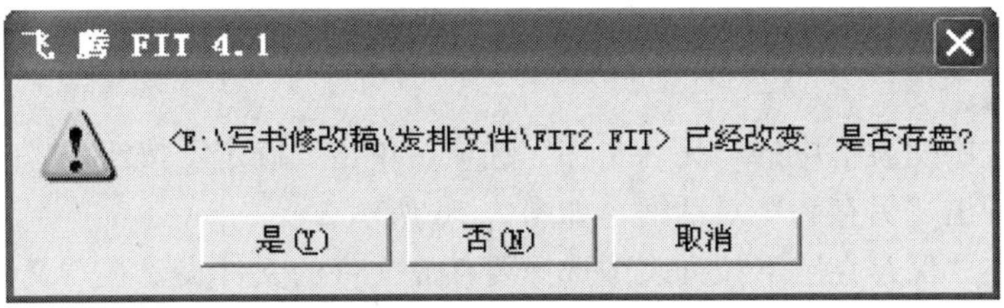

图 2—6　提示信息对话框

七、文件的输出

“文件”菜单下“原文件输出”命令的功能是将当前打开的文件中的文字或选中的文字块中的文字以文本（*.TXT）格式存储到某一文件中。具体的方法有下面两种：

1. 不选中文字块

在不选中文字块的情况下输出文件的步骤如下：

（1）在打开的文件中，不选中任何文字块，单击“文件→原文件输出”命令，则弹出“选择文章”对话框，如图 2—7 所示。

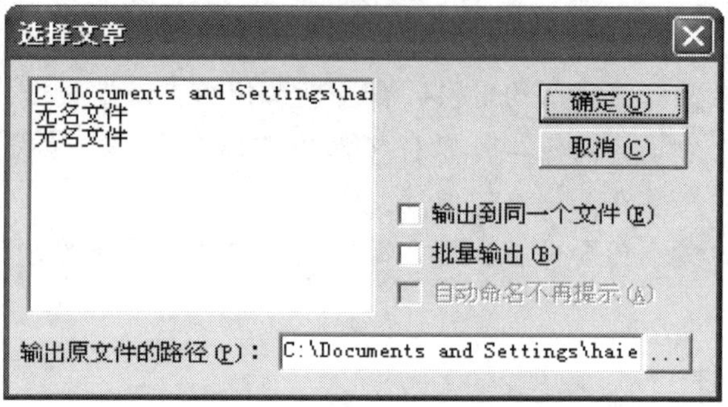

图 2—7 “选择文章”对话框

提示

该对话框中列出版面中所有的无名文字块和所有的用“排入文件”排入的文本文件名。若选中“无名文件”，输出的是一个无名文字块中的文字；选中一个文件名时，输出的是该文件排版后所在块中的文字。

（2）从“输出原文件的路径”文本框中输入文件要输出到的路径，或单击该文本框右侧的 ... 按钮，从弹出的“浏览文件夹”对话框中选择输出路径。此处使用默认值。

（3）选中列表框中的“无名文件”选项，单击“确定”按钮。

（4）弹出“另存为”对话框，如图 2—8 所示。

（5）在“保存在”下拉列表中选择要存放文件的文件夹，在“文件名”文本框中输入文件名，则输出文件以该名称存放在指定的文件夹中。选中“输出需续排的文字”复选框，可以将有续排标志（见第四章）的文字块中没有显示的文字输出。

（6）单击“保存”按钮，飞腾会弹出如图 2—9 所示的对话框，提示输出的文件的路径。

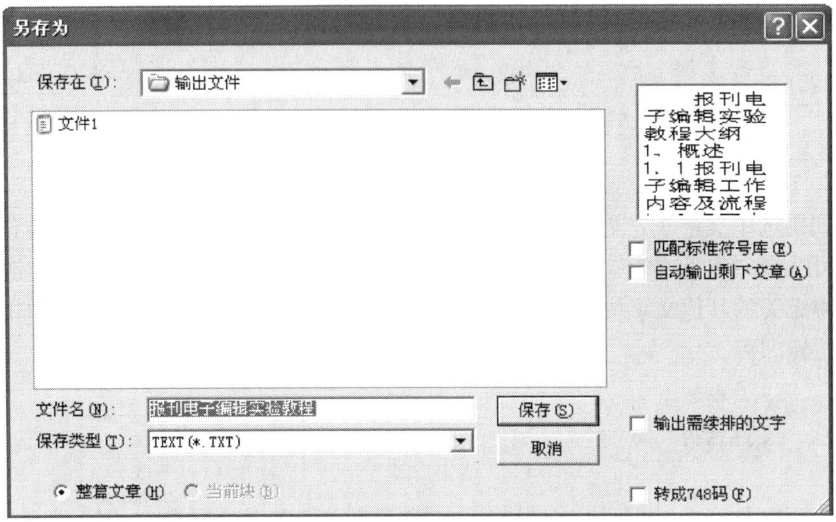

图 2—8　“另存为”对话框

图 2—9　提示输出路径

（7）单击“确定”按钮即可。

提示

如果在步骤 3，选中“输出到同一个文件”复选框，则其他选项置灰。单击“确定”按钮，可以把列表框中显示的所有文字块输出到一个指定文件夹中，此后步骤与步骤（4）～（7）类似。

如果选中“批量输出”复选框，会激活“自动命名不再提示”复选框，如果选中“自动命名不再提示”复选框，单击确定按钮后，系统会自动给输出文件命名，并把文件输出到“输出原文件的路径”文本框中指定的路径下。

但如果不选“自动命名不再提示”复选框，则会弹出对话框。供用户进行操作。在该对话框中，如果选中“自动输出剩下文章”复选框，则列表框中所有的文字块会被自动输出；如果不选，则输出一个文字块后，还会再次弹出类似的对话框。此后步骤与步骤（4）～（7）类似。

凡是自动输出的文件，其文件名都是自动命名的。如果该文字块有名称，则自动以该名称为输出文件命名；如果该文字块无名，则以 Noname1、Noname2 等命名。

2. 选中文字块

如果选中文字块，再单击“文件→原文件输出”，则直接弹出“另存为”对话框。可选择“整篇文章”（可输出包括该选中文字块的整篇文章，但不输出与所选文字块无关的其他文字块）或是“当前块”（只输出当前选中的块）。最后单击“确定”按钮即可。

八、文件合并

使用文件合并功能可以把当前正在排版的文件和已有的某个 FIT 文件合并。该功能可用于多个人同时排一本杂志或图书，排好后把多个文件合并成一个文件，以便进行加页码等操作。文件合并是将多个文件前后相连，组成一个多页的文件。

把当前一个正在排版的文件同已有的某个 FIT 文件合并，其操作步骤如下：

(1) 单击“文件→文件合并”命令，弹出“打开”对话框，如图 2—10 所示。

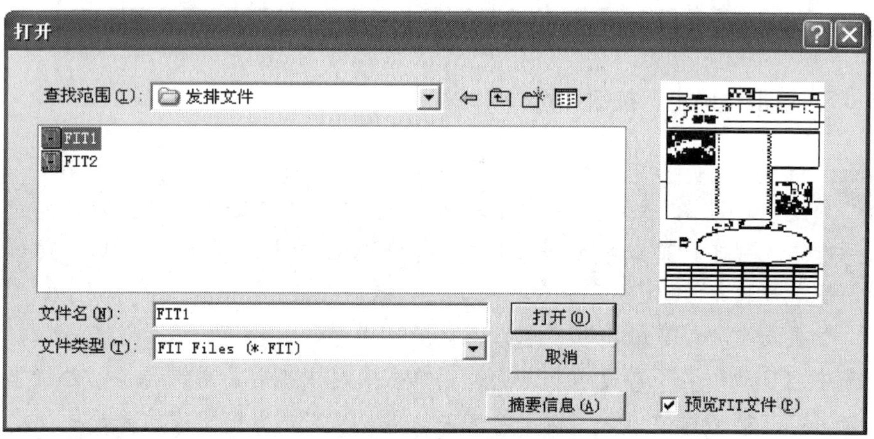

图 2—10 “打开”对话框

(2) 在图 2—10 列表框中选择要合并的文件，单击“打开”按钮。弹出“合并文件”对话框，如图 2—11 至图 2—13 所示。

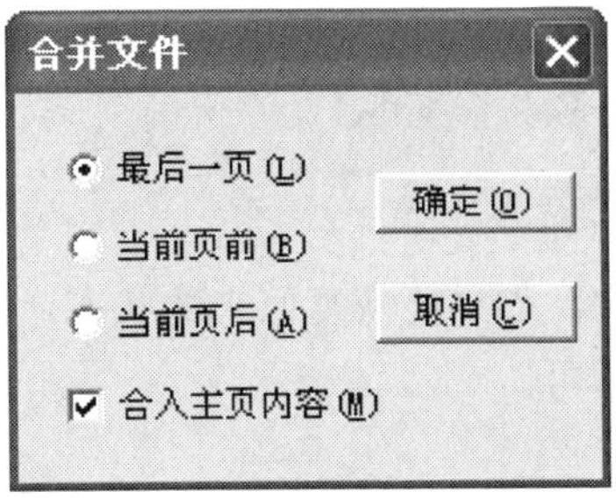

图 2—11　“合并文件”对话框一

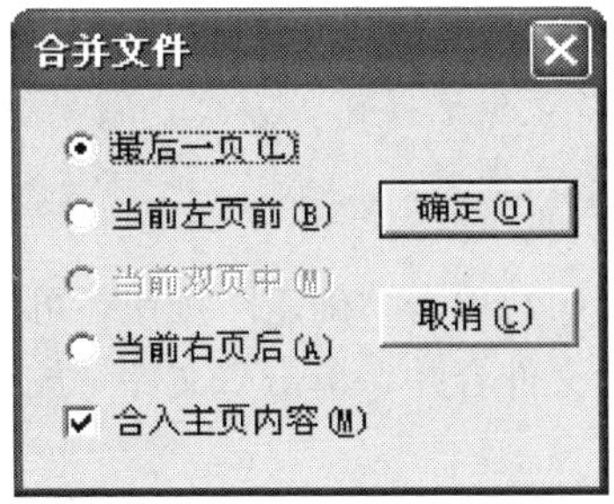

图 2—12　“合并文件”对话框二

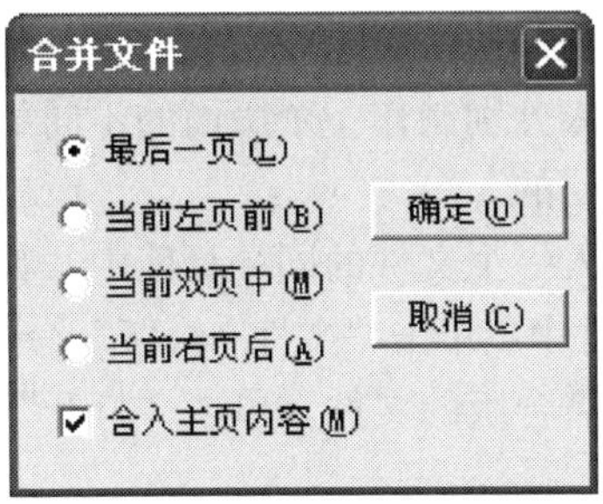

图 2—13　“合并文件”对话框三

提示　如果当前文件是单页排版的，则“合并文件”对话框如图 2—11；如果是双页排版的，且当前页是单页，则“合并文件”对话框如图 2—12；如果是双页排版的，且当前页是双页，则“合并文件”对话框如图 2—13。

(3) 如果两个文件的类型不一致，则弹出“转换页型”对话框，如图 2—14 所示。

选中“转换成单页”，则合并后的文件是单页文件；选中“转换成双页”，则合并后的文件是双页文件；若选中“取消转换”，则文件不做合并。

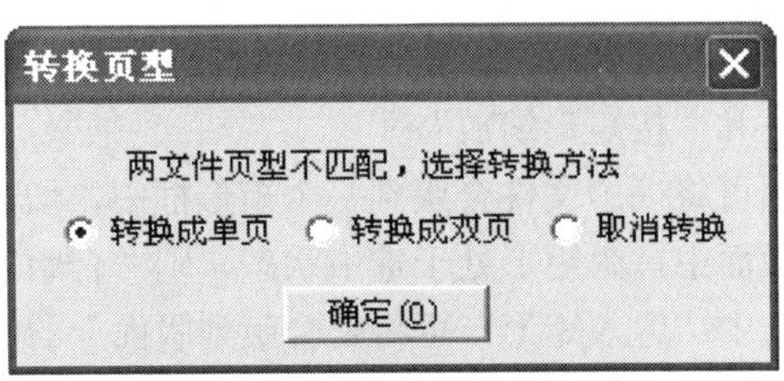

图 2—14　“转换页型”对话框

提示 无论选择何种方式，原先所设置的页码将不再起作用，如果要排页码，必须重新设置。

（4）单击“确定”按钮，可完成文件的合并。如果要恢复原来的状态，即不进行文件合并，单击“文件→放弃修改”命令即可。

九、合版

使用合版功能的目的是加快排版速度。在排报纸时，如果版面内容较多或时间比较紧，就可以由几个人分别制作一个版面的不同部分，然后利用合版功能合到一起，达到加速组版的目的。

合版是将多个文件合入一个文件的同一页面中，其操作步骤如下：

（1）在一个打开的文件中，单击“文件→合版”命令，弹出“打开”对话框。

（2）在列表中选中所需合版的文件，单击“打开”按钮，弹出“合版”对话框。如图 2—15 所示。

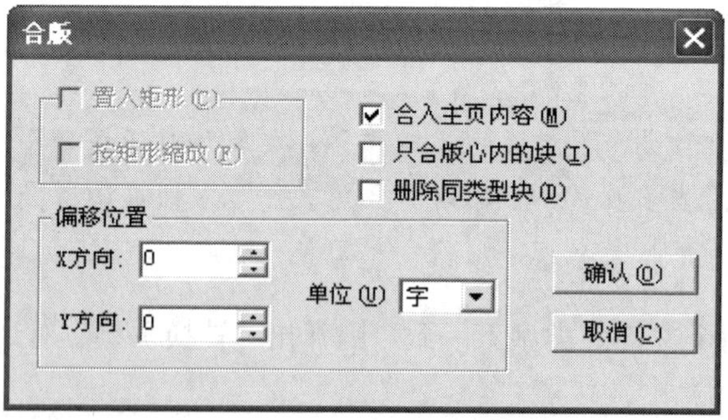

图 2—15 “合版”对话框

（3）设置完各所需选项后单击“确认”，完成操作。

“合版”各选项所代表的情况如下：

1. “置入矩形”和“按矩形缩放”

（1）设置此选项可将一个文件合版到一个矩形框中，增加了合版的形式。

（2）如果当前版面中一个矩形处于选中状态，则“合版”对话框中的“置入矩形”选项有效。选中“置入矩形”可将要合版到版面上的文件放在所选中的矩形框中。如果在矩形框中放不下，则以矩形框的中心为中心放置。

（3）选中“置入矩形”选项后，“按矩形缩放”选项由置灰状态变为有效。选中“按矩形缩放”，可将要合版到版面上的文件按照矩形大小进行缩放，使得要排入的文件正好撑满整个矩形。

2.“偏移位置”

（1）“x 方向”与“y 方向”表示要合到当前版面中的内容相对于当前版面的偏移量，以当前版面的版心左上角为原点。

（2）单击“x 方向”或“y 方向”编辑框中的上下箭头，可增加或减少偏移量的值。或者直接键入数值，来改变偏移量的大小。单击“单位”后的下拉箭头，弹出下拉菜单，可在此改变偏移量的单位。

（3）选中“置入矩形”选项后，“偏移位置”不再有意义，编辑框被置灰。

3.“合入主页内容”

选中该复选框，在合版时，可将要合版进来的文件的主页中的内容同时合版到当前页面上。

4.“只合版心内的块”

选中该复选框，则合版时只合版心内的块。

5.“删除同类型块”

选中该复选框，而且当前版面和被合入的文件都存在相同的“块类型”时，则当前版面中的同类型块被删除。

提示

（1）只能合版 FIT 文件的首页（即多于一页的文件，只有首页才能被合版入版面）。

（2）以“置入矩形”方式合版时，合入版的文件的所有块被锁定。

（3）要合版的几个文件的版面设置最好保持一致，以免过多的调整。

（4）合版时，要合版进来的文件的部分内容会丢失。即如果要合版进来的文件的部分内容在原文件页面之外，合版后，这部分内容将会丢失。

（5）如果文件要恢复原来状态，单击“文件→放弃修改”命令即可。

十、转黑白版

一些大报社在全国各地的代印点需要将彩色报纸版面转成黑白（灰度）版面，“转黑白版”功能可以在不对已排好的飞腾彩色文件进行任何修改的情况下，完成这个任务。

其具体操作步骤如下：

（1）将彩色版面排好。

（2）需要转成灰度版面显示和发排时，单击“文件→转黑白版”命令，版面的显示都变成灰度，在这种状态下发排，则PS文件是灰度的。

提示

（1）“转黑白版”功能的转换效果在大多数情况下可以满足要求，但在某些特殊情况下还是需要操作员对版面颜色进行一些调整。比如，在彩色版面上的红的文字与蓝色的底纹看起来是比较清楚的，但是转成黑白版后，红与蓝的颜色灰度值差不多，在这种情况下，字与底纹会分不清，这就需要对底纹与文字的颜色进行调整。

（2）转黑白版只对图元、文字起作用，彩色图片无法转为黑白，转黑白版后彩色图片会丢失，必须重新排入。

实验二　飞腾对象的基本操作

一、对象的概念

对象是指飞腾里用工具做成的排版项（如图元、文字块），以及灌入的各种排版数据（如图片）。

二、预设对象的大小

在飞腾中绘制图元和排入文字块时都可以预先设置对象的大小，以便精确控制对象大小。

预设对象大小的方法有两种，下面分别说明。

（一）全局预设对象的大小

（1）在打开文件的情况下，单击“文件→设置选项→环境设置”命令，弹出“选项”对话框（如图2—16）。在“块设置”选项卡中选中“块默认大小”复选框，然后在“块宽”、“块高”文本框中输入要设置对象的宽、高值，然后单击“确定”按钮。

（2）选中“工具”中的矩形工具、圆角矩形工具和菱形工具，分别在版面上单击，版面就出现了3个默认大小的对象（如图2—17）。

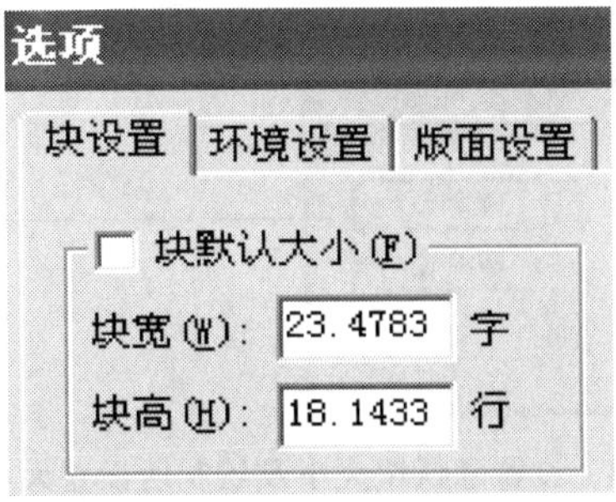

图 2—16　“选项”对话框部分截图

图 2—17　预设大小的对象

提示　设置好“块默认”大小参数后，选择任何绘制对象的工具，在版面上点击左键，都会生成预设大小的对象。这种方法适用于所要求画的对象种类不止一种，或要求排入的文字块大小一致时。

（二）局部设置对象的大小

如果在“环境设置”中不选中“块默认大小”复选框，可在每次绘制对象或排入文字块时弹出的“默认块大小”对话框中设定对象的大小。

范例　画一个高 50 毫米、宽 60 毫米的矩形。

(1) 选择“工具”的矩形工具，在版面上单击，弹出“默认块大小”对话框，对其进行如图 2—18 左面所示的设置。

(2) 单击“确定”按钮，版面就会出现所要求的矩形，如图 2—18 右面所示。

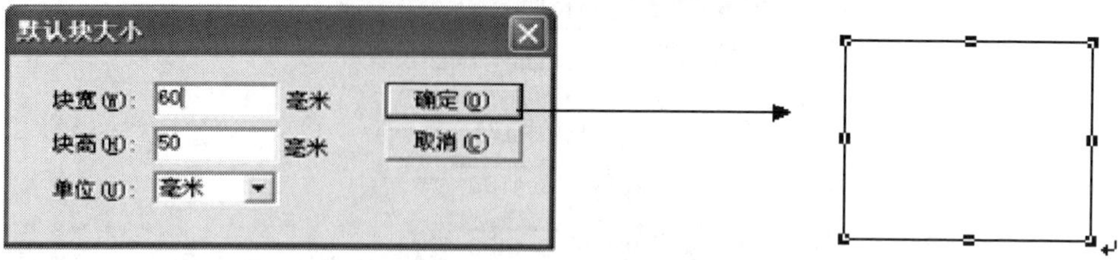

图 2—18 设置默认块大小及绘制所设置大小的矩形

提示

(1) 排入文字块的操作与上面的操作类似。

(2) 还可选取“图元工具”在版面中用鼠标直接画出所需对象，如图 2—19 所示，但是这种方法画出的对象大小不精确。

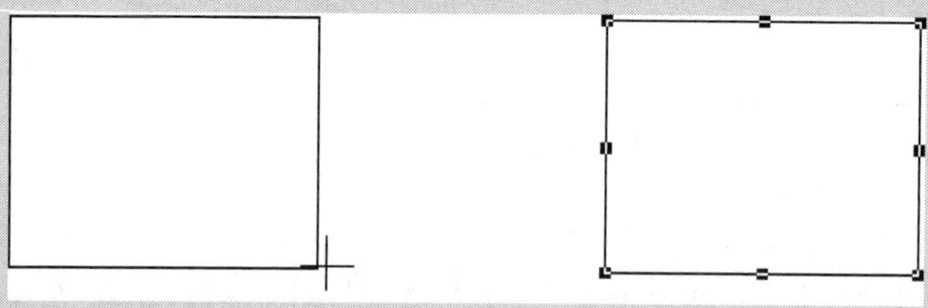

拖动鼠标　　　　释放鼠标

图 2—19 拖动鼠标画出图元

三、对一个对象的操作

(一) 选中一个对象

要对对象进行各种操作，首先必须选中要操作的对象。其操作步骤如下：

(1) 单击“工具”中的选取工具 。

(2) 单击要选择的对象，对象显示控制点（对象周围的 8 个点），对象呈选中状态。图元、图像和文字块的选中状态如图 2—20 所示。

提示

(1) 在飞腾中进行版面设计时，可以通过“显示比例”子菜单或快捷键（Ctrl、Shift＋鼠标右键或者其他字母、数字键）和“工具”中的缩放工具改变显示比例。当用户选中某一操作对象（图像、图元、文字），放大调整此选中对象时（对文字块也可以不选中，而是把插字光标放在文字块内），飞腾自动把该选中对象放在放大显示区内，即调整后可以直接看到对象，而不必进行再调整。

(2) 如果对象小于窗口的显示区，对象被放在显示区内的中央；如果对象大于窗口的显示区，对象放在显示区内的左上角。

图 2—20　图元、图像和文字块的选中状态

（二）移动对象

在飞腾中可以将对象移动到任何需要的位置。移动对象可以通过三种方法来实现。

1. 使用鼠标

使用鼠标移动对象操作步骤如下：

(1) 选中“工具”中的选取工具。

(2) 单击要移动的对象，则对象呈选中状态，此时可以拖动对象。

(3) 拖动对象到合适位置，释放鼠标，如图 2—21 所示，如果要水平或垂直移动对象，则在拖动对象的同时，按住 Shift 键即可。

2. 使用“块参数”对话框

“块参数”对话框（如图 2—22）中，“位置”选项组中的“横坐标”、“纵坐标”文本框的值，为对象在被选中状态时左上角的横、纵坐标值。

使用“块参数”移动对象操作步骤如下：

(1) 选中“工具”中的选取工具。

(2) 单击对象，使对象呈选中状态。

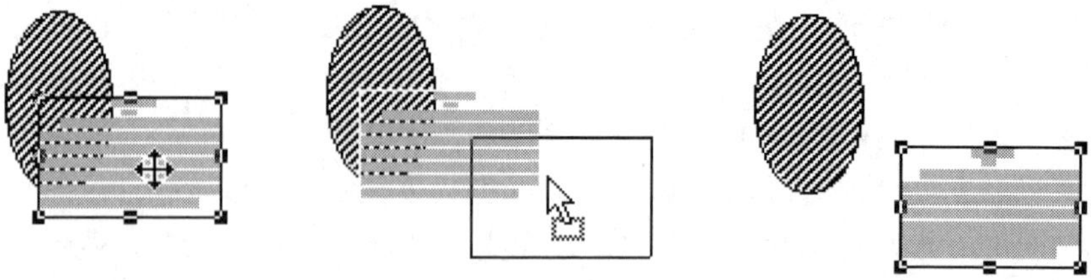

图 2—21　拖动文字块的过程

（3）单击“版面→块参数”命令，或单击鼠标右键菜单的“块参数”命令，或按快捷键 F7，弹出“块参数”对话框。

（4）在“横坐标”和“纵坐标”文本框输入所需的位置，单击“更新块”按钮，可以查看设置效果。单击“确定”按钮，可以更新块的位置并关闭对话框。

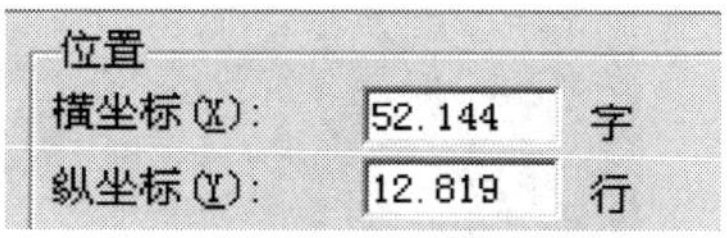

图 2—22　“块参数”对话框的一部分

提示

（1）“位置”选项组中显示的横坐标和纵坐标，是选中对象的当前位置与版面左上方的点（原点）之间的距离。

（2）在“位置”选项组中输入横、纵坐标的值，则对象左上角的顶点将移动到此点。“块参数”对话框中的其他选项将在后面的内容中陆续介绍到。

3. 使用状态窗口

参见“状态窗口”内容。

（三）删除对象

在飞腾中可以任意删除不要的对象，其操作步骤如下：

（1）选中“工具”中的选取工具 。

（2）单击要删除的对象，对象呈选中状态。

（3）可以按 Delete 键，或单击“编辑→删除”或“剪切”命令，实现对象的删除。

（四）复制、剪切和粘贴对象

其操作步骤如下：

（1）选中“工具”中的选取工具。

（2）单击要复制、剪切的对象。

（3）对象显示出控制点，呈选中状态，按快捷键 Ctrl＋C（剪切键为 Ctrl＋X），或单击“编辑→复制（剪切）”命令，或单击鼠标右键菜单的“复制”（“剪切”）命令。

（4）按快捷键 Ctrl＋V，或单击“编辑→粘贴”选项，或单击鼠标右键菜单的“粘贴”命令，即可将复制的对象粘贴。

提示

（1）选中“编辑→只粘贴文字内容”命令，或者右键菜单中的“只粘贴文字内容”命令，就能粘贴操作步骤中复制的文字，且只粘贴文字内容，不带文字属性。

（2）复制后再粘贴的对象是和原对象重合的，选中且移动对象，即可看出复制对象的效果（也可以在“环境设置”中设置偏移量，将对象复制到不同位置）。而且，可以对复制的对象进行多次粘贴，实现复制多个对象的功能。

（五）改变对象大小

改变对象大小的方法有以下四种：

1. 使用鼠标

（1）选中“工具”中的选取工具。

（2）单击要改变大小的对象，对象显示控制点。

（3）可以向放大或缩小的方向拖动对象的把柄中的任意一个控制点，在状态条上会显示拖动的控制点的坐标。

（4）当达到所要求的大小时，释放鼠标左键。效果如图 2—23 所示。

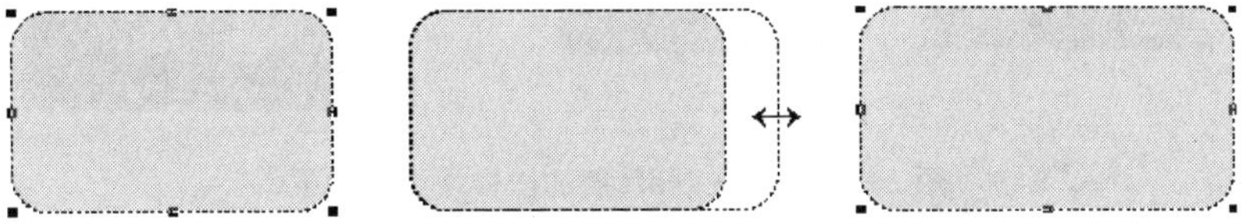

图 2—23　通过鼠标改变图元的大小

提示

（1）对一般的图元块，如果在拖动控制点时按住Ctrl键，则高和宽按原比例放缩；如果在拖动时按住Shift键，则放缩时高和宽相等。对图像块，拖动控制点时按住Shift键，则宽和高按原图像的宽高比例放缩，按住Ctrl键则无放缩变化。效果如图2—24、图2—25所示。对于文字块，按住Ctrl键、Shift键能生成不规则块，详见文字块编辑章节内容。

（2）通过鼠标使用旋转和变倍工具也能改变对象大小。如图2—26所示。这种变倍效果对文字块同样有效，只不过随着文字块的变倍，文字块中的文字也随着同时被放大或缩小（其中最多只能放大32倍），且变倍后的文字不重新排版。值得注意的是，要想使变倍时原文字块的中心位置不变，可在鼠标拖动的同时按下Shift键。

假如不想使块内的文字改变，则可按住Ctrl键，拖动控制点拉伸，块大小变倍了，里面的文字大小不变。这种功能主要在出现以下类似情况时才使用，譬如，在版面中画一个图元，特别是不规则的图元，如贝塞尔曲线和多边形，并将其设置为排版区域，然后将一篇文章排入排版区域，如果文章篇幅太大，文字排不下，要保证排版区域的形状不变，文字大小不变，只改变文字块的大小，就可以采取这种变倍操作。

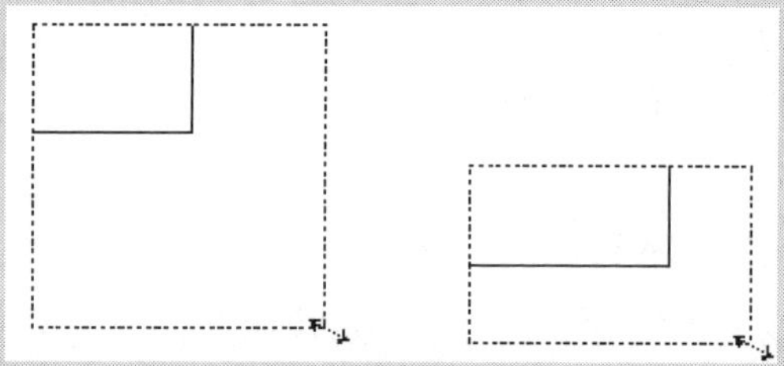

图2—24　按住Shift键和Ctrl键的图元缩放效果

图2—25　按住Shift键的图像块缩放效果

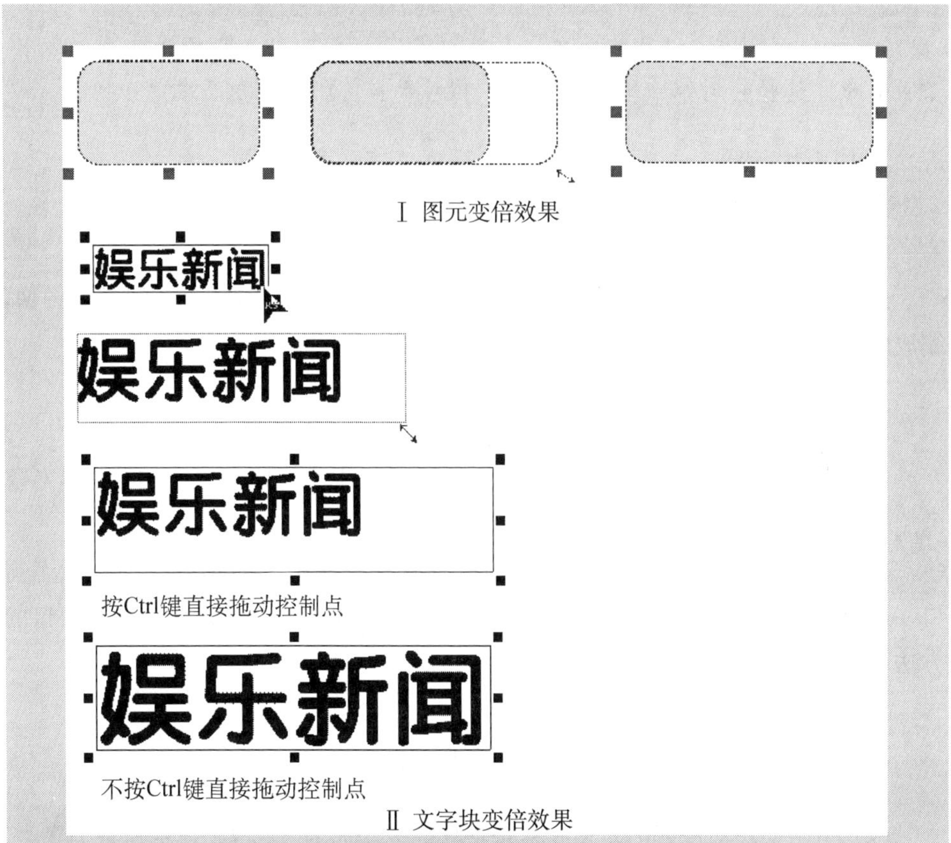

图 2—26　变倍效果

2. 使用“块参数”对话框

（1）选中“工具”中的选取工具。

（2）单击对象，此对象呈选中状态。

（3）选择“版面→块参数”命令，或单击右键菜单的“块参数”命令，或使用快捷键 F7，系统弹出“块参数”对话框。

（4）先选择“百分比”或“实际值”，然后分别输入“块高度”和“块宽度”的值。

（5）按“确定”按钮，完成操作。

提示 当选中“实际值”选择钮时，在编辑框中输入块的宽度和高度值；选中“百分比”选择钮时，在编辑框中输入相对于当前块宽度和高度的比例值。

3. 使用状态窗口

参见“状态窗口”内容。

4. 使用快捷键

选中图像，按快捷键Ctrl＋Alt＋［－］或Ctrl＋Alt＋［＋］即可缩放图像，缩放幅度为5％。

（六）对象的旋转

在飞腾中可以旋转版面中的对象，旋转时是以中心为原点旋转的，并且对象的旋转中心可以移动到任意需要的位置。

旋转对象的方法有三种：使用鼠标、使用“块参数”对话框、使用状态窗口。通过鼠标旋转的方法比较随心所欲，而使用“块参数”对话框或状态窗口的方法可以精确地确定旋转的角度。

1. 使用鼠标

（1）从“工具”中选中旋转与变倍工具。

（2）单击两次要旋转的对象，显示把柄的形状如图2—27，鼠标显示为。

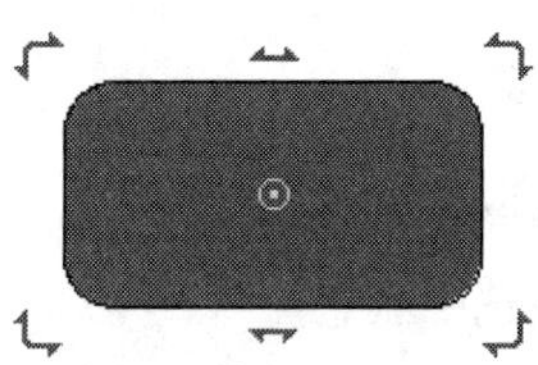

图2—27　单击两次对象

（3）向要旋转的方向拖动旋转控制点（四个角上的控制点、、、），此时，四个角上的控制点会消失，出现一个圆点，如图2—28所示。

（4）当旋转到所要求的角度时，释放鼠标左键，如图2— 29所示。

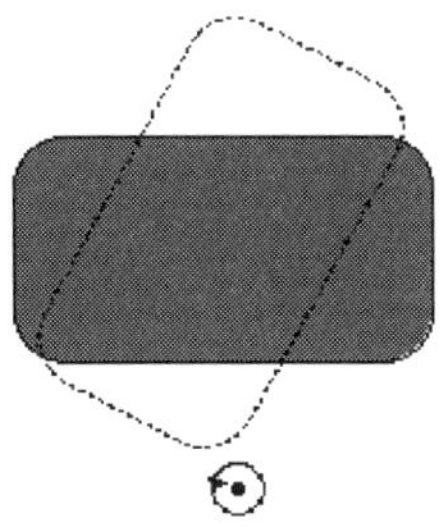

图 2—28　拖动控制点旋转

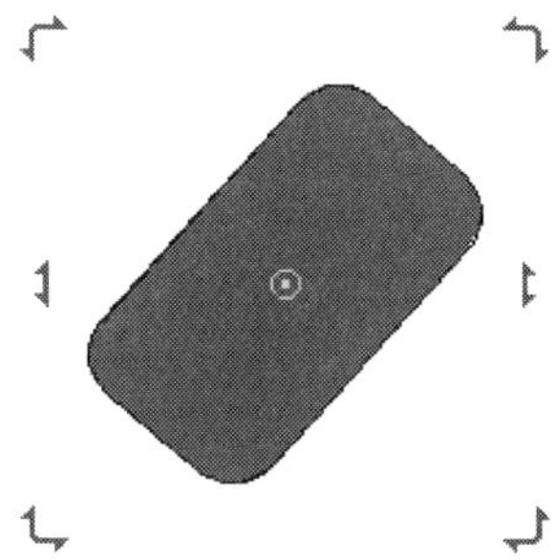

图 2—29　释放鼠标

提示 旋转中心可移动，方法是单击旋转中心并拖动鼠标。如果移动旋转中心后，再次重新选中此对象，其旋转中心会自动回到对象原来的中心。改变旋转中心，选中并旋转对象的效果如图 2—30 所示。

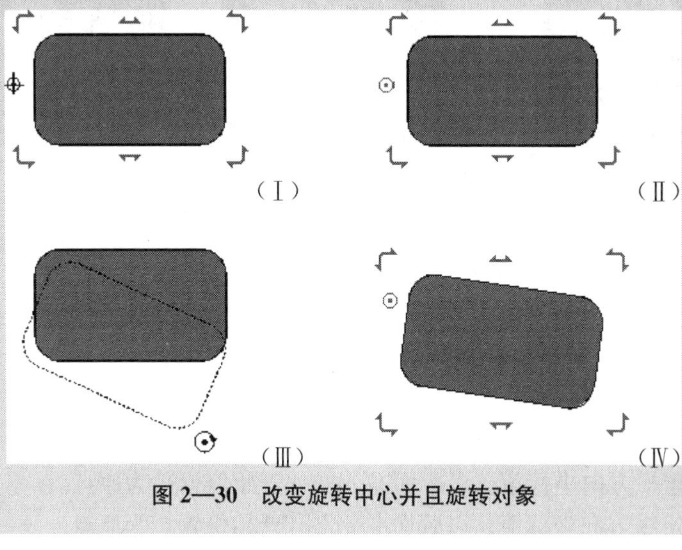

图 2—30　改变旋转中心并且旋转对象

2. 使用“块参数”

(1) 选中“工具”中的选取工具 。

(2) 单击对象，对象呈选中状态。

(3) 选择“版面→块参数”命令，或右键菜单的“块参数”命令，或使用快捷键 F7，弹出“块参数”对话框。图 2—31 为“块参数”对话框的一部分。

图 2—31　“块参数”对话框的一部分

（4）在旋转方向处选择“逆时针”或“顺时针”按钮，然后在“旋转角度”文本框中输入角度值（未经旋转，缺省为0°）。

（5）设置完成，单击“确定”按钮。

3. 使用状态窗口

参见“状态窗口”内容。

（七）对象的倾斜

倾斜对象的操作与旋转对象很相似，也是同样的三种方法。只不过在用旋转与变倍工具双击要倾斜的对象时，要向倾斜的方向拖动倾斜控制点（中间的两个控制点 ⊥、⊤ ）。当倾斜到所要求的角度时，释放鼠标左键。效果如图 2—32 所示。

图 2—32　对象的倾斜操作

（八）“块参数”对话框的设置小结

在对象的基本操作中，几乎都与“块参数”对话框有着密切的联系，所以在这里具体地介绍一下“块参数”对话框中各个选项的含义。图 2—33 为“块参数”对话框。

（1）横坐标、纵坐标：显示此对象目前所处位置的坐标值。

X：指定横方向坐标值。以版面左上方（开始位置）为原点。

Y：指定纵方向坐标值。以版面左上方（开始位置）为原点。

（2）旋转角度：输入旋转的角度，与逆时针或顺时针按钮配合可实现块的逆时针或顺时针方向的旋转。

（3）倾斜角度：输入倾斜的角度，与左倾或右倾按钮配合可实现块的向左或向右倾斜。

（4）块宽度或横向缩放比：当选中实际值选择钮时，在文本框中输入块的宽

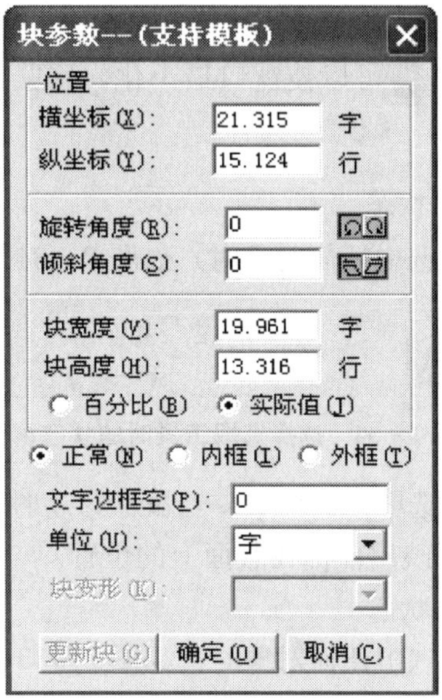

图 2—33　“块参数”对话框

度值；选中百分比选择钮时，在文本框中输入相对于当前块宽度的比例值。

（5）块高度或纵向缩放比：当选中实际值选择钮时，在文本框中输入块的高度值；选中百分比选择钮时，在文本框中输入相对于当前块高度的比例值。

（6）正常、内框、外框：正常——边框的中间；内框——边框的内侧；外框——边框的外侧。

（7）文字边框空：是指文字边框和排版区域之间的距离。

（8）“块变形”：在图元之间进行转换。选中图元时，该选项有效。

（9）更新块：单击“更新块”，所设参数作用到被选对象。

（九）状态窗口

状态窗口是飞腾中的一个浮动窗口，在排版的过程中，该窗口可以为打开的状态。它可以显示版面中对象的状态，同时还能对选中对象进行大小、位置、旋转、倾斜等参数的设置。当在版面中选中不同的块或工具条中的不同工具时，状态窗口将显示不同的界面。

在打开文件的情况下，选中“菜单→状态窗口”命令（菜单命令前有对勾），可以在版面上显示窗口，再次单击该命令，取消前面的对勾，则可以隐藏状态窗口（也可单击其左上角的按钮）。在未打开文件的情况下，单击该命令，则当新建文件时，状态窗口会自动出现在版面中。无论在哪种状态下，单击窗口左上方的 均可关闭窗口，双击 可以使窗口最小化，用鼠标可以随时将状态窗口拖动到任意位置。

1. 选择选取工具时的状态

此时状态窗口（没有选中任何对象时）如图 2—34 所示。

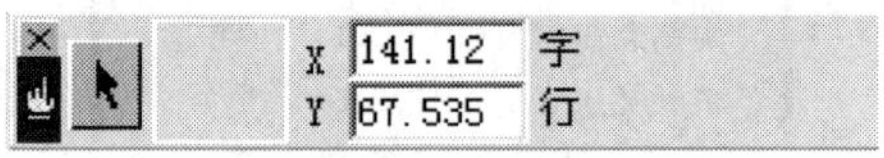

图 2—34　选择选取工具时的状态窗口

此时，在版面上没有选中任何对象。当鼠标移动时，该状态中的两个文本框（X、Y 文本框）会及时反映出鼠标在版面上的位置。

2. 选择文字工具时的状态

此时状态窗口（没有选中任何对象时）如图 2—35 所示。

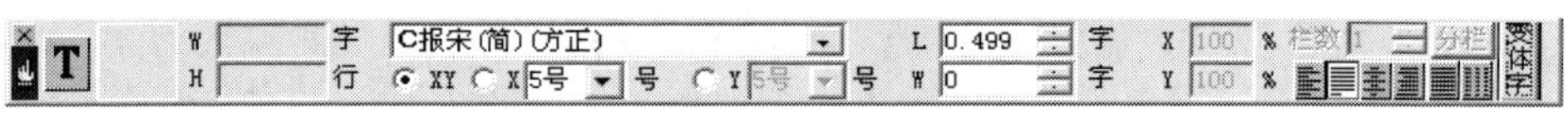

图 2—35　选择文字工具时的状态窗口

当没有选中任何文字时，W 和 H 文本框变灰；当选中某些文字时，W 和 H 文本框变亮，会显示出文字块的大小，可以在此输入数值，改变文字块的大小，但文字块内的文字不随之改变。

鼠标点到文字块内的文字上时，该状态窗口会显示当前选中文字的字体、字号（XY 方向、X 方向和 Y 方向）、文字放大的百分比（X 和 Y）。用户也可以通过该状态窗口来改变字体、字号（XY 方向、X 方向和 Y 方向）、文字放大的百分比（X 和 Y）、该文字的行距 L 和字距 W 以及该文字块所使用的排版格式。

按钮用来设置光标所在行（未选中文字时）或所选文字所在行的格式。

在栏数微调框中选择或输入栏数，单击“分栏”按钮，可以给选中的文字块分栏，分栏方式为自由、不带栏线。

点击 按钮，弹出“变体字”对话框，可在此设置变体字。

3. 选择画线工具时的状态，如图 2—36 所示

状态窗口中的 X 和 Y 显示框显示直线在版面上的位置。三个点表示直线的

图 2—36　选择画线工具时的状态窗口

三个关键点。当用鼠标拖动直线的两个控制点中的某一个移动时，四个微调框分别显示所拖动控制点的坐标、直线的长度和直线与水平线的夹角。该状态的最后两个按钮分别是进行水平和垂直镜像操作的按钮。

另外，用户可以在状态窗口中输入数值来改变直线的位置、长度及与水平线的夹角。

4. 选择画多边形和贝塞尔曲线工具时的状态（如图 2—37、图 2—38）

图 2—37　选择贝塞尔曲线工具时的状态窗口

图 2—38　选择多边形工具时的状态窗口

当第一次画多边形或贝塞尔曲线时，X 和 Y 文本框显示出用户画到了哪里；当版面上存在多边形或贝塞尔曲线时，用鼠标拖动某一点，X 和 Y 文本框显示鼠标的位置。

在此对话框中可以显示对象的 X、Y 坐标，但不能在此对话框中编辑对象的坐标。

5. 选择画矩形、圆角矩形、菱形、椭圆形工具时的状态，都可通过状态窗口进行参数设置

四、对多个对象的操作

（一）选中多个对象

要对多个对象进行操作，首先就要选中这些对象，选中多个对象的方法有以下两种。

（1）通过 Shift 键：选中“工具”中的选取工具，选中一个对象，然后按住 Shift 键，同时单击其他对象，这样就可以选中多个对象了。同样，已经选中了多个对象，按住 Shift 键再单击单个对象，选中的对象即被逐一放弃。

（2）框选法：选中“工具”中的选取工具，按住鼠标左键拖动，飞腾版面上

显示一个虚线框，凡在虚线框内的对象都被选中，如图 2—39 所示。

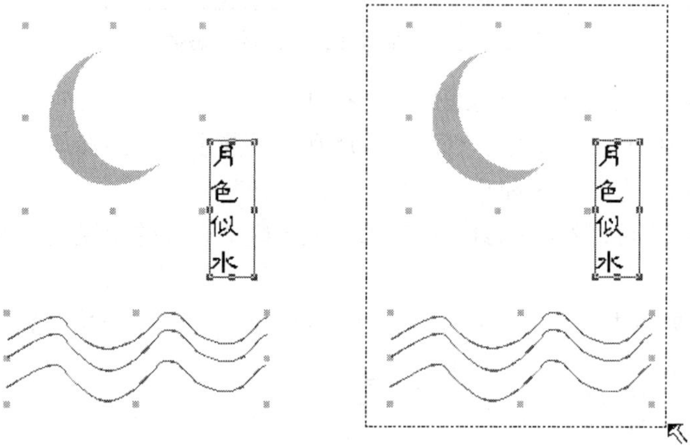

图 2—39　用框选法选中多个对象

（二）块合并与块分离

在飞腾中，可以将几个对象合并成一个组，将该组对象作为一个整体进行操作。这样可以实现对多个块同时操作等功能。当然，对合并后的块，如果需要单独进行操作，还可以将它们进行块分离。

1. 块合并

（1）选中“工具”的选取工具。

（2）按住 Shift 键，同时逐一单击要合并的多个对象，或采用框选法。

（3）选中对象显示控制点（呈选中状态），此时可选择“版面→块合并”命令，或在右键菜单单击“块合并”命令，或单击窗口常用工具条中的“块合并”按钮或按快捷键 F4，效果如图 2—40 所示。

> **提示**
> 块的合并可以分阶段进行，即可以先合并几个块，然后用这个合并后的块去和其他块再合并。

2. 块分离

（1）选中“工具”中的选取工具，单击准备分离的组对象。

（2）组对象显示控制点（呈选中状态），此时可选择“版面→块分离”，或单击鼠标右键菜单中的“块分离”命令，或单击窗口常用工具条中的“块分离”按

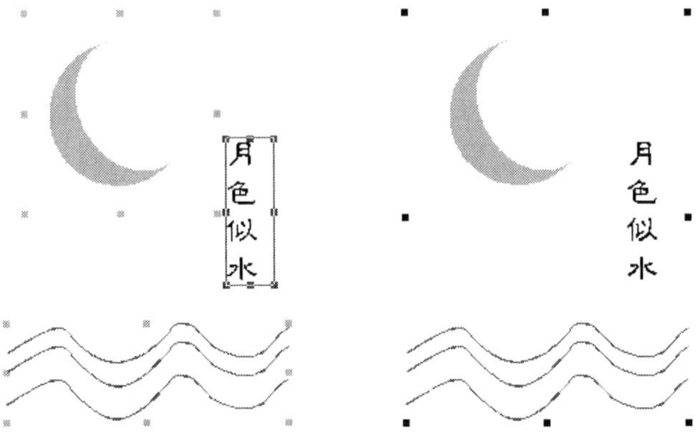

选中多个对象　　执行块合并后的效果

图 2—40　“块合并”操作

钮，或按快捷键 Shift＋F4。

提示　块的合并可以分阶段合并，对应于分阶段合并的块，它的分离也同样是一步步地分离的。

在飞腾中，可以选中多个合并的图元组进行块分离操作。比如，有两个合并的图元组（共有 4 个图元），选中这两个合并的组，执行“块分离”功能，则两个合并的组同时分离为单独的块（4 个单独的图元）。

（三）块编辑

如果要对合并的一组对象中的某个对象进行调整大小、形状的操作，不需先将这组对象进行块分离操作，可以通过“块编辑”功能实现在整个合并的对象组中进行个别块的编辑。

（1）选中合并后的组对象，在组对象周围出现 8 个控制点，单击“版面→块编辑”命令，或单击右键菜单中的“块编辑”命令，组对象周围都出现控制点。

（2）拉拽每个对象周围的把柄，即可分别改变每个对象的大小或形状，如图 2—41 所示。

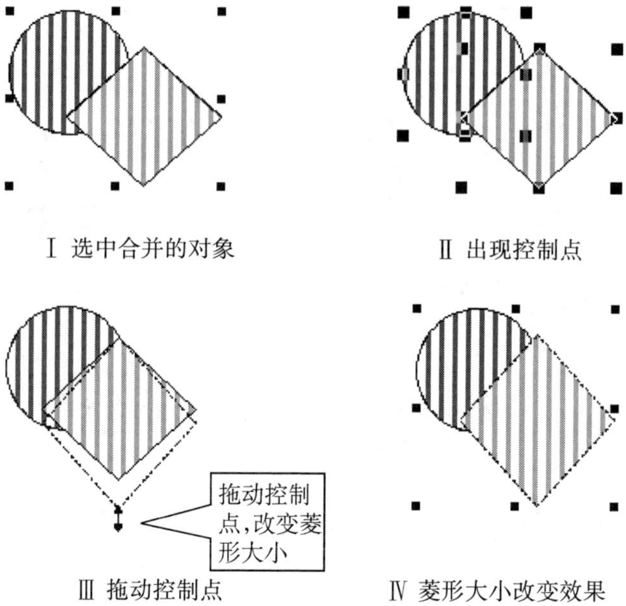

图 2—41　拖动控制点，改变单个图元的大小或形状

（四）对象的层次

飞腾中在同一层上多个重叠的对象之间有一定的层次关系，用户可以根据需要对对象之间的层次关系进行调整，指定重叠摆放的对象的排列层次。

其操作步骤如下：

(1) 选中“工具”中的选取工具，单击准备改变层次的对象。

(2) 选中对象，显示控制点（呈选中状态），此时可选择“版面→层次”子菜单中的“到前面”、“到后面”、“前翻”、“后翻”等命令。如图 2—42 所示。

提示

除了使用菜单中选项的方法，还有以下方法可以实现调整对象层次的操作：

(1) 单击鼠标右键，在鼠标右键中单击“到前面”、“到后面”、“前翻”、“后翻”选项或进行“层次调整”。

(2) 使用窗口中的“常用工具条”中的按钮 来实现调整层次关系的操作。这几个按钮从左到右分别是：前翻、翻到最前、后翻、后翻到底。

范例 设置版面上对象的层次。

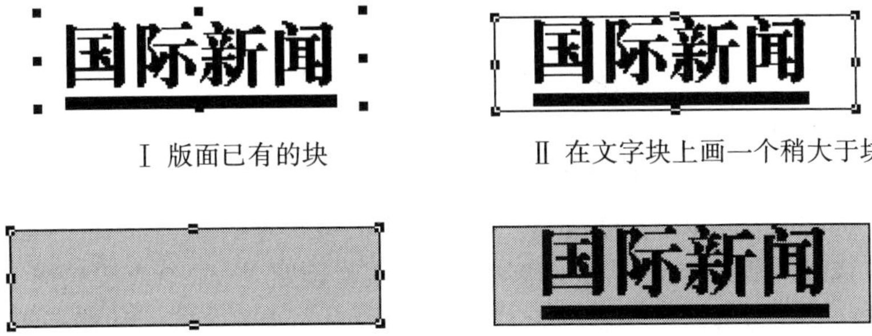

Ⅰ 版面已有的块　　Ⅱ 在文字块上画一个稍大于块的矩形

Ⅲ 给矩形设置底纹　　Ⅳ 将矩形翻到最后面

图 2—42　调整对象层次效果

（五）对象的锁定和解锁

1. 对象的锁定

在飞腾中可以把一个或者多个对象固定在版面上，以确保已经编辑好的对象的形状或位置不被修改。

其操作步骤如下：

（1）选中“工具”中的选取工具。

（2）选中准备锁定的对象。

（3）单击“版面→块锁定→普通锁定”命令或按 F3 键，“普通锁定”命令前出现一个对勾，表示此命令已经被选中。

当试图改变锁定对象的形状和位置时，版面中的光标会变为一把小锁，锁定的对象不能被移动。

（4）单击“版面→块锁定→编辑锁定”命令，或按 Ctrl＋F3 键，“编辑锁定”命令前出现一个对勾，表示此命令已被选中，这时，禁止对块进行一切修改操作，包括块的位置和大小，还有块的底纹、颜色、线型和文字等。当移动或改变块的编辑属性时，会弹出提示对话框，如图 2—43 所示。

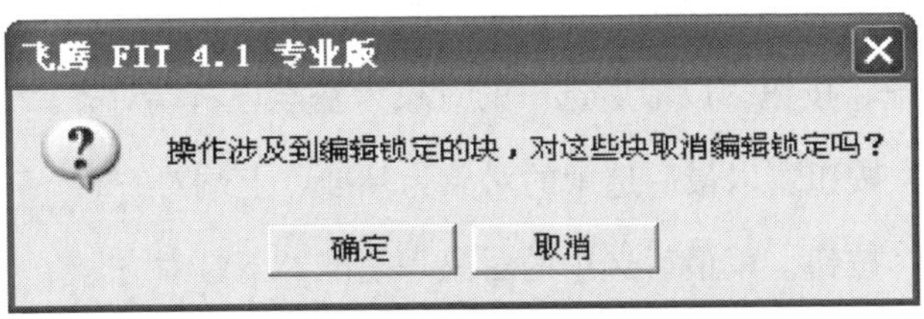

图 2—43　提示对话框

（5）单击“确定”则取消对块的编辑锁定，并且执行改变块的属性；单击“取消”按钮，则块属性不变，取消操作。

2. 对象的解锁

如果要移动已锁定的对象，则要先将锁定的对象解锁。

其操作步骤如下：

（1）选中“工具”中的选取工具。

（2）选中准备解锁的对象。

（3）选择“版面→块锁定→普通锁定（编辑锁定）”命令或按快捷键 F3（或 Ctrl+F3），“普通锁定（编辑锁定）”命令前的对勾消失，表示块已经解锁。

（六）对象的对齐

在飞腾中提供了使多个对象以特定的基准对齐排列的工具条。通过单击工具条中的按钮，可以实现多个对象的多种对齐方式的操作。

其操作步骤如下：

（1）选中“工具”中的选取工具。

（2）顺序选中多个对象。

（3）单击“块对齐”窗口中某一对齐方式（如图 2—44）。

提示

（1）在进行“块对齐”操作时，以最后选中的对象为对齐基准。

（2）对象的对齐工具在报纸版面的编排过程中对于版面的整洁起着相当重要的作用。

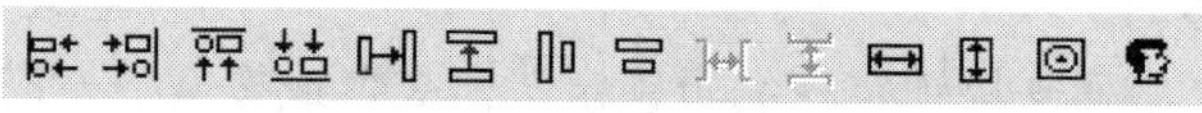

图 2—44 “块对齐”工具条

以下具体介绍“块对齐”工具条中的各个按钮的含义。

“左对齐”按钮。以最后选中的对象为基准，左端对齐。

“右对齐”按钮。以最后选中的对象为基准，右端对齐。

“顶齐”按钮。以最后选中的对象为基准，上端对齐。

“底齐”按钮。以最后选中的对象为基准，下端对齐。

“左右边齐”按钮。以最后选中的对象的一侧为基准，水平移动先选中

的对象（针对两个对象操作）。

“上下边齐”按钮。以最后选中的对象的一侧为基准，垂直移动先选中的对象（针对两个对象操作）。

“横向中齐”按钮。以最后选中的对象为基准，沿水平中线对齐。

“纵向中齐”按钮。以最后选中的对象为基准，沿垂直中线对齐。

“横向等距”按钮。在被选中对象最左端和最右端之间，将选中的多个对象的水平间隔调整均匀。

“纵向等距”按钮。在被选中对象最上端和最下端之间，将选中的多个对象的垂直间隔调整均匀。

“等宽”按钮。以最后被选中的对象的宽为基准，将选中的多个对象调整为等宽。

“等高”按钮。以最后被选中的对象的高为基准，将选中的多个对象调整为等高。

“中齐”按钮。以最后被选中的对象的中心为基准，将多个对象对齐（中心在同一位置）。

“自定义”按钮。用户手工设置对齐参数。选中欲对齐的多个对象，单击此按钮，则弹出如图 2—45 所示对话框，用户可以根据需要自己设置。

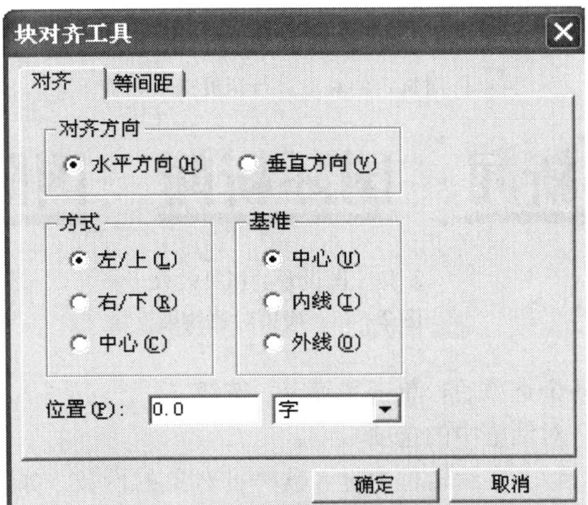

图 2—45　“块对齐工具”对话框

> **提示**
> (1)“块对齐工具”中的“对齐”页和“等间距”页是分别起作用的，只有在上层的起作用。
> (2)对象的线型为双线或文武线时无效。

(七)拷贝块

飞腾可以生成文字块、图元、图像等对象的拷贝。拷贝生成对象时，可以通过“拷贝块”对话框设置拷贝生成的对象的个数和生成方式。

1.“拷贝块”操作步骤

(1)选中“工具”中的选取工具。

(2)选定欲拷贝的对象。

(3)单击“版面→拷贝块”命令。

(4)弹出“拷贝块”对话框(如图 2—46)。

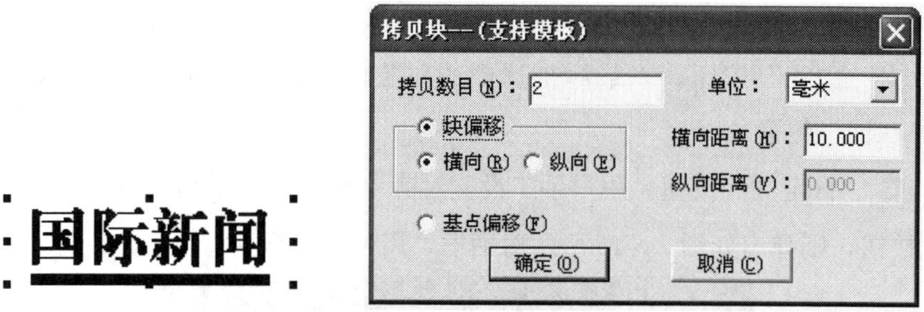

Ⅰ 对选定的对象进行拷贝选项设置

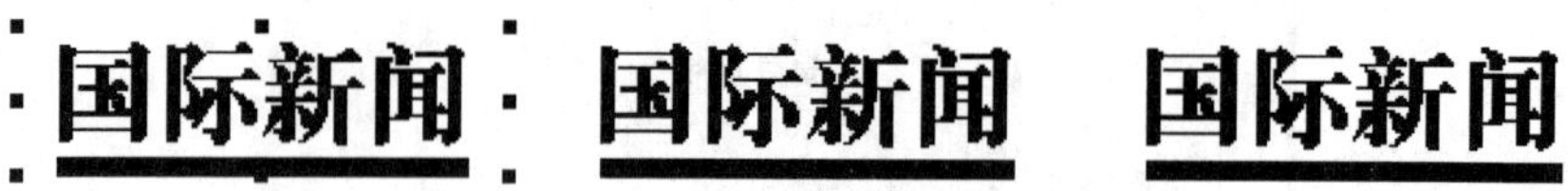

Ⅱ 按上图设置的拷贝效果

图 2—46 拷贝对象效果

(5)设置好各个选项后，单击“确定”按钮。

2.“拷贝块”对话框中的选项

(1)“拷贝数目”：在编辑框中键入欲拷贝对象的份数。如果数字大于 1，则拷贝的对象在拷贝方向上依次排列。

（2）如果要让拷贝对象产生偏移，则选“块偏移”单选按钮，再选择是横向还是纵向偏移。

（3）如果要拷贝对象的基点发生偏移，则选“基点偏移”按钮，并在“横（纵）向距离”文本框中输入基点偏移的距离。

（八）块属性的拷贝和粘贴

在飞腾中对一个对象设置了某些属性，如果还要设置另外一个对象为具有相同的属性，不用重新再设置。可以选中设置好属性的对象，单击鼠标右键，弹出右键菜单，单击“块属性拷贝”命令。然后再选中要设置属性的对象，单击右键菜单中的“块属性粘贴”选项。这样，这个块就具有拷贝的属性。

“块属性拷贝”和“块属性粘贴”功能适用于图元块和文字块，属性拷贝和粘贴时有以下几种情况：

（1）拷贝一个文字块的属性，粘贴给另一个文字块，则可以将文字块的所有属性粘贴到后一个文字块。

（2）拷贝一个文字块的属性，粘贴给一个图元块，则只能将底纹（“底纹”对话框所设的所有属性），线型（“线型”对话框所设的所有属性），线型的内线、外线、居中属性，文字块的颜色（单色）等属性拷贝给该图元块。

（3）拷贝一个图元块的属性，粘贴给另一个图元块，则可以将图元所有属性拷贝粘贴给后一个图元块。

提示 其中，圆角矩形对话框中所设的属性在圆角矩形和矩形之间可以相互拷贝粘贴，对其他图元类型无效。

（4）拷贝一个图元块的属性，粘贴给另一个文字块，则只能将底纹（“底纹”对话框所设的所有属性），线型（“线型”对话框所设的所有属性），线型的内线、外线、居中属性，图元块的颜色（单色）等属性拷贝给该文字块。

学习与思考

1. 假定以下文件（1）与（2）版面设置相同，如何进行合版达到文件（3）的效果？请尝试进行操作。

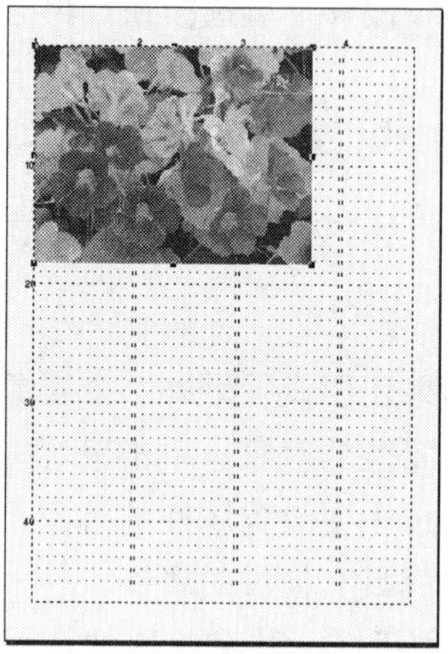

（1）当前操作文件

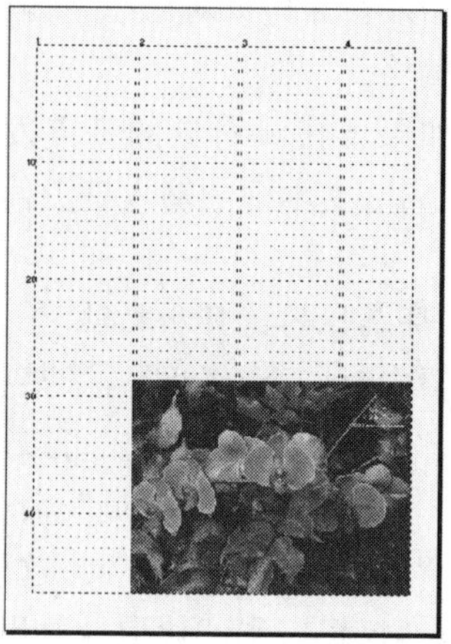

（2）选择要合版的文件

（3）合版效果

2. 请根据以下图片（1）所给素材，制作图片（2）效果。

（1）

（2）

第三章

设置排版的工作环境

由于办报宗旨、编辑方针的不同，不同类型的报纸自创刊开始规格就迥然不同，譬如，不同的开张——四开报、对开报；不同的版面设计风格——有的喜爱用矩形模块分地割据，有的喜爱使用线条表“情”，有的喜爱字体大红大绿，有的要求八栏制，有的习惯六栏制，有的别出心裁每期的栏数不均……这些形成了各类报纸各自的版式风格。总的说来，报纸的版式风格是千变万化的。

报纸的版式风格，很大程度上是通过报纸的工作环境体现出来，因为报纸排版之前，要先设置工作环境，有了适合的工作环境，才会有各种各样的报纸版面。譬如，版面参数的设置直接决定了报纸尺寸的大小。因此，在对报纸进行组版之前，必须根据报业单位的组版规定，设置相应的版面参数，以符合报纸的版面风格。

工作环境的设置是通过对一系列环境量的设置来完成的。所谓环境量是一组描述系统状态的值，其某一项值的改变将对以后相应的操作起作用。

环境量的种类有很多，有排版参数方面的，有度量单位方面的，有显示状态方面的，有打印发排方面的，等等。如果不进行设置，这些环境量将取系统相应的缺省设置。

在进入实验之前，先谈谈飞腾系统所提供的三类环境量：系统全局量、文件全局量、对象量。

一、系统全局量

可以在无文件打开时设置，且此时所作的设置将影响以后所有新建的文件，并对系统的整个操作过程都有影响，这些环境量即为系统全局量。飞腾退出运行后，系统会自动保存下这些全局量，再次启动飞腾时，这些环境量自动被调出。所有系统全局量只需设置一次，除非以后需要改动。

提示

(1) 有一些环境量可以在文件打开的情况下设置，如块默认大小。

(2) 可以在无文件打开的情况下设置，也可在文件打开的情况下设置的系统全局量有："环境设置"中除了"设置背景格"外的其他选项、"版面设置→设置边空版心→自动调整页面大小/自动设置分栏"、"基线设置"、"字体设置"、"打印设置"、"版面→漏白预校"。其他系统量都必须在无文件打开的情况下才可设置。

范例 设置系统全局量行距。

(1) 在没有打开任何文件的情况下（系统呈灰屏状态），单击"文字→行距与行间"命令，或按快捷键 Ctrl+J，弹出"行距"对话框，默认行距是 0.499 字。

(2) 可将行距文本框的值设为 0.25 字，则在此后所有新建文件中排入的文字，行距都是 0.25 字，直到数值再次被修改为止。如图 3—1。

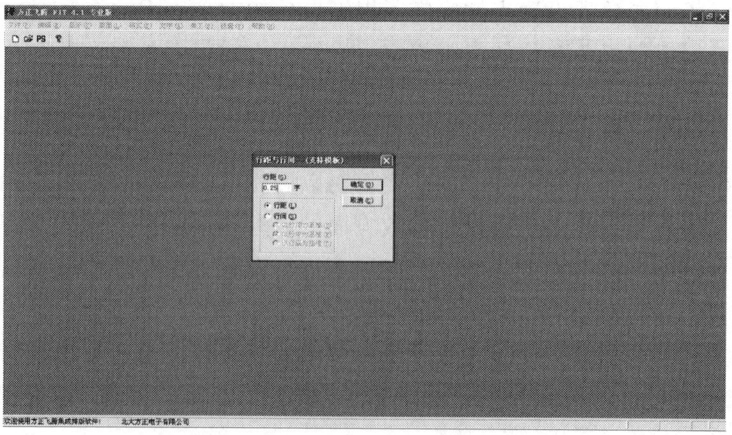

图 3—1 设置系统全局量行距

二、文件全局量

在打开文件后再设置环境量，这时所作的设置将只影响本文件的排版，只对本文件的整个操作过程有影响，这些环境量为文件全局量。文件全局量只保存在该 FIT 文件中。

范例　设置文件全局量行距。

打开一文件，不选中任何对象，按快捷键 Ctrl＋J 弹出“行距与行间”对话框，将行距文本框设为 0.25 字。以后在该文件中排入的文字，默认行距都是 0.25 字，直到该数值被修改为止。如图 3—2。

图 3—2　设置文件全局量行距

三、对象量

只对某一对象设定，只影响该对象的属性，对文件中其他对象没有影响的环境量，称为对象量。对象量也只保存在该 FIT 文件中。如图 3—3。

范例 设置对象量。

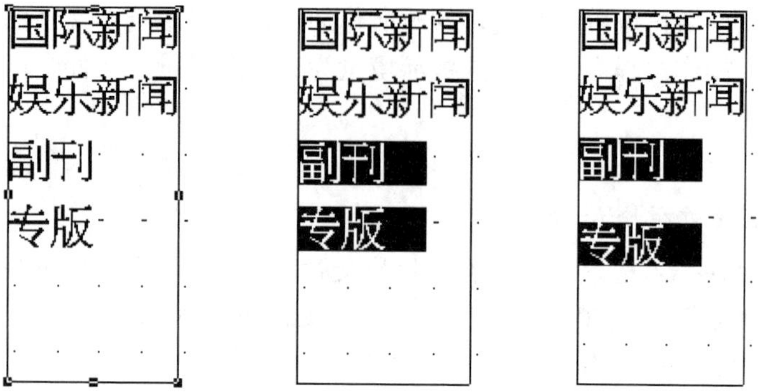

Ⅰ 对象　　Ⅱ 选中文字　　Ⅲ 修改选中文字行距

图 3—3　设置对象量

> **提示** 对某个文件来说，当它的某些文件全局量与系统全局量不同时，取它的文件全局量；对任何一个固定的对象，当对象量与文件全局量、系统全局量不同时，对象的属性取对象量。

了解完环境量，我们开始进入实验学习。

实验目的

本实验主要介绍在报纸排版过程中着重要掌握的版面参数及块设置的方法，通过学习，不仅可以了解报纸的版面规格是如何确定的，还能够了解新闻稿件排入版面区域内所呈现的状态。

实验原理

版面参数的设置直接决定了报纸的版面规格，版面参数可以在没有文件打开的时候设定，也可以在新建文件的时候设定，还可以在排版过程中修改；而块设置参数一旦设定，将直接影响版面中文字块（新闻稿件所占区域）呈现的状态。

实验条件

块设置窗口、版面设置窗口等。

实验内容

实验三　版面设置

在新建文件时设置版面参数：

单击“文件→新建”命令，或按 Ctrl＋N 键，或单击工具条上的新建按钮，弹出“版面设置”对话框（如图 3—4）。

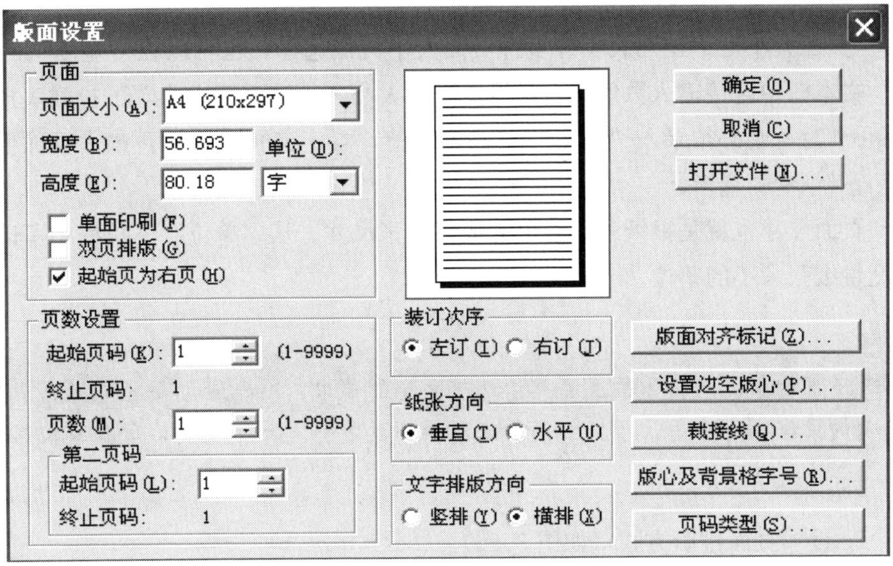

图 3—4　“版面设置”对话框

提示

很多单位使用飞腾新建文件后弹出的对话框可能不同于图 3—4，那是因为，为了操作方便，减少设置程序，操作人员会在未打开文件的情况下，通过“文件→版面设置”命令对版面进行设置，那么以后新建文件时，都会弹出设置后的版面。

一、“版面设置”主对话框参数设置

1. 设置“页面”大小（如图 3—5）

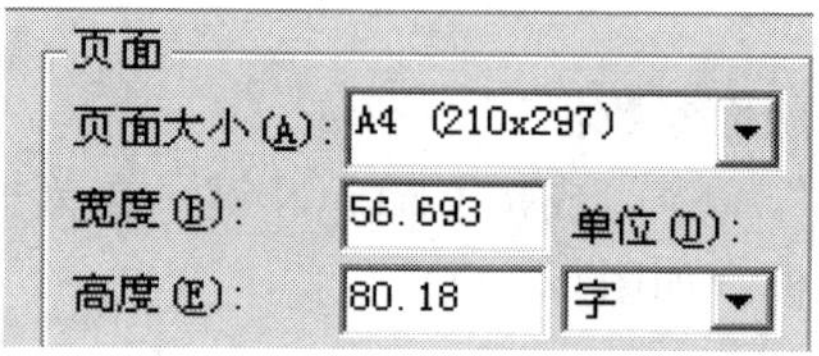

图 3—5　“版面设置”对话框的一部分

“页面大小”下拉列表中有多种页面大小可供选择，也可以在“宽度”、“高度”文本框中直接输入数值来自己设定页面大小。当“页面大小”下拉列表选择 Custom 时，则必须录入“宽度”、“高度”值，自定义页面大小，最大页面值是 958 毫米×958 毫米。

页面尺寸也就是报纸最后输出的成品纸张尺寸。从“单位”下拉框中可以选择度量纸张大小的单位。

> **提示** 不同的报社对报纸的成品尺寸都有固定的要求，初学者如果不能取得具体精确的数据，可以用尺子仔细测量来取得相近数据。为了精确，度量单位尽量使用毫米。

2. 设置页面排版方式（如图 3—6）

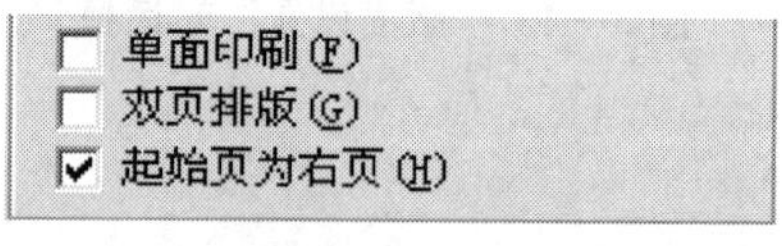

图 3—6　“版面设置”对话框的一部分

飞腾提供了五种版面排版方式。

第一种：选中“单面印刷”，其他选项自动置灰，此时对应的文件只有一个主页，所有页的属性是相同的，并在飞腾排版窗口每次只能显示一页版面，可通过翻页来依次显示其他页面。单击主页图标“左”可以选中主页，如图 3—7 所示。

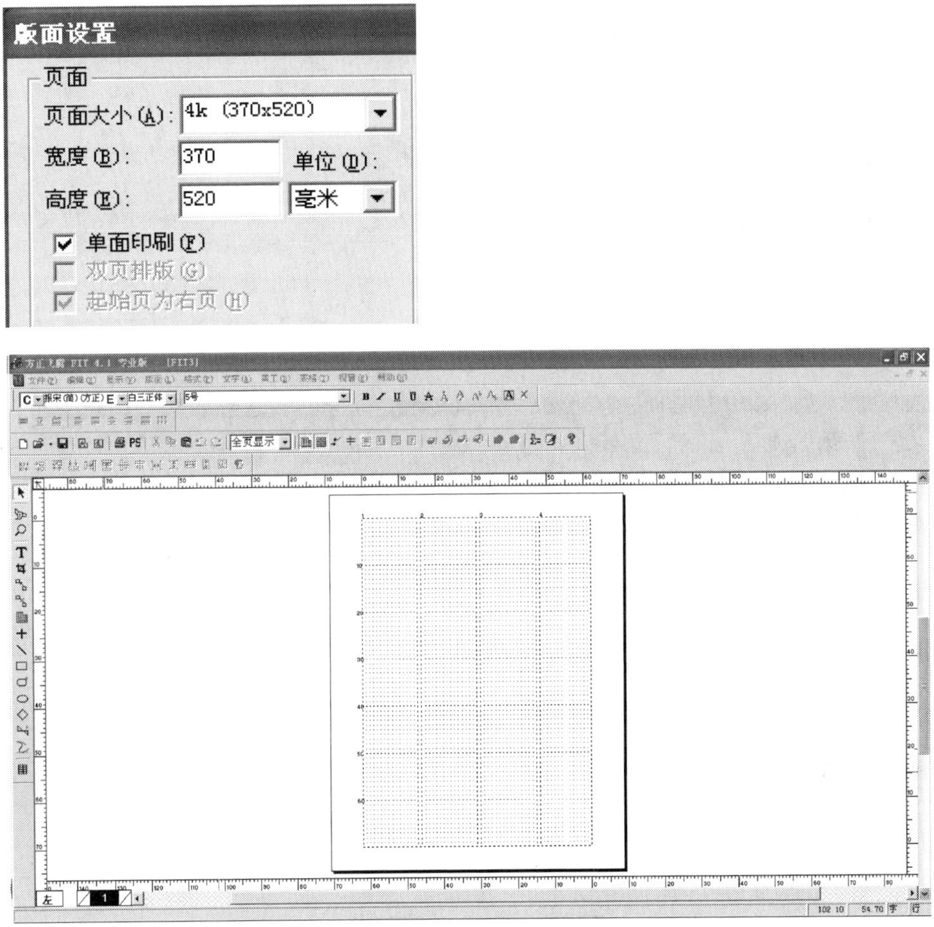

图 3—7　“单面印刷”的设置和显示效果

提示 此种方式为报纸排版常用。

第二种：“单面印刷”、“双页排版”、“起始页为右页”都不选中，此时对应的文件有左、右两个主页，为非双页显示，且起始页（第一页）为左页，第二页为右页，以下页依次排列。这样就可以对相邻的页通过左、右主页设置不同的属性，但在飞腾排版窗口每次只能显示一页版面。点按左下角的左、右来选中左主页或右主页，如图 3—8 所示。

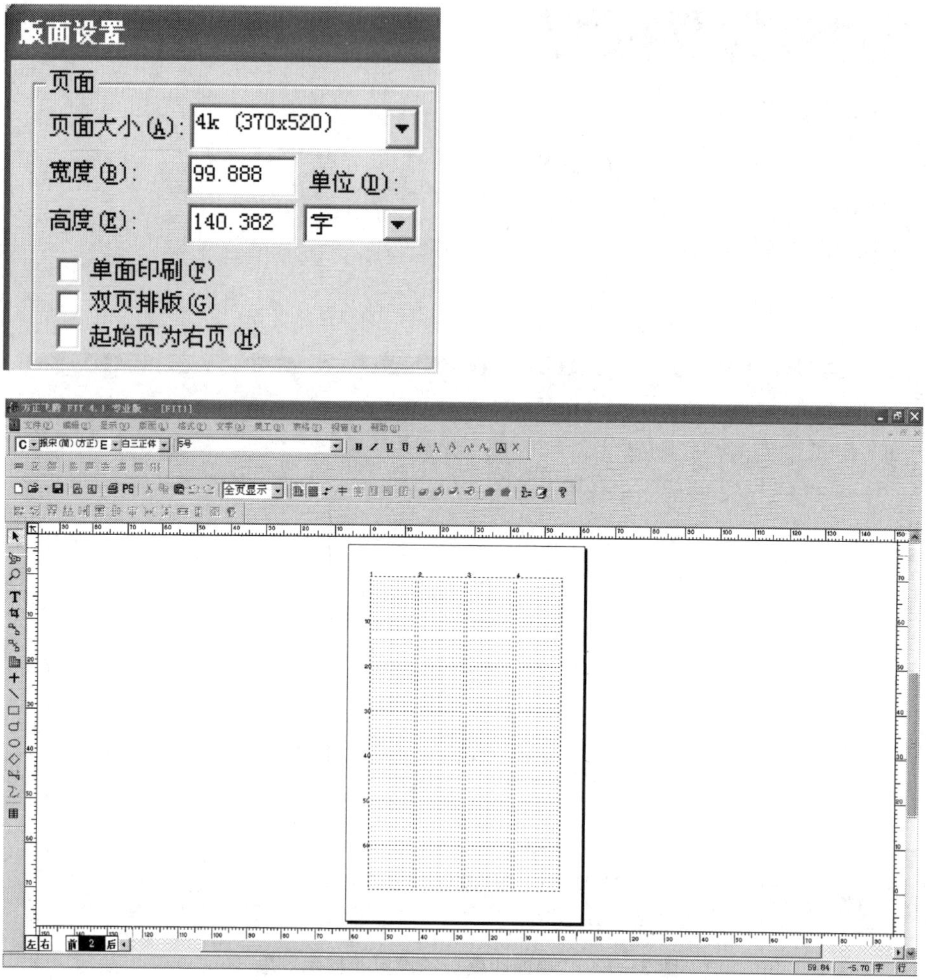

图 3—8　非“单面印刷”、非“双页排版”、非“起始页为右页”的设置及显示效果

第三种：只选中“起始页为右页”，其他都不选中，此时对应的文件有左、右两个主页，为非双页显示，且起始页（第一页）为右页，第二页为左页，以下页依次排列。这样就可以对相邻的页通过左、右主页设置不同的属性，但在飞腾排版窗口每次只能显示一页版面。点按左下角的左、右来选中左、右主页，如图3—9所示。

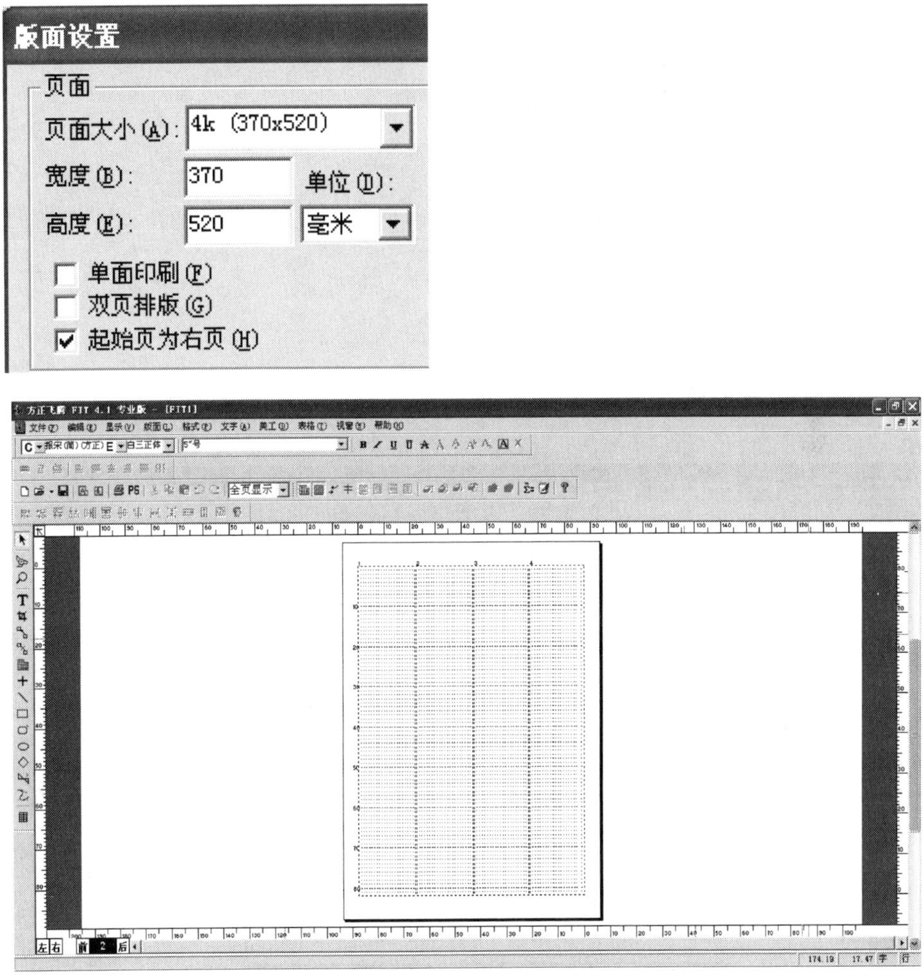

图 3—9　非“单面印刷”、非“双页排版”、“起始页为右页”的设置及效果

提示　此种方式为杂志排版常用。

第四种：只选中“双页排版”，此时对应的文件有左、右两个主页，为双页显示，且起始页（第一页）为左页，第二页为右页，以下页依次排列。这样就可以对相邻的页通过左、右主页设置不同的属性，在飞腾排版窗口每次同时显示相邻两页的版面，对此两页可在同一窗口进行排版。同样可通过点按左下角的左、右来分别选中左、右主页，如图 3—10 所示。

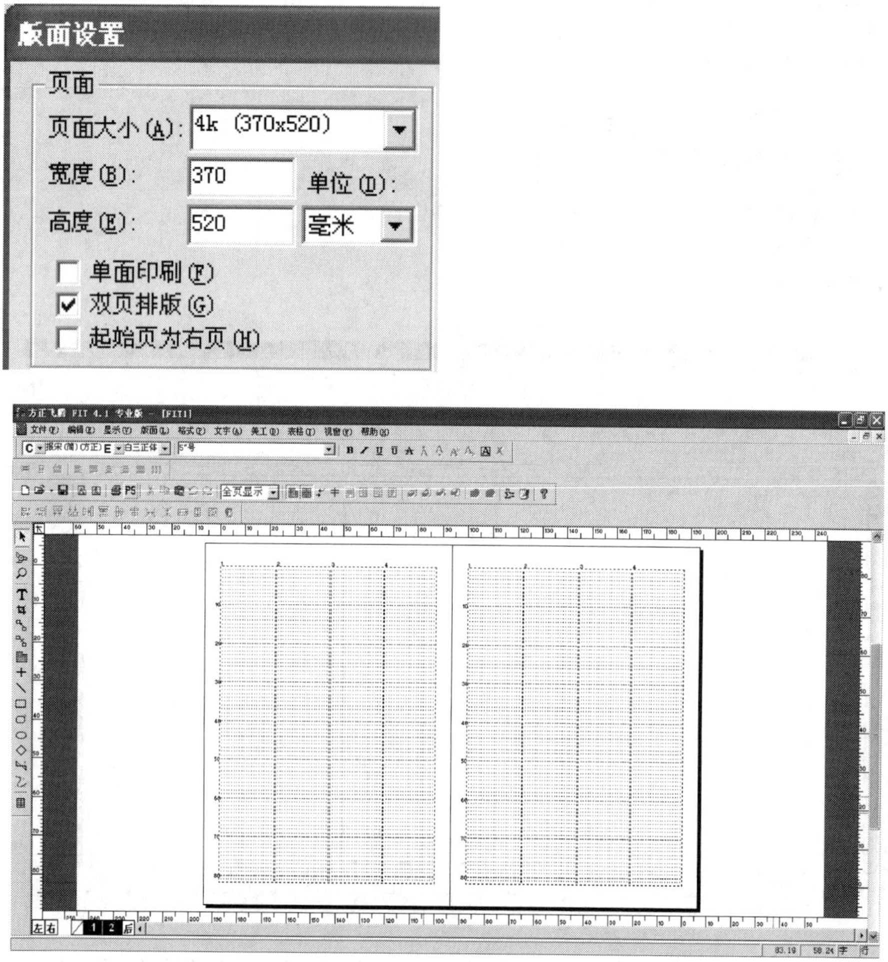

图 3—10 非“单面印刷”、非“起始页为右页”、“双页排版”的设置及效果

第五种：选中“双页排版”和“起始页为右页”，此时对应的文件有左、右两个主页，为双页显示，且起始页（第一页）为右页，第二页为左页，以下页依次排列。这样就可以对相邻的页通过左、右主页设置不同的属性，在飞腾排版窗口每次同时显示相邻两页的版面，对此两页可在同一窗口进行排版。同样可通过点按左下角的左、右来分别选中左、右主页，如图 3—11 所示。

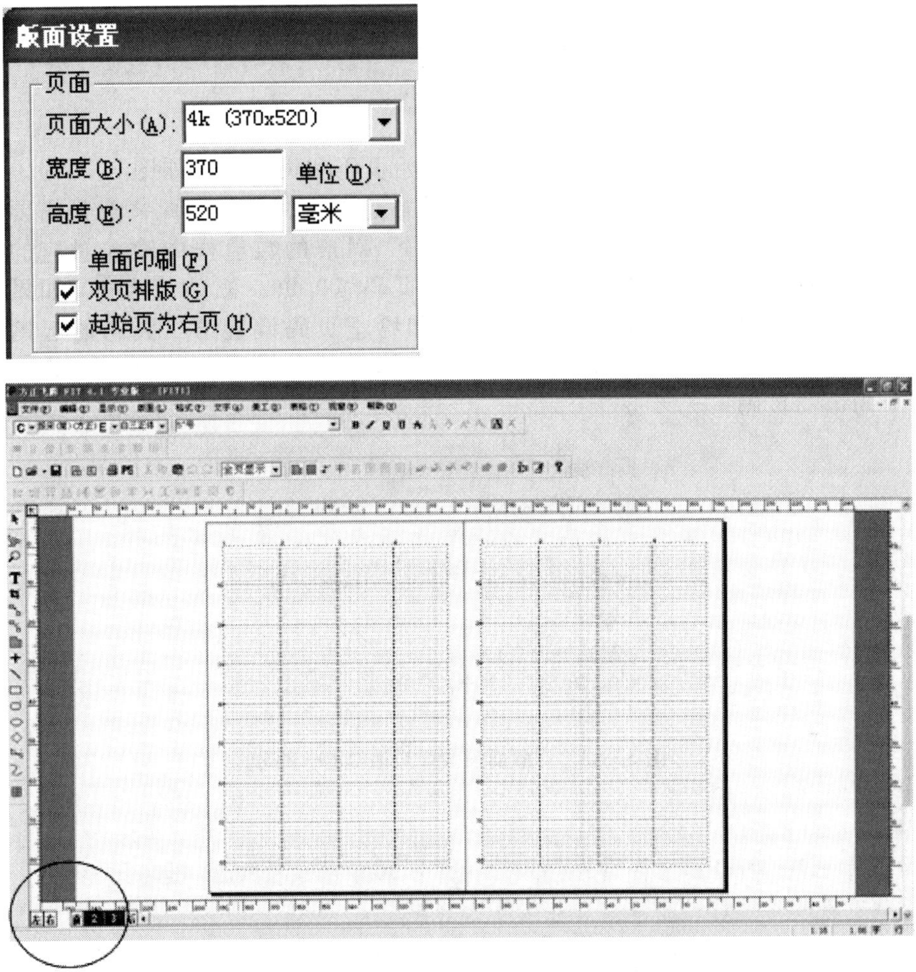

图 3—11 非“单面印刷”、“起始页为右页”、“双页排版”的设置及效果

3. 装订次序

装订次序有“左订”（订口在左，裁口在右）和“右订”（订口在右，裁口在左）两种选择（如图 3—12）。一般地，横排书选用“从左到右”的装订方式，竖排书选用“从右到左”的装订方式，缺省为“左订”方式。

图 3—12 “版面设置”对话框的一部分

提示 国内大部分报纸不采取装订形式，但是，报纸组版时选用“左订”。

4. 页数设置

在“页数设置”区域可设置文件的起始页码和页数等（如图 3—13）。页码适合在排书时使用。排书时，一般为每章建一个文件，因此每章都需要有一个起始页码号。可以直接在“起始页码”对应的数值框中输入对应的数值，起始页码号的有效范围为：1≤起始页码≤9999。默认值为 1。如果需要第二页码，则可在第二页码起始页码和终止页码设置第二页码的起始页码，如“第 10 页，总第 110 页”。其中，“第 10 页”为第一页码，“总第 110 页”为第二页码。

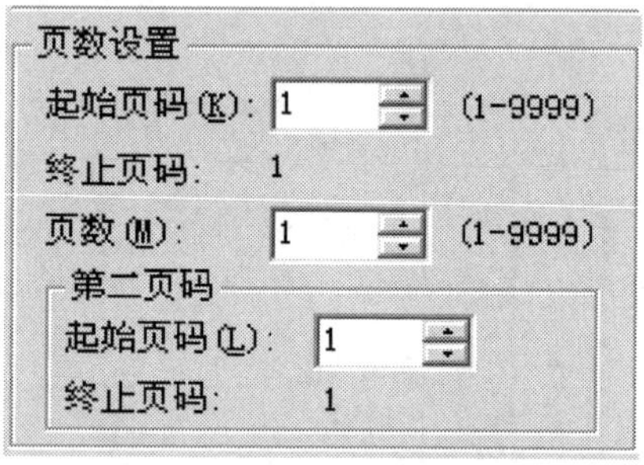

图 3—13　“版面设置”对话框的一部分

提示 对一个已打开的文件再进行版面设置，只可以重新设置“起始页码”，此时“页数”将只自动显示该文件实际的页数。

报纸的版次和图书的页码设置不同，报纸的版次是编辑自己手动设置的。

5. 纸张方向

“纸张方向”有“垂直”和“水平”两个选项，默认设置为“垂直”。报纸排版通常采用垂直方向（如图 3—14）。

图 3—14　“版面设置”对话框的一部分

6. 文字排版方向

设置文件中文字的排版方向是“竖排”或“横排”，默认设置为“横排”（如图 3—15）。若选中“竖排”，则灌文、输入文字时都为竖排的。我国大部分报纸的排版方向都选择“横排”。

图 3—15　“版面设置”对话框的一部分

二、“版面设置”各子对话框参数设置

设置完主对话框基本参数后，还需要对版面进行进一步的设置，如版心大小、页边空、版心行距、版心分栏数、版心字号和页码类型等。不同的报刊对这些参数都有不同的设置。

1. 设置版心及背景格字号

（1）单击“版面设置”主对话框的“版心及背景格字号”按钮，弹出如图 3—16 所示的“改变字号”对话框。

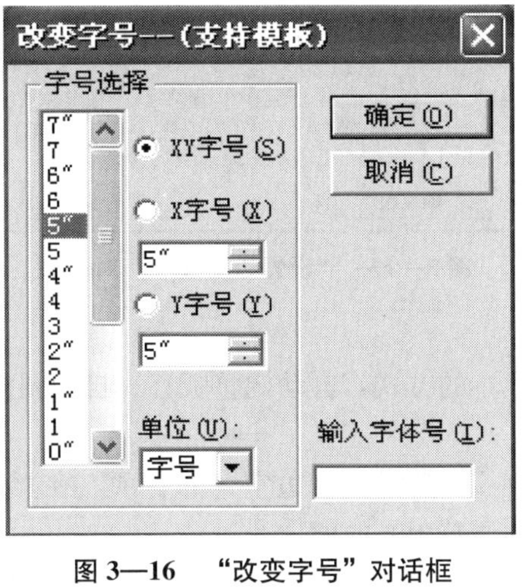

图 3—16　“改变字号”对话框

（2）在“字号选择”列表框中可选择所需要的字号，也可在“X 字号”和“Y 字号”微调框中直接输入字号的数值。如果要设置的字号高、宽不等，可分别设置“X 字号”和“Y 字号”；如果要设置的字号高、宽相等，则选中“XY 字

号”单选按钮。字号单位默认为“字号”。

> **提示**
> 报纸常选择 5″字号，杂志常选择 5 字号。

（3）设置完成，单击“确定”按钮返回主对话框。

2. 设置边空版心

（1）单击“版面设置”对话框中的“设置边空版心”按钮，弹出“设置边空版心”对话框（如图 3—17）。这个对话框用于设置版心、边空的大小，以及版心行距、版心分栏数等，甚至还可以改变页面大小。

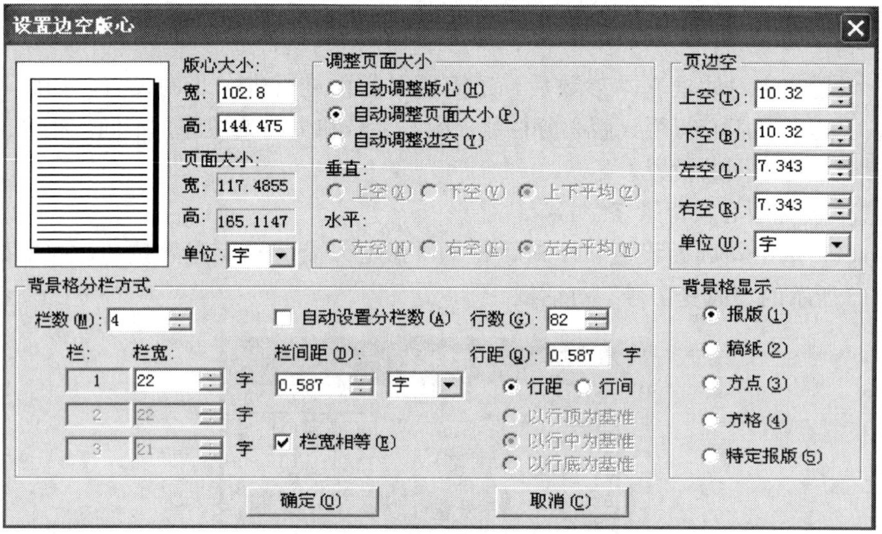

图 3—17 “设置边空版心”对话框

（2）调整页面大小。

有三种调整页面大小的方式：自动调整版心、自动调整边空、自动调整页面大小。

1）“自动调整版心”：激活“页边空”的各项，在页面大小不变的基础上，通过调整页边空来自动调整版心的值。

2）“自动调整页面大小”：激活版心的“栏数”和“行数”以及“页边空”的各项，此时系统将根据所设的版心栏数和行数以及页边空的值，来调整页面的大小。这时返回主对话框，可见页面大小已被改变。

3）“自动调整边空”：激活版心的“栏数”和“行数”以及“页边空”方式，

在页面大小不变的基础上，通过调整版心的“栏数”和“行数”以及“页边空大小”方式，来自动调整页边空。

提示 设置报纸版面的大小一般选择“自动调整页面大小”方式。

（3）设置页边空。

设置页面的上、下、左、右边空，缺省设置为上、下边空均等，左、右边空均等。

（4）设置版心。

在“自动调整页面大小”或“自动调整边空”复选框被选中时，版心大小及其选项组才被激活，用于改变版心的大小。其中的“栏数”和“行数”决定版心的大小。

栏的宽度取决于版心及背景格中的设定，行数的值与行距及版心字号有关。因此，在设“栏数”和“行数”之前，要先设置版心及背景格字号和行距。当然，版心字号要在进入此对话框之前就已设好，即先设好“字体号”子对话框。

飞腾支持不等栏宽的分栏方式，可以在“栏数”及“栏宽”对话框中输入版面中所分的栏数，以及每栏的宽度。

（5）“自动设置分栏数”选项。

选中该复选框后，排入版面的文字自动按背景格栏数分栏。此种方式报纸排版时很少使用。

（6）设置栏数。

可以通过“栏数”微调框指定背景格分栏数。飞腾可设置的最大栏数为99栏。飞腾背景格所占的位置是与版心大小对应的。飞腾中支持不等分栏背景格设置，即背景格为“报版”或“稿纸”方式情况下，可以设置背景格中每一栏的宽度，从而实现背景格的不等分栏。当然在需要的情况下也可以使背景格各栏栏宽相等。

不等栏宽的背景格，可以方便用户排有不等栏宽要求的版面。比如有的报纸版面的背景格要求全版分八栏，前五栏15个字，后三栏14个字。又如有的报纸要求分七栏，前六栏每栏11个字，最后一栏是12个字。对于这些要求，可以通过设置不等分栏的背景格来实现。另外如果报纸的中缝需要与某版一起排版的话，由于中缝通常较窄，因此也可以使用不等分栏的背景格来设置中缝的宽度。

提示

(1) 设置背景格时，栏宽是指背景格中每一栏的宽度，通常它的单位是“字”。

(2) 只有“报版”、“特定报版”和“稿纸”类型的背景格才能按照设定的分栏进行显示，其他类型（方格、方点）的背景格不具备分栏属性，不能按照设定的分栏显示。

(3) 通常对开报纸设为八栏，四开报纸设为六栏。

(7) 设置栏间距。

栏间距是指背景格两栏间的距离。在“栏间距”文本框中输入数值可设定栏间距，栏间距的单位在其右的下拉列表中进行设置。

(8) 设置栏宽。

不选中“栏宽相等”选项，则可以对所有栏的栏宽进行分别设置；如果选择“栏宽相等”，则只需要设置第一栏的宽度，其他栏自动调整到与第一栏等宽（如图 3—18）。飞腾中每栏的最多字数为 999 字。

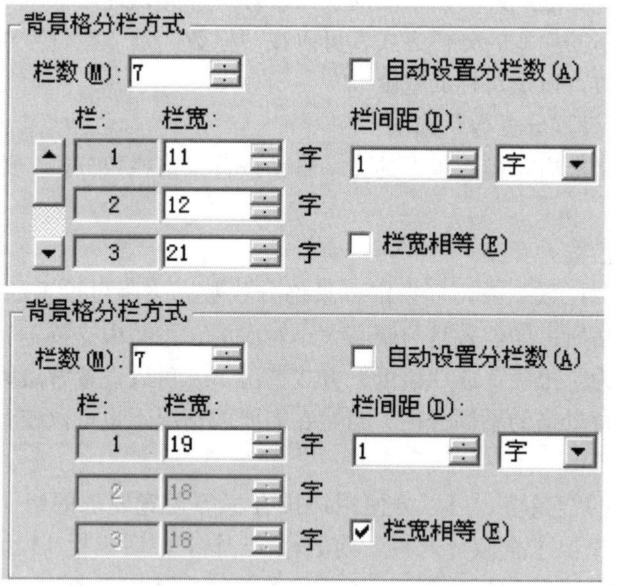

图 3—18　设置不等分栏及等分栏背景格对话框

(9) 设置背景格的类型。

该选项组中，可以设置背景格的类型。有报版、稿纸、方格、方点和特定报版这五种选择。

提示

对报纸进行行组版往往选择报版类型，系统将根据版面设置对话框中的“设置边空版心”下的“背景格分栏方式”里的背景格“栏数”和“栏间距”的值来显示背景格。页面的边空上显示背景格的行列坐标（如图3—19），以帮助编辑准确地划出文章区、标题区、图片排放的位置。

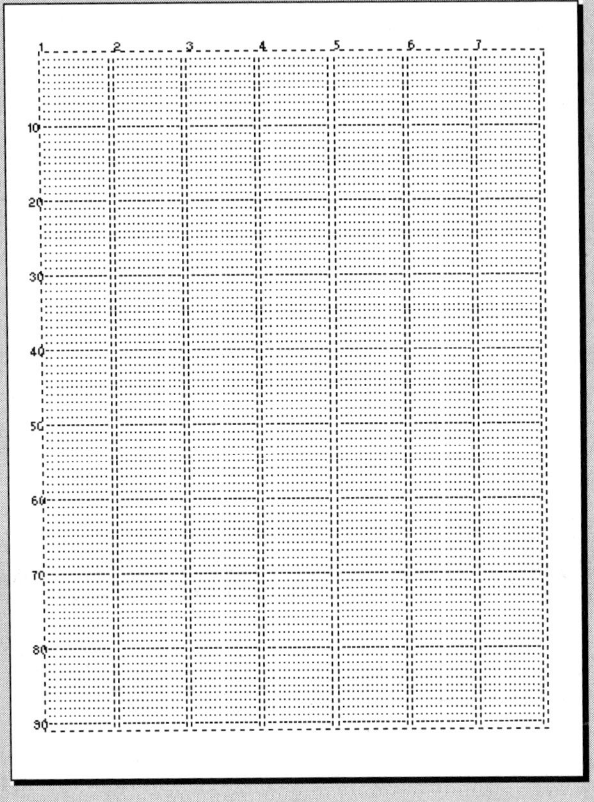

图3—19　背景格为报版

（10）设置行数与行距。

“行数”微调框用来设置行数，“行距”与“行间”文本框用来设置行距。选中“行距”单选按钮，以上一行的行底到下一行的行顶的距离为基准确定行距；选中“行间”单选按钮，可以选择“以行顶为基准”、“以行中为基准”及“以行底为基准”这三种方式来确定行间距。

提示 报纸排版通常选“行距”。

3. 定义裁接线

定义裁接线的步骤如下：

（1）单击“版面设置”对话框中的裁接线按钮，弹出“定义裁接线”对话框，如图3—20所示。选中“包含裁接线”复选框，“裁口外空”和“警戒内空”选项组变为可选，该对话框用来定义出血线和文字警戒线。

（2）设置出血线。

通过对“裁口外空”选项组的设置可以决定出血线的位置。出血线位于页面框的外侧，当参数都为0的时候，与页面边框重合。出血线边框决定了图片的最大输出范围。裁口外空要根据工厂工艺规范而定，一般裁口外空设为3毫米，默认值也为3毫米。

（3）设置文字警戒线。

通过对“警戒内空”选项组的设置可以决定文字警戒线的位置。文字警戒线位于页面边框的内侧，当参数都为0时，与页面边框重合。文字警戒线用于提醒用户，文字不要排出警戒线，否则在成品裁切时，由于误差可能导致文字被切掉。警戒线也要根据工厂的生产工艺规范而定。

（4）各个项目设置完成，单击“确定”按钮。

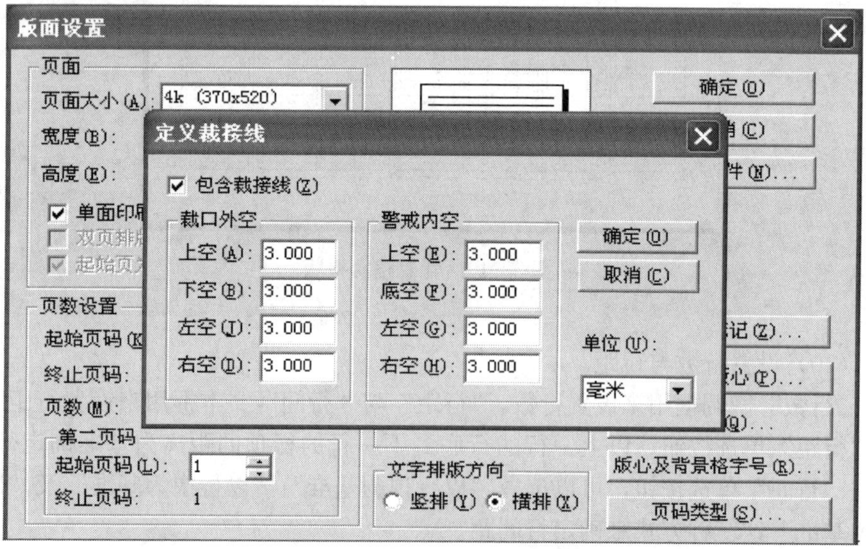

图3—20 “定义裁接线”对话框

4. 设置版面“对齐标记”

（1）单击“版面设置”对话框中的“版面对齐标记”，弹出如图 3—21 所示的对话框，选中“加对齐标记”复选框，可进一步设置其形状和位置。

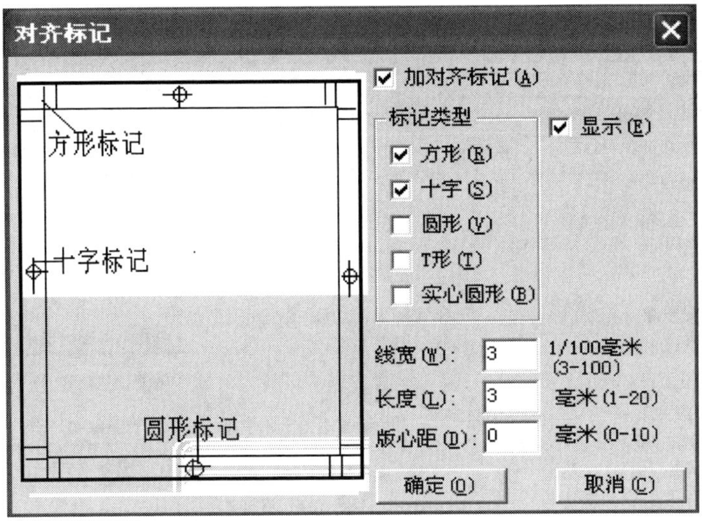

图 3—21　“对齐标记”对话框

（2）选择标记类型。对齐标记有方形、圆形、实心圆形、十字和 T 形。它们的用途分两种：方形标记是裁剪标记，它表明最终印刷成品的大小，供裁剪时使用；圆形、实心圆形、十字和 T 形标记是印刷定位标记，只有在打印分色片时，这些选项才有意义。在印刷过程中，将按照这些定位标记定位分色片。

（3）在“线宽”文本框中输入对角线宽，此处使用默认值。“长度”文本框用来定义对角线长，此处使用默认值 3 毫米。“版心距”大小等于十字标记与初始值变化大小，默认值为 0 毫米。

提示 长度值不能小于版心距，角线下端与外裁接线的距离始终为 0。

（4）选中“显示”复选框，使对齐标记能显示在排版窗口中。

（5）单击“确定”按钮，确认设置，返回到“版面设置”主对话框。

5. 设置页码类型

详见“页的操作”实验章节。

范例 以《南方周末》某版面的排版为例进行组版前的版面设置。

(1) 新建文件，在弹出的“版面设置”对话框中，设置页面大小为：宽度 337 毫米，高度 543 毫米；选中复选框“单面印刷”，其余按默认设置。如图 3—22 所示。

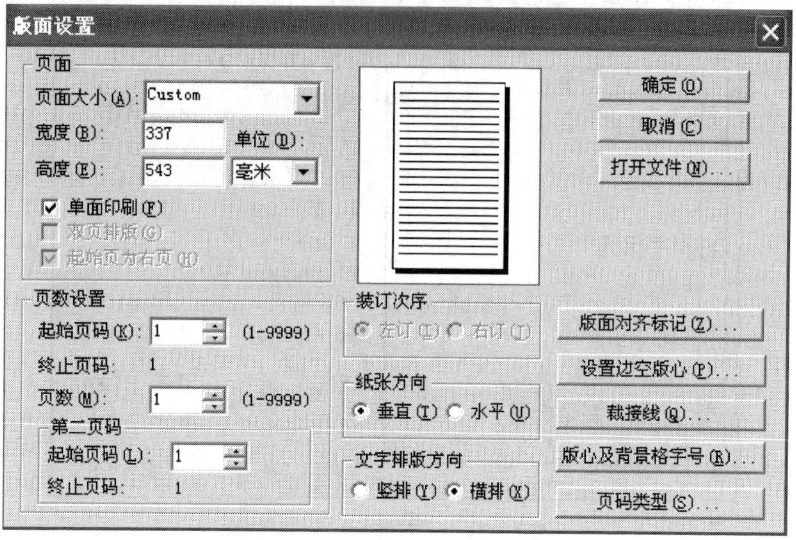

图 3—22 设置报纸页面大小

(2) 单击“版心及背景格字号”按钮，在弹出的对话框中选择 5″字号为版心字号，如图 3—23 所示。设置完单击“确定”，返回“版面设置”主对话框。

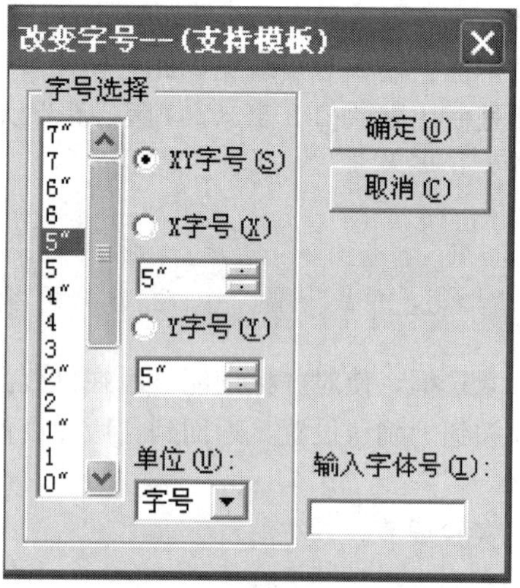

图 3—23 设置版心字号

（3）单击“设置边空版心”按钮，在弹出的对话框中进行如下设置：选中“自动调整页面大小”单选按钮。“页边空”选项组中把上空、下空、左空、右空均设置为20毫米。“背景格分栏方式”选项组中，将“栏数”设置为4栏；不选“栏宽相等”，将“栏宽”依次设置为20字、15字、28字；“栏间距”设置为1.1字；“行数”设置为133行，“行距”定为0.20字。如图3—24所示。设置完毕，单击“确定”按钮，返回“版面设置”主对话框。

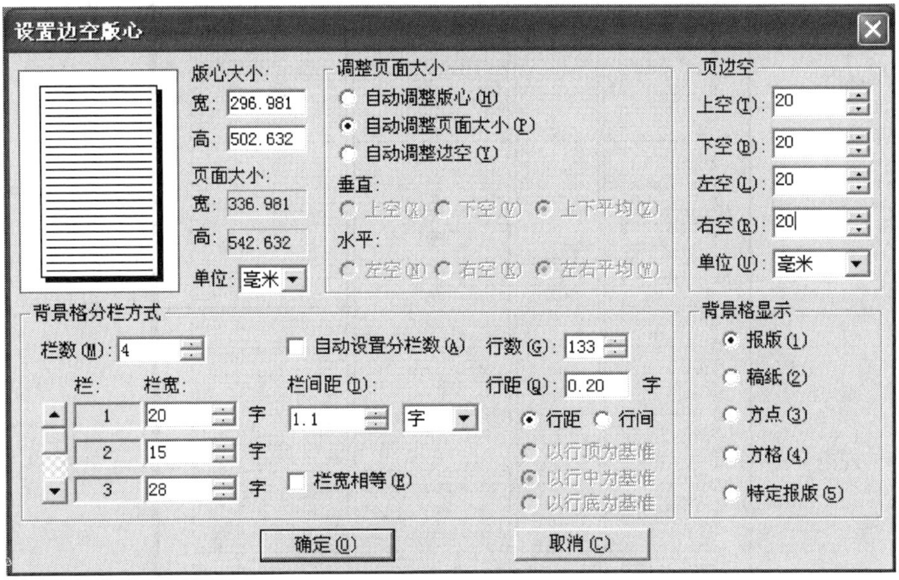

图3—24　设置边空版心

提示

“设置边空版心”中子对话框中的“页面大小”文本框中最终得出的数值本来应与“版面设置”主对话框中的页面大小文本框中数值一致，但是，由于种种原因，设置时会有细微误差，造成这两个数值不一致。但是，版心最终设置出来的值与“版面设置”主对话框中的值不能有超过规定（譬如1毫米）的误差。

（4）单击“确定”，完成版面设置，新建的版面则呈现出来，如图3—25所示。

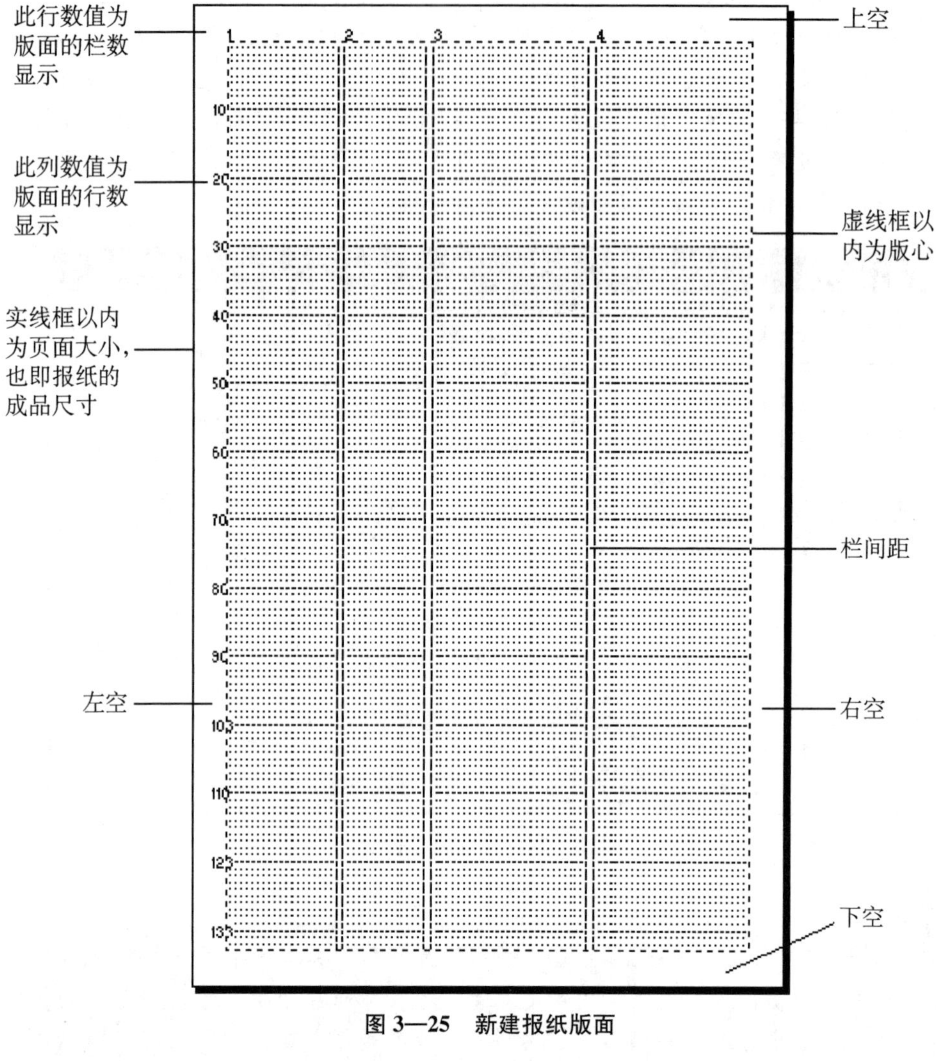

图 3—25 新建报纸版面

提示 假设该版面设置中还要设置裁接线和对齐标记，则将“裁口外空”设为 3 毫米，将“警戒内空”设为 2 毫米，将“对齐标记”设置为方形、十字和圆形，如版面还会显示裁接线和对齐标记，如图 3—26 所示。

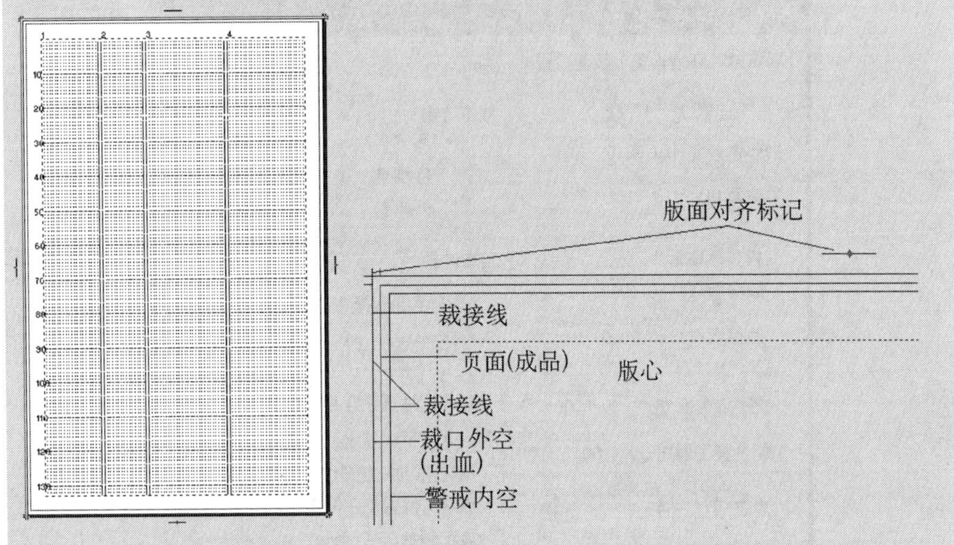

图 3—26 设置裁接线和对齐标记及各参数的意义

实验四 环境设置

单击“文件→设置选项→环境设置”命令，弹出如图 3—27 所示“选项”对话框，默认为“块设置”选项卡。

一、设置块默认大小

“块默认大小”选项组用于设置文字块、图元块的默认大小，该项无论何时设置，总是作为系统全局量。

(1) 如果不选中“块默认大小”，“块宽”和“块高”显示的数值为系统最初默认的块大小数值。确定该数值后，当用“排版”命令排入文字时，鼠标在版面上一点，飞腾系统将弹出“默认块大小”对话框（如图 3—28），在该对话框中各选项初值为“块设置”中显示的数值，如 19.961 5、13.316 2。如果在“块宽”和“块高”对应的文本框中输入对应的数值，确认该对话框后，将在版面上按此处设定的块大小值生成一个文字块。生成图元块也是如此。

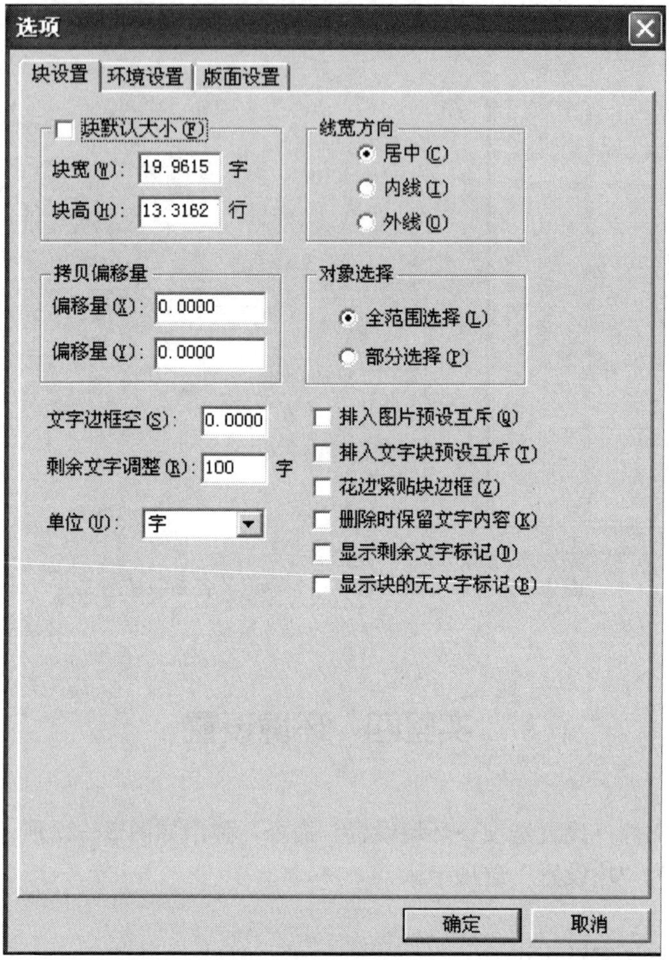

图 3—27 “块设置”对话框

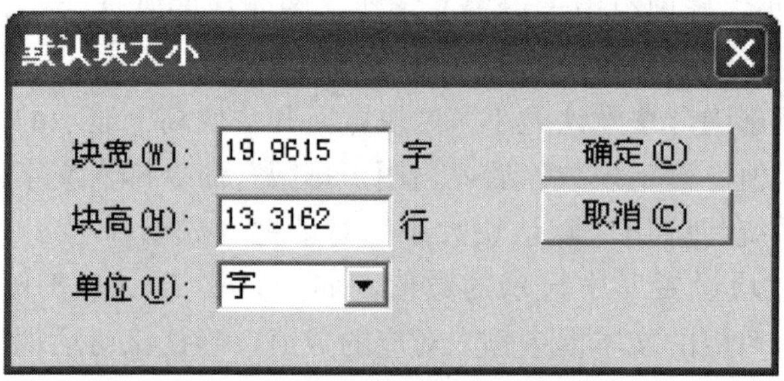

图 3—28 “默认块大小”对话框

(2) 如果选中“块默认大小”，“块宽”和“块高”都能输入默认块的宽和高。确认该对话框后，当用“排版”命令排入文字时，鼠标在版面上一点，飞腾系统会自动在版面上按此处设定的块大小值生成一个文字块。生成图元块也是如此。

二、设置线宽方向

线宽方向指矩形对象边框线线宽的方向，也可以理解成边框线的位置。在边框线较粗时，不同的选择，结果相差很大，如图 3—29 所示。

(1)“外线”：表示边框线画在矩形边框的外侧。

(2)“内线”：表示边框线画在矩形边框的内侧。

(3)“居中”：表示边框线的中心与矩形边框重叠，边框线的一半画在矩形边框的内侧，而另一半画在矩形边框的外侧。

外线　　内线　　居中

图 3—29　设置线宽方向

提示 此选项与块参数设置类似，但排版时通常使用系统默认的选项即可。

三、设置拷贝偏移量

拷贝偏移量是复制对象后粘贴生成的对象和被复制对象在页面上的偏移量，默认值为 0、0。例如在此输入 10、10，对某一对象进行复制再粘贴，将在距被复制对象的右下角 10、10 字的位置拷贝生成另一对象，如图 3—30 所示。

四、设置对象选择的范围

对象选择组用来定义选择对象时选中的范围大小。选择“全范围选择”，则通过鼠标选择时，所画出的虚线框必须包围整个对象，才能将对象选中；而选择

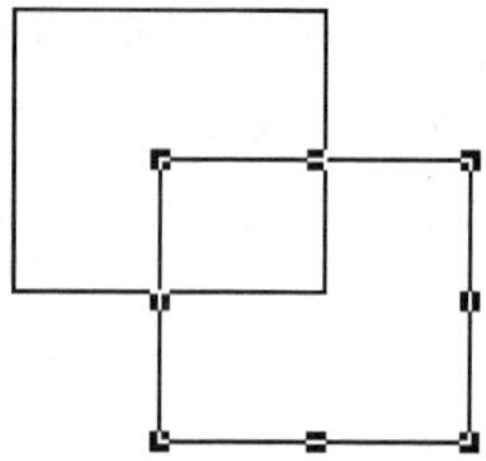

图 3—30　设置拷贝偏移量后的效果

“部分选择”，则只要鼠标画出的虚线框包括对象一部分，就可以将对象选中。

五、设置文字边框空

设置“文字边框空”文本框用来设置文字块中文字距边框的距离，单位在其下的“单位”下拉列表中设定。

如果将“文字边框空”设为一个字，则文字块中文字与边框之间会空一个版心字大小的距离。此时，如果在“显示”菜单中选中了“显示文字块边框”命令，则文字块的周围会显示两个边框，其中紧挨文字的红色边框线是文字块的提示边框，外圈的边框线是文字块的边框，它与文字之间空一个版心字大小的距离；如果在显示菜单中不选中“显示文字块边框”命令，则提示边框线不会显示。如图 3—31 所示。

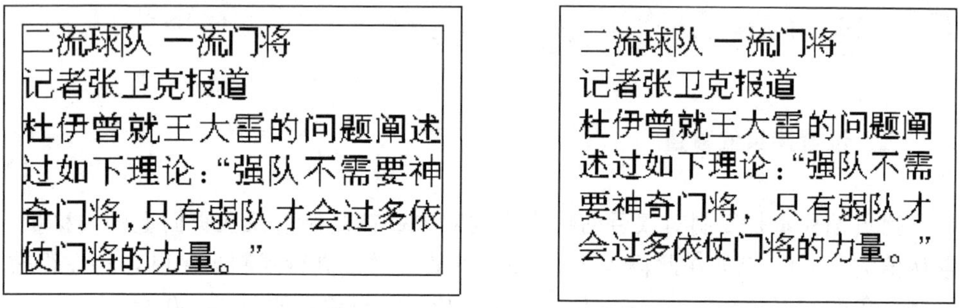

显示文字块边框　　　　不显示文字块边框

图 3—31　设置“文字边框空”

当“文字边框空”设为 0 时，文字的边框与提示边框线重叠在一起，如果边框的线型为单线，则边框有可能被提示边框线覆盖，此时只要在“显示”菜单中取消“显示文字块边框”命令，则提示边框线不会显示，而边框显示出来。但是，当文字块的线型为空时，此功能无效。

提示　“文字边框空”还可以通过“块参数”对话框设置，且只针对当前所选中的块，是对象量。而通过“块设置”选项卡设置的文字边框空是针对当前文件的，是文件全局量。

六、剩余文字调整

在飞腾中有续排标记（墨绿色点为续排标记）的文字块，如果它是所属文章的最后一块，可通过双击此文字块，将未能排入的剩余文字排入文字块，如图3—32所示。

对于剩余文字数量的要求，可在“剩余文字调整”文本框中设定。如果在此输入100，则在双击文字块时，只要剩余文字少于100个字，就都能被调整到文字块中，续排标记消失。而当剩余文字多于100个字时，则会弹出一个对话框，提示“剩余文字过多，无法排入!”，如图3—33所示。

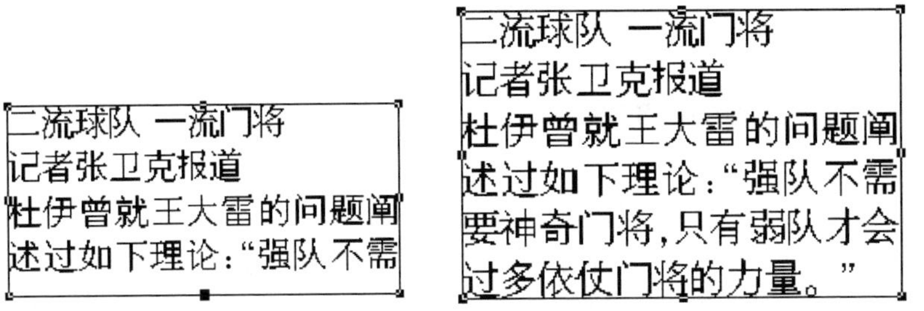

有续排标记的文字块　　　将续排文字排入后的文字块

图3—32　剩余文字调整

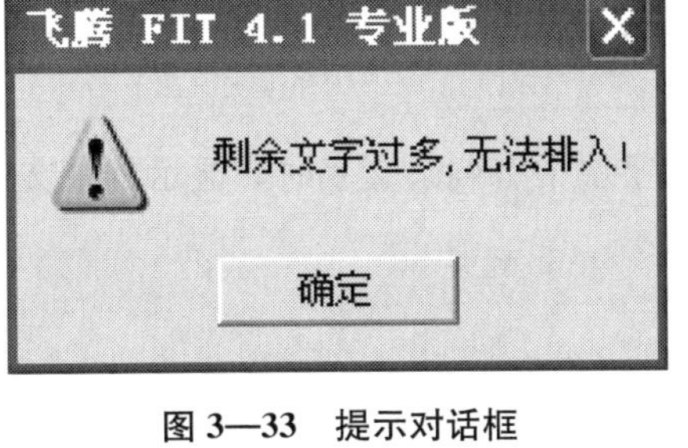

图3—33　提示对话框

提示

(1) 对非矩形排版区域的文字块，如果排入剩余文字后会引起原排版区域形状的改变，则不会将剩余文字排入，而是会出现如图3—33的提示对话框。

(2) 文字块长度的最长限度是飞腾版面的长度，如果将剩余文字都排入文字块中后，文字块的长度超过版面的长度，则剩余文字不能调整到文字块中，而是弹出如图3—33的提示对话框。

七、预设互斥

选中“排入图片预设互斥”复选框，或“排入文字块预设互斥”复选框后，排入的图片或文字都被设定为具有图文互斥属性，排入文字的互斥方式为：分栏串文，互斥边空为0.5个字。

八、花边紧贴块边框

选中此复选框，则给文字块设置花边时，所有的花边紧贴文字块边框；如果不选中，则有些花边（如28号、32号）离文字块有一些距离。

九、删除时保留文字内容

选中此复选框，则文章若有续排关系，删除后续文章块时，后续文章与前段文章自动接排。删除文字块时，如文字块有续排的块，则只删除块，保留块中的文字，让删除的块中的文字按原来文章的顺序排在剩下的块中。只有删除了一篇文章的所有块时才删除文字。不选中此复选框，删除文章块时，续排文章块的文字内容会被彻底清除，原文字块自动取消续排关系，无法接排。

十、显示剩余文字标记

选中该复选框，文字块中有剩余文字时，显示剩余文字的标记，标明剩余文字个数，如图3—34所示。

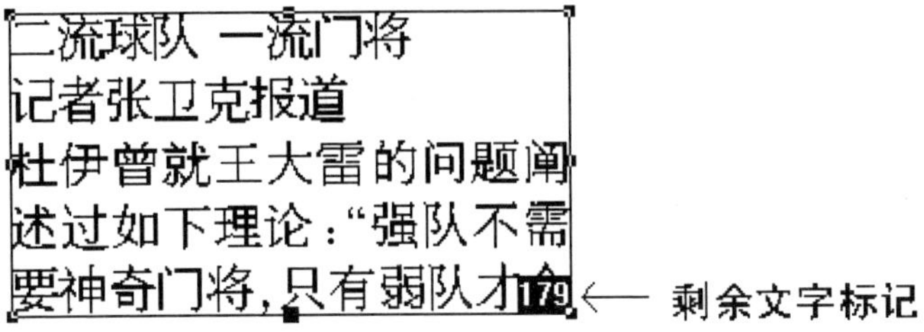

图 3—34 显示剩余文字标记

十一、显示块的无文字标记

选中该复选框，当文字块中无文字时，会显示无文字标记（框中打叉）；如果不选中该复选框，则文字块中无文字时，会显示为一个虚框。如图 3—35 所示。

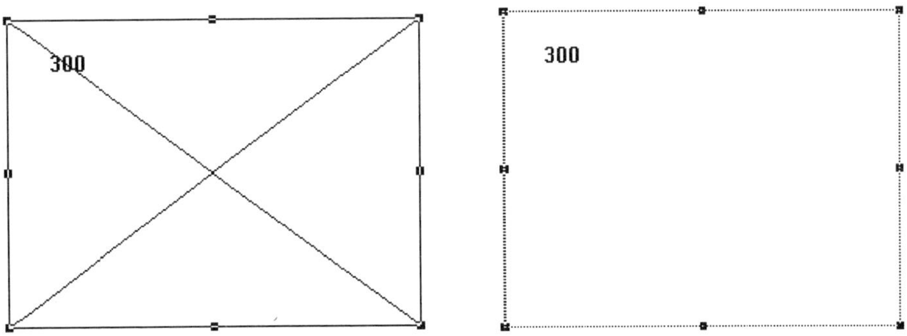

图 3—35 显示块的无文字标记

提示 对报纸进行组版，“块设置”对话框中的参数设置，除了“拷贝偏移量”、“对象选择”、“显示块的无文字标记”、“显示剩余文字标记”可进行调整外，其余选项最好保持系统默认状态，以拥有更方便的排版方式。

学习与思考

1. 参照本章实验内容，当排入报纸版面的新闻内容有剩余文字标记时，正确的处理办法有哪几种?

2. 请参照自己感兴趣的报纸版面，尝试计算出它的版面“边空版心”值。

第四章 文字编辑

传播信息是新闻媒体的主要职责，生产能够产生社会效益和经济效益的新闻信息同样是报纸媒体的主要职责。报纸版面的编排元素，包括文字、图像、图元、色彩等，其中，文字是报纸传播的主要符号。报纸编辑每天的重要任务之一，就是选稿、审稿、改稿、配稿、组稿……对文字的编辑，成为报纸编辑工作的核心部分。

报纸电子编辑排版过程中有关运用飞腾软件进行操作的文字，包括具体文字的编辑、文字块的编辑以及新闻标题的制作等内容。

实验五　排入文字

实验目的

本实验主要学习如何把新闻稿件排进报纸的版面中，这是非常重要的环节。

实验原理

排入文字，实际上就是利用“排入文字”的排版工具，将录入的新闻稿件排到指定的版面位置。

实验条件

文字工具 T 、动态键盘、常用工具条中的按钮 等。

实验内容

版面设置完毕后，进入飞腾版面，编辑就可以开始组版的工作了。其中，掌握文字的排入是关键。文字的排入有两种方式，一是输入文字，二是排入文字。

一、输入文字

（一）在版面上直接输入文字

选择好自己喜欢的输入法，选中文字工具 T ，把输入光标置于版面上要输入文字之处，即可开始输入。

范例 在报纸版面上直接输入文字，当需要输入大小不一致的文字时，进行自由转换的方法如下：

例如，版心字为 5″号，输入的文字为 10 号，输入的文字其后光标为大字光标，如果继续在其后面输入文字，则字体仍是 10 号。如果要其后面输入的文字为版心 5″号字，则应先按一下键盘上的向右键，使光标变为版心字光标，此时输入的文字即为版心字。操作流程如图 4—1 所示。

输入10号大字

按向右键

输入版心字号5″号小字

图 4—1 输入文字时转换字号

> **提示**
> 组版时，"输入文字"方法经常会被使用到，譬如，制作拥有单独文字块的新闻标题、输入新闻图片文字说明等。

（二）利用动态键盘输入符号

飞腾特别提供了方正动态键盘用于输入各种符号。在输入过程中，如果遇到Windows软键盘无法输入的特殊符号，则可以利用方正动态键盘输入，因为它种类很多，也更全面。

其操作步骤如下：

（1）在飞腾4.1界面下，通过Windows语言栏选择方正动态键盘输入法，显示方正动态键盘条。键盘条共分四项，从左到右依次是：方正动态键盘大小设置、输入法名称 方正动态键盘40 、码表选择 码表选择 、动态键盘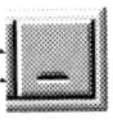。

（2）单击 码表选择 按钮，从弹出的列表中选择好需要的码表，然后单击按钮，动态键盘则显示出来。

（3）单击要输入的符号（单击同时按住Shift或Caps Lock键，输入符号在动态键盘的上下档符号之间切换），则符号会自动插入到当前文字工具光标处。

如果要输入的字符在动态键盘中也找不到，那么可在飞腾"扩展字符"面板中查找该符号。具体见扩展字符实验章节。

二、排入文字

组版时大部分的新闻稿件不是靠编辑手动输入的，而是通过飞腾排入文字的方式排入版面的。待排的新闻稿件全部放在编辑的指定文件夹中（新闻稿件在飞腾排版过程中可称为文字素材），这些新闻稿件的格式通常为Word文件和纯文本文件。

飞腾中能排入七种格式的文本文件，包括纯文本文件（＊.TXT）、BD语言文件（＊.＊）、BIG5码文件（＊.＊）、NPM小样文件（＊.＊）、RTF文件（＊.RTF）、Word文件（＊.DOC）和WPS文件（＊.WPS）。

> **提示**
> （1）对于 Word 文件，目前，飞腾可排入 Word 2000 生成的文件，一些简单的文字格式能被飞腾接受，但是图片将被飞腾过滤掉，Word 中表格的表线被去掉，各表项之间将用 TAB 键分隔。
> （2）建议组版时新闻稿件的格式使用纯文本文件（*.TXT）。

准备好要排版的文字素材，进行文字排入的步骤：

（1）单击“文件→排入文字”命令，或单击版面常用工具条中的按钮，或直接按快捷键 Ctrl+D。系统弹出“排入文字”对话框，如图 4—2 所示。

（2）设置好“排入文字”对话框参数后，选中要排版的文件。可用两种方法将文件排入版面当中。

1）在所选的文件名上用鼠标单击，再用鼠标单击“排版”按钮。

2）在所选的文件名上用鼠标双击。

对话框消失，光标变成形状，表明可以将选择的文件排入到版面中了。

（3）在版面中要排入新闻稿件的地方单击，或拉出一个文字块，即可将文字素材中的文字排入版面。

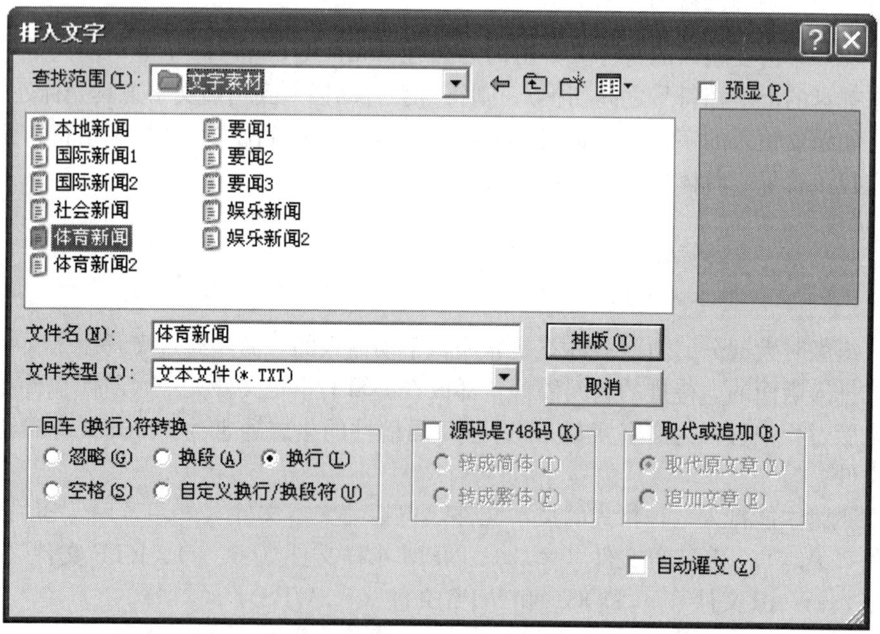

图 4—2 “排入文字”对话框

为了更好地满足不同情况下的排版需要，必须了解清楚如何设置“排入文字”对话框参数。

1. 设置回车（换行）符转换

在“回车（换行）符转换”选项组中有五个选择项。

(1)“忽略”：表示排版时忽略换行符，后面的字符紧接着换行符前面的内容排。

(2)“空格”：表示把换行符换成空格，即排版时在相应位置留一空格，后续内容在空格后接着排。

(3)“换行”：表示把换行符后的内容，在下一行中排版，保留换行符。

(4)“换段”：表示把换行符换成换段符后再进行排版。

(5)“自定义换行/换段符”：可单击此复选框，对弹出的“换行符”或“换段符”文本框进行编辑，使自己定义的字符串作为换段符或换行符。此后在灌入的文本文件中遇到被定义为换行符或换段符的字符串时，就自动将该字符串转换成飞腾的换行或换段标记，实现自定义换行或换段功能。

提示

在对“自定义换行/换段符”文本框进行编辑时，应注意以下几个问题：

(1) 被定义为换段符或换行符的字符串必须由可见的ASCII码组成，即内码范围在OX21～OX7f区域内，但汉字不能作为自定义换段或换行的字符。

(2) 自定义的换行或换段字符串的长度不能超过8个字符，可两项同时定义。

2. 设置源码

此选项是针对灌入748码文件设置的。方正以前在Windows 3.1或DOS下的录入软件采用748码，飞腾在Windows 95/98/2000上运行，采用GBK编码，当源文件是748码时要选中“源码是748码”这一项才可以保证排入效果是正确的。如果要排入的748码文件是简体的，则选中“转成简体”；如果要排入的748码文件是繁体的，则应选中“转成繁体”。

如果是海外版的飞腾，则弹出的“排入文字”对话框中的“源码是748码”下的“转成繁体”复选框默认被选中；如果不是海外版的飞腾，则弹出的“排入文字”对话框中的“源码是748码”下的“转成简体”默认被选中。

3. 设置灌文方式

选中“取代或追加”复选框后，“取代原文章”和“追加文章”选项被激活。

(1)“取代原文章”：如果选择“取代原文章”，则原来文字块形状不变，只是用新的文章去代换其中原有的文字。

（2）“追加文章”：选中此复选框，飞腾可以实现在一个文字块中排多个文章，即在一个已排文字的文字块中，接着排要追加的文章。这个文字块和它前面的文字块保持不变，但它后面的后续文字块的文字被删除。

提示

（1）如果在选中的没有续排文字块的文字块中追加文章，则追加的文章自动排在原文章后面。如果在有续排文字块的文字块中追加文章，则追加的文章就取代续排块中的内容。如果在一个有多个续排文字块的文字块中追加文章，并且追加文章的篇幅较小，不能占满所有的续排块，那么没有排到文章的空续排文字块自动取消。比如，有一个文字块有三个后续的文字块，但是追加的文字块的篇幅较小，只能排满两个后续块，那么第三个后续块将自动消失。

（2）如果在“排入文字”对话框中没有作灌文方式的选择，而且鼠标点在一个文字块内，那么在将文章排入版面时，会弹出提示的消息对话框，可以在此处选择所需的排版操作。其中有“取代原文章”、“在文字块里追加”和“生成文字块”几种可供选择，如图4—3所示。单击“生成文字块”按钮，则排入的文章单独生成一个文字块，如图4—4所示。

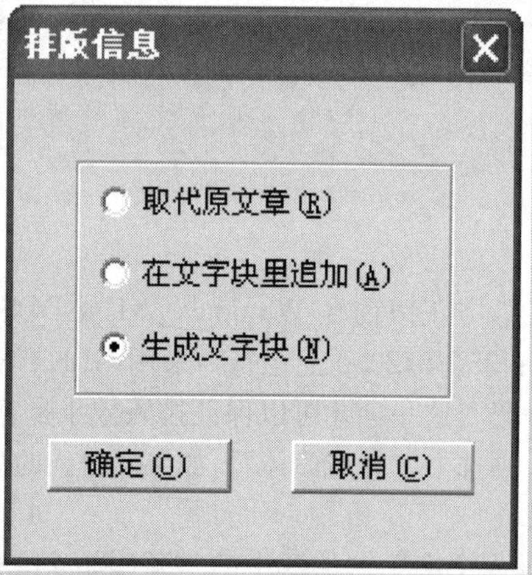

图4—3 “排版信息”对话框

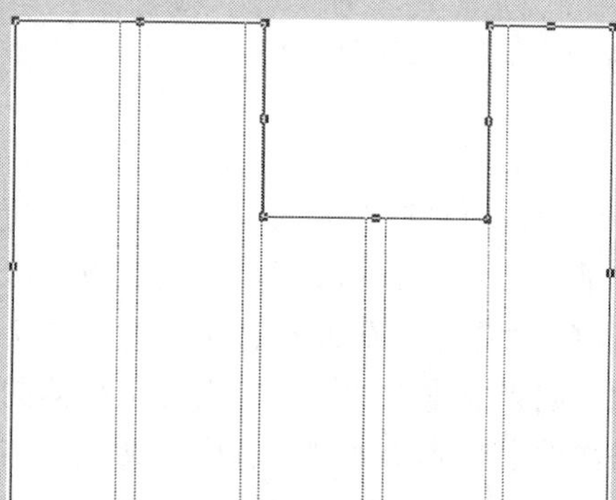

图4—4 生成新文字块

4. 设置是否自动灌文

选中此复选框，则不限制文件的页数的大小，将文字排完为止。如果第一页排不下，则接着排第二页，直到此篇文章排完为止。如果页数不够，会自动生成新的页。此选项多用于排篇幅较大的文章。

如果不选中该复选框，则飞腾中最多只排一页，其余未排完文字部分必须手动调节。

5. 设置预显

即预先显示所排入文件的内容，以帮助确认所排入的文件。

提示

(1) 排好新闻稿件后，如果需要重排，可选中该新闻稿件，单击“编辑→重新排入文章块”命令，弹出图 4—5 对话框。选中“重排当前所选文章”，则重新排入当前所选文章；选中“重排本页所有文章”，则重新排入本页所有文章。选择完后，单击“确定”按钮即可。

(2) 排入的文章文件名不变，但内容改变了。该功能相当于重新调入小样文件，但不用更改文件名。在证券类报纸中，常用于小样文件名不变但文件内容略有改变的情况。例如 K 线图的版面，在 K 线图下的说明文字经常在小样中略有改动之后重新排入版面。

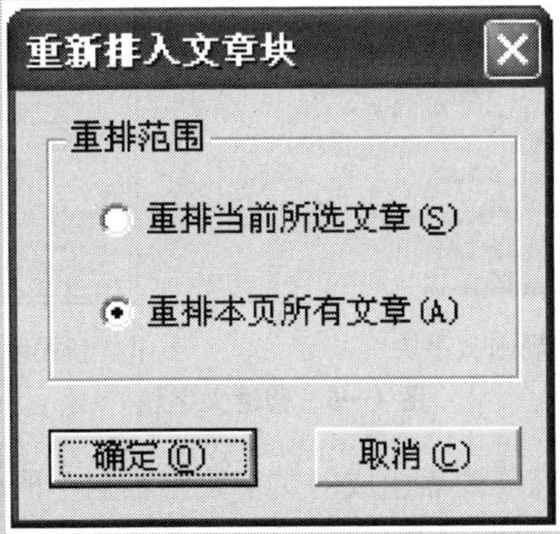

图 4—5　“重新排入文章块”对话框

实验六　文字块的编辑

文字块的编辑直接决定了新闻稿件在报纸版面中的形状。在学习文字块的编辑之前，我们首先来了解几点新闻稿件版面布局的基础知识。

第一，新闻稿件的形状直接决定了版面布局。在报纸版面当中，每篇新闻稿件占据的空间都有自己的形状，我们可以称之为文字块形状，它包括两种类型：一种是普通文字块，另一种是为满足报纸版面特殊需要而生成的文字块。

常见于报纸版面的普通文字块也有两种类别：规则文字块与不规则文字块。有的报纸，譬如《中国新闻出版报》版式多采用矩形排列形状，使得版面层次清晰，强弱分明，各处文字块外形也呈现出规则的方形；但是有的报纸则喜欢变化，版式采用穿插式结构，让各篇文章互相咬合，这就使得版面中文字块形状不一定规范了（如图 4—6）。

中国新闻出版報
China Press and Publishing Journal

Ⅰ《中国新闻出版报》规则文字块

B6
新民晚报
炮火的洗礼
读书与人生

Ⅱ《新民晚报》穿插式不规则文字块

图 4—6　普通文字块

为满足报纸版面特殊需要而生成的文字块则根据不同版面的特点而设定。譬如，要闻版新闻具有严肃性，则普遍使用方块形状的文字块，而常常追求标新立异的休闲类版面及副刊则可以设计一些特殊的文字块形状以达到美化版面的效果，这些特殊的文字块常常呈现出不同的图元形状，因此要借助画图元工具完成，如图 4—7 所示。

第二，报纸的版式不同，新闻稿件的版面布局也不同。譬如，英美报纸中垂直式、水平式、混合式版面的新闻稿件排法不同，我国报纸集中式、重点式等版式排法也不相同，甚至新闻标题也可分成横题、竖题，版面文字内文也有正、反向排版。文章布局一方面受读者的阅读习惯而定，另一方面也是为了追求版面的错落有致。不同的版式决定了版面不同的布局，因此，飞腾准备了排版方式工具。

图 4—7　《华西都市报》特殊文字块版面

第三，版面的分栏情况也决定了版面布局。通常，报纸在创刊或改版时，都已经确定好版面编排规则，每个版面以若干栏大致均分，版式是相对固定的。这种相对固定的、宽度相同的栏称为基本栏。每一种报纸都确定了自己相对固定的基本栏。

横排报纸是自左而右垂直划分栏的，每一栏的宽度相等，但也有的报纸栏宽不等，比如《文汇报》、《南方周末》等，为了追求自己的独特个性，它们的基本栏各自数值不同。

基本栏的宽度和栏数于组版前的环境设置中进行，在“版面设置”的子对话框“设置边空版心”中设定，这在版面设置实验章节中已详细讲述。但是，这种设置只能提供一个版心规格，为的是方便编辑进行组版。实际上每次排入的新闻稿件所拥有的文字块仅有一栏（改变文件全局量和系统全局量参数的情况除外），还需要编辑根据需要进一步划分栏数和栏间距（除非在菜单“分栏”命令中设定参数，并且这个参数是文件全局量或者系统全局量，那么，当前版面每次排入的新闻稿件才能都自动分成与参数设定数值相同的栏数）。目前我国对开报纸大多数采取八栏制，四开报纸多采用六栏制。

版面除了基本栏之外，还经常采取变栏。变栏由基本栏为基础衍生而来，分为长栏和破栏。长栏宽度整倍数于基本栏，如 2 作 1、3 作 1 等，破栏宽度非整倍数于基本栏，如 3 破 2、2 破 3 等。变栏的宽度设置一般在组版过程中，排入文字后，对文字块进行分栏排版。随着读者要求的提高，排版技术的进步，各报业单位都纷纷改版，以求精益求精。因此，分栏的方法也在改变，出现了破栏后新栏的排文宽度打破基本栏的设置规格的情况，譬如，新栏占据了两栏半宽。

实验目的

本实验主要学习如何生成文字块、如何对文字块进行编辑操作，从而了解如何处理报纸版面新闻稿件的排版形状、新闻稿件的排版方式和分栏方式、新闻稿件排入版面后需要注意的排版事项。

实验原理

用飞腾进行版面文字块编辑时，普通文字块可由“工具”中的画文字块工具生成；或排版时排入文件生成；或直接在飞腾中输入文字，所输入的文字自动生成一个文字块。而为满足特殊需要生成的文字块是由图元工具所画出的封闭图形转换得到的。

用飞腾软件进行排版，可以借用“分栏排版”工具达到报纸新闻稿件分栏的要求。

实验条件

选取工具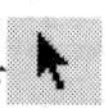、画文字块工具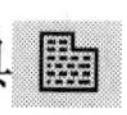、画图元工具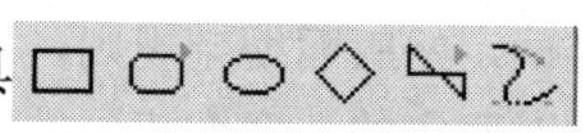等。

实验内容

一、文字块的生成

（一）普通文字块的生成

普通文字块是由水平与垂直线段生成的多边形，生成方法有以下两种。

1. 画块

画块是利用“工具”中的画文字块工具进行的，可以将文字块画在排版窗口的任何位置。利用文字块功能可以对版面进行划分，在排版前完成对版面的安排。画好文字块后，可以直接在文字块中输入文字。

其操作步骤如下：

（1）选中“工具”的画文字块工具，此时光标变成“＋”。

（2）将光标移到适当位置，即选择好文字块的左上角。

（3）按住鼠标左键不放，拖动鼠标到文字块的右下角，放开鼠标左键。

图 4—8 中左边的文字块是拖动中的效果，右边的文字块是放开鼠标后，生成的文字块的效果。

图 4—8　文字块拖动及生成效果

每个文字块的边上都有几个实心的小方块，称为控制点，一般情况下不呈现出来，当某一文字块被选中时，控制点才显现出来，系统也只显现当前选中的文字块的控制点。要输入内容时，可选中文字工具（即工具条中的“**T**”），在要输入的文字块中单击，然后直接输入文字即可。

提示　此处的文字块中也可以排入文字。选中要排文件，单击“排版”，当光标呈现时，对准已经形成的文字块单击即可。

2. 排版时生成块

系统提供了在排版时生成文字块的功能，可以不在排版前画好文字块，直接排入文字。

将光标移动到排版区域的左上角，按下鼠标左键，拖动鼠标到排版区域的右下角，松开鼠标左键，当文章排入版面后，如果有些内容没有排下，文字块的底部会出现蓝色续排标志，如图 4—9 所示。

（1）续排的操作。

如果一个文字块有续排标志，那么可以在另外的块中续排或者调整原来块的大小，增加块的容量，以排下所有的内容。

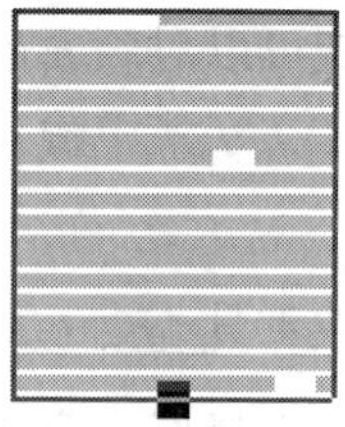

图 4—9　未排完的文字块

生成续排文字块的方法为：将鼠标放在续排标志上，鼠标变为双箭头形状，如图 4—10 中的Ⅰ。单击续排标志，鼠标变为光标形状，如图 4—10 中的Ⅱ。此时，可以在版面上画出续排的文字块，如图 4—10 中的Ⅲ。

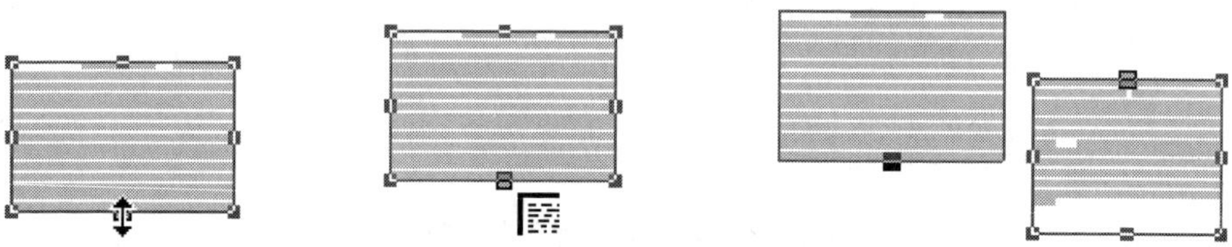

Ⅰ　　Ⅱ　　Ⅲ

图 4—10　产生续排文字块的过程

（2）生成页块。

生成页块是指排入版面的文字块占满整个页面，即使文字块的内容不够撑满整个页面，文字块的边框也会占满整个页面。具体方法就是将光标移到页面内任意位置，但不在已画好的空文字块内。按住 Ctrl 键。按一下鼠标左键，文字块会自动撑满整个页面。

（3）生成固定大小的块。

生成固定大小的文字块是指在“环境设置”对话框中的“块设置”选项卡中，选中“块默认大小”选项，设置好大小（也可不设）并确定后，在排入文字时，飞腾将在版面上生成一个相应大小的文字块。

如果不选中该项，在排入文字时，将光标在版面上单击，则弹出如图 4—11 的对话框，设置大小并确认后，飞腾将在版面上生成一个相应大小的文字块，并在块内排入文字。

提示　如果文章已经排过，则会出现提示对话框，问是否继续排版，单击“是”后，光标为状态，可继续排版。

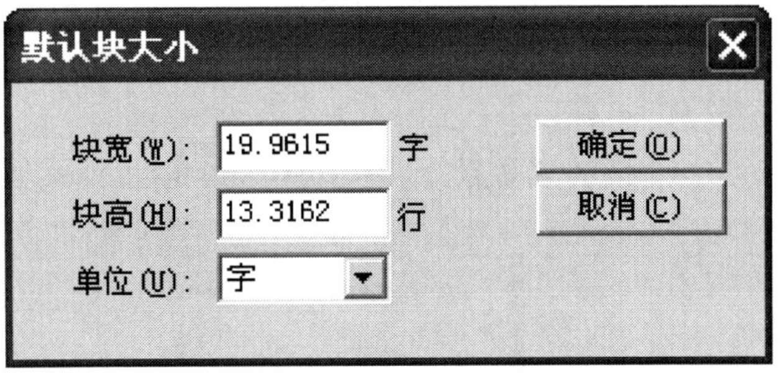

图 4—11　“默认块大小”对话框

（二）普通不规则文字块的生成

其操作方法如下：

（1）用选取工具选中文字块。

（2）将光标移到文字块的控制点上。

（3）按住 Shift 键的同时拖动控制点。

（4）系统在原有文字块的基础上增加折线，将文字块变为由水平、垂直折线构成的多边形，若块中已有文章，则系统按照新的形状重排文章。效果如图4—12所示。

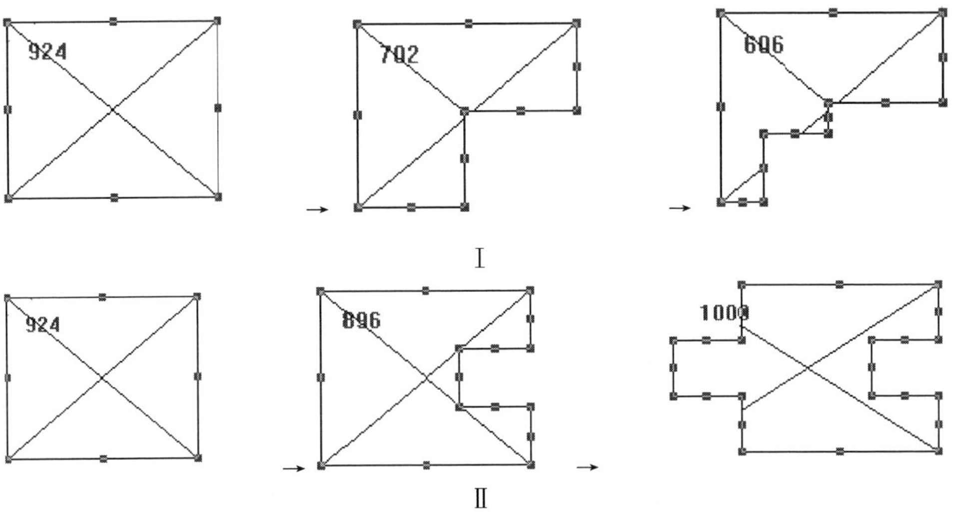

图 4—12　改变文字块形状

范例 不规则的文字块形状可以形成穿插式的版式。

例一：图 4—13 中《人民日报》头版中的新闻稿件文字块结构。

人民日报
RENMIN RIBAO
习近平分别同哈萨克斯坦首任总统纳扎尔巴耶夫、总统托卡耶夫就中哈建交30周年互致贺电
贯通中华文脉 照亮复兴之路
——党的十八大以来以习近平同志为核心的党中央激活中华文化的历史性贡献述评
汇聚成新时代中国昂扬奋进的洪流
以精细化管理 挖掘节约潜力
成就冰雪梦想 谱写奋斗华章
——写在北京冬奥会开幕倒计时一个月之际
我国第二台“华龙一号”核电机组并网发电

原版式结构

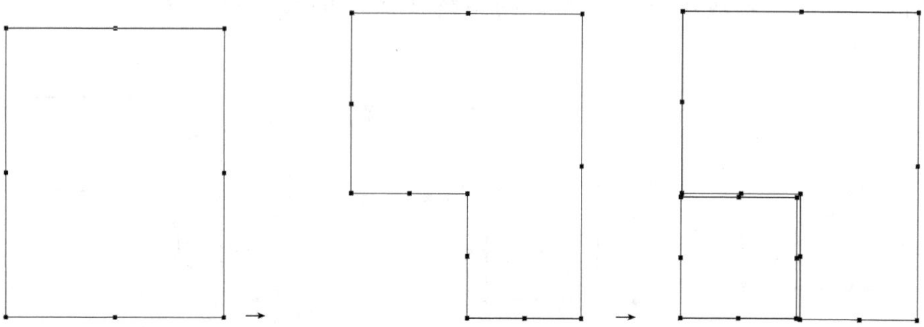

图 4—13 《人民日报》正文文字块形状解构

例二：图 4—14 中《南方都市报》的版式结构，也可以通过制作不规则文字块来形成。

提示

范例中的例二中，还可以采取图文互斥的办法来形成此文字块形状，具体用法见后文。

阅读周刊 B2

胡政之的才情与风骨

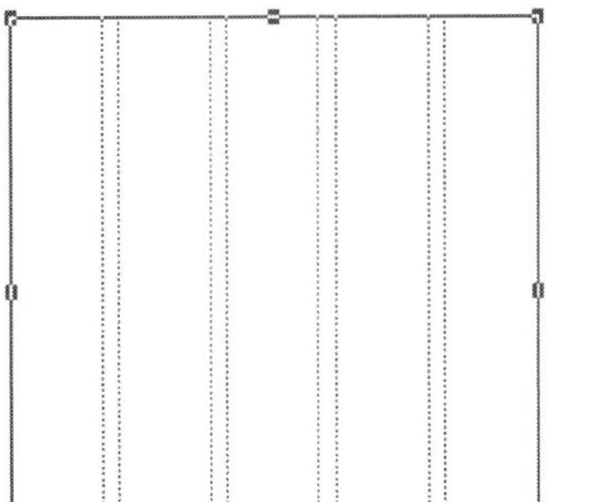

Ⅰ 规则的文字块形状

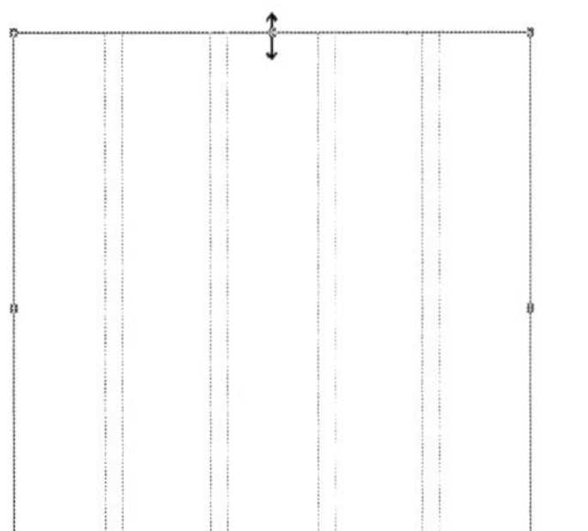

Ⅱ 按住 Shift 键拖动控制点

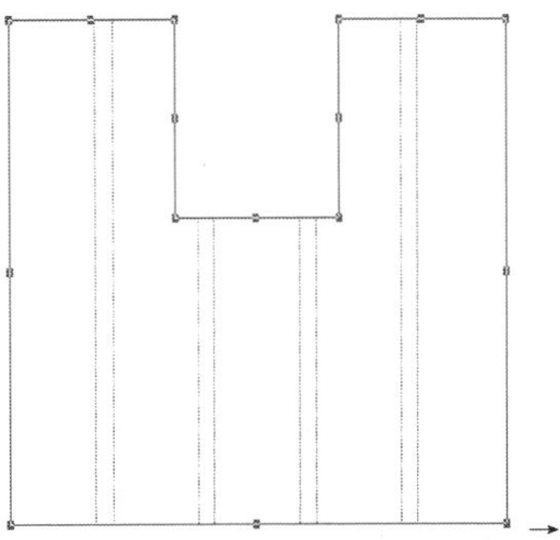

Ⅲ 拖出一凹处

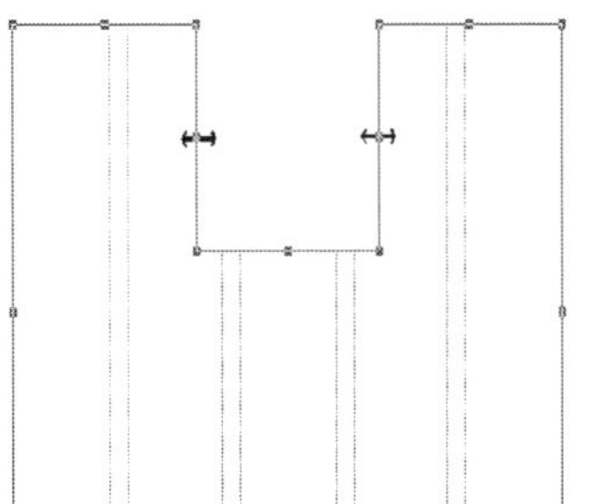

Ⅳ 分别拖动两边的控制点（不按 Shift 键）

图 4—14　《南方都市报》文字块形状制作流程图

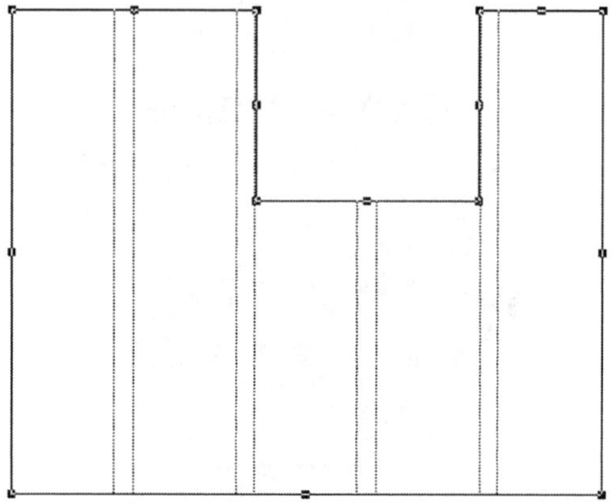

V 拖动至指定的栏位置

图 4—14 《南方都市报》文字块形状制作流程图（续图）

（三）特殊文字块的生成

特殊文字块又可称图元文字块，由“工具”中的图元工具生成正方形、矩形、圆或椭圆、圆角矩形、菱形、任意多边形、封闭曲线的图元，设置此图元为排版区域，再在此图元中排入文字或图像。

其操作步骤如下：

(1) 用“工具”中的图元工具画块，生成封闭的图元，如图 4—15 所示。

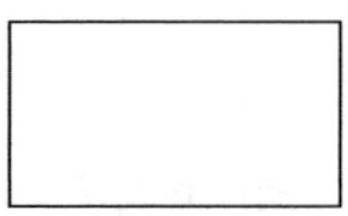

用矩形工具画矩形

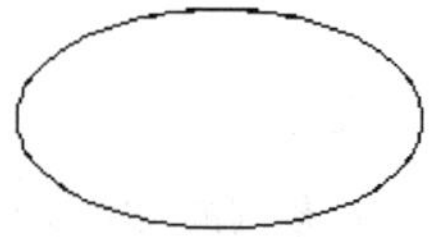

用椭圆形工具画椭圆

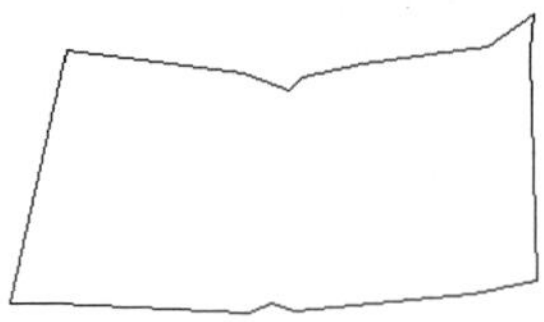

用多边形工具画任意形状

用贝塞尔曲线画任意形状

图 4—15 用图元工具画封闭的图元

提示

(1) 图元不能是含有交叉线而封闭的图元块，必须是起点和终点重合的图元块，否则将不能设置成排版区域。

(2) 图元块内不能直接排入文字，需将图元设置为排版区域后才可排入文字。

封闭图元块有正常、排版区域和裁剪区域这三种属性，生成的图形都具有这三种属性中的某一种属性。

正常属性：即作为图元，就是说它们是图形，不是排版区域，此时在这些图形内不能排文字。

排版区域属性：将图元设置为排版区域，可在其内部排入文字或直接输入文字，这些图形才真正具有文字块的属性。

裁剪区域属性：见“裁剪路径”实验内容。

(2) 设置图元的排版区域属性。单击菜单“美工→路径属性→排版区域”命令，则所画图元具有文字块属性。

(3) 向图元排入文字，如图 4—16 所示。

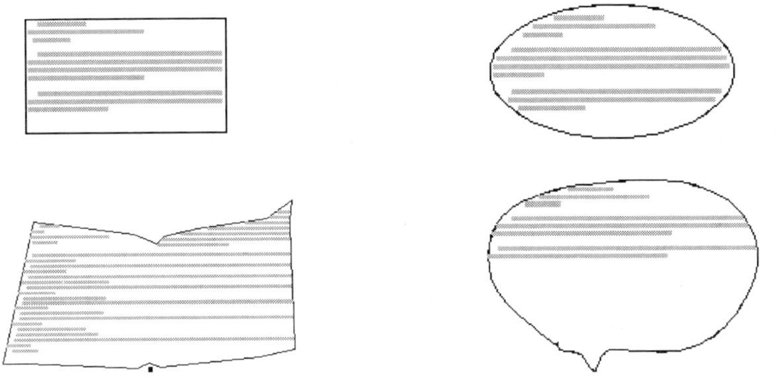

图 4—16 向封闭图元排入文字

提示

文字块内的文字内容假如紧贴着边框线，则显得很拥挤，这时，可以设置排版区域内空。例如在矩形图元的文字块中排入文字，设置块内的文字距该区域边界的距离，单击“美工→路径属性→排版区域内空”命令，弹出“区域内空”对话框，设置区域内空值为 2 字，单击“确定”即可。图 4—17 为设置全过程。但是注意，不规则的图元块的排版区域不可设置“区域内空”，例如用贝塞尔曲线绘制的图元块。

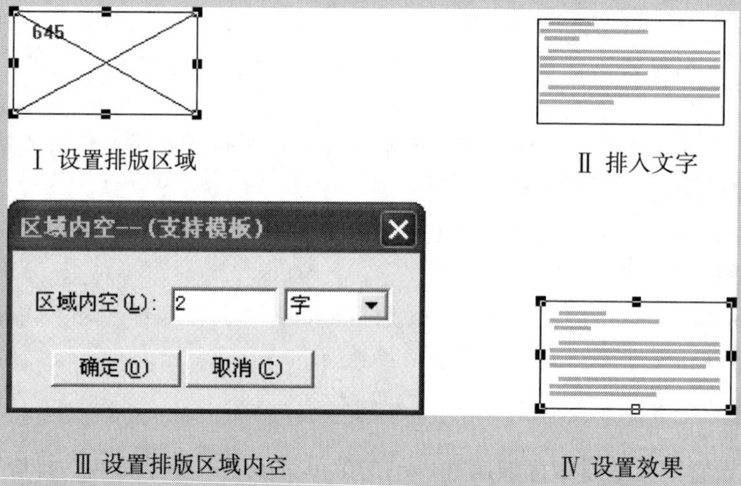

图 4—17　设置排版区域内空

（四）特殊文字块形状的改变

特殊文字块中□、▢、⬭、◇这几种块形状的改变是随其大小变化而变的，可完全根据其改变大小的方法来得到其形状的改变。而对于选中和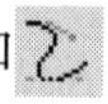按钮画出的任意形状多边形的块的编辑与其他图元不同。

1. 选中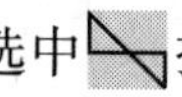按钮

选中该按钮画出的多边形，用户既可以增加多边形的边，也可以减少多边形的边。可通过移动控制点（多边形每个顶点上出现一个控制点）来改变多边形的形状。

（1）增加边。

增加边实际上是增加顶点，移动该顶点至一个合适位置，假定块已被选中，否则先选中该块。

其操作步骤如下：

1）在要增加顶点的边上双击，此时在光标所指处出现一个控制点，这个控制点就是新增加的顶点的控制点。

2）按住该控制点，拖动到合适位置，如图 4—18 所示。

以上过程可重复，直到不想再增加新的边为止。

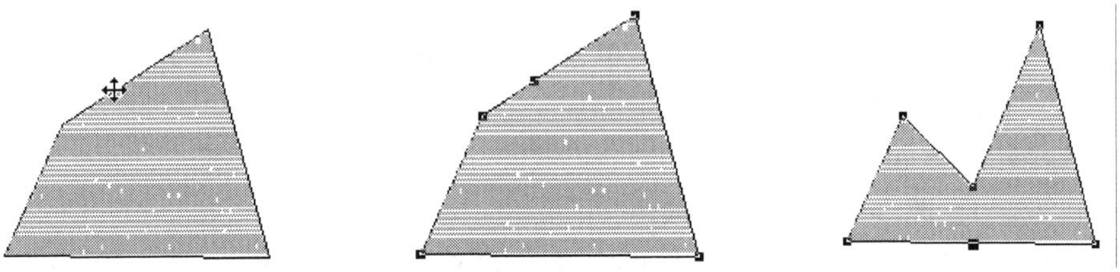

图 4—18 增加特殊文字块的边的效果

（2）删减边。

删减边实质上就是删去一个顶点，一个顶点被删除后系统自动删除与该顶点相连结的边，并把与这一顶点相邻的两个顶点用一条线段连接起来，构成一条新的边，过程如图 4—19，假设该块已被选中，否则先选中该块。

其操作步骤如下：

1）选取要删除的顶点。

2）双击该顶点。

改变文字块的形状后，若块内已排有文章，则编辑以后系统自动对原文章进行重排。

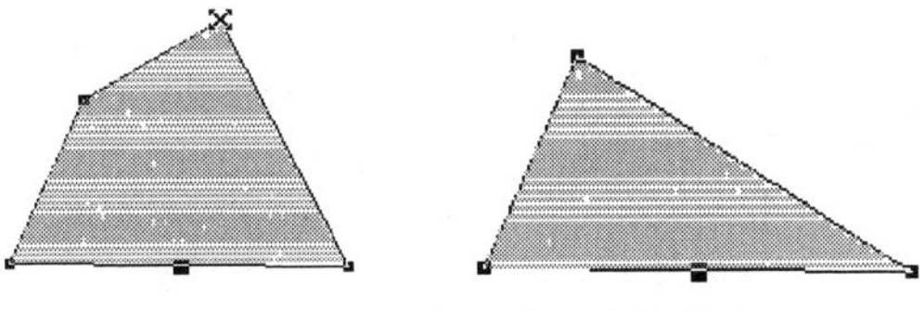

图 4—19 减少特殊文字块的边

2. 选中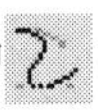按钮

选中该按钮画出的任意形状，可以通过移动节点或拖动节点的控制柄来改变。

（1）增加节点。

其操作步骤如下：

1）选中块，在要增加节点的线段上双击鼠标。

2）系统弹出一个菜单，单击菜单上的“增加”命令，线段上会增加一个节点。

3）移动节点，可改变该图元的形状。

（2）减少节点。

其操作步骤如下：

1）选中块，把光标置于要删除的节点上。

2）双击节点，系统弹出一个菜单，单击删除命令。该节点即可被删除。

（3）利用控制柄。

其操作步骤如下：

1）选中要改变形状的贝塞尔块。

2）选中贝塞尔块的任意节点的控制柄并拖动，到合适的位置松开鼠标，即可改变其形状。

二、文字块的编辑

（一）调整文字块底齐

当一个文字块中的文字没有占满整个文字块的时候，可以通过双击鼠标左键来调整文字块边框的大小。

对多个文字块，既可以分别选中所需要调整的文字块，分别双击文字块进行调整，也可以通过单击“版面→文字块底齐”命令，同时调整。见图 4—20。

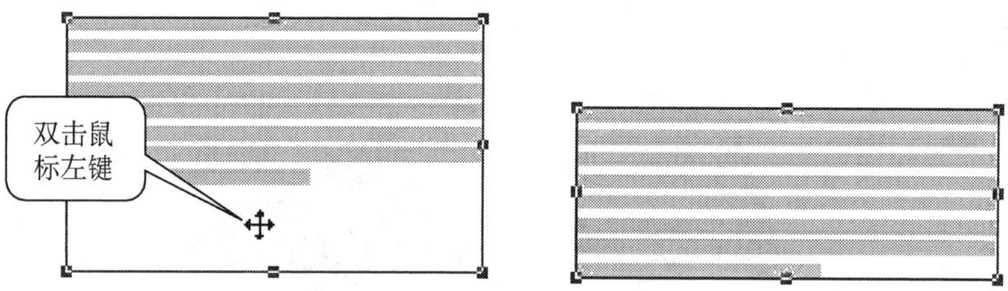

图 4—20　设置文字块底齐

> **提示** 以上操作对于分栏或非矩形排版区域的文字同样有效。但是对于图元转化成排版区域生成的文字块，则只有当排版区域为矩形时，操作才有效。

（二）改变文字块的排版方式

飞腾系统提供四种排版方式：正向横排、反向横排、正向竖排、反向竖排。系统默认为正向横排，编辑可根据自己的需要选择排版方式。既可通过菜单命令实现，也可通过窗口常用工具条中的按钮 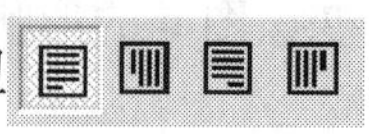 实现。

1. 正向横排

文字自左向右横排即是正向横排。

其操作方法如下：

（1）用选取工具选中要设置排版方式的文字块。

（2）单击“版面→排版方式”命令，弹出另一个子菜单，该子菜单有四项，选择“正向横排”的排版方式。也可以直接点击工具条中正向横排按钮。

2. 反向横排

文字自右向左横排。

选中文字块，单击“版面→排版方式”命令，选择“反向横排”选项。或直接点击工具条中反向横排按钮。

3. 正向竖排

文字自右向左竖排即是正向竖排。

选中文字块，在“版面”菜单中的“排版方式”中选择“正向竖排”选项。或直接点击工具条中正向竖排按钮。

4. 反向竖排

文字自左向右竖排即是反向竖排。

选中文字块，在“版面”菜单中的“排版方式”中选择“反向竖排”选项。或直接点击工具条中反向竖排按钮。

（三）分栏排版

飞腾中对排入的文字块进行分栏，是通过“分栏”对话框设置分栏的栏数、栏间距、分栏方式和是否带栏线等属性的。

其具体操作步骤如下：

（1）选择“工具”中的选取工具，单击欲分栏的文字块。

（2）单击版面“菜单→分栏→自定义分栏”命令，或按快捷键 Ctrl＋B，会弹出“分栏”对话框，如图 4—21 所示。

（3）在“分栏数”文本框中填入分栏的栏数。在“栏间距”文本框中输入栏间距的值，如果选中“带栏线”复选框，分栏后的文字块将带栏线。此时还可以定义栏线的线型和花边的种类。

（4）在“分栏方式”选项组中选择一种分栏的方式。飞腾中的分栏方式有四种：绝对、自由、相对、自动。具体含义如下：

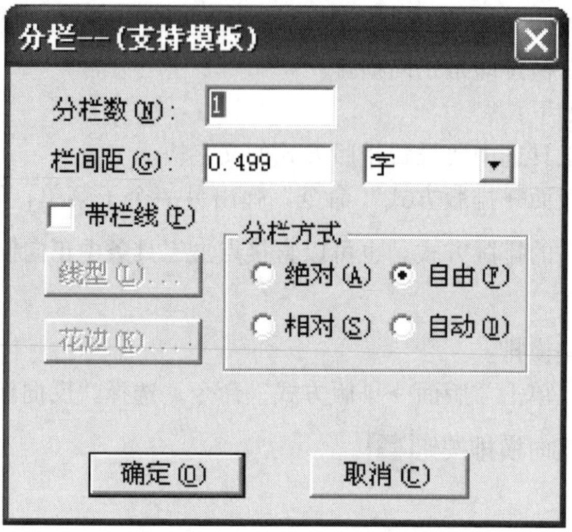

图 4—21 “分栏”对话框

绝对：分栏后，各栏宽相等，且各栏栏宽是背景格的整数倍。不保证栏间距值。

自由：分栏后，各栏的栏宽相等，栏宽不一定按整字计算，栏间距不变。

相对：分栏后，各栏不等宽，栏宽按整字计算，栏间距不变。

自动：分栏后，分栏数和栏间距文本框置灰，系统自动按背景格的栏数分栏，并且分栏的栏间距就是背景格的栏间距。

(5)“包含后续块”：若选中“包含后续块”，则选中的文字块及其续排文字块同时按此参数分栏。

(6)设置完成后，单击“确定”按钮。如图 4—22(分栏数设置为 2，栏间距为 2 字)。

确保群众春节吃得安全

本报讯(记者林晓丽 通讯员邓红辉、符信)新春即将来临，羊城已经是一个花的世界，一派欢乐祥和的气氛。省委副书记、省长黄华华会挂着市民们能否安心过个好年。16 日上午，他来到万佳超市、天河体育中心花市、广州火车东站和南方电网公司，察看与群众生活密切相关的节日市场供应、春运组织及春节期间电力供应安排情况，代表省委、省政府慰问节日期间坚守工作岗位的一线干部职工，向他们拜早年。

省委常委、广州市委书记朱小丹，副省长佟星、广州市市长张广宁、副市长王晓玲、甘新，市政协副主席平欣光等省市领导和有关部门负责同志陪同慰问和检查。

年货供应是否充足，市民是否吃得好、吃得安全是省长十分关注的问题。走进万佳超市年货区，就像进入了红色的海洋：大红的灯笼，大红的春联，以红色为主调的各式糖果，各种年货琳琅满目，品种多达 620 多种。“年味扑面而来啊。”黄华华高兴地说。在肉类区的食品安全公告栏上，黄华华驻足细看，详细了解猪肉等产品的价格、质量和进货渠道等情况。当听广州市的负责人介绍了该市引导商贸企业制定严格的商品准入制度、狠抓食品安全的做法后，省长点头表示肯定。他说，各地要像广州市一样落实严格的监管措施，确保群众能吃上放心食品。

位于天河体育中心的天河花市里，各类应节年花争奇斗艳，花市主牌楼设计喜庆、时尚，富有岭南特色。黄华华饶有兴致地参观了花市，不时驻足与花农、购花的市民拉起家常，讯问花卉价格。他指出，广州花市的档次越来越高，文化品位不断提升，国际化趋势越来越明显，组织服务水平越来越高，名副其实，名不虚传。他用“珠圆玉润，花满羊城”来描述广州安乐祥和的节日景象。

排入文字块

分栏

图 4—22 分栏排版效果

范例 尝试给《广州日报》某版面的新闻稿件分栏。

《广州日报》版面参数设置为：基本栏 6 栏，栏间距为 2 个字；新闻稿排入版面后，又按照需要再重新分栏。见图 4—23。

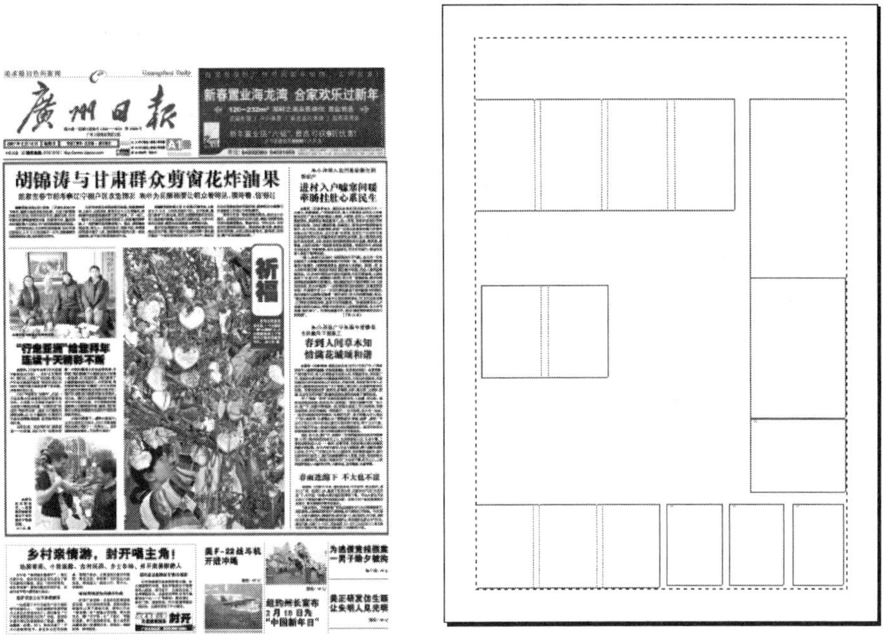
广州日报
新春置业海龙湾　合家欢乐过新年
胡锦涛与甘肃群众剪窗花炸油果
进村入户嘘寒问暖
牵肠挂肚心系民生
祈福
春到人间草木知
情满花城城和谐
乡村亲情游，封开唱主角！

图 4—23　《广州日报》某版面文字块分栏状况（版面使用了破栏）

（四）对位排版

对于排入版面已经分栏的文字块，如果在新闻文稿中有小标题，则通常情况下栏之间的行与行间不能对齐，为了保持整个版面的整洁与美观，这时可以使用“对位排版”命令来保证栏的行与行之间保持对齐。

对位排版是指文字块中的每一行文字都必须排在版心字整行的位置上。飞腾的“对位排版”操作有两种形式：一是对整个文字块的对位排版，即每一行都在版心字的整行上；二是只对文字块中各段的第一行对位排版，即选中文字块只有每段的第一行是在版心的整行上，而其他行可以不在版心的整行上。如果要选择“只对段的第一行对位”的对位排版方式，那么，应在“环境设置”对话框中的“版面设置”选项卡中选择“只对段的第一行对位”复选框。

设置“对位排版”的方法是：选中需要对位排版的文字块，单击“格式→对位排版”命令。效果如图 4—24 所示。

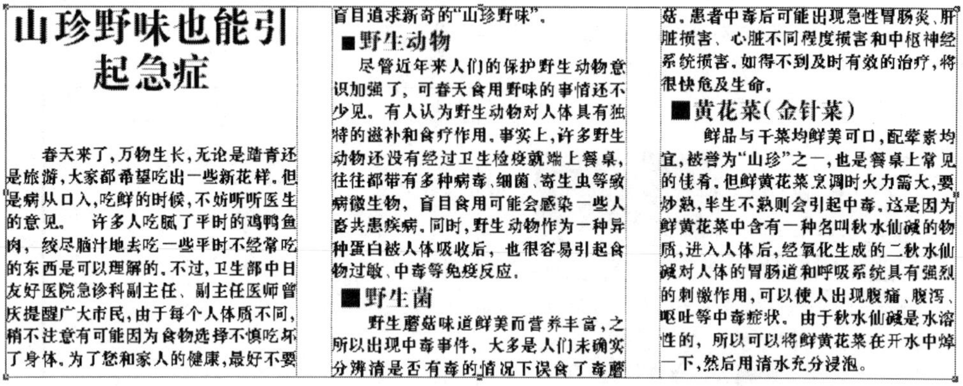

山珍野味也能引起急症

春天来了，万物生长，无论是踏青还是旅游，大家都希望吃出一些新花样。但是病从口入，吃鲜的时候，不妨听听医生的意见。 许多人吃腻了平时的鸡鸭鱼肉，绞尽脑汁地去吃一些平时不经常吃的东西是可以理解的。不过，卫生部中日友好医院急诊科副主任、副主任医师曾庆提醒广大市民，由于每个人体质不同，稍不注意有可能因为食物选择不慎吃坏了身体。为了您和家人的健康，最好不要盲目追求新奇的“山珍野味”。

■野生动物

尽管近年来人们的保护野生动物意识加强了，可春天食用野味的事情还不少见。有人认为野生动物对人体具有独特的滋补和食疗作用。事实上，许多野生动物还没有经过卫生检疫就端上餐桌，往往都带有多种病毒、细菌、寄生虫等致病微生物，盲目食用可能会感染一些人畜共患疾病。同时，野生动物作为一种异种蛋白被人体吸收后，也很容易引起食物过敏、中毒等免疫反应。

■野生菌

野生蘑菇味道鲜美而营养丰富，之所以出现中毒事件，大多是人们未确实分辨清是否有毒的情况下误食了毒蘑菇。患者中毒后可能出现急性胃肠炎、肝脏损害、心脏不同程度损害和中枢神经系统损害。如得不到及时有效的治疗，将很快危及生命。

■黄花菜（金针菜）

鲜品与干菜均鲜美可口，配荤素均宜，被誉为“山珍”之一，也是餐桌上常见的佳肴。但鲜黄花菜烹调时火力需大，要炒熟，半生不熟则会引起中毒。这是因为鲜黄花菜中含有一种名叫秋水仙碱的物质，进入人体后，经氧化生成的二秋水仙碱对人体的胃肠道和呼吸系统具有强烈的刺激作用，可以使人出现腹痛、腹泻、呕吐等中毒症状。由于秋水仙碱是水溶性的，所以可以将鲜黄花菜在开水中焯一下，然后用清水充分浸泡。

Ⅰ 原文字块

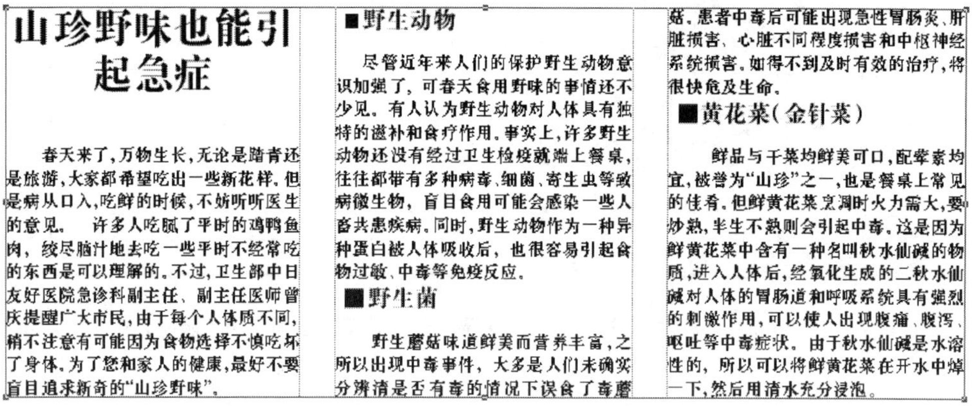

山珍野味也能引起急症

春天来了，万物生长，无论是踏青还是旅游，大家都希望吃出一些新花样。但是病从口入，吃鲜的时候，不妨听听医生的意见。 许多人吃腻了平时的鸡鸭鱼肉，绞尽脑汁地去吃一些平时不经常吃的东西是可以理解的。不过，卫生部中日友好医院急诊科副主任、副主任医师曾庆提醒广大市民，由于每个人体质不同，稍不注意有可能因为食物选择不慎吃坏了身体。为了您和家人的健康，最好不要盲目追求新奇的“山珍野味”。

■野生动物

尽管近年来人们的保护野生动物意识加强了，可春天食用野味的事情还不少见。有人认为野生动物对人体具有独特的滋补和食疗作用。事实上，许多野生动物还没有经过卫生检疫就端上餐桌，往往都带有多种病毒、细菌、寄生虫等致病微生物，盲目食用可能会感染一些人畜共患疾病。同时，野生动物作为一种异种蛋白被人体吸收后，也很容易引起食物过敏、中毒等免疫反应。

■野生菌

野生蘑菇味道鲜美而营养丰富，之所以出现中毒事件，大多是人们未确实分辨清是否有毒的情况下误食了毒蘑菇。患者中毒后可能出现急性胃肠炎、肝脏损害、心脏不同程度损害和中枢神经系统损害。如得不到及时有效的治疗，将很快危及生命。

■黄花菜（金针菜）

鲜品与干菜均鲜美可口，配荤素均宜，被誉为“山珍”之一，也是餐桌上常见的佳肴。但鲜黄花菜烹调时火力需大，要炒熟，半生不熟则会引起中毒。这是因为鲜黄花菜中含有一种名叫秋水仙碱的物质，进入人体后，经氧化生成的二秋水仙碱对人体的胃肠道和呼吸系统具有强烈的刺激作用，可以使人出现腹痛、腹泻、呕吐等中毒症状。由于秋水仙碱是水溶性的，所以可以将鲜黄花菜在开水中焯一下，然后用清水充分浸泡。

Ⅱ 对位排版后的文字块

图 4—24 使用对位排版效果

> **提示** 文字块在使用了对位排版后，行距不可微调。这是因为文本中的每行字都必须排在版心字整行的位置上，所以行距的调整也只能是整行的。

（五）文本自动调整

“文本自动调整”功能可以使文字块充满整个文字块。拉大文字块边框后，单击“版面→文本自动调整”命令，命令前被打上对勾，这时文字块中的文字自动调整充满文字边框。此时再拖动文字块，改变文字块大小的同时也会改变文字的大小，使文字始终充满文字边框，还可以同时选中多个文字块，完成“文本自动调整”操作。如图 4—25 所示。

图 4—25　设置“文本自动调整”前后文字状态

执行“文本自动调整”命令后的文字块，如果继续输入或删除文字，文字块会重排，并且自动调整字的大小。

和“旋转与变倍工具”作用不同的是，“文本自动调整”功能还可以还原文字的大小，如果再次单击“版面→文本自动调整”命令，使其不被选中，则被调整的文字又回到初始的状态。

提示　此功能只能对矩形特殊文字块起作用，对其他特殊文字块无效。

（六）文字边框空

文字块周围的边框与文字之间的距离，普通文字块使用“文字边框空”来定义（参见实验四“环境设置”中的“块设置”），图元文字块使用“排版区域内空”来定义。具体方法是，选中要设边框空的文字块，单击鼠标右键，在弹出菜单中选择“排版区域内空”命令，则弹出“区域内空”对话框，如图 4—26 所示，设置好参数按“确定”按钮即可。

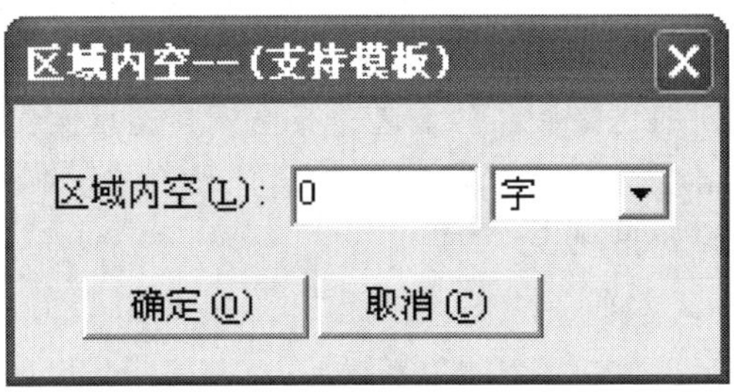

图 4—26　“区域内空”对话框

（七）文字块的连接

连接文字块工具用于连接几个文字块，使得它们之间有文字的续排连接关系。解除连接工具用于将文字块之间的连接取消。

例如，报社编辑在排入很长的文章时，经常要将该文章分成几个文字块，放在版面不同的位置，这时，可以先用排入文字块工具在版面上画出文字块，调整好各文字块的位置，然后选中连接文字块工具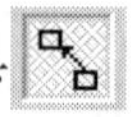，依次单击各文字块，则在文字块之间建立了续排连接关系。如果要解除文字间的连接，只要选中解除连接工具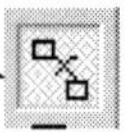，在红色箭头的箭头部分单击鼠标左键即可。见图4—27。

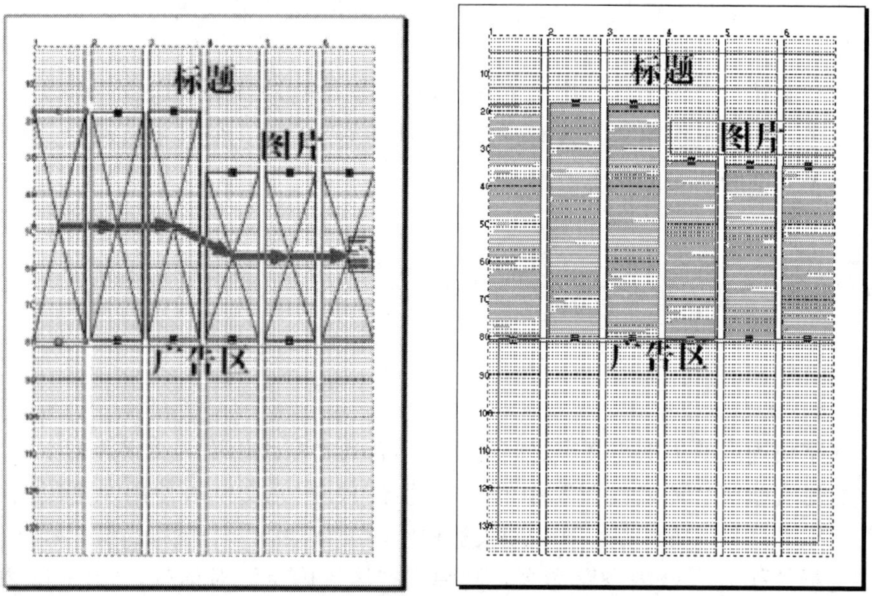

图4—27　实际排版中运用文字块连接工具

> **提示**
> 建立文字块之间的连接后，如果选择其他工具进行操作，那么红色箭头将会隐藏不见，但是各文字块之间的续排标志依然存在。再次选择连接工具单击，则红色箭头又再次出现。

（八）文字块的裁剪路径

文字块可以作为裁剪路径，用其中的文字来裁剪其他块，以实现某些特殊效果。

范例 文字块作为裁剪路径裁剪一张图片。

其具体操作步骤如下：

(1) 用选取工具选中要作为裁剪路径的文字块。

(2) 选择“版面→路径属性→裁剪路径”命令。

(3) 移动这个文字块到与待裁剪的图片重叠。

(4) 同时选中这个文字块和待裁剪的块。

(5) 执行“版面→块合并”命令。选中的图片就被文字块中的文字裁剪，效果如图 4—28 所示。

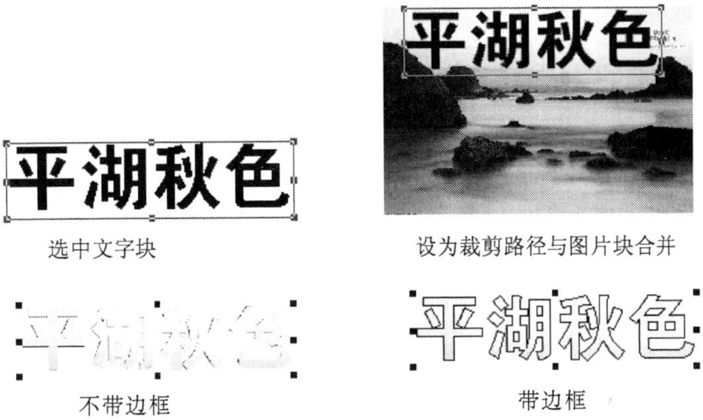

图 4—28 文字裁剪图片效果

提示

(1) 用文字块裁剪图元的步骤同上。在进行文字裁剪的操作过程中，如果裁剪对象的颜色较浅，裁剪后会出现不清楚的现象。这时，可以给裁剪后的对象加上边框，这样裁剪后的对象的轮廓就清楚地显示出来。其操作方法就是选中要设置“裁剪路径”属性的文字块，设置好裁剪属性后，再单击“美工→路径属性→带边框”选项。

(2) 特殊文字块不可以设置裁剪路径属性。

(九) 转换为曲线

飞腾中的转化为曲线的功能有两个，一是将图元转化成贝塞尔曲线，二是可以将文字块中的文字的轮廓全部转化为贝塞尔曲线。

1. 将图元转化成贝塞尔曲线

其操作方法如下：

（1）用选取工具选中待转化为曲线的图元。

（2）单击“美工→转化为曲线”选项。

（3）在图元上出现贝塞尔曲线的控制点，可以移动、拖拽、旋转这些控制点，来改变转化后图元的形状，如图 4—29 所示。

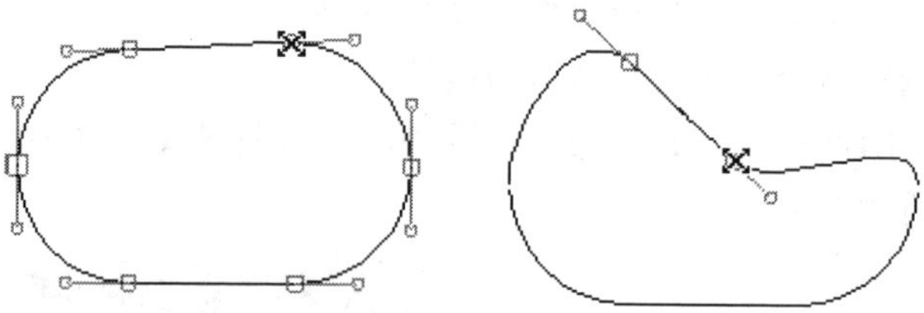

图 4—29　将图元转化为贝塞尔曲线并拖拽控制点的效果

2. 对文字进行“转化为曲线”的操作

其操作方法如下：

（1）用选取工具选中要转化的文字块（不是选中块内的文字）。

（2）单击“美工→转化为曲线”命令。

（3）选中转化后的对象文字块，单击“版面→块分离”命令（或按快捷键 Shift＋F4）。

（4）再次选中此对象，可看见贝塞尔曲线的节点。拖拽这些节点，改变对象的形状。

范例

例一：图 4—30 是对文字块转化后的对象进行块分离后，并拖拽节点的效果

图 4—30　将文字转化为曲线

例二：利用文字转为曲线功能完成简单的补字或者制作字的特殊效果

例如，“镕”字，可用“铁”和“溶”字的偏旁部首来组合而成。如图 4—31。

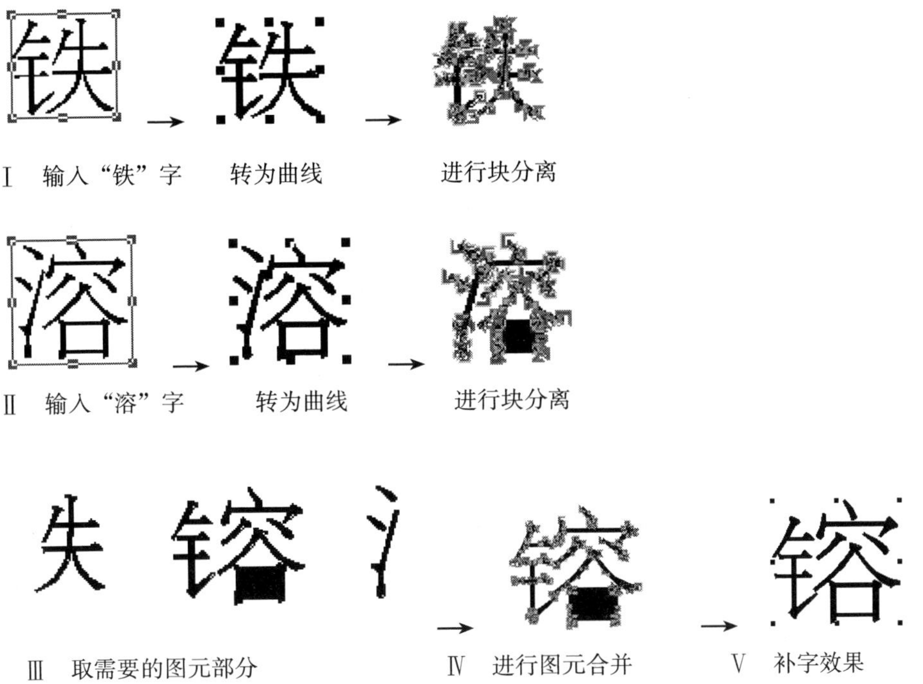

图 4—31 利用文字转为曲线功能进行补字

提示

对将文字转化为曲线的操作的几点说明：

（1）“转化为曲线”功能是将文字块转化为图元块，即进行了“转化为曲线”操作后，文字块原有的文字属性消失，每一个笔段转化为一个贝塞尔曲线，每一个字是一个由笔段组成的图元块，可以对这些转化后的图元块进行图元块编辑、块分离以及设置底纹和画线等操作。

（2）对带属性的文字，如进行过改变底纹颜色、倾斜设置、空心设置、旋转设置等操作的文字进行了“转化为曲线”操作后，文字的底纹（如通字底纹、立体底纹）属性就丢失了，而文字的颜色、倾斜、旋转、空心（边框粗细不能被转换）等属性则可以转换为图元的相应属性。

（3）在飞腾系统中，对要转化的文字的个数没有限制。但是，由于这种操作消耗资源较多，所以建议不要对太多的文字进行转化。

（4）数学盒子在转曲线时，盒子中的画线等非字符显示的部分（如分数线、行列线）不转换。

实验七 文字的编辑

文字是报纸版面中主要的编排元素之一。早期的汉字——象形字，代表与实物类似的形状，经大篆、小篆、隶书、草书、楷书、行书，到今天，我国的汉字已有了几百种文字形状。这些形状蕴涵着不同的风格和气质，表达着不同的感情色彩，给读者造成的印象更是不同。譬如，宋体端庄大方，有稳重大气之感；隶书飘逸，给人的感觉很古朴、典雅；而草书狂野，常令人有不羁的印象。因此，不同的文字形状，凭借其给人的这些不同的印象，在文字编辑过程中承担着不同的任务，也体现出了各报各版不同的编排思想。

实验目的

本实验将根据飞腾提供的文字编辑工具，演示如何设置不同字体字号的文字，学习不同文字的特殊、普通文字排版格式，从而了解报纸版面中稿件的正文和标题的字体、字号如何处理而成，标点、数字如何恰当排版，以及了解报纸版面中由文字的种种排版格式而产生的版面效果。

实验原理

在报纸版面中，文字的变化主要由字体和字号的编辑而成。字体主要是指文字外形。电子排版中，字体按长宽形状分，有正方形、长形、扁形之分，也就是XY、Y、X方向的字体，有时候也会出现斜形的文字；按笔画特点分，有报宋、黑体、楷体、仿宋体、隶书体等。飞腾排版软件中的字体有按照国家标准开发的国标字体、国标扩展字体，还有方正自己开发的748码字体，这些字体囊括了报纸版面中所需要的各种字体要求。

字号主要指字的大小，常以“磅”(point)、“号”计算。电子排版使用的字号最小为7号字，最大96磅，通常报纸版面中正文中的字号是新5号，也就是飞腾字号中的小5号。

字体、字号的不同代表着不同的文字意义。譬如，大字号的字比小字号的字更有强势作用，能够突出重大新闻；同一字号中粗笔画比细笔画更有强势，也能够起到渲染夸张新闻事实的作用。《纽约时报》历史上采用过三次96磅的大标题：美国“阿波罗”号载人飞船登月、尼克松辞职和“9·11”事件，就是为了突显当时发生的重大事件，其震撼效果是非常明显的。又譬如，不同的字体有着不同的特点，黑体有庄重、大气之感，比较适合排成新闻标题，很多报社为了突出新闻标题，都刻意将其设置为超粗黑字体。宋体端庄大方，许多报纸因此采用大标宋、小标宋制作标题，采用报宋制作正文。隶书静中有动，富有装饰性，且飘逸，给人的感觉很古朴、典雅，比较适合做标题字体。楷体活泼、工整秀丽，适合排轻松的软新闻及特写、评论之类。而草书狂野、风驰电掣，因此不适合做严肃新闻的文字载体。

文字的编辑与文字块的编辑是不同的，文字块的编辑是对一个区域进行操作，而文字的编辑却是对选中的个别或一群文字进行操作。报纸版面的新闻标题、正文排版、颜色、装饰字体等，都依赖于文字编辑的作业。

实验条件

飞腾 4.1 集成排版软件“工具”中的文字工具、文本属性工具、特殊排版属性工具、普通排版属性工具等。

实验内容

只有系统处于文字状态，才表明可进行各种文字操作，如在版面中输入文字、改变文字的字体和字号、文字的增删以及其他各种属性操作。

“工具”中的 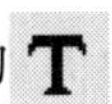 按下去时表明系统处于文字状态，进入文字状态的方法有：

（1）使用鼠标将光标移至“工具”的 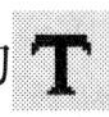 处，点按一下鼠标键。

（2）直接在键盘上使用快捷键 Ctrl+Q，实现在选取工具和文字工具之间的切换。

在文字状态下，系统光标变成  或 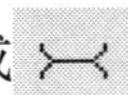，我们称其为加字号。

一、文字的选中与修改

输入文字或排入文字后，要对文字进行编辑，首先必须选中文字。文字的选中是指定某一部分文字，将某种操作作用其上。在飞腾系统中，文字的选中只能在文字状态下进行，选中文字用颜色反转来表示。

在图 4—32 中文字“高处不胜寒，起舞弄清影，何似在人间”是选中的，即表明它们是进行操作的对象。

（一）文字的选中方式

1. 鼠标拖动方式

所谓鼠标拖动方式就是直接用鼠标操作来选中文字，一般常用于少量文字的选中以及页内文字的选中，其操作步骤如下：

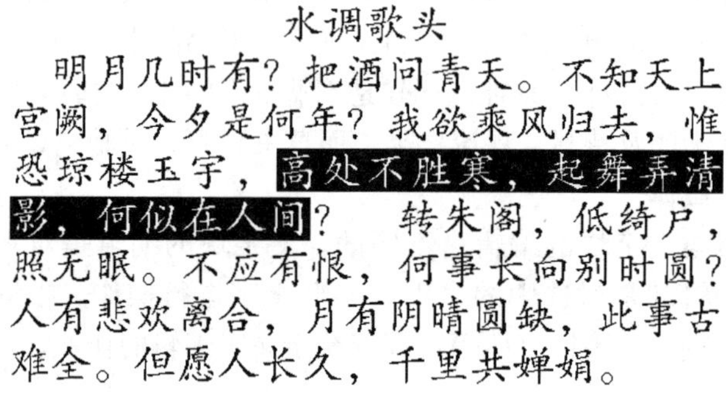
水调歌头
明月几时有？把酒问青天。不知天上宫阙，今夕是何年？我欲乘风归去，惟恐琼楼玉宇，高处不胜寒，起舞弄清影，何似在人间？ 转朱阁，低绮户，照无眠。不应有恨，何事长向别时圆？人有悲欢离合，月有阴晴圆缺，此事古难全。但愿人长久，千里共婵娟。

图 4—32 选中文字

（1）将加字号光标移至所选文字的起点。

（2）按下鼠标左键。

（3）拖动鼠标至所选文字的终点。

（4）松开鼠标左键。

2. Shift 键方式

Shift 键文字选中方式一般常用于大量文字的选中以及跨页文字的选中。Shift 键的使用能使用户多次选择被选文字的终点，以便准确定位。

（1）在一页内选中大量文字的操作步骤如下：

1）将加字号光标移至所选文字的起点。

2）按一下鼠标左键。

3）按下 Shift 键。

4）将加字号光标移至被选文字的终点。

5）按一下鼠标左键。

6）若想重新选择终点，则重复步骤 4～5。

7）松开 Shift 键。

（2）选中跨页文字的操作步骤如下：

1）将加字号光标移至所选文字的起点。

2）按一下鼠标左键。

3）使用翻页操作调出被选文字终点所在的页面。

4）将加字号光标移至被选文字的终点。

5）按下 Shift 键。

6）按一下鼠标左键。

7）若想重新选择终点，则重复步骤 3～6。

8）松开 Shift 键。

3. 键盘方式

飞腾系统提供用键盘进行文字选中的方式，其具体操作步骤如下：

（1）移动光标至所选文字的起点。

（2）按下 Shift 键。

（3）使用键盘移动光标至所选文字的终点。

（4）松开 Shift 键。

例如：按 Shift＋End→选中从当前位置到行末的内容。

按 Home→光标移到行首，再按 Shift＋End→选中当前行的内容。

4. 组合方式

（1）选中一行文字：把鼠标移到要选中的行上，双击。

（2）选中一段文字：把鼠标移到要选中的段中，按下 Shift 键后，再双击。

（3）选中一个文字块中的所有文字：把鼠标移到要选中的段中，按下 Ctrl 键后，再双击。

（4）选中一篇文章的全部文字：把鼠标移到要选中的文章中，按下 Ctrl 和 Shift 键后，再双击鼠标键，或者用 Ctrl＋A。

（二）定位文字操作位置

对文字进行各种操作首先要选择起始位置，方法有两种：

1. 使用鼠标

（1）将加字号光标移至所选位置。

（2）按一下鼠标键。

2. 使用键盘

（1）使用鼠标选择第一个位置。

（2）使用键盘移动光标改变其位置。

键盘操作对应关系如表 4—1 所示：

表 4—1　键盘操作对应关系表

键盘操作	含义	键盘操作	含义
←	左移一字	PageUp	本文章上一文字块末
→	右移一字	PageDown	本文章下一文字块末
↑	上移一字	Ctrl＋ PageUp	本块首
↓	下移一字	Ctrl＋ PageDown	本块末
Home	本行首	Ctrl＋ Home	本文章首
End	本行末	Ctrl＋ End	本文章末

（三）改字体字号

1. 使用“字体号”对话框

其操作步骤如下：

（1）选中要改变字体字号的文字。

（2）单击“文字→字体号”。

（3）弹出“字体号”对话框，如图 4—33 所示。

“字体号”对话框由三部分组成：“字体选择”框、“字号选择”框和其他选项。

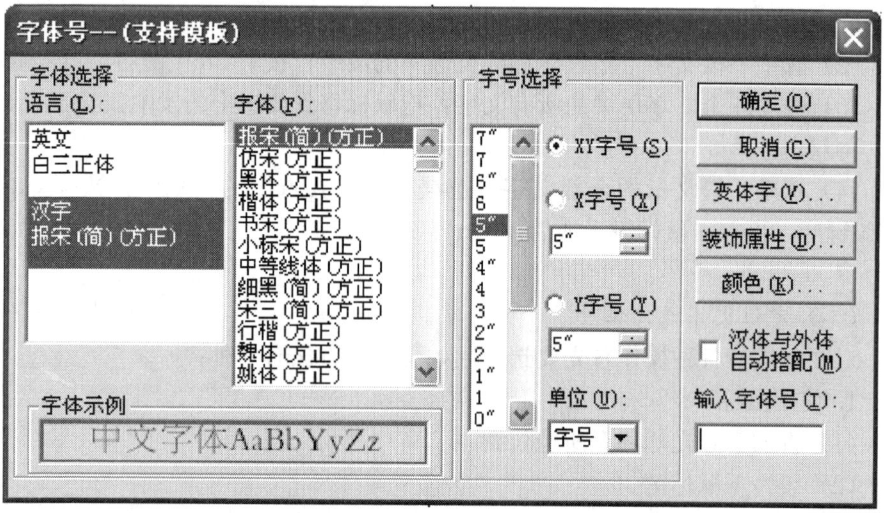

图 4—33　“字体号”对话框

（4）设置字体。“字体选择”框内有两个列表框：“语言”列表框和“字体”列表框。在“语言”列表框中显示出可选择的语言和当前被选中的字体。如果“语言”列表框中选中汉字，则在“字体”列表框中列出了所有的汉字字体，同样，如果在“语言”列表框中选择英文，那么在“字体”列表框中就列出了所有英文的字体。一般，要选择字体，需先在“语言”列表框中选中语言，然后再选择所要的字体。

（5）设置字号。要选中某一字号可以把光标移到“字号选择”列表框上，按下鼠标键，被选中的项呈反转显示。另外的方法则是：

1）选中“XY 字号”：正常尺寸（文字宽和高的尺寸一样）。

2）选中“X字号”：直接在X字号（宽）微调框中输入数值，或者单击右边的上、下箭头按钮改变尺寸。每单击一次按钮，数值增减0.25磅。

3）选中“Y字号”：直接在Y字号（高）的微调框中输入数值，或者单击上、下箭头按钮改变尺寸。每单击一次按钮，数值增减0.25磅。

提示

用Ctrl＋Alt＋“＋”/“－”键可以调整字号，数值增减的幅度为每次0.5磅，这种调整将反映到“字体号”对话框和文本属性工具条中。

选择“X字号”、“Y字号”进行调整，常常可以设置长、扁字。

“单位”为一下拉列表框，可设置使用单位，可供选择的单位有：字号、磅、毫米、英寸、厘米、级和PICA。

（6）设置“汉体与外体自动搭配”。如果选中此选项则在“字体选择”框中改变汉字的当前字体时，“语言”列表框中的英文字体也随之改变为与这种中文字体搭配的英文字体。

提示

进行选中操作时，无论选中的第一个文字是中文、英文或是空格，只要选中了“外体和汉体自动搭配”，则选中文字后，“字体”对话框中，字体的缺省选中状态就是中文字体。

（7）输入字体号。可以直接在编辑文本框中输入字号和字体的缩写，设置字体和字号。如“.”表示以磅为单位，“j”表示以级为单位，只有数字则表示以字号为单位。例如，输入“10H”表示黑体10号字。而“10fs”代表10号的仿宋字体。小的字号可以用数字后加“"”表示，如5"表示小5号字。

2. 使用“改变字体”和“改变字号”对话框

单击“文件→改字体”，弹出“改变字体”对话框；单击“文件→改字号”，弹出“改变字号”对话框。如图4—34所示。

3. 使用文本属性工具栏中的字体和字号下拉列表框

在飞腾桌面上的文本属性工具条中可以同时显示和设置中文和英文的字体（如图4—35）。单击C后面的下箭头按钮，可以选择中文字体；单击E后面的下箭头按钮，可以选择英文字体。单击字体列表框最后的下箭头按钮，可以选择所有字体。为了方便编辑选择，该下拉列表可分为三个区：当前使用的中英文字体排列在第一区，用红线隔开；最近使用的五种中英文字体用绿线隔开，排在第二区；其他字体排列在第三区。改变字号列表框只需选择所需要的字号即可。

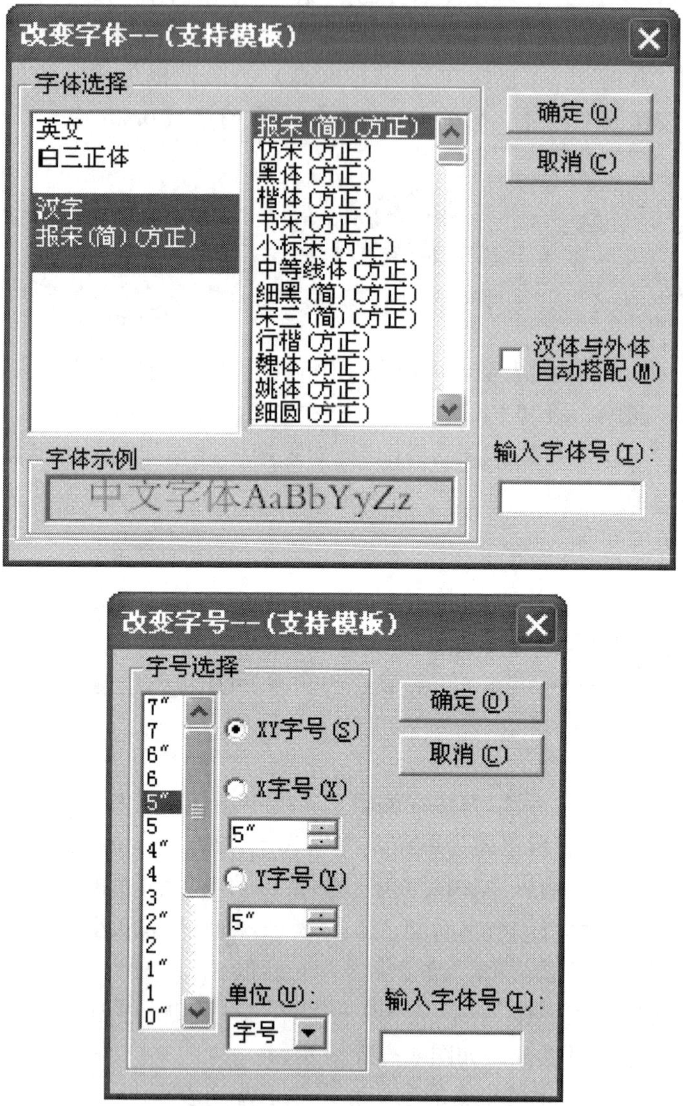

图 4—34 “改变字体”和“改变字号”对话框

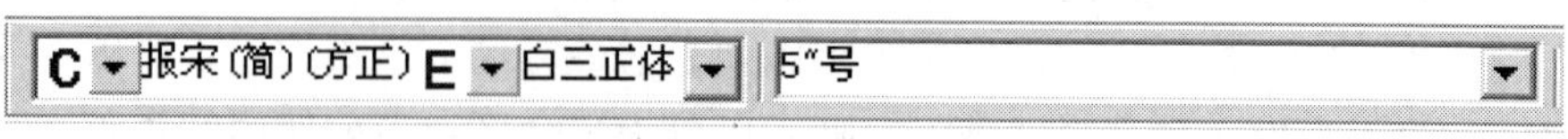

图 4—35 文本属性工具条

4. 使用右键菜单

如果要使用的字体是常用的字体，如报宋（方正）、黑体（方正）、仿宋（方正）和楷体（方正），则可以在选中文字时，点击鼠标右键，也可在弹出的快捷菜单中选择。

（四）改字距、行距和字母间距

提示

操作时依据要选择的对象不同，可以选中文字块，也可以选中文字块中的几行或者几个文字。

1. 改字距和字间

提示

字距与字间都指文字与文字之间的距离，但二者又有不同，它们之间的区别可通过图 4—36 来展示。

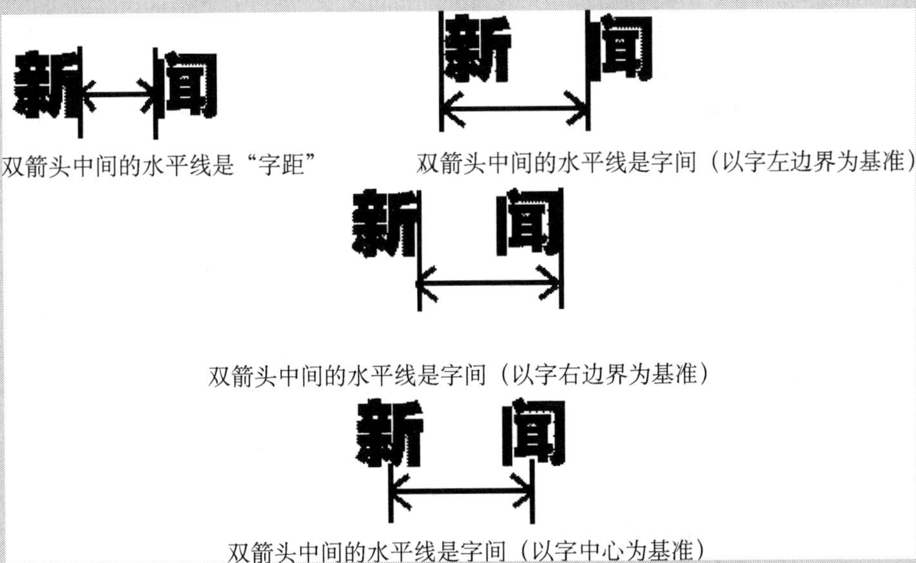

图 4—36　字距和字间

飞腾中可以对文字块或文字块中的部分文字进行字距和字间的调整。字距和字间命令分别以字距和字间的度量单位为标准来调整字之间的距离。

（1）用选取工具选中所需文字。

（2）单击“文字→字距和字间”命令，或按快捷键 Ctrl＋M，弹出“字距和字间”对话框，如图 4—37 所示。

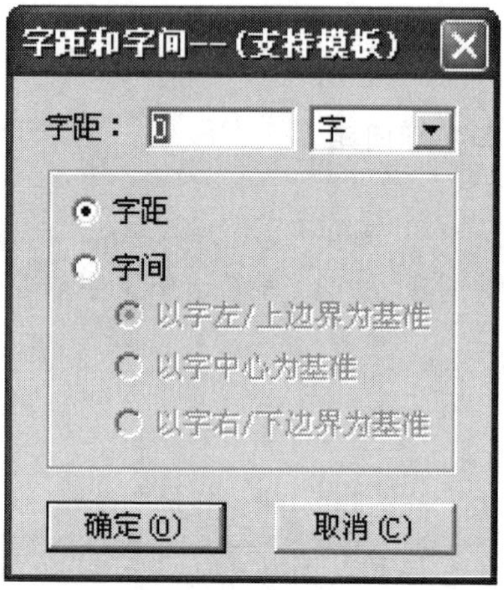

图 4—37　“字距和字间”对话框

（3）选择字距，并在字距右边的文本框中输入数值，范围是－9.824～9.824，负值表示缩小间距。

（4）如果选择的是字间，则可进一步选择下面的按钮，然后再设置字距值。当文字字号相同时，以字左边界、字中心、字右边界为基准，效果是一样的；但当文字字号不一样时，效果则不一样，如图 4—38 所示。

（5）设置完后，单击“确定”按钮。

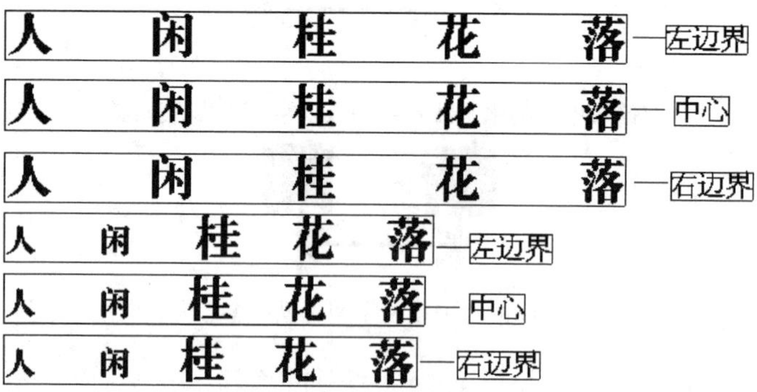

前三行文字字号相同，后三行字号各不同，字距为 3 字。无论文字大小如何变化，字距都是按版心字来计量，报纸通常指 5″号

图 4—38　字距参数相同，不同字间选项设置的效果

提示

直接用键盘 Ctrl＋“＋”/“－”键可以调整字距，每次调整的幅度为 0.25 磅。这种调整将反映到“字距”对话框中。注意“＋”、“－”必须使用小键盘上的键。

2. 改行距和行间

其操作步骤如下：

(1) 选中文字块或某几行文字。

(2) 单击“文字→行距与行间”命令，弹出行距与行间对话框，如图 4—39 所示。

(3) 在行距文本框中输入数值，然后选择不同的基准。假设行距相同，那么当上下文字号相同时，以行顶、行中和行底为基准，效果是一样的；当上下文的文字字号不同时，其效果不同。

(4) 设置完毕后，单击“确定”按钮。

提示

用 Alt＋“＋”/“－”键可以调整行距，每次调整的幅度是 1.05 磅。这种调整将反映到“行距”对话框中。“＋”、“－”必须是小键盘上的键。

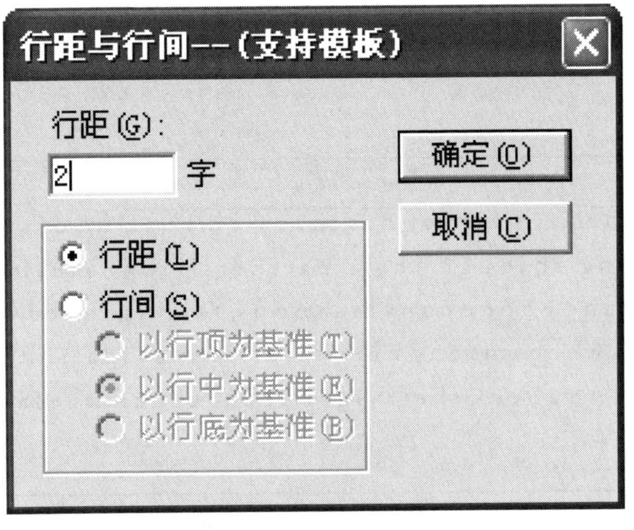

图 4—39　“行距与行间”对话框

3. 改字母间距

其操作步骤如下：

（1）选中文字块或某个需要调整的字母。

（2）单击“文字→字母间距”命令，弹出如图 4—40 所示的“字母间距”对话框。

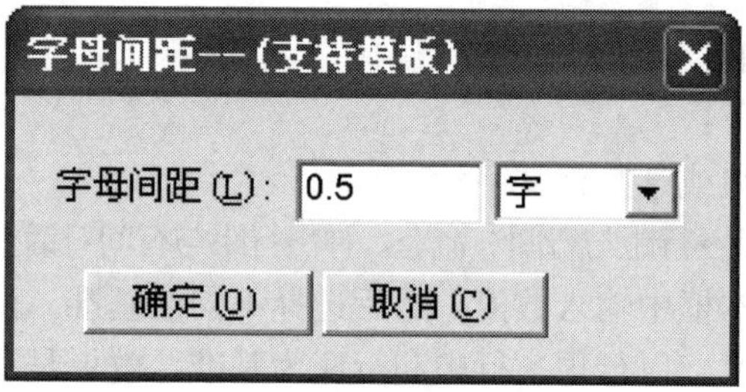

图 4—40 “字母间距”对话框

（3）在“字母间距”文本框中输入数值，假设输入数值为“0.5”，单击“确定”按钮。效果如图 4—41 所示。

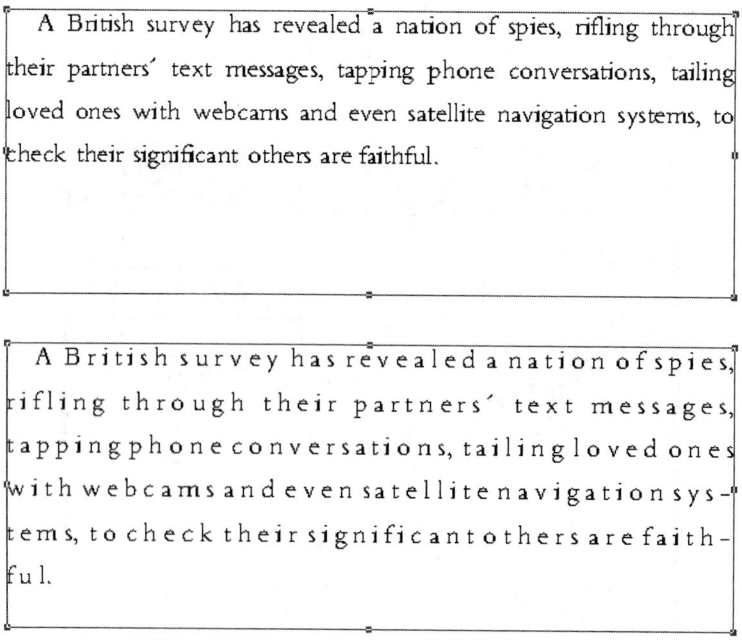

图 4—41 设置字母间距前后效果

二、文字的特殊排版格式与属性

（一）长扁字

正常的汉字是方块字，长宽相等，报纸上大部分文字都采取方块字，但是为了追求突出的效果，许多报纸的新闻标题会采用“长”字或“扁”字。长扁字的设置有两种方法。一是在“字体号”对话框中设置“X”字号、“Y”字号；二是通过长扁字命令来设置。

后者操作步骤如下：

（1）用文字工具选中要改变长宽的文字。

（2）单击“文字→长扁字”命令，弹出子菜单，如图 4—42 所示。

（3）单击“长扁字”子菜单中的命令，可得到所需要的长扁字。

（4）单击“长扁字”子菜单中的“自定义扁字”或“自定义长字”命令，弹出“自定义长扁字”对话框，如图 4—43 所示。如果选中长字，并在文本框中给定 70%，则结果为 X＝Y－Y×70%；如果选中扁字，并在文本框中给定 70%，则结果为 Y＝X－X×70%。

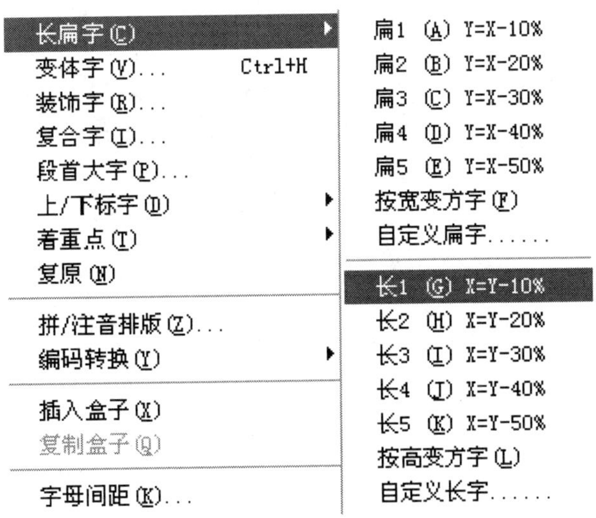

图 4—42 “长扁字”子菜单

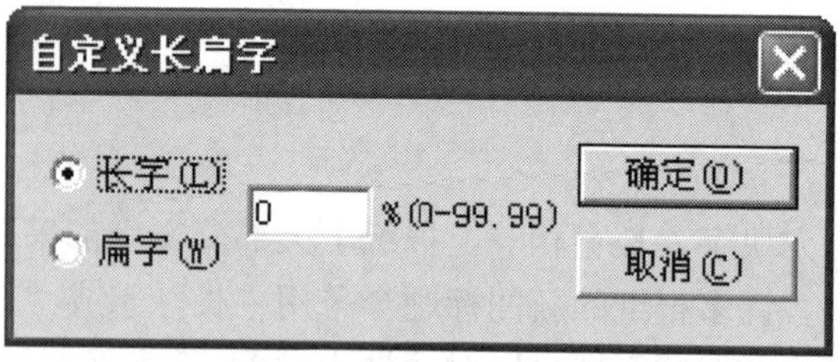

图 4—43　自定义长扁字

范例 《经济日报》新闻标题中的长字效果（如图 4—44）。

经济日报

ECONOMIC DAILY

胡锦涛在中共中央政治局第四十次集体学习时强调

认真学习全面实施物权法

开创社会主义法治国家新局面

吴官正会见斯里兰卡客人

李长春会见墨西哥参议长

青岛打造城市绿色品牌

图 4—44　《经济日报》的头条新闻标题设置了长字，有瘦骨挺拔之感

（二）加着重点与设置上下标

为了突出某个重点突出的文字，编辑会给文字加着重点，以提醒受众特别注意，而上下标字则是排版者经常会使用到的操作，如表明版次。

1. 加着重点

其具体操作步骤如下：

（1）用文字工具选中要操作的文字。

（2）单击“文字→着重点→上着重点或下着重点”命令，或单击文本属性按钮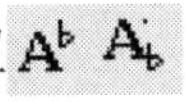。

（3）如果要去掉着重点，则选中要操作的文字，再重复一遍（2）的操作即可。

（4）如果选择了自定义着重点，则会打开如图 4—45 所示的对话框。在其中可选择需要的着重点符号，甚至还可以根据报纸排版需要选择添加系统没有提供的符号。该对话框还可以设置着重点的位置（纵向偏移）及大小（放缩比例），着重点的颜色，预览着重点设置状况。

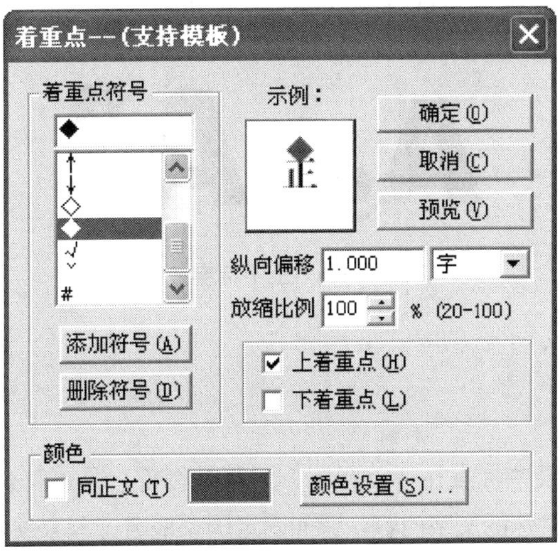

图 4—45　设置着重点对话框中参数

（5）设置好后，单击“确定”按钮，则可关闭“着重点”对话框。

提示

（1）添加符号的方法是编辑将自己需要的着重点输入到“着重点符号”文本框中，然后单击添加符号按钮即可。倘若用户不需要了，还可以单击“删除符号”按钮删除。但是系统提供的符号是不可以删除的。

（2）在“着重点”对话框中的“着重点符号”文本框中，只允许输入一个字符，英文与数字不能加着重点。

（3）在默认状态下，着重点符号与选中文字大小相同，用缩放比例设置着重点大小是在选中文字大小基础上设置的。

2. 设上下标

其操作步骤如下：

（1）用文字工具选中要操作的对象。

（2）单击“文字→上/下标字→上标字或下标字”命令，或者单击文本属性工具条中的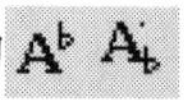按钮。

（3）单击“文字→上/下标字→复原”命令，或单击文本属性工具条中的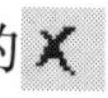按钮，可使上下标字恢复正常。

范例 用上下标设置报纸版次（如图4—46）。

图4—46 上下标字效果

（三）文字禁排

1. 禁排设定

排入文稿中的某些标点在行首行尾，尤其是行首，是不符合排版规则的。当行首行尾是一些比较特殊的文字内容，譬如固定国家地名、国家领导人姓名等，如果将之拆分成两行排，就显得很不得体。因此，遇到类似情况可以自定义设定禁排的对象。

其操作步骤如下：

（1）单击“格式→禁排设定”命令，弹出“禁排设定”对话框。

（2）在“行首禁排”选项组中选中“自定义设定”单选按钮，则“禁排追加”和“禁排解除”文本框被激活，可以在“禁排追加”文本框中输入要禁排的内容，也可以在“禁排解除”文本框中输入要解除的禁排内容。

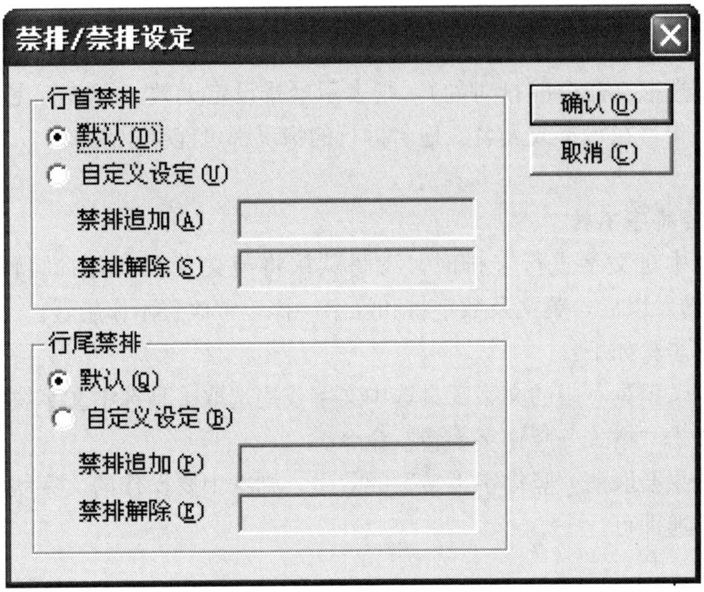

图 4—47　“禁排设定”对话框

(3) 用同样的方法可以设置“行尾禁排”。

范例 新闻稿件中需要设置禁排设定的情况（如图 4—48）。

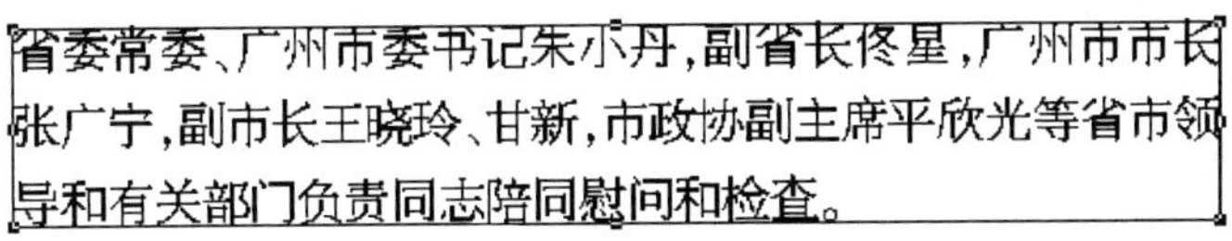

Ⅰ　设置禁排（行首禁排内容为“广宁”、行尾禁排内容为“张”）

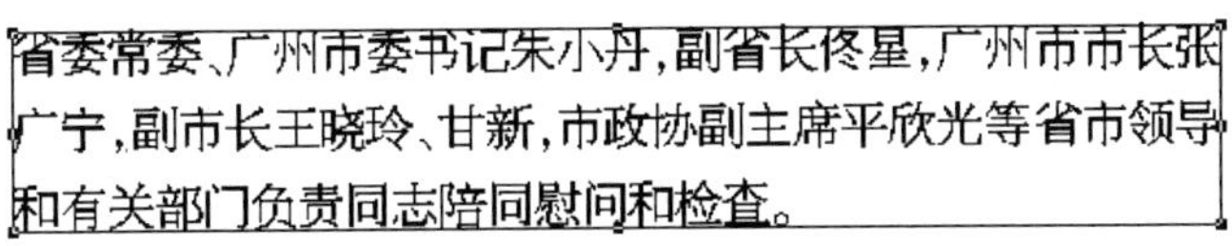

Ⅱ　解除禁排

图 4—48　“禁排设定”效果

提示

禁排设定的设置是针对全局的，所以，一旦设置禁排对象，则对飞腾版面上所有的对象起作用。

如果选中“行不禁排”命令，则行中的文字不遵循禁排设置。

2. 行不禁排

利用格式菜单下的“行不禁排”命令，可以控制行首行尾的禁排。选中“行不禁排”复选框（命令前打对勾），则表示禁排设定无效，行首行尾不禁排，此时，逗号、句号在行首或人名、地名拆行的情况都可能会出现。

（四）竖排字不转

在飞腾中对文字进行竖排时，飞腾默认将英文及数字向右旋转 90°。选择“竖排字不转”以后，英文及数字将和汉字一样正常放置不作旋转。

其操作步骤如下：

（1）用“工具”中的文字工具选中文字或用选取工具选中文字块。

（2）单击“格式→竖排字不转”命令。

（3）如果要取消“竖排字不转”的效果，则选中要操作的文字块，将上两个步骤重复一遍即可。

范例 新闻稿件中设置竖排字不转的效果（如图 4—49）。

（五）纵中横排

从图 4—49 中可以看出，“竖排字不转”的效果只适宜单独的数字和英文字母，而对于连续较长的英文单词和数字，这样设置反而会造成阅读的不便。这时可以采取“纵中横排”命令，保持英文、汉字和数字的排版方向不变，且可以保持为一个整体。

其操作步骤如下：

（1）用文字工具选中所需设置文字（少于等于 8 个字）。

（2）如果要对部分英文或数字进行压缩，则只需选择要压缩的对象，单击“格式→纵中横排→文字不压缩”、“文字部分压缩”或“最大压缩”命令，编辑可以根据需要决定对“纵中横排”的文字是否压缩及压缩到多大程度。

（3）如果要对全文的数字和英文一次性设置压缩，可单击“格式→纵中横排→全文数字压缩”命令，然后在弹出的如图 4—50 的对话框中选择压缩类型和最大的压缩数后单击“确定”即可。

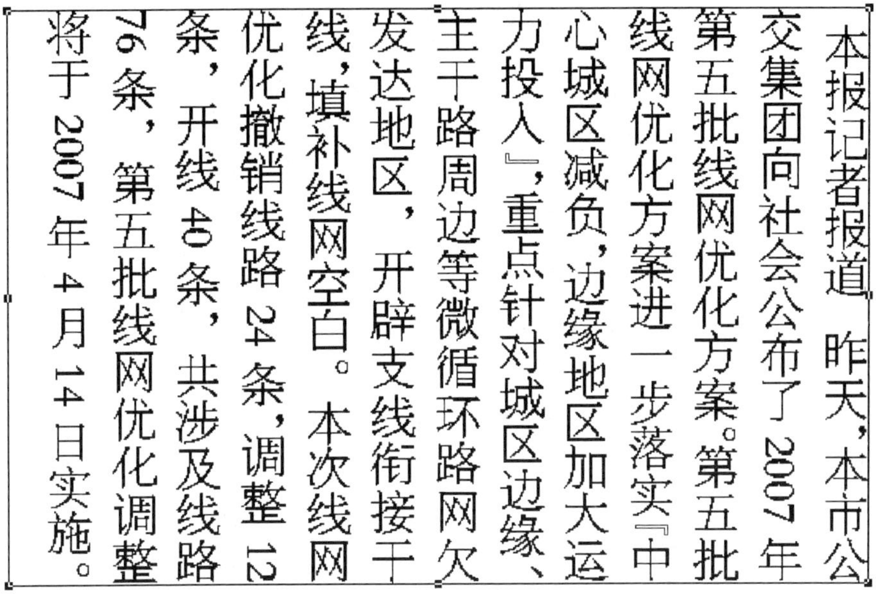

Ⅰ 设置“竖排字不转”前

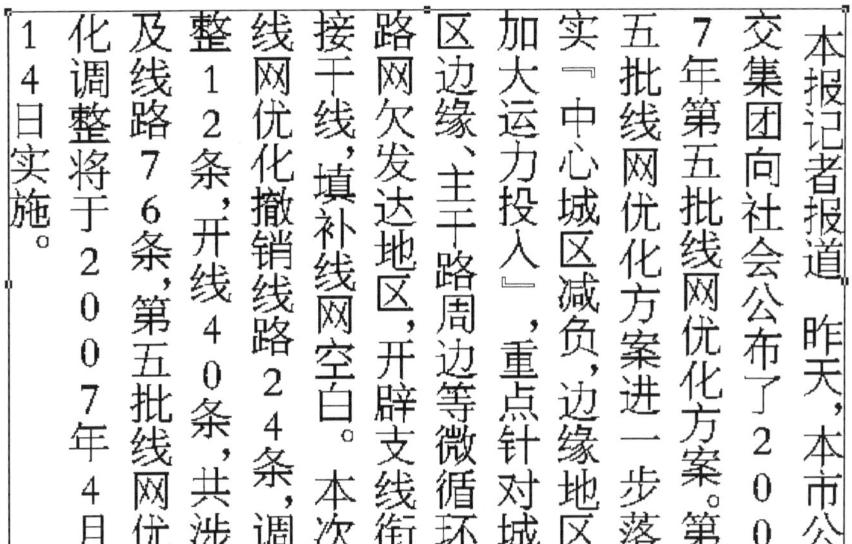

Ⅱ 设置“竖排字不转”后

图 4—49 设置“竖排字不转”前后的效果

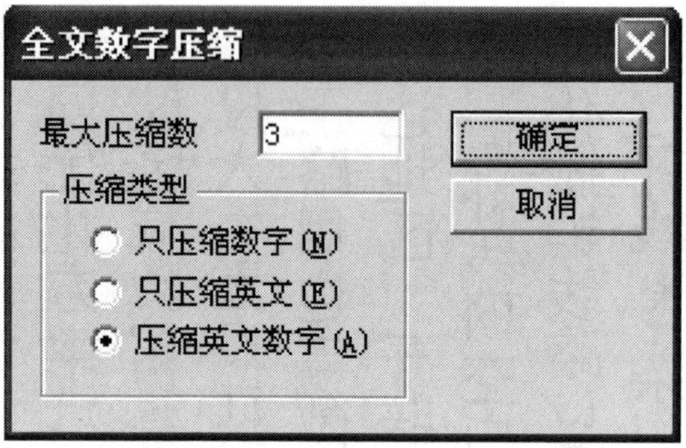

图 4—50　“全文数字压缩”对话框

（4）如果要取消设置效果，则只需要选中已经设置好效果的对象，单击“格式→纵中横排→取消纵中横排”即可。具体效果如图 4—51。

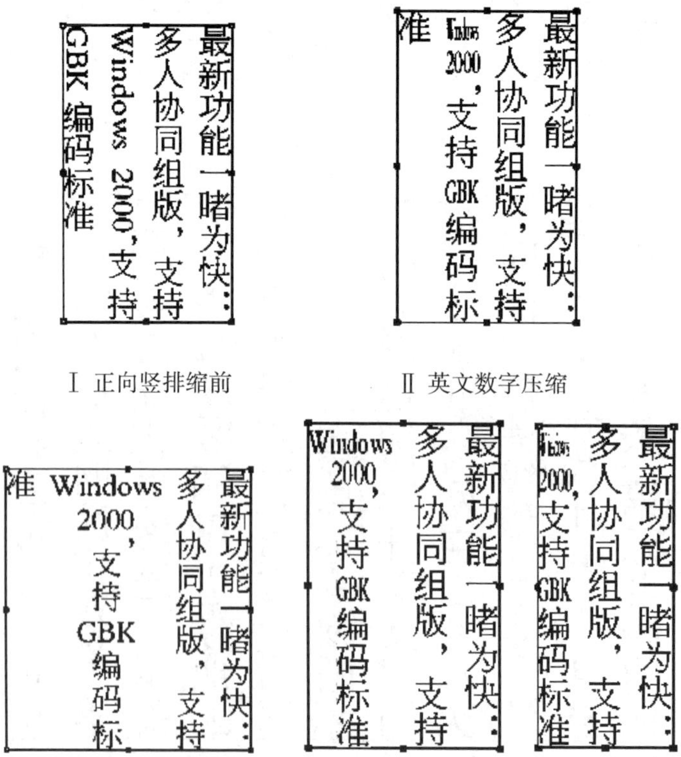

Ⅰ 正向竖排缩前　Ⅱ 英文数字压缩

Ⅲ 英文数字不压缩　Ⅳ 英文数字压缩　Ⅴ 英文数字最大压缩

图 4—51　纵中横排的效果

提示

(1) 纵中横排的设置不能超过 8 个字。假如超过 8 个字，系统会弹出如图 4—52 所示的对话框。

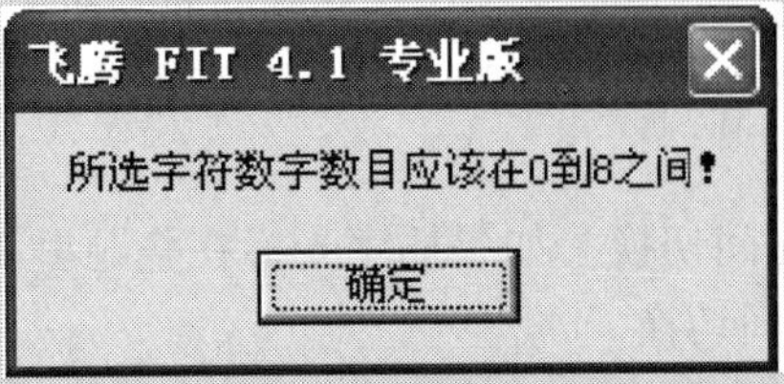

图 4—52 字符数太大提示框

(2) 纵中横排命令对数字、英文、汉字均有效。

（六）叠题

在编排文章时，经常用到叠题。所谓叠题，就是在一行中排列多行文字的功能。

1. 叠题的形成

其操作步骤如下：

(1) 用文字工具选中要排成叠题的文字。

(2) 单击“格式→叠题→形成叠题”命令，或按快捷键 F8，这段文字即具有叠题属性。

(3) 将插字光标移到要分行的位置，按回车键，具有叠题属性的文字就分为两行。分别选中叠题中的文字，还可以改字体、字号，对文字单独进行底纹与画线操作效果如图 4—53。

图 4—53 叠题效果

2. 叠题中插字光标定位的办法

叠题在标题区中作为一个盒子，在其中定位插字光标的方法如下。

(1) 使用鼠标：将加字号光标移到所需位置，单击鼠标左键，插字光标即出现在该处。

（2）使用键盘：可以用方向键移动插字光标，有以下几种情况（如果插字光标不在标题区中，应先用鼠标将插字光标移到标题区中）：

1）进入、跳出叠题。如果插字光标在叠题前面（或后面），按 Ctrl+←(或→)键，插字光标进入叠题。如果插字光标在叠题里面，按 Ctrl+→（或←）键，插字光标跳出叠题。

2）在叠题中各行之间切换。如果插字光标在叠题里面，按 TAB 键，则插字光标在叠题中的各行之间切换。

3）在行中移动。如果插字光标在叠题的某一行中，按→（或←）键，插字光标将在此行中移动。

4）跳过叠题。如果插字光标在叠题前面（或后面），按→（或←）键，插字光标将跳过叠题。

3. 取消叠题形式

将叠题恢复成普通标题的方法如下：

（1）在文字状态下，选中整个叠题盒子，如图 4—54 所示。

（2）执行“格式”菜单中的“取消叠题”命令，叠题将恢复成普通标题。

图 4—54　选中叠题盒子取消叠题

（七）TAB 键的定义

在飞腾中定义 TAB 键的作用是：实现上下行文字的对齐以及段首对齐。该功能可以用来制作赛马表、股市表和工资表等需要大批量上下文字对齐的文字块。报眉上的内容有时候也可以使用该键来定位。下面以实例来讲述其设置过程。

1. 定义 TAB 键

以设置图 4—55 文字块的对齐为例，注意文字块最好足够大，否则文字自动转行，不能收到预想的效果。

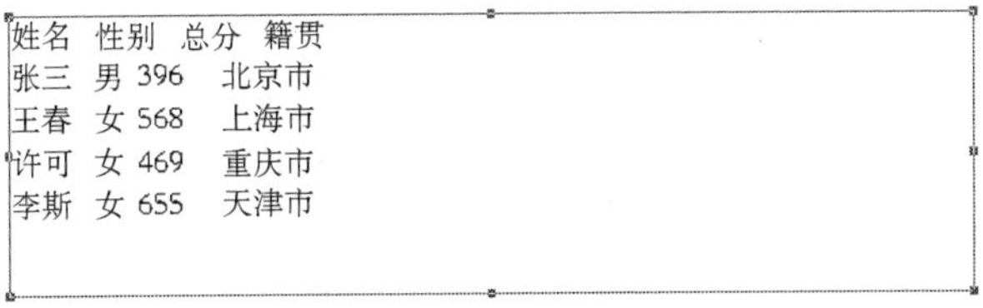

图 4—55 待选文字块

(1) 选中文字块，单击“格式→TAB 键→定义 TAB 键”命令，弹出“TAB 设定”对话框，如图 4—56 所示。

不选中任何块或选中文字块中的文字，单击“格式→TAB 键→定义 TAB 键”命令，弹出“TAB 设定”对话框，如图 4—57 所示。对话框下方的标尺与版面上的标尺相同，移动其两侧的三角按钮可以显示版面不同的位置。在标尺上可任意点击追加 TAB 标志。而选中标尺上的 TAB 标志，然后点击 TAB 键的类型，可以更改选中的 TAB 键类型。

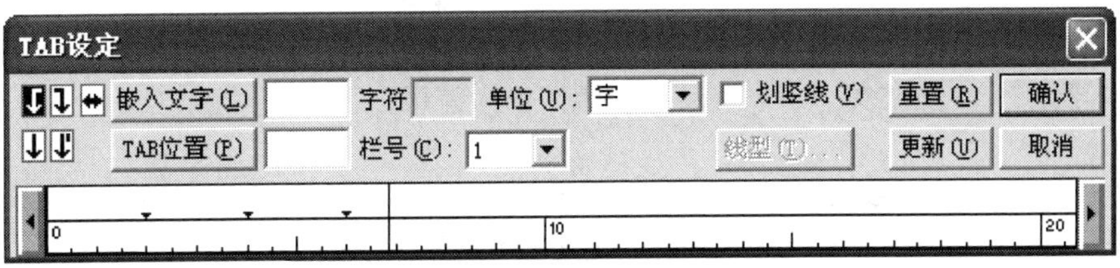

图 4—56 选中文字块“TAB 设定”对话框

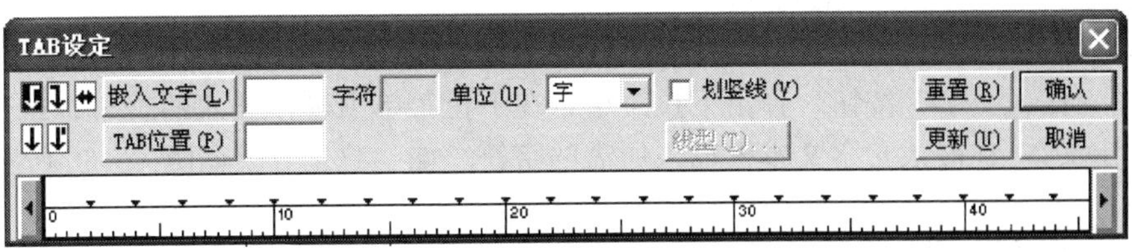

图 5—57 选中文字“TAB 设定”对话框

(2) 定义 TAB 键。选中按钮 ，则 TAB 键对应的一列对象为左对齐；表示右对齐；表示居中对齐；按钮表示上一个 TAB 键与下一个 TAB 键之间的文字撑满对齐，使用撑满功能需要加两个 TAB 键；表示按字符对齐，当选中此按钮时，“字符”文本框被激活，可在字符文本框中输入对齐

的字符。根据需要，可把文字块 TAB 键定义为如图 4—58 所示的命令。

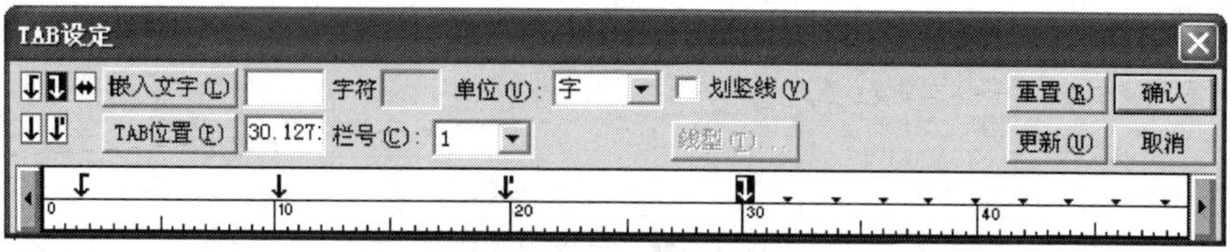

图 4—58 “TAB 设定”对话框

(3) TAB 键定义好之后，单击“确认”按钮，回到文字块中，在姓名、性别、总分、籍贯后分别按 TAB 键（位置在大键盘上），用同样的方法处理剩下的内容（还可以在定义 TAB 键之前，在每一列文字前按一个 TAB 键），得出的效果如图 4—59 所示。

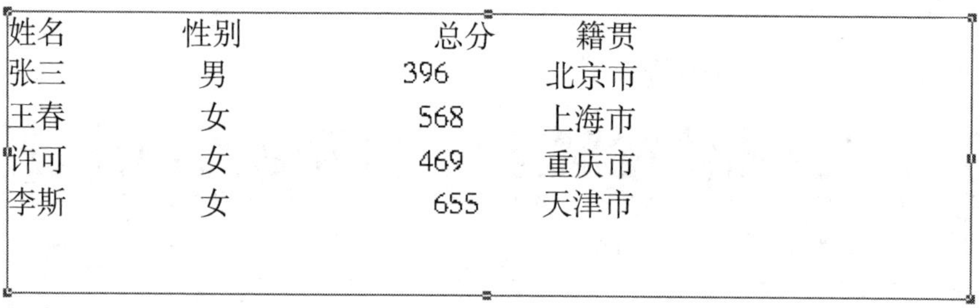

图 4—59 “定义 TAB 键”后效果

从上图可以看出，第一列选择了左对齐，第二列选择了居中对齐，第三列选择按字符“6”对齐，第四列选择右对齐。

(4)“嵌入文字”：可以在文字之间加上符号或文字效果代替 TAB 键的宽度。单击“嵌入文字”按钮，弹出下拉菜单，在下拉菜单中选择插入的符号；或选择“自定义”，在嵌入文字文本框输入所需的字符，如“a”。效果如图 4—60 所示。

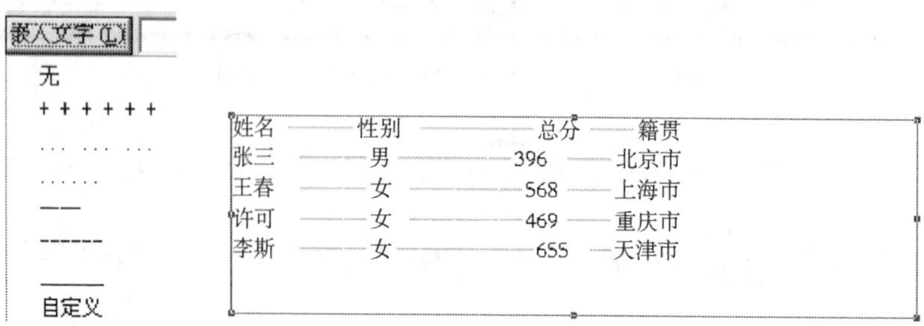

图 4—60 “嵌入文字”后效果

(5)“TAB 键位置”：点击这个按钮会弹出下拉菜单，有“追加”、“删除”、“移动”、“重复”、“默认值”以及“设定为默认”几个选项（如图 4—61）。

图 4—61 “TAB 键位置”下拉列表

在“TAB 键位置”后的文本框中输入 6 字：

选择“追加”，就会在第 6 个位置上追加一个 TAB 键的标志。

选中某个 TAB 键标志，选择“移动”，则该 TAB 键标志会被移到第 6 字处。

选中某个 TAB 键标志，选择“删除”，则该 TAB 键会被从标尺上删除。

选择“重复”，则是选中某个 TAB 键标志，重复上一步的操作。

选择“默认值”，则所有的设置取消，恢复到未设置 TAB 键标记以前的状态（单击“重置”按钮也可以取消）。

选择“设定为默认”，则当前的设置被设为默认状态。

提示

(1) 直接在标尺上拖拉 TAB 键标志，也可以移动 TAB 键位置。将标记脱离标尺，则可删除标志。

(2) 先按住 Shift 键，然后按鼠标左键，则后面所有 TAB 键标志都跟随当前所选移动的标记一起移动；Shift 键在此过程中不可放开。

(3) 每次设定 TAB 键标记，可单击“TAB 设定”对话框更新按钮查看效果，不满意马上可以修改。当然也可以通过设置完毕后单击“格式→TAB 键→查看 TAB 键设置”命令来查看设置情况，但是该命令不可对 TAB 键设置进行修改。

(6)“栏号”文本框。如果某版面或选中的文字块分为两栏或两栏以上，可单独对某栏定义 TAB 键。栏号下拉列表中用来选择要定义的栏，如 1 栏、2 栏，选择全部则代表对所有的栏进行 TAB 键设定。

(7)“划竖线”功能可以给 TAB 键加竖线。但是只能给 三种 TAB 键加竖线，使用 时，划竖线功能是置灰的。

2. 按 TAB 键对齐

在文字块中按键盘上的 TAB 键设置 TAB 键的位置后，选中文字块，单击“格式→TAB 键→按 TAB 键对齐”命令，可以使文字按 TAB 键对齐。

使用该命令，可以做出按项目符号对齐缩进的效果。譬如，报纸广告上的产品功能说明（如图 4—62）。

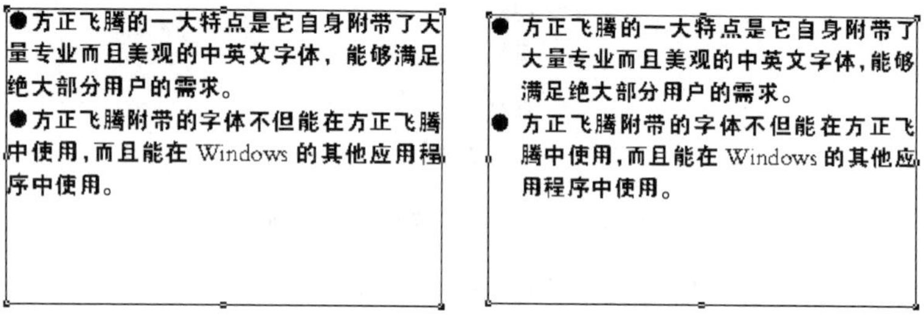

图 4—62　制作项目符号对齐效果

提示 用“格式→段格式→段首悬挂”命令也能做出如图 4—62 的对齐效果。具体见段格式实验章节。

要取消按 TAB 键对齐，只需选中文字块，单击“格式→TAB 键→取消 TAB 键对齐”命令即可。

三、文字的普通排版格式与属性

（一）纵向调整

飞腾可以对文字块或文字块中的某一段文字做纵向调整。在报纸排版过程中，纵向调整功能特别适合于制作文章中的小标题，尤其是分栏中的小标题（具体见实验十）。

其操作步骤如下：

（1）用选取工具选中文字块或用文字工具选中文字。

（2）选择“格式→纵向调整”命令，或按快捷键 Ctrl＋U，弹出“纵向调整”对话框，如图 4—63 所示。

（3）设置各种选项，单击“确定”选项。

1）设置“总高”和“上空”。“总高”指定义选中文字块或文字行所占的高度。“上空”指定义选中文字行或文字块上面要留出的空白距离。“上空”文本框只有对齐方式为“正常”时才有效。

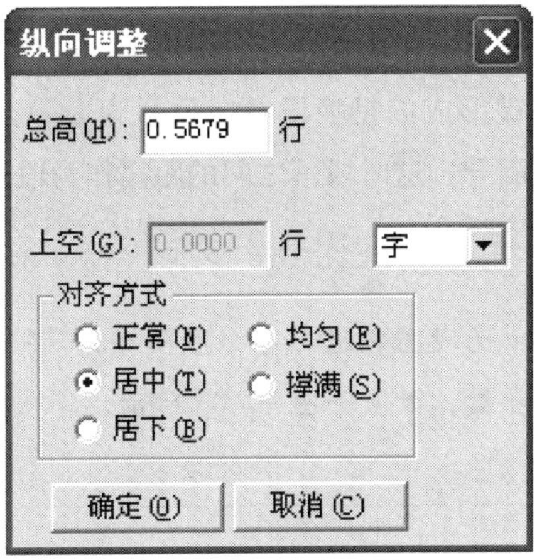

图 4—63　“纵向调整”对话框

2）设置对齐方式。

“正常”表示自上而下排版。

“居中”表示在总高区域内居中排版。

“居下”表示在总高区域内居下排版。

“均匀”表示在总高区域内等距排版。第一行与上面的空、第二行与第一行之间的空、第二行和第三行的空……最后一行和下面的空均相等。

“撑满”表示第一行排在最上面，最后一行排在最下面，中间部分均匀排开。

具体效果如图 4—64。

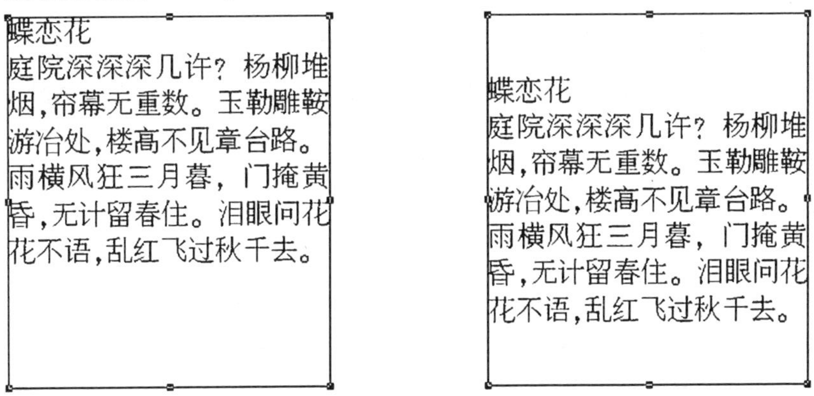

正常　　　　居中

图 4—64　“纵向调整”的效果

(二) 段格式

在飞腾版面上输入文字或排入文字时，按 Enter 键形成的是换行符（显示为⇙），按 Shift+Enter 键形成的是换段符（显示为↙）。在行末输入换段记号后，文字以段落为单位断开，这时段落之间的距离作为段距定义，而且可以设置段首缩进和段首悬挂。

范例 设置段落格式为段首缩进 2 字（版心字），将光标置于“欢聚一堂。”后，同时按 Shift、Enter 键，效果如图 4—65 所示。

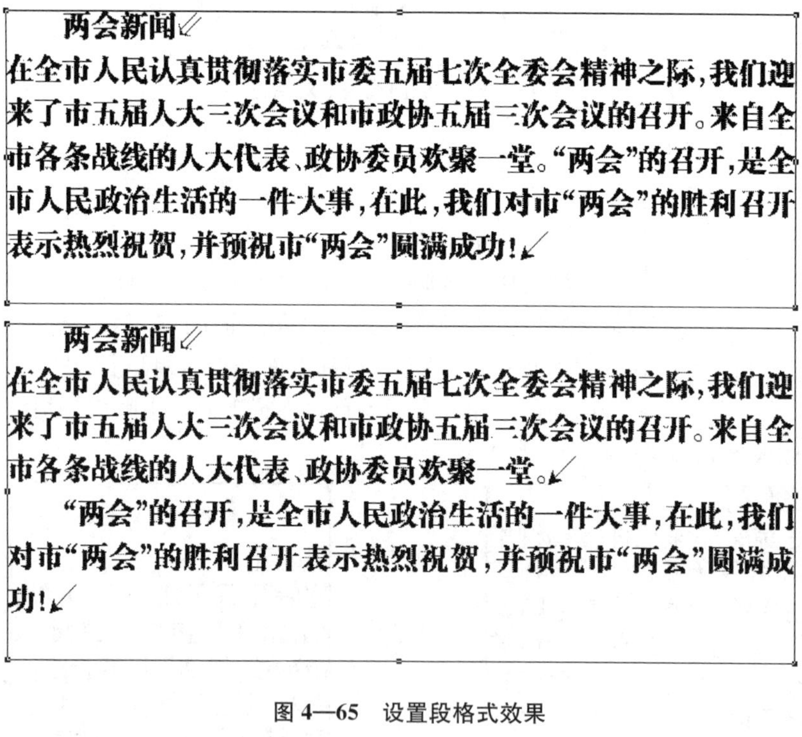
两会新闻⇙
在全市人民认真贯彻落实市委五届七次全委会精神之际，我们迎来了市五届人大三次会议和市政协五届三次会议的召开。来自全市各条战线的人大代表、政协委员欢聚一堂。“两会”的召开，是全市人民政治生活的一件大事，在此，我们对市“两会”的胜利召开表示热烈祝贺，并预祝市“两会”圆满成功！↙

两会新闻⇙
在全市人民认真贯彻落实市委五届七次全委会精神之际，我们迎来了市五届人大三次会议和市政协五届三次会议的召开。来自全市各条战线的人大代表、政协委员欢聚一堂。↙
“两会”的召开，是全市人民政治生活的一件大事，在此，我们对市“两会”的胜利召开表示热烈祝贺，并预祝市“两会”圆满成功！↙

图 4—65　设置段格式效果

在飞腾中，段格式的设置有三种：对全局的设置、对选中文字块的设置、对选中文字的设置。以下具体介绍每一种的情况。

对全局的设置：在选取状态下不选中任何文字块或文字时，单击“格式→段格式”命令，弹出“段落格式”对话框。在此设置好后，版面中所有的段格式都遵循此设置。

对选中文字块的设置：选中某个文字块，设置段格式，则这个文字块中的段格式遵循此设置。对某个文字块设置了段格式后，此文字块不受全局段格式设置的限制。

对选中文字的设置：选中文字块中的某段文字，设置段格式，则选中的文字的段格式遵循此设置。并且在这些文字后再执行的换段操作（按 Shift＋Enter 键），以此处设置的段格式为准。对选中文字设置了段格式后，此部分文字及此后出现的段格式不遵循文字块和全局的段格式。

提示 选中文字的段格式的设置优先级高于选中文字块段格式的设置，选中文字块段格式的设置优先级高于对全局段格式的设置。

下面介绍对选中的文字设置段格式的操作步骤：

（1）选取“工具”中的文字工具。

（2）光标定位在要修改的段中。

（3）单击“格式→段格式”命令，弹出“段落格式”对话框，如图 4—66 所示。

（4）先选中“段首缩进”或“段首悬挂”单选按钮。再在“段前距”、“段后距”、“段首缩进”（或“段首悬挂”）文本框中输入数值。设置完后，单击“确定”按钮即可。

图 4—66　“段落格式”对话框

（5）如果想将当前段设为与该段所在文字块默认的段格式相同，首先将光标定位在此段，打开“段落格式”对话框，选择“同块的段格式”复选框，单击“确定”按钮即可。

提示

（1）进行段格式操作时，最好在选项对话框的环境设置选项卡中选择“显示换行/换段符”或常用工具条中的，以便区分换行与换段。

（2）系统默认段落格式为段首缩进 2 字。段前距与段后距为 0，表示保持原有的行距（如图 4—67）。

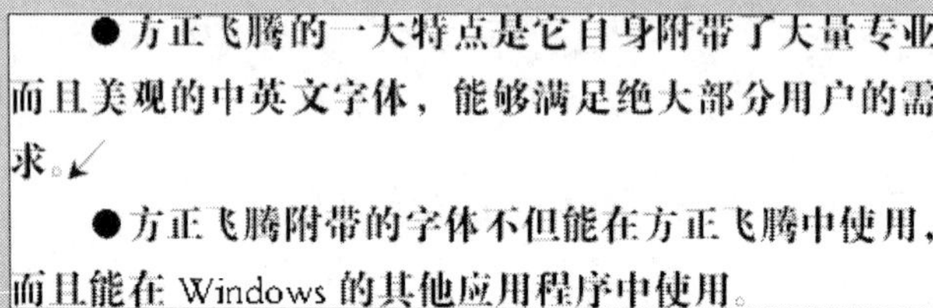

图 4—67　段首缩进 2 字效果

（3）用文字工具输入时，第一行文字紧贴文字块；无段格式，需要在行首输入 Shift＋Enter 键才恢复段格式。

范例

例一：利用段格式功能制作与“按 TAB 键对齐”实验章节相同的效果（如图 4—68）。

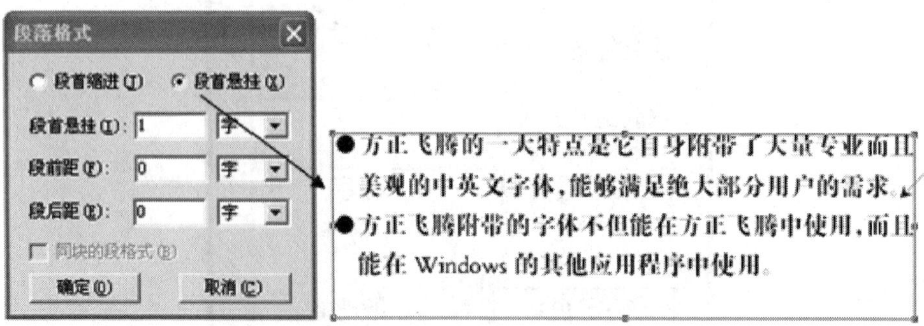

图 4—68　段首悬挂 1 字效果

例二：运用段首悬挂功能制作广播电视报上的节目预告单（如图 4—69）。

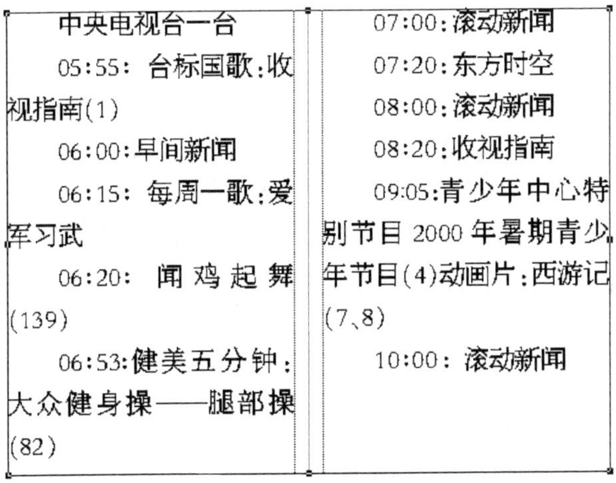

Ⅰ 排入需要制作节目预告单的文字素材

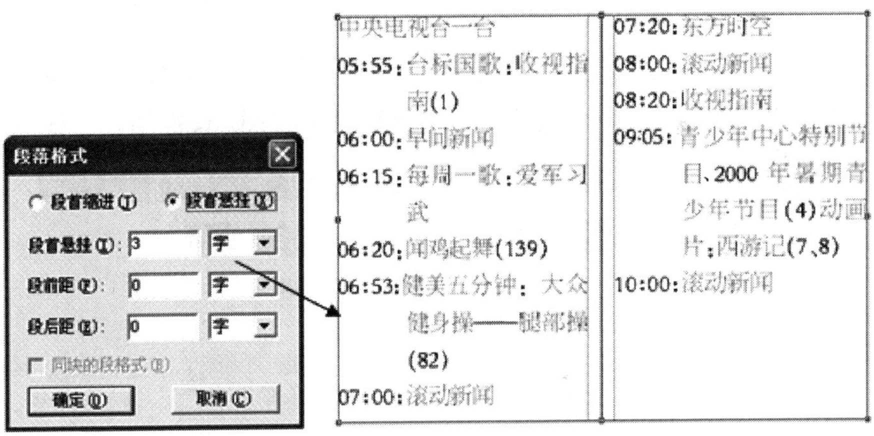

Ⅱ 设置段首悬挂得到的效果

图 4—69　利用“段首悬挂”制作节目预告单

提示

该文字素材排入飞腾版面时，“排入文字”对话框“回车（换行）符转换”选项组必须选“换段”复选框。

（三）段合并

飞腾中可以把几个段落合并在一起，其具体操作步骤如下：

（1）用文字工具选中要合并的几段文字，如图 4—70 所示。

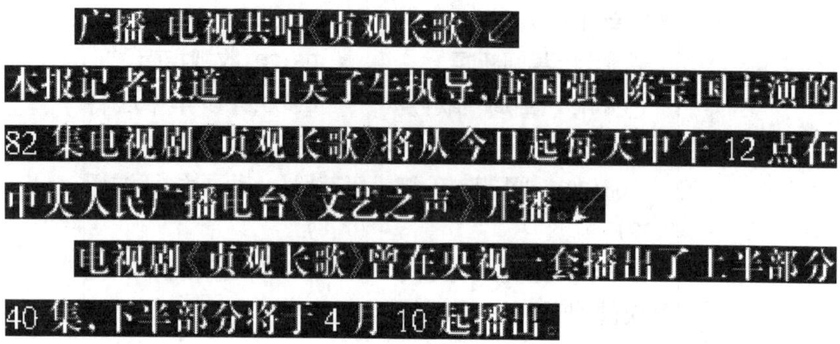

广播、电视共唱《贞观长歌》

本报记者报道　由吴子牛执导，唐国强、陈宝国主演的82集电视剧《贞观长歌》将从今日起每天中午12点在中央人民广播电台《文艺之声》开播。

电视剧《贞观长歌》曾在央视一套播出了上半部分40集，下半部分将于4月10起播出。

图 4—70　选中几段文字

（2）单击“格式→段合并”命令，效果如图 4—71 所示。

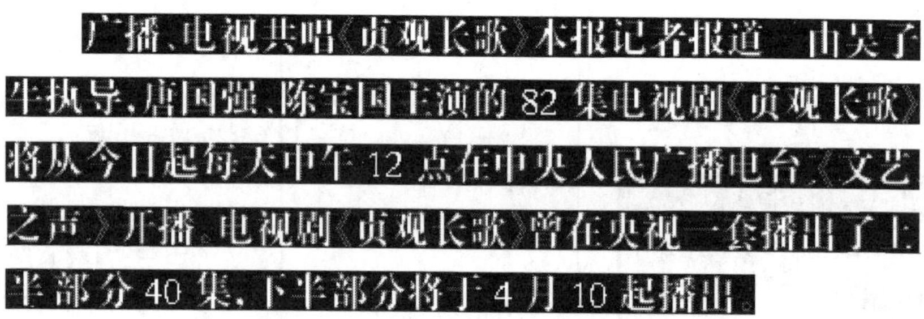

广播、电视共唱《贞观长歌》本报记者报道　由吴子牛执导，唐国强、陈宝国主演的82集电视剧《贞观长歌》将从今日起每天中午12点在中央人民广播电台《文艺之声》开播。电视剧《贞观长歌》曾在央视一套播出了上半部分40集，下半部分将于4月10起播出。

图 4—71　执行“段合并”命令的效果

提示

段合并的功能对换行记号和换段记号所形成的段均起作用。

（四）段首大字

给段落定义段首大字，可以起到突出和美观的作用，其操作步骤如下：

（1）在文字状态下，将光标置于要设置段首大字的段，也可以选中要设为段首大字的文字。

（2）单击“文字→段首大字”命令，或单击文本属性工具条中的按钮。

（3）弹出“段首大字”对话框，如图 4—72 所示。

（4）在“大字个数”文本框中指定要设为段首大字的文字的个数（不能超过10个）。在“字高占行数”文本框中输入以行为单位的段首大字的高度，例如，要定义段首大字的高度跨2行，则输入“2”。

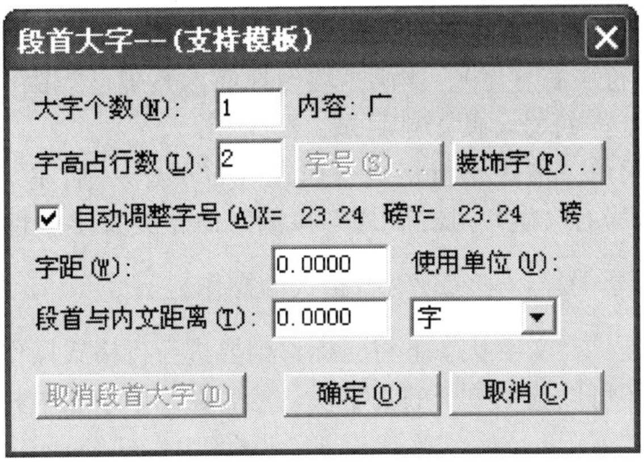

图4—72 “段首大字”对话框

（5）设置字号。选中“自动调整字号”复选框，则系统自动调整段首大字的字号。不选中，则“字号”按钮被激活，可单击该按钮，在弹出的“改变字号”对话框中选择所需的字号。系统默认为选中此复选框。

（6）设置装饰字。单击该按钮可弹出“装饰字”对话框，可在此设置文字的装饰属性。

（7）设置字距。“段首与内文距离”用来设置段首大字与本段其他文字的距离。“字距”用来设置几个段首大字之间的距离。

（8）设置完毕，单击“确定”按钮即可。若要取消段首大字，在文字状态下把光标置于该段中，单击“取消段首大字”按钮。

范例 大字个数设置为“3”，字高占行数设置为“3”，效果如图4—73所示

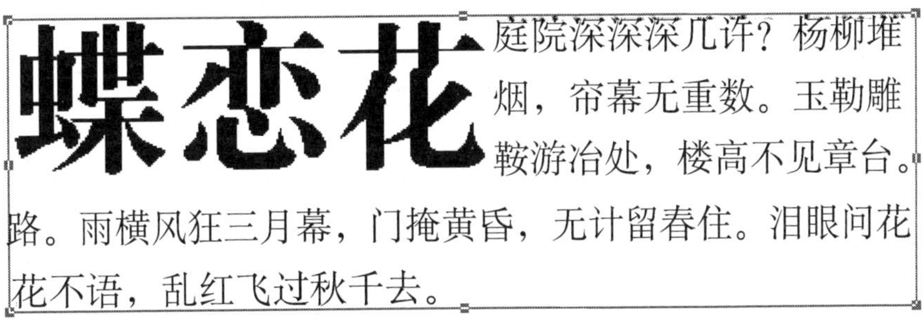

图4—73 设置段首大字

（五）行格式

行格式指文字的对齐方式，可以对一行以及多行文字起作用（也可以作用于文字块）。飞腾的行格式有七种，依次是居左（右不齐）、居左（右齐）、居中、居右（尾）、带字符居右（尾）、撑满、均匀撑满。其中，“带字符居右”是自动在行首字前加“？”符号，便于排目录。

也可以使用菜单“格式→行格式→居左（右不齐）/居左（右齐）/居中/居右（尾）/带字符居右（尾）/撑满/均匀撑满”命令或文字属性工具条中的按钮

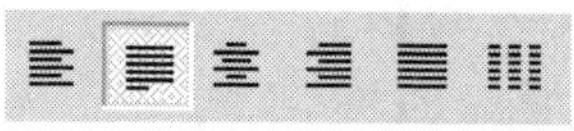

，来实现对行格式的操作。

其操作步骤是：在文字状态下将光标移到要进行行格式操作的位置或者选中要操作的文字，还可以选中单个的文字块，然后在菜单中选中相应的行格式命令即可设置行格式。

居左（右不齐）和居左（右齐）的区别是：居左（右不齐）的右端不对齐，而居左（右齐）的右端对齐。撑满则在居左（右齐）的基础上每一个应回车行的最后一行也要撑满，右边不留空。均匀撑满则是文字不要挨着文字块边界，边界和文字之间以及文字与文字之间的间距相等。具体区别可参照图 4—74 所示。

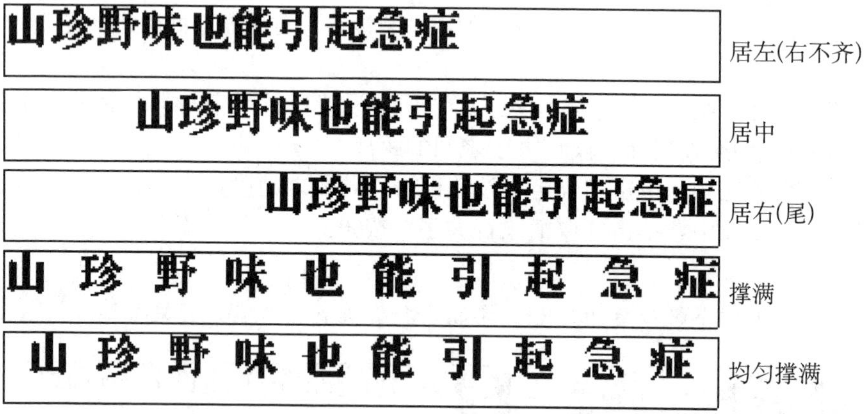

图 4—74 各种行格式设置效果

范例 运用行格式中“带字符居右（尾）”命令来制作目录（如图 4—75）。

Ⅰ是需要制作目录的文章。选中每个章节内容后的数字，点击“格式→行格式→带字符居右（尾）”命令，可得到Ⅱ的效果。

第五章 图元处理

实验十、图元的生成与分类 158
实验十一、图元的基本编辑 168
实验十二、图元的线型、花边和底纹 179
实验十三、图元勾边 185
实验十四、立体底纹 187
实验十五、路径属性 189
实验十六、平面透视 194

Ⅰ 需要制作目录的文章

第五章 图元处理

实验十、图元的生成与分类 ………………………… 158
实验十一、图元的基本编辑 ………………………… 168
实验十二、图元的线型、花边和底纹 ……………… 179
实验十三、图元勾边 ………………………………… 185
实验十四、立体底纹 ………………………………… 187
实验十五、路径属性 ………………………………… 189
实验十六、平面透视 ………………………………… 194

Ⅱ 用“带字符居右（尾）”设置目录效果

图 4—75 利用“带字符居右（尾）”设置目录

（六）拆行

中文报纸中的每个汉字是个整体，排版起来不存在分割汉字的情况。但是英文报纸或者中文报纸中有英文单词时，则行末的单词有时就不得不拆开分两行显示。拆行功能就是为在中英文或汉字与数字混排时，针对英文和数字所做的拆行处理而设置的。

1. 连字拆行

其操作步骤如下：

（1）用选取工具选中文字块。

（2）单击“格式→连字拆行”命令，其中拆行方式有“右齐：拆音节—带连字符”、“右齐：拆音节—不带连字符”、“右齐：不拆音节”、“右端不齐”四种可供选择。如图 4—76 所示。

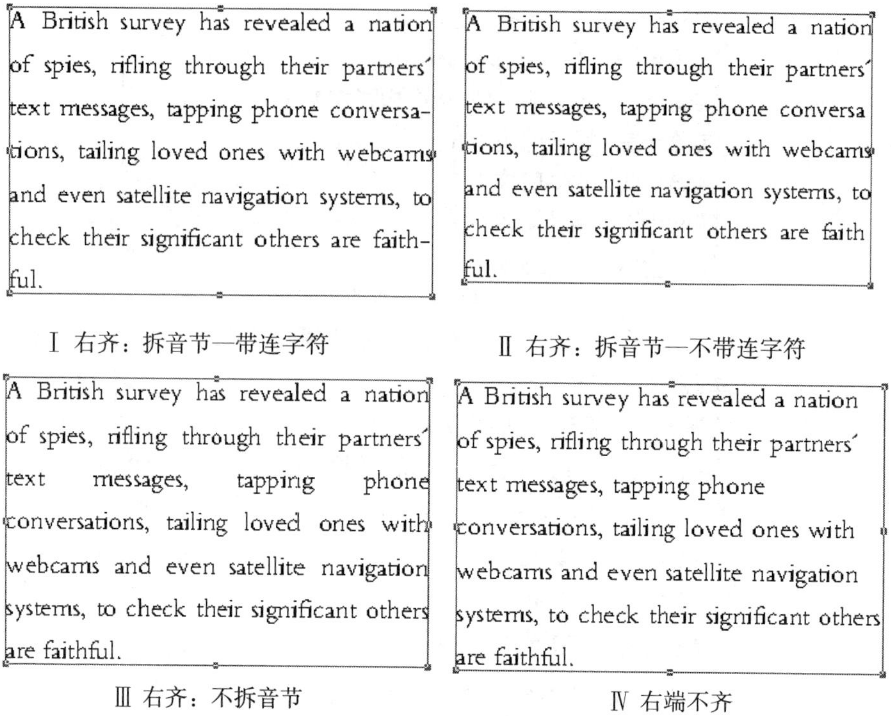

图 4—76 各种拆行方式的效果

2. 小数点/千分号可拆行

其操作步骤如下：

（1）用选取工具选中文字块。

（2）单击“格式→小数点/千分号可拆行”命令。

（七）扩展字符

飞腾系统提供“扩展字符”面板，帮助排版者输入一些特殊符号。使用“扩展字符”面板可以输入简谱、五线谱、棋牌、中文数码、阿拉伯数码、附加数码、分数码和其他一些字符。

其操作方法如下：

（1）使用文字工具将光标移至欲插入扩展符号的位置。

（2）单击“视窗→扩展字符”命令，弹出“扩展字符”面板，如图 4—77 所示。

（3）选择“选择”菜单中的符号类型。

如果所选符号是中文数码、阿拉伯数码或附加字符，则系统提供参数供选择，排版者可以在“结果”框中预览设置效果扩展字符。设置完后，单击“发送”按钮，系统则在插入光标处给出扩展字符。连续单击“发送”按钮，则连续插入扩展字符。

（4）选择“选择”菜单中“附加字符”后出现的面板，如图4—77所示。该面板中的“距离”文本框中必须输入1～5之间的整数。如果输入的数值1小于1，则按数值1处理；如果输入数值大于5，则按数值5处理。“主体字”文本框中只能输入一个字母、数字或汉字，如果输入多个，则只有第1个有效。“偏移”文本框中可输入数值的范围是1～9。如果输入数值小于1，按1处理，大于9，则按9处理。

（5）选择其他类型的符号，如棋牌，则系统直接提供字符，排版者只需单击所需的字符即可把该字符插入到插入光标所在处。

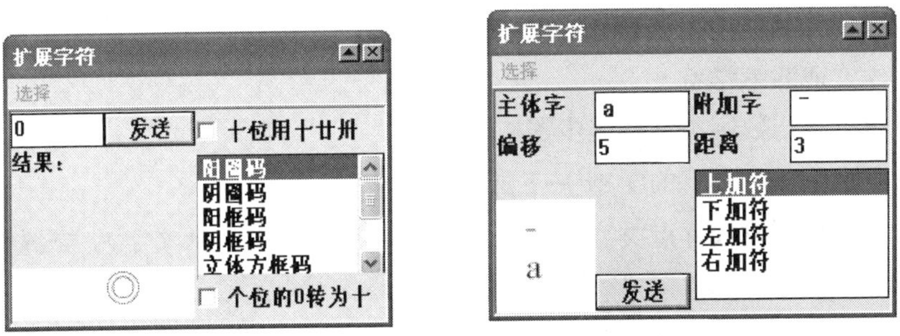

图4—77　“扩展字符”面板及“附加字符”选项

范例　运用阿拉伯数码面板制作数字符号⑪。

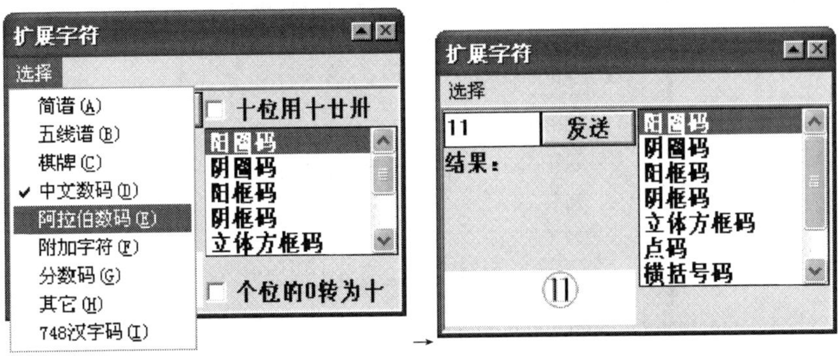

Ⅰ 选择阿拉伯数码面版

Ⅱ 输入数字11，选择阳圈码，然后发送至版面光标处

图4—78　制作扩展字符⑪

> **提示**
> 运用方正动态键盘和画椭圆形工具，同样也能得到⑪的效果。

（八）标点、数字类型和空格

标点、数字与空格在新闻文稿中是不可缺少的组成部分，因此，排版时也一定要对它们的宽度做好安排，使整个版面协调。

1. 设置标点与数字类型

飞腾中标点类型有开明、全身、居中三种（对开配合开明、居中连用）。数字类型则有全身和对开两种，并能设前后 1/4 空。

标点为“开明”时，标点“。”、“!”、“?”为整个汉字宽，其他标点为半字宽。“全身”标点表示所有标点均为整字宽。“居中”属性表示标点的位置在字的中间，该属性经常用于竖排的文字块中。“全身”、“对开”数字类型表示设置数字为整字宽或非整字宽。

设置标点与数字类型操作步骤如下：

（1）选取“工具”的T或工具。

（2）选择要改变标点类型的标点符号或数字（可以包括文字），或选中整个文字块。

（3）单击“格式→标点类型”命令，弹出“标点数字类型”对话框，如图 4—79 所示。分别在“标点类型”和“数字类型”选项组中设置参数。

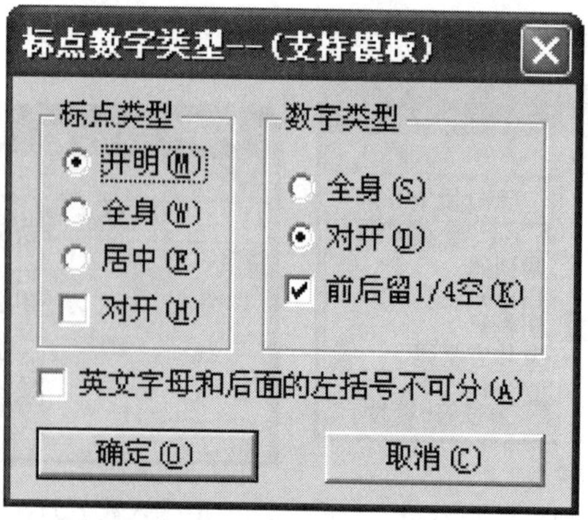

图 4—79　“标点数字类型”对话框

（4）设置好参数后，单击“确定”按钮。

范例 给相同的文字段落设置不同标点类型、数字类型，会出现以下不同的效果（如图 4—80、图 4—81）。

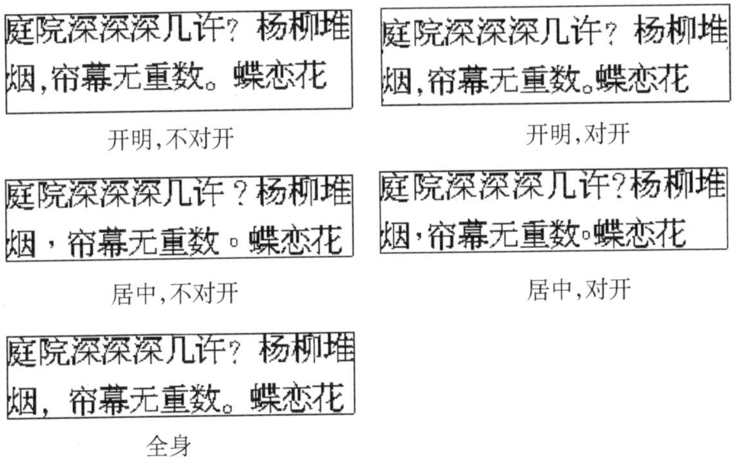

图 4—80　设置了各种标点类型的效果

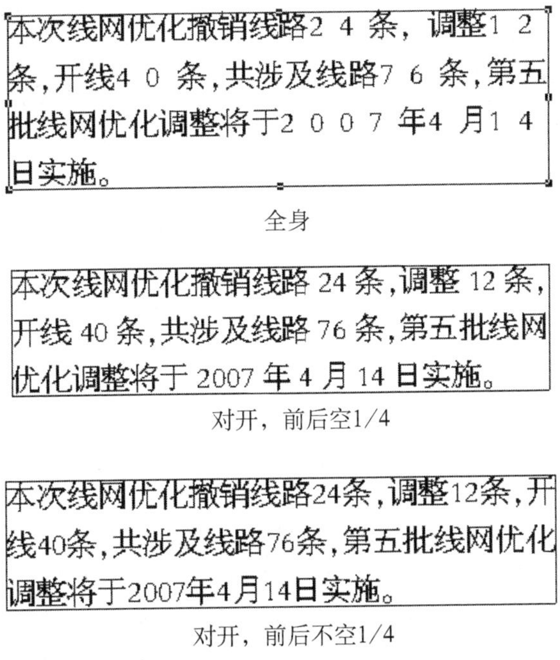

图 4—81　设置了各种数字类型的效果

2. 设置空格

定义空格宽度操作步骤如下：

（1）用文字工具选择包含有空格的部分文字或只选中空格。

（2）单击“格式→空格定义”命令，弹出子菜单，如图 4—82 所示。

（3）选择所需空格的宽度。

“默认：按字宽”表示当前字体空格宽度为默认值。

“全身空”表示设置空格宽度与汉字宽度相同。

“二分空”表示设置空格宽度为汉字宽度的二分之一。

“三分空”表示设置空格宽度为汉字宽度的三分之一。

依次类推。

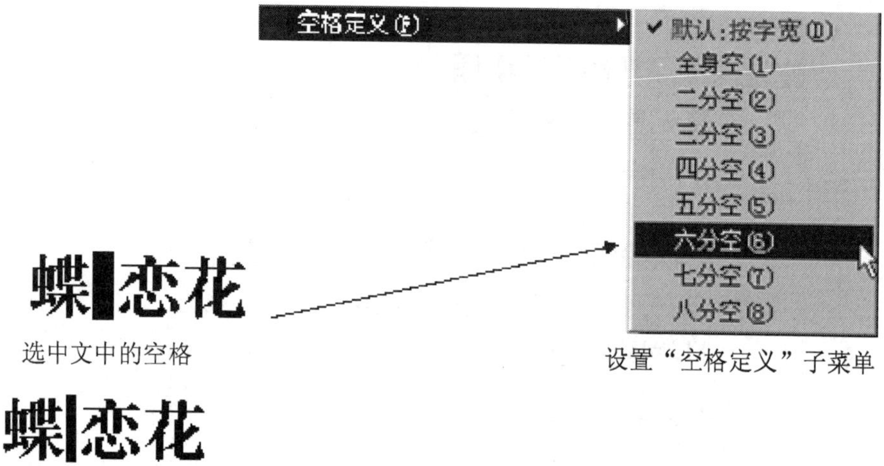

图 4—82　设置空格宽度

（九）拼音、注音排版

使用拼音/注音功能，可以在汉字的旁边排入拼音或注音。通过不同的选择可以将拼音或注音排在汉字的上、下、左、右四个位置。拼音（注音）的大小及汉字的距离均可以调整。另外，还可以给注音排音调。

单击“文字→拼/注音排版”命令，打开“拼注音设置”对话框。通过设置，可以在汉字的旁边排入拼音或注音，也可以将音调排在注音符号的上面。

如果准备在汉字旁排拼音或注音，要求在每个需要加入拼音或注音的汉字之后事先已经输入相应的拼音或注音。拼音可在动态键盘中的汉语拼音键盘中输入，注音可在动态键盘中的括号注音键盘中输入。选中相应的文字块或文字及它们的拼音或注音，打开“拼注音设置”对话框。

其具体操作步骤如下：

(1) 输入拼音后，用文字工具选中要加拼音的文字。

图 4—83　选中要操作的文字

(2) 单击“文字→拼/注音排版”命令，弹出“拼注音设置”对话框（如图 4—84），设置好其中各选项。

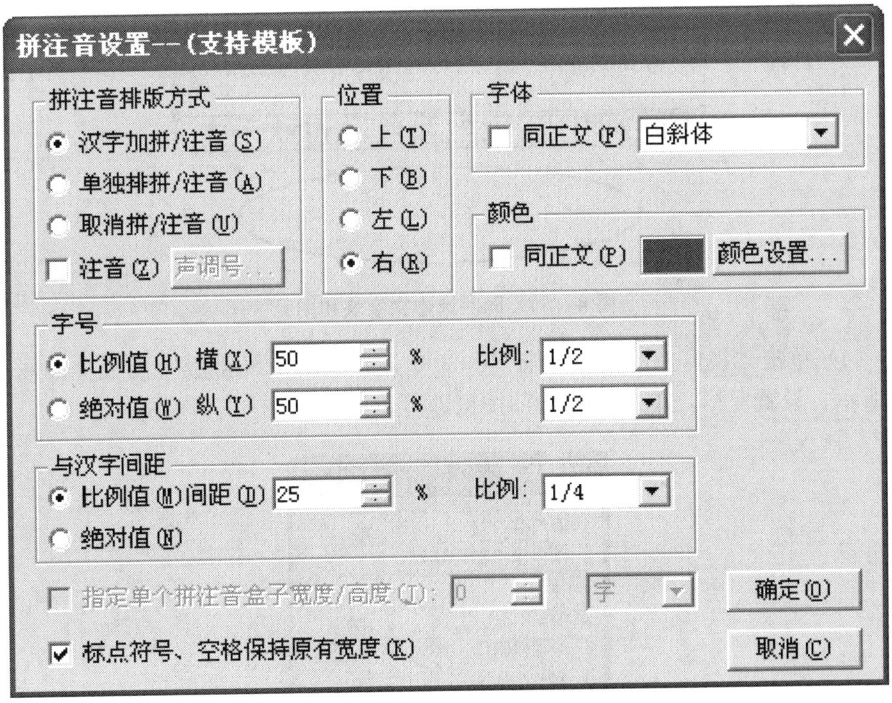

图 4—84　“拼/注音设置”对话框

(3) 单击“确定”按钮，即可得到如图 4—85 的效果。

汉字加拼音效果　　　　单独排拼音效果

图 4—85　给文字加拼音的效果

（十）沿线排版

沿线排版指文字块中的文字沿着图元的边界（线）排版。沿线排版可用于所有的图元。

其操作步骤如下：

（1）用文字工具输入要沿线排版的文字。

（2）从“工具”中选取任意一个绘制图元的工具绘制图元。

（3）选择“工具”中的选取工具，同时选择文字块与图元。如图 4—86 所示。

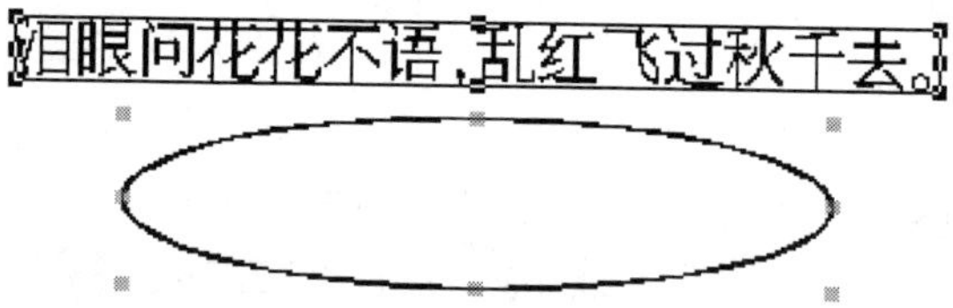

图 4—86　同时选中文字块和图元

（4）单击“视窗→沿线排版窗口”命令，弹出“沿线排版”面板，如图 4—87 所示，设置完毕，单击“执行”按钮即可。

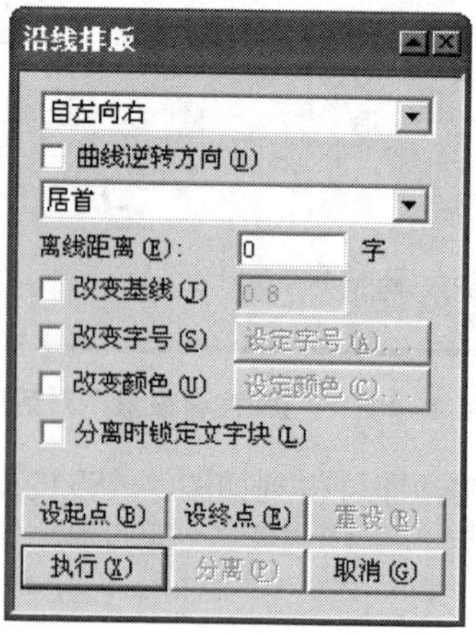

图 4—87　“沿线排版”面板

1）沿线排版方向，如图 4—88 所示。

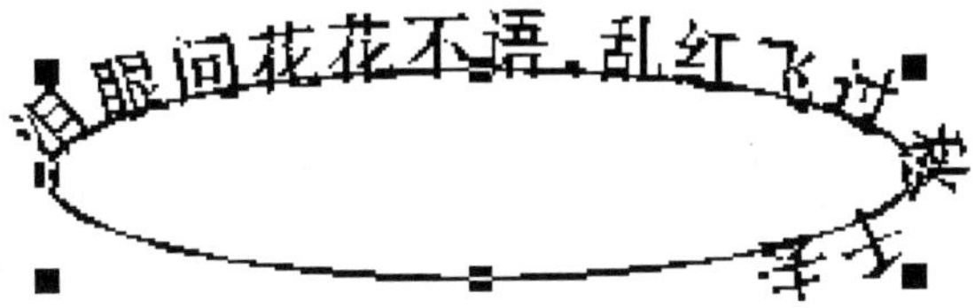

自左向右

图 4—88　沿线排版方向效果

2）沿线排版时文字的位置，如图 4—89 所示。

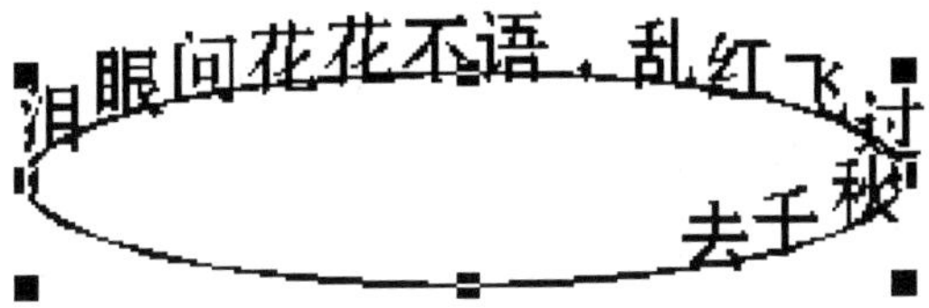

居首

图 4—89　沿线排版文字位置的效果

3）曲线逆转方向。选中此复选框，则文字排版方向顺序和曲线完全相反，如图 4—90。

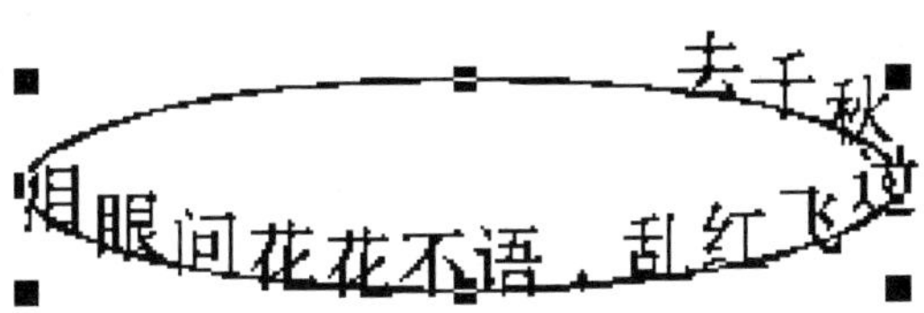

图 4—90　逆曲线方向排版

4）自定义设置文字的起点和终点。单击“设起点”按钮，光标变成 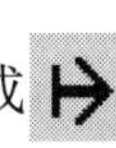，将它移至路径上欲排文字的起点处单击左键。用同样方法设置终点后，单击“执行”，文字将在路径上设定的起点与终点之间排列。

5）“沿线排版”面板上还可设置“离线距离”、“改变基线”、“改变字号”、“改变颜色”等选项，排版者可根据需要进行设置。

6）设置完毕后，单击“执行”按钮，所设置的参数就作用到沿线排版对象上，单击“重设”按钮，取消在此之前所设置的沿线排版的起点和终点。单击“分离”按钮，可将文字和路径分开。选择“分离时锁定文字块”可以在文字块与曲线分离后，保持文字块沿曲线排版的形状（如图 4—91 所示）。此时分离后的文字不能被移动，倘若想移动，则可以单击“版面→块锁定→普通锁定”命令，将其前面的对勾去掉，即可再次移动文字。

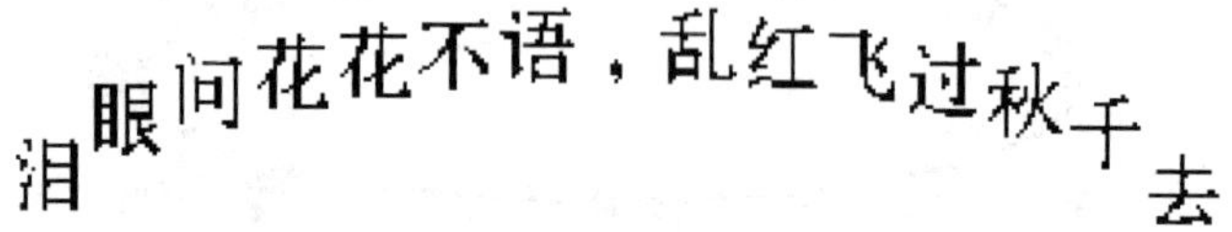

图 4—91　“分离时锁定文字块”效果

提示

（1）在曲线短于文字的情况下，文字块会出现未排完的绿色标记。

（2）文字块沿线排版后，仍可使用文字工具增加、删减或修改文字，并且可像正常文字一样改变文字的部分属性（字体号、变体字、颜色及装饰属性）。进行沿线排版后，仍可修改曲线的大小，如用贝塞尔曲线和画多边形工具绘制的曲线，可以改变其形状。

四、文字的美化与修饰

为了版面的美观、醒目，报纸编排者在进行组版时，会考虑对字体进行美化与装饰。在副刊及比较轻松休闲的版面中，对文字的美化与修饰手段的使用较要闻版多得多。

（一）变体字

飞腾中可以通过“变体字”对话框，制作出丰富多样的变体字。

其操作步骤如下：

（1）选中要制作变体字的文字，单击“文字→变体字”命令或按快捷键 Ctrl＋H，则打开“变体字”对话框，如图 4—92 所示。

（2）从该对话框中可知，可以设置文字的立体、倾斜、空心、勾边、旋转、粗细和阴字效果。

（3）设置完毕，单击“确定”按钮即可。

范例 下面以“蝶恋花”为操作对象，介绍该对话框各选项的设置。

1. 立体

“影长”：用来设置立体阴影在立体方向上的长度。

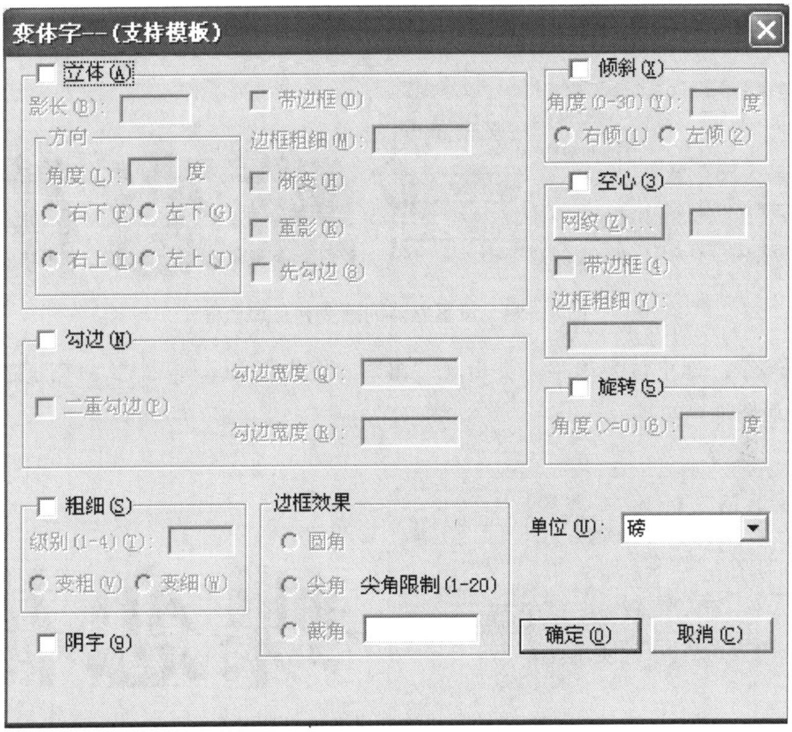

图 4—92 “变体字”对话框

“方向”选项组：用来设置立体阴影的方向。该方向是立体的，且可以设置角度。

“背影颜色”：用来设置立体底纹的颜色（如图 4—93）。

图 4—93 设置影长、方向和方向角度

“带边框”：用来在立体底纹外侧再加边框。可在“边框粗细”文本框中输入数值设置边框粗细；选中带边框复选框，会出现“边框颜色”按钮，单击此按钮，可设置边框的颜色。此时，重影复选框不可选。

“渐变”：选中该复选框，会出现“起始颜色”和“终止颜色”两个按钮，可用来设置阴影的渐变颜色（如图 4—94）。此时，重影复选框不可选。

图 4—94　设置立体的渐变并且加边框

“重影”：选中该复选框，会出现“重影颜色”按钮，单击它，可设置重影的颜色（如图 4—95）。

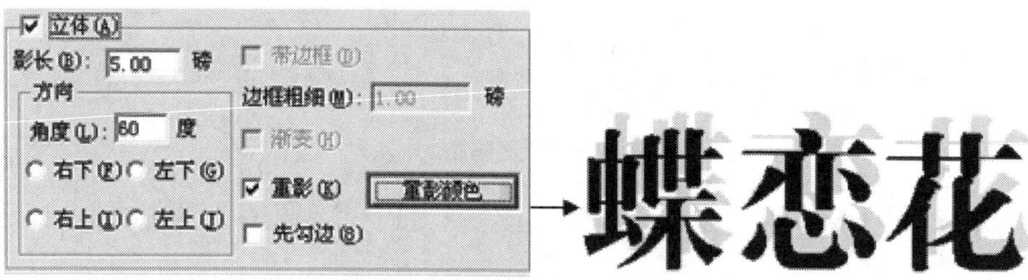

图 4—95　设置文字的重影效果

“勾边”：在同时选中了立体属性与勾边属性时，如果选中“先勾边”复选框，则在文字周围，先设置勾边的属性，再设置立体的属性，如果不选中，则设置顺序相反。

2. 勾边

“勾边宽度”：其文本框可输入宽度数值。

“勾边颜色”：单击此按钮，打开颜色对话框，用来设置勾边部分的颜色。

“二重勾边”：选中该复选框，出现“轮廓色”按钮，单击此按钮，可设置二重边框的颜色，这时可以在“勾边宽度”文本框中设置二重边框的宽度（如图 4—96）。

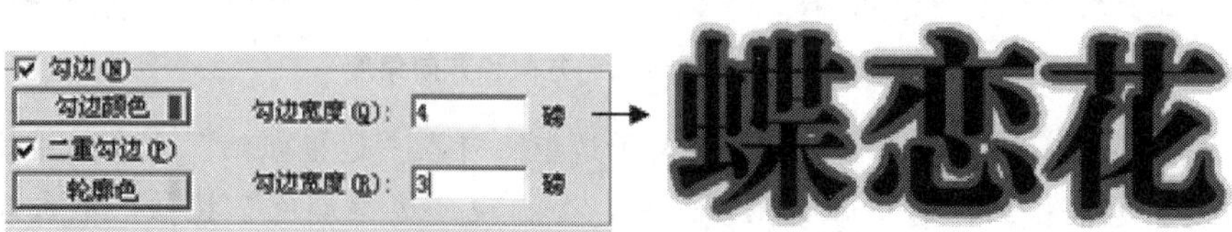

图 4—96　设置文字勾边的效果

“边框效果”：选中“勾边”复选框，该选项组可选，可设置圆角、尖角或截角边框效果。

提示

在对文字进行变体字设置的时候，有时会出现文字之间的重叠，可以通过“文字重叠”功能，改变文字的重叠关系，丰富文字的重叠形式，如图4—97所示。其中Ⅰ是对文字设置了勾边，勾边比较粗，文字互相重叠。可以用文字工具选中文字，单击“美工→文字重叠”命令，改变重叠关系，如Ⅱ。还可以选择部分文字，如只选中“恋花”两个字，设置“文字重叠”，形成如Ⅲ的重叠关系。

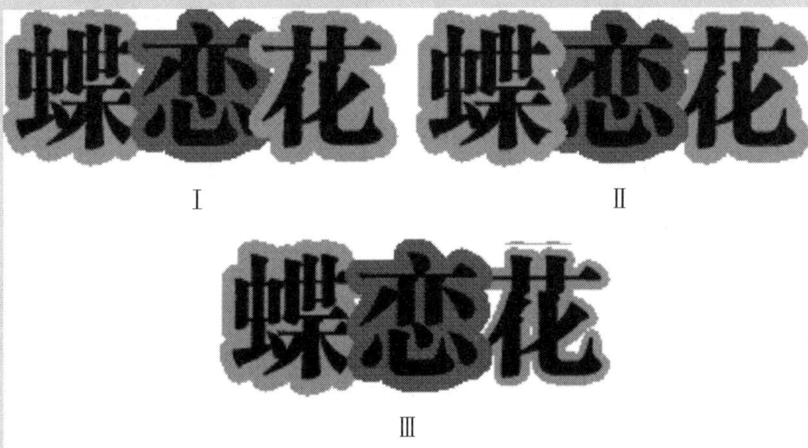

图4—97 设置文字重叠的效果

3. 粗细

“级别”：用来输入粗细的级别，可输入1～4之间的数值。

“变粗”与“变细”：选中“变粗”，数值越大，文字越粗；选中“变细”，数值越大，文字越细。

提示

“立体”与“粗细”、“勾边”与“粗细”是互斥的选项。

4. 倾斜

“右倾”和“左倾”：用来选择倾斜方向。

“角度”：用来设置倾斜的角度（0°～30°）。

5. 空心

“网纹”：单击此按钮，打开“底纹”对话框，可选择文字的底纹，也可以在右边的选项组直接输入要选用的底纹的序号，序号选择范围为0～273。其中0表示无底纹。

“带边框”：选中此按钮，则文字另加上边框，并且可以设置边框粗细。

选中“空心”按钮，则“边框效果”选项组也可以选，也可设置圆角、尖角、截角边框效果（如图4—98）。

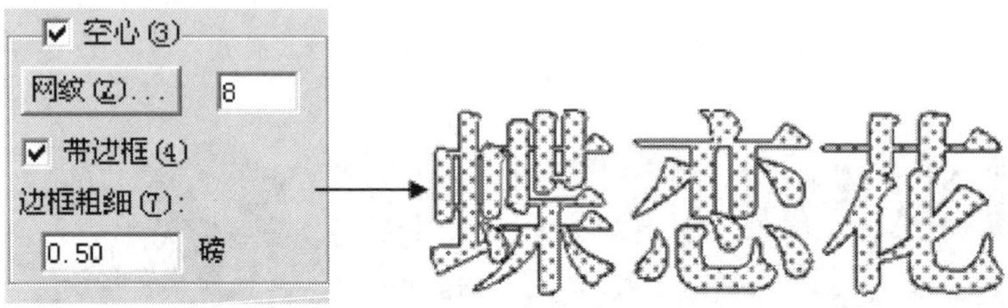

图4—98　设置文字空心、带边框且有网纹的效果

提示

空心字的边框颜色为字的颜色。

6. 旋转

该选项用来设置文字旋转的角度。所输入的角度不能为负值。

7. 阴字

该选项可以将文字设为阴字（如图4—99）。

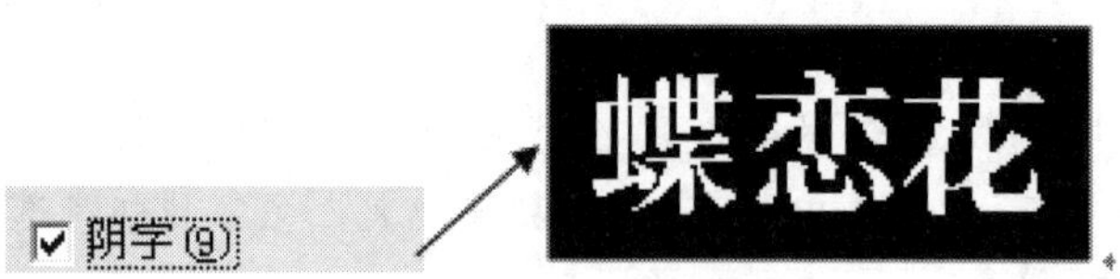

图4—99　设置阴字效果

提示

设置阴字时，需在文字边框设一有颜色的底纹，否则，阴字显示不出来。

（二）装饰字

飞腾中的装饰字功能也是针对文字的外部装饰，主要是给文字加上各种不同几何形状的外装饰，同时，对这些装饰形状进一步设置线型、花边、底纹等属性。线型、花边、底纹可以组合设置，也可单独设置。

操作步骤如下：

(1) 用文字工具选中要设置的文字，单击“文字→装饰字”命令，弹出“装饰字”对话框，如图 4—100 所示。

图 4—100　“装饰字”对话框

(2) 选中“装饰形状”复选框，用来选择装饰的几何形状，可以选择方形、菱形等。选中“长宽比例”，用来改变装饰形状的长宽比例，默认状态下长和宽是相等的。选中“字边距离”，用来设置文字和装饰形状之间的距离。

(3) 选中“L”、“F”或“S”按钮，则相应的按钮被激活。可以单击这些按钮，在弹出的“线型”、“花边”、“底纹”对话框中进行设置。

(4) 取消线型、花边或底纹设置，只需选中文字，在“线型”、“花边”、“底纹”复选框中取消选中即可。

提示　装饰字设置的线型、花边和底纹可进行颜色的调整，底纹可以渐变，线型可以改变粗细。线型和花边互斥。心形和椭圆形不能设置单波线、双波线和花边。

范例　下面以“蝶恋花”为操作对象，介绍该对话框各选项的设置。

1. 设置线型与底纹（如图 4—101）

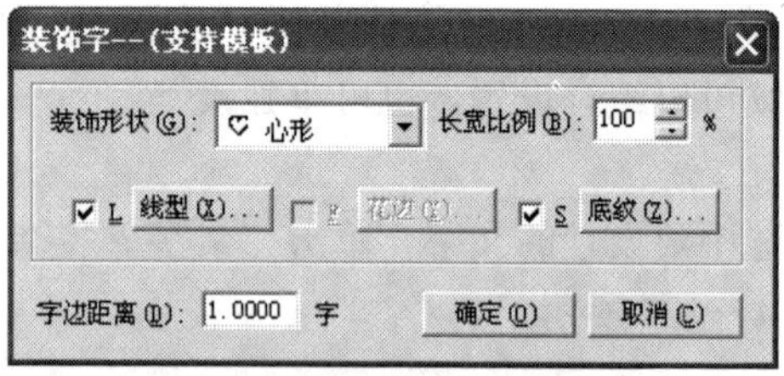

Ⅰ 设置“装饰字”对话框

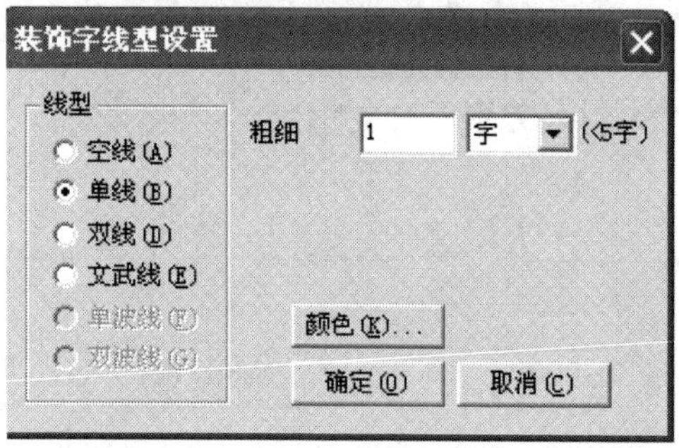

Ⅱ 设置线型

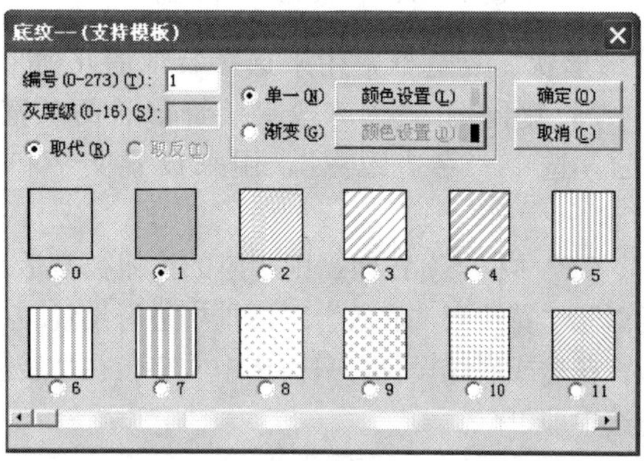

Ⅲ 设置底纹

Ⅳ 设置效果

图 4—101 设置装饰字的线型和底纹

2. 设置花边和底纹（如图 4—102）

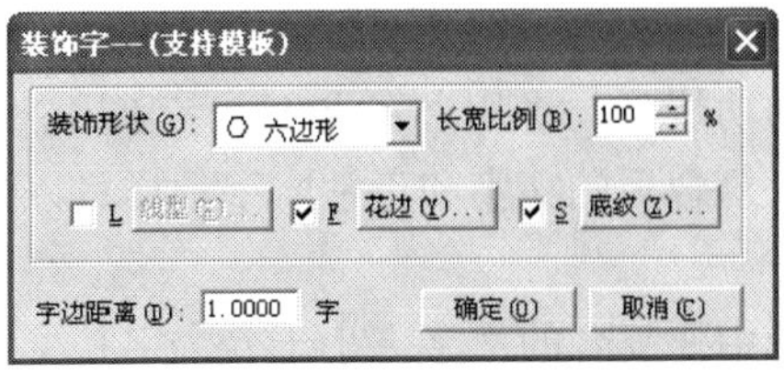

Ⅰ 设置“装饰字”对话框

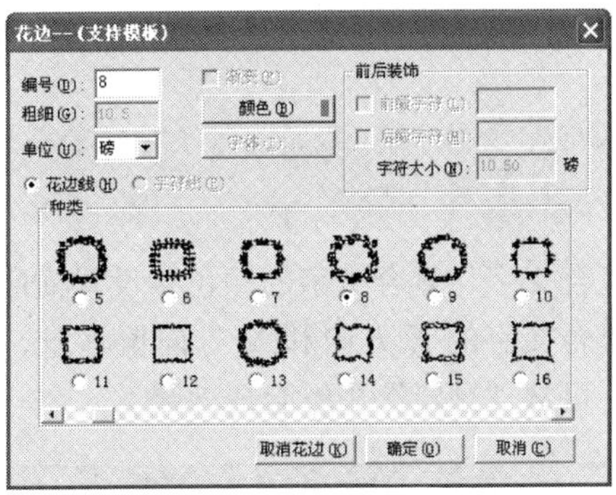

Ⅱ 设置线型

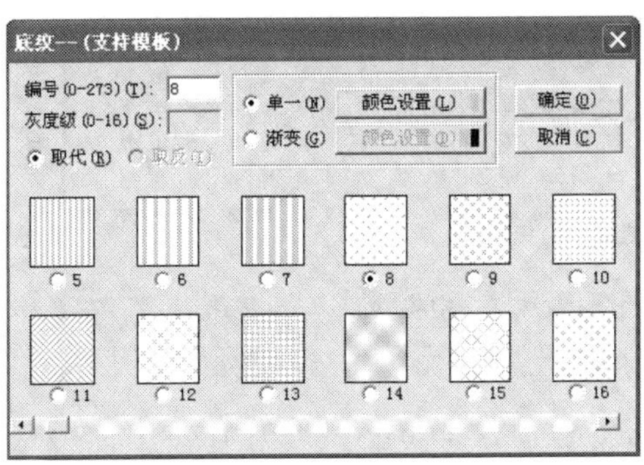

Ⅲ 设置底纹

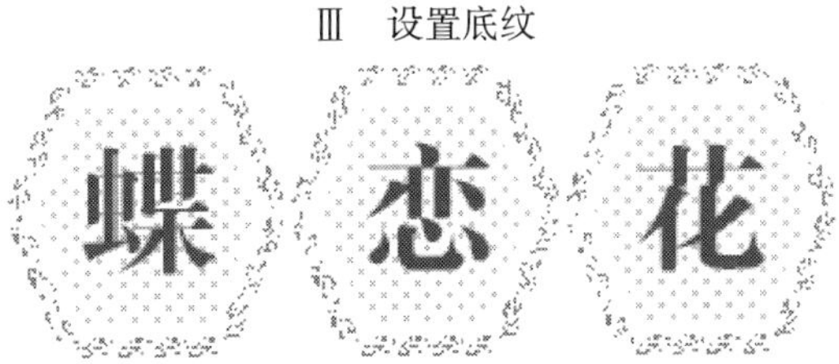

Ⅳ 设置效果

图 4—102 设置装饰字的花边和底纹

（三）复合字

飞腾中的复合字的功能是，将几个字或几个字和几个符号合并成一个字，占一个字宽、一个字高。复合后的文字和正常文字一样可以进行文字属性的操作。

其操作步骤如下：

（1）用文字工具选中要复合的文字（小于 6 个字）。

（2）单击“文字→复合字”命令，弹出“复合字”对话框。如图 4—103 所示。

提示 最先被选中的文字为被复合文字。

（3）分别设置被复合文字与复合文字的颜色，设置横向排列调整和纵向排列调整的位置，设置被复合文字的 X 方向和 Y 方向偏移量、缩小倍率、偏移单位等其他的相关的选项。可从“预览”中看合成效果。

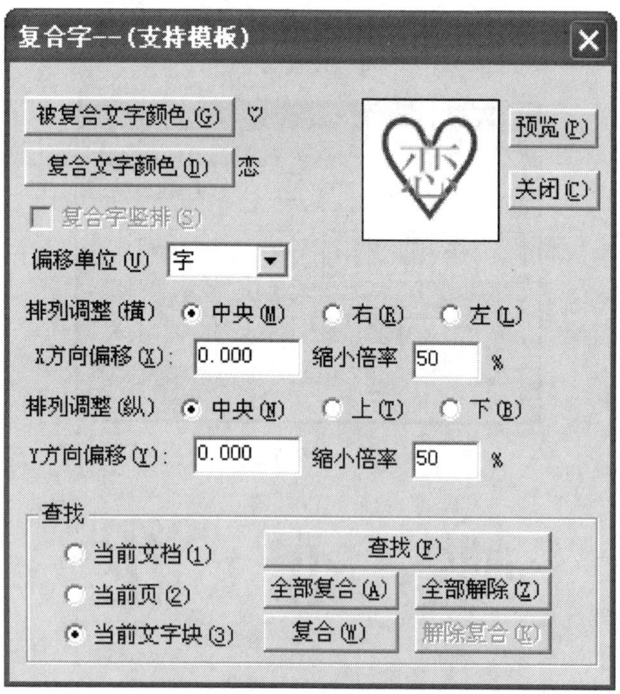

图 4—103 “复合字”对话框

(4) 飞腾软件可以将所有和选中文字相同的文字都设置为复合字的属性。可以分别选择“当前文档”、“当前页”、“当前文字块”选项，来确定查找的范围。

单击“查找”按钮，查找设定范围中的相同文字。

如果找到了相同文字，将这些文字选中，如果要将这些文字设置为复合字属性，就单击“复合”按钮，这些选中文字就会具有复合字属性。

单击“全部复合”，表示将选定范围中的所有相同文字都一次性地设置为复合字属性。

单击“解除复合”，表示选中一个复合字后，弹出“复合字”对话框，点击“解除复合”选项，则选中的复合字将会被解除成复合前的几个独立的文字。

单击“全部解除”，表示将选中范围中的同种内容的复合字全部解除复合。

(5) 完成所有操作，单击“关闭”按钮，即可关闭“复合字”对话框。

范例 将“恋”与复合（如图 4—104）。

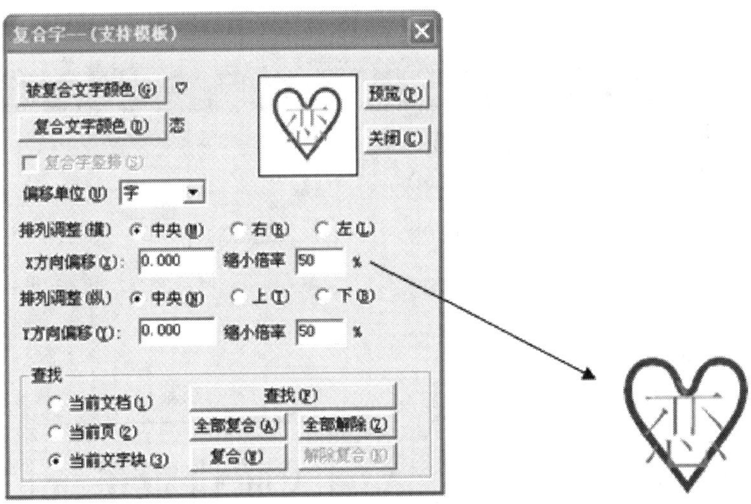

图 4—104　设置“复合字”效果

（四）设置划线与底纹

飞腾可以给文字加上划线，给文字背景加上边框和底纹，也就是对文字外部修饰进行设置。该功能在报纸组版过程中经常会被运用。

1. 给文字加划线

其操作步骤如下：

（1）使用T或↖工具选中文字。

（2）单击“文字→底纹与划线”命令，弹出“底纹与划线”对话框，如图4—105所示。

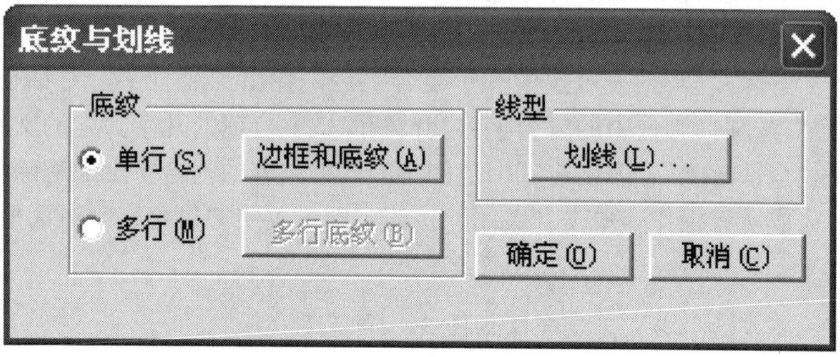

图4—105 “底纹与划线”对话框

（3）单击“划线”按钮，弹出“附加线”对话框。如图4—106所示。

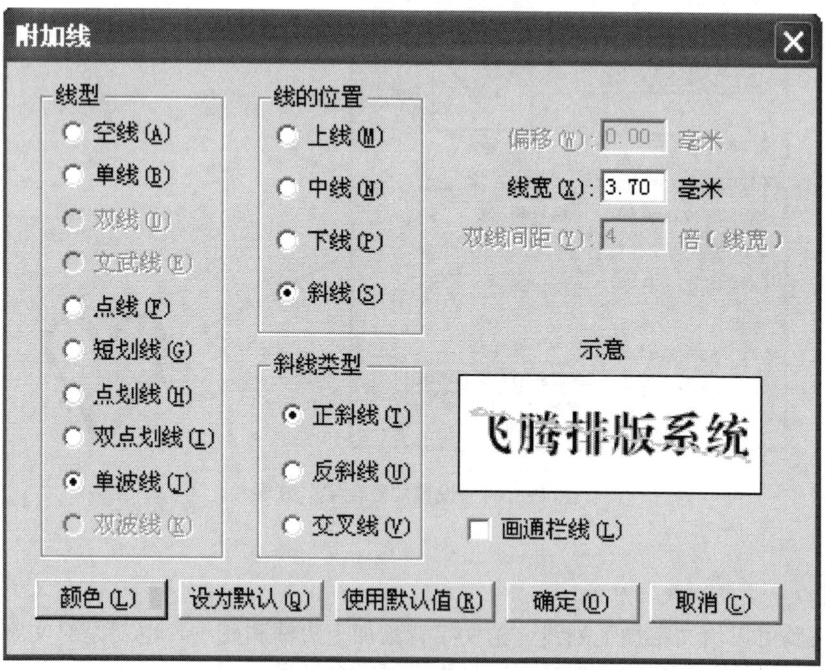

图4—106 “附加线”对话框

(4) 除了“空线”外，选择“单线”、“点线”、“短划线”、“点划线”、“双点划线”和“单波线”，则“线的位置”被激活。这时可选择“上线”、“中线”、“下线”和“斜线”，在预显框中会自动显示出效果。选择“上线”、“中线”、“下线”时，“偏移”和“线宽”文本框被激活，可以键入数值，单位为毫米。“偏移”指线与字的距离；“线宽”也就是直线的宽度，可设为 0～8.7 毫米。选择“斜线”时，“斜线类型”被激活。可选择正斜线、反斜线、交叉线。在预显框中会自动显示线的位置。如需给划线定义颜色，单击“颜色”按钮，弹出“颜色”对话框，可设置划线的颜色。

(5) 选择“双线”、“文武线”或“双波线”时，“线的位置”被激活。这时可从“上线”、“中线”、“下线”中选择线的位置。进而，可在“偏移”、“线宽”和“双线间距”文本框中键入数值。双线间距的默认值为 5 倍线宽。在预显框中会自动显示设置效果。

(6) 单击“设为默认”按钮，可将当前的划线参数设为默认值，单击“使用默认值”，可调用已经设为默认值的划线参数。

(7) 设置完毕，单击两次“确定”按钮，关闭“底纹与划线”对话框。效果如图 4—107 所示。

(8) 要取消划线效果，只需选中设了划线效果的文字，打开“底纹与划线”的对话框，单击“划线”按钮，打开“附加线”对话框，选中“空线”单选按钮即可。

2. 给单行文字加底纹

其操作步骤如下：

(1) 选中要加底纹的文字或文字块。

(2) 单击“文字→底纹与划线”命令，弹出“底纹与划线”对话框。

(3) 选择“单行”选项，单击“边框和底纹”按钮，弹出“通字底纹”对话框。

(4) 设置完各选项，单击“确定”按钮。

“通字底纹”：选中该复选框，“底纹类型”按钮被激活，单击“底纹类型”按钮，弹出“底纹”对话框。可在其中进行设置。

“边框”：该选项组用来设置边框的形状。有矩形和圆角矩形两种。可以设圆角矩形的角度。

“边框线型”：单击“单线”，则边框颜色被激活，选择空线，则无边框。

“拆行处封口”：选择此复选框，则当所选文字换行后，拆行处的边框闭合。

“字边距离”：该选项组用来设置边框距文字的距离。如果选中“边空相等”

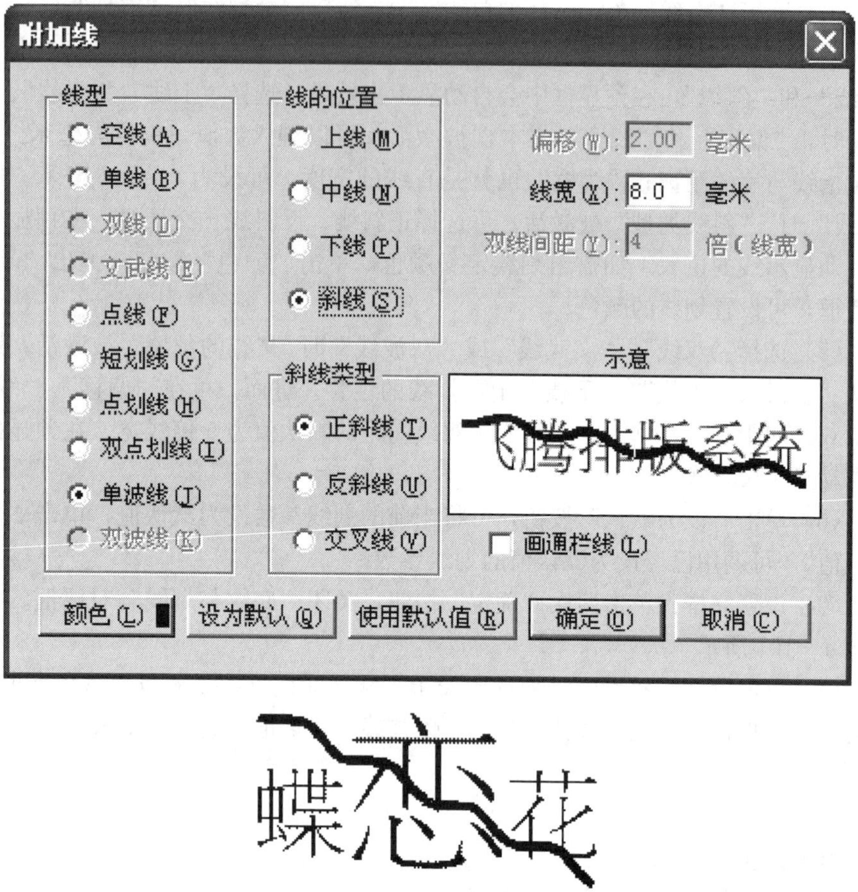

图 4—107　设置划线的效果

复选框，则只需要在“上空”输入数值即可。字边距离的单位从“U单位:”下拉列表中选择。

范例 给“国际新闻”设置单行底纹（如图 4—108）。

3. 给多行文字加底纹

在飞腾中可以实现给多行文字加底纹的功能，可以用选取工具选中整个文字块，设置底纹效果，也可以用文字工具选中所需的几行文字，设置底纹效果。

其操作步骤如下：

（1）选取文字块或文字。

（2）单击“文字→底纹与划线”命令，弹出“底纹与划线”对话框。选中

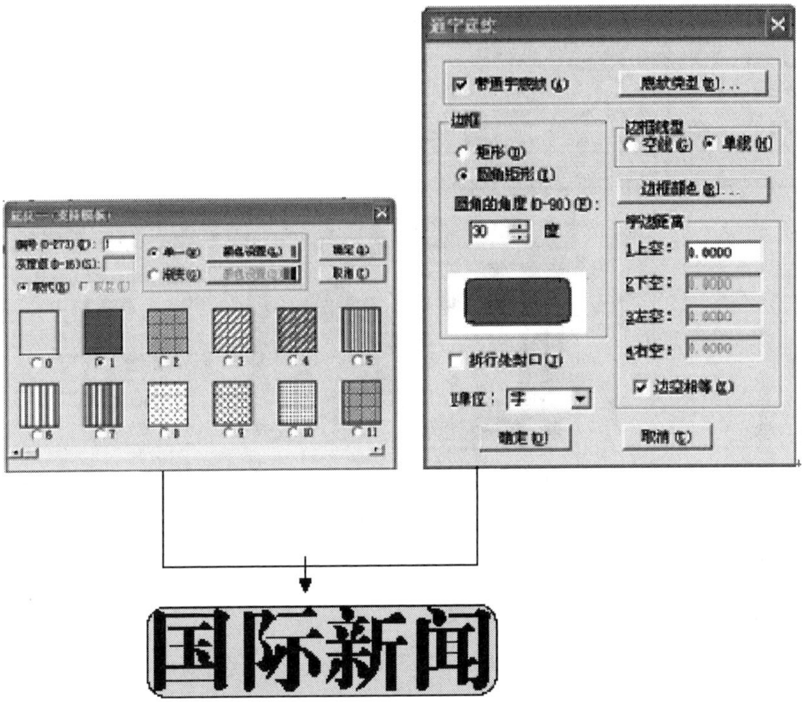

图 4—108　设置单行底纹效果

“多行”单选按钮。单击“多行底纹”按钮，弹出“多行底纹”对话框，进行设置。

“加底纹”：选中该复选框，“底纹”按钮被激活，单击此按钮，弹出“底纹”对话框。

“轮廓线”：选中该复选框，“轮廓线”按钮被激活，单击此按钮，设置底纹的轮廓线。

“字边距离”：该选项组用来设置边框距文字的距离。如果选中“边空相等”复选框，则只需要在“上空”输入数值即可。字边距离的单位从“U 单位”下拉列表中选择。

“首对齐”和“尾对齐”：这两个复选框用于设置多行底纹的形状，可单独分别选中，也可同时选中。

(3) 设置完毕，单击“确定”按钮。

(4) 取消多行底纹的方法同取消单行底纹的方法相同。

范例 设置多行底纹，轮廓线颜色选品红（如图 4—109）。

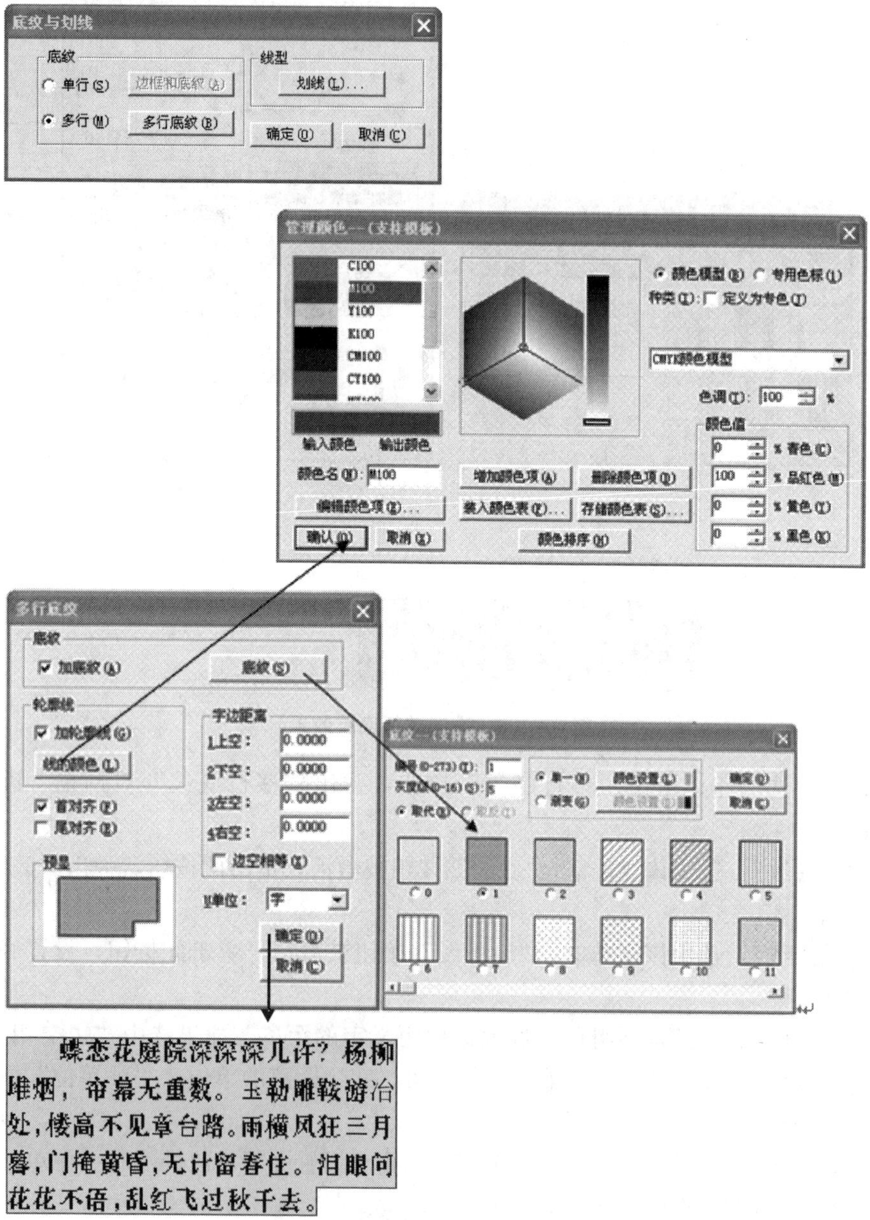

图 4—109　设置多行底纹效果

提示

在飞腾中要实现给文字加划线和通字底纹的操作，不仅可以通过菜单中的选项弹出对话框实现，也可以通过工具条中的按钮实现。U Ū A 和 A 按钮都可以实现相应的功能。

（五）删注解

所谓删注解是指取消对文字块中的文字所设置的属性，如字体号、花边底纹、长扁字和倾斜等。

在选中一个或多个文字块或者选中一些文字后，可单击“编辑→删注解”命令或者按快捷键 Alt＋Backspace，删除被选中文字或文字块中的内部注解，即取消被选中的文字或文字块内部的各种属性设置，而代之以统一的属性设置。

提示

“取消装饰”按钮 X 和“删注解”功能比较相近，二者区别在于：“取消装饰”功能主要是取消文本属性工具条的装饰，包括文字的加粗、倾斜、加着重点、加划线，此功能并不适用于取消所有设置的属性，而“删注解”功能可删去文字的所有属性设置，包括改变文字的字体号、装饰字、变体字、复合字等，使文字的设置回到最初的状态。

实验八 设置与制作标题

新闻标题是指对新闻内容加以概括或评价的简短文字，其字号通常大于正文。新闻标题有大标题、小标题之分。处于正文之前的通常为大标题，主要包括主题、引题、副题、提要题；分嵌于新闻稿件之中的通常为小标题，又称分题、插题。新闻标题作为版面的“眼睛”，起着分界稿件、吸引读者阅读、提示新闻内容的作用，在电子排版软件中，修改和制作标题是一项主要工作。

实验目的

本实验将通过飞腾的特殊功能，演示如何设置及制作报纸的新闻大标题及小标题。

实验原理

在飞腾中，制作标题可以有不同的形式、种类，有不同的字号和形体，还可以有美术的装饰和处理，可以说，标题的修饰在吸引读者阅读，避免版面的单调、刻板，美化、突出版面方面起着重要的作用。

实验条件

文字工具、“设置标题”对话框、排版格式窗口、“纵向调整”对话框等。

实验内容

对标题的处理有两种方法，一是通过菜单中的功能设置标题；二是直接在版面中用文字工具输入标题。

一、设置标题

（一）定义标题

定义标题主要是指定义文字块内的文字为标题，即在一个文字块中选中要设置为标题的文字，通过在“形成标题”对话框中的各种设置形成标题。

其操作步骤如下：

(1) 用文字工具选中要设置为标题的文字。如图 4—110 所示。

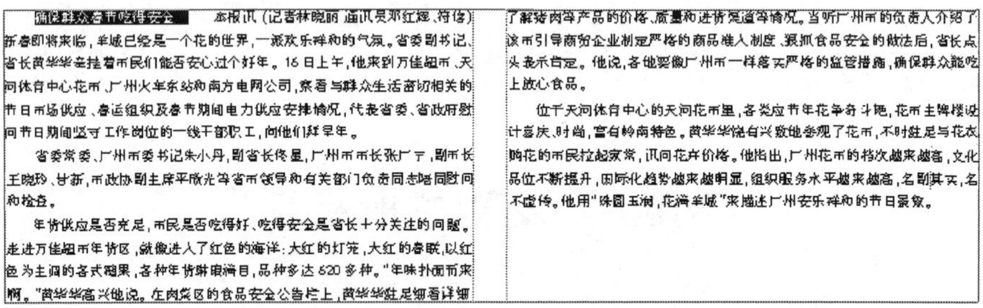

确保群众春节吃得安全 本报讯（记者林晓丽 通讯员邓红辉、符信）新春即将来临，羊城已经是一个花的世界，一派欢乐祥和的气氛。省委副书记、省长黄华华牵挂着市民们能否安心过个好年。16日上午，他来到万佳超市、天河体育中心花市、广州火车东站和南方电网公司，察看与群众生活密切相关的节日市场供应、春运组织及春节期间电力供应安排情况，代表省委、省政府慰问节日期间坚守工作岗位的一线干部职工，向他们拜早年。

省委常委、广州市委书记朱小丹，副省长佟星，广州市市长张广宁，副市长王晓玲、甘新，市政协副主席平欣光等省市领导和有关部门负责同志陪同慰问和检查。

年货供应是否充足，市民是否吃得好、吃得安全是省长十分关注的问题。走进万佳超市年货区，就像进入了红色的海洋：大红的灯笼，大红的春联，以红色为主调的各式糖果，各种年货琳琅满目，品种多达620多种。“年味扑面而来啊。”黄华华高兴地说。在肉菜区的食品安全公告栏上，黄华华驻足细看详细了解猪肉等产品的价格、质量和进货渠道等情况。当听广州市的负责人介绍了该市引导商贸企业制定严格的商品准入制度、狠抓食品安全的做法后，省长点头表示肯定。他说，各地要像广州市一样落实严格的监管措施，确保群众能吃上放心食品。

位于天河体育中心的天河花市里，各类应节年花争奇斗艳，花市主牌楼设计喜庆、时尚，富有岭南特色。黄华华饶有兴致地参观了花市，不时驻足与花农、购花的市民拉起家常，讯问花卉价格。他指出，广州花市的档次越来越高，文化品位不断提升，国际化趋势越来越明显，组织服务水平越来越高，名副其实，名不虚传。他用“珠圆玉润，花满羊城”来描述广州安乐祥和的节日景象。

图 4—110　选中要设置成标题的文字

(2) 单击“格式→标题→设置标题”命令（或按快捷键 F9），弹出“形成标题”对话框，如图 4—111 所示。

(3) 根据需要设置新闻标题。

1) 标题位置：设置标题在文字块中所处的位置，选中与要摆放的标题位置相应的单选按钮。

2) 排版方式：选中该标题的排版方式，有正向横排、正向竖排、反向横排和反向竖排四种方式供选择。

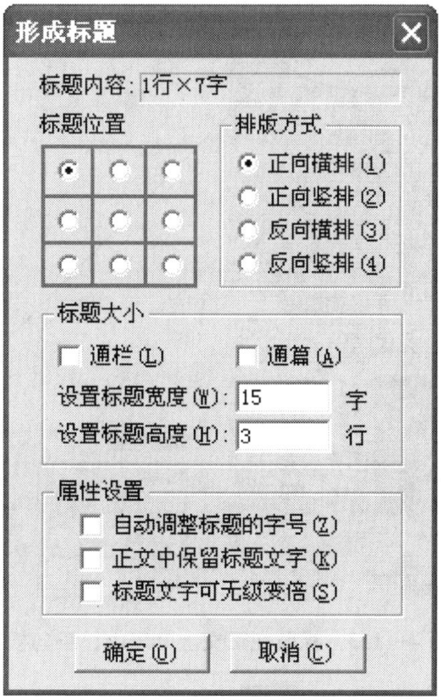

图 4—111 “形成标题”对话框

范例 以《人民日报》为例，设置报纸组版经常使用的几种标题位置与排版方式（如图 4—112 至图 4—115）。

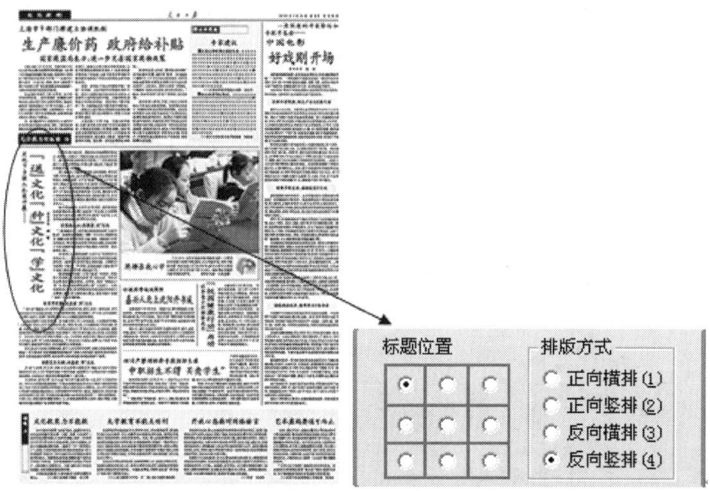

图 4—112 标题在正文上方居左、反向竖排

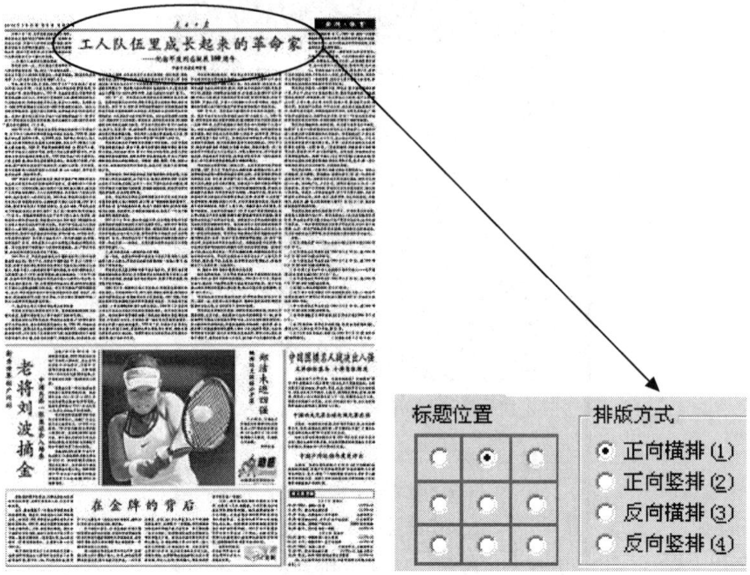

图 4—113　标题在正文上方居中、正向横排

图 4—114　标题在正文上方居右、正向竖排

标题完全居右、正向横排是不利于阅读的，因此要尽量往中间靠

图 4—115　标题在正文上方居右、正向横排

根据阅读习惯，标题在正文上方居左、居中的位置比较符合人们的阅读习惯，因此报纸组版经常使用，其余几种标题位置与排版方式的结合，或多或少都不利于阅读，因此报纸组版很少使用到。但是，根据排版需要，譬如为了使版面对称均衡，也会偶尔出现其他的标题位置与排版方式（如图 4—116、图 4—117）。

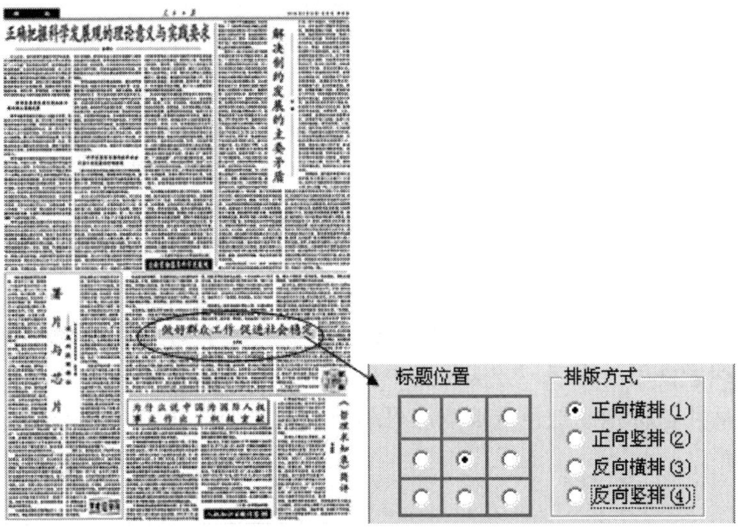

图 4—116　标题在正文中间，属于"文包题"，正向横排

图 4—117 标题占据正文中间通篇位置

3）标题大小：设置标题占位区域大小。在“设置标题宽度”和“设置标题高度”编辑框内输入参数即可。如果希望设置的标题宽度与栏宽相等，可以直接选中“通栏”复选框（见图 4—118）；如果希望设置的标题宽度与文字块宽度相等，可以选中“通篇”复选框（见图 4—119）。请注意此时“设置标题宽度”文本框被置灰，如想恢复自定义标题宽度可以取消“通栏”和“通篇”。

4）自动调标题的字号：选中此项，则系统将会自动调整标题文字的字号，掌握标题区域。如果不选中此项，则标题的字号仍然保留。

5）正文中保留标题文字：选中此复选框，被选中的文字在形成标题后，在正文中仍然保留。

6）标题文字可无级变倍：选中此复选框，被选中的文字在形成标题后，可随意缩放标题框里的文字。方法是选中标题区，在标题文字周围出现八个红色选取点，然后用鼠标拖动红色选取点即可缩放标题文字，如图 4—120 所示。

图 4—118　设置通栏标题，标题高度根据实际需要自定义（《华西都市报》）

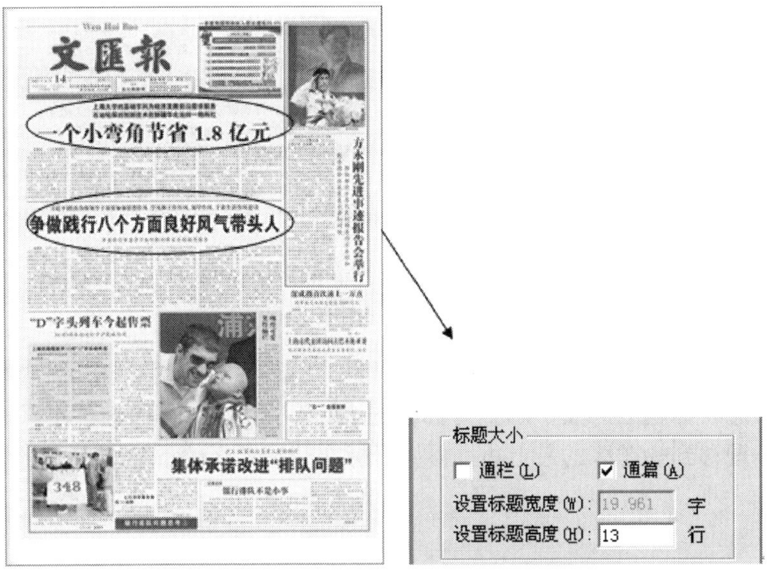

图 4—119　设置通篇标题，标题高度根据实际需要自定义（《文汇报》）

确保群众春节吃得安全

本报讯（记者林晓丽 通讯员郑红娅、符信）新春即将来临，羊城已经是一个花的世界，一派欢乐祥和的气氛。省委副书记、省长黄华华牵挂着市民们能否安心过个好年。16日上午，他来到万佳超市、天河体育中心花市、广州火车东站和南方电网公司，察看与群众生活密切相关的节日市场供应、春运组织及春节期间电力供应安排情况，代表省委、省政府慰问节日期间坚守工作岗位的一线干部职工，向他们拜早年。

省委常委、广州市委书记朱小丹，副省长佟星，广州市市长张广宁，副市长王晓玲、甘新，市政协副主席平欣光等省市领导和有关部门负责同志陪同慰问和检查。

年货供应是否充足，市民是否吃得好、吃得安全是省长十分关注的问题。走进万佳超市年货区，就像进入了红色的海洋：大红的灯笼，大红的春联，以红色为主调的各式糖果，各种年货琳琅满目，品种多达620多种。"年味扑面而来啊。"黄华华高兴地说。在肉类区的食品安全公告栏上，黄华华驻足细看，详细了解猪肉等产品的价格、质量和进货渠道等情况。当听广州市的负责人介绍了该市引导商贸企业制定严格的商品准入制度、狠抓食品安全的做法后，省长点头表示肯定。他说，各地要像广州市一样落实严格的监管措施，确保群众能吃上放心食品。

位于天河体育中心的天河花市里，各类应节年花争奇斗艳，花市主牌楼设计喜庆、时尚，富有岭南特色。黄华华饶有兴致地参观了花市，不时驻足与花农、购花的市民拉起家常，询问花卉价格。他指出，广州花市的档次越来越高，文化品位不断提升，国际化趋势越来越明显，组织服务水平越来越高，名副其实，名不虚传。他用"珠圆玉润，花满羊城"来描述广州安乐祥和的节日景象。

图4—120 标题文字可无级变倍

（4）单击"确定"按钮，关闭"形成标题"对话框。

在标题形成后，还可以对标题区和标题进行一些修改，具体内容如下：

可以使用文字工具选中标题中的文字，进行更改字体、字号，设置文字属性，添加或删除文字等操作。

可以用选取工具选中标题区，此时标题区周围出现8个蓝色的控制点，如图4—121所示，用鼠标拖动标题区，可以调整标题区在文字块内的位置，如果用鼠标拖动标题区的控制点，可以调整标题区的大小。

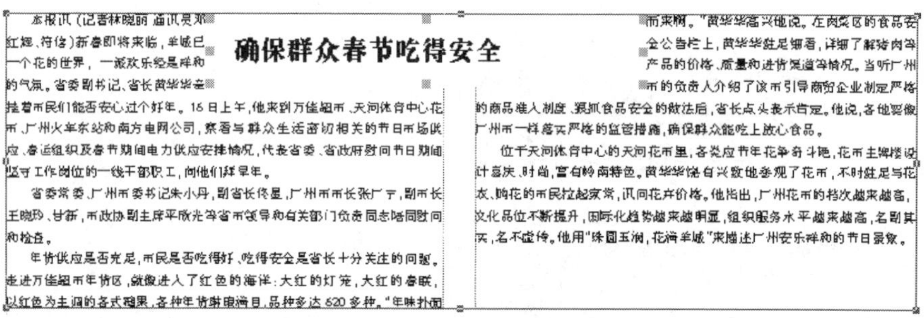

确保群众春节吃得安全

本报讯（记者林晓丽 通讯员郑红娅、符信）新春即将来临，羊城已经是一个花的世界，一派欢乐祥和的气氛。省委副书记、省长黄华华牵挂着市民们能否安心过个好年。16日上午，他来到万佳超市、天河体育中心花市、广州火车东站和南方电网公司，察看与群众生活密切相关的节日市场供应、春运组织及春节期间电力供应安排情况，代表省委、省政府慰问节日期间坚守工作岗位的一线干部职工，向他们拜早年。

省委常委、广州市委书记朱小丹，副省长佟星，广州市市长张广宁，副市长王晓玲、甘新，市政协副主席平欣光等省市领导和有关部门负责同志陪同慰问和检查。

年货供应是否充足，市民是否吃得好、吃得安全是省长十分关注的问题。走进万佳超市年货区，就像进入了红色的海洋：大红的灯笼，大红的春联，以红色为主调的各式糖果，各种年货琳琅满目，品种多达620多种。"年味扑面而来啊。"黄华华高兴地说。在肉类区的食品安全公告栏上，黄华华驻足细看，详细了解猪肉等产品的价格、质量和进货渠道等情况。当听广州市的负责人介绍了该市引导商贸企业制定严格的商品准入制度、狠抓食品安全的做法后，省长点头表示肯定。他说，各地要像广州市一样落实严格的监管措施，确保群众能吃上放心食品。

位于天河体育中心的天河花市里，各类应节年花争奇斗艳，花市主牌楼设计喜庆、时尚，富有岭南特色。黄华华饶有兴致地参观了花市，不时驻足与花农、购花的市民拉起家常，询问花卉价格。他指出，广州花市的档次越来越高，文化品位不断提升，国际化趋势越来越明显，组织服务水平越来越高，名副其实，名不虚传。他用"珠圆玉润，花满羊城"来描述广州安乐祥和的节日景象。

图4—121 选中标题区

按住Shift键，再用鼠标拖动标题，可以调整标题在标题区中的纵向位置。

如果想将标题区的大小调整为标题的大小，可按住Shift键，用鼠标拖动标题，将标题移到标题区的最上边，再用鼠标拖动标题区的下控制点，将标题区缩小到标题大小。

提示

(1) 调整标题，使之在标题区中纵向居中的快捷键是 Ctrl＋Alt＋Z 。如要删除标题区，不可直接点击标题区删除（这样会删除整个文字块），只能选中标题区，单击鼠标右键，在弹出的菜单选项中单击删除标题命令，才可删除标题区。

(2) 标题位置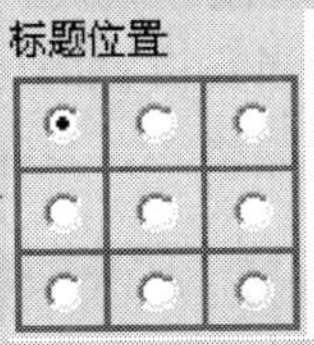

设置有 9 个，即按照

123
456
789

的顺序，形成标题之后，选中标题区，可按数字键 1～9 来调整标题的位置。

（二）新建或修改标题

在实际应用中，标题文字并不是总能在文字块中找到的，所以，通常要新建一个标题区来放置标题文字。

其操作步骤如下：

(1) 用选取工具选中要设置标题的文字块（标题内容不用提前输入）。

(2) 单击“格式→标题→设置标题”命令，弹出“标题属性设置”对话框。在该对话框中，既可以新建、删除标题，也可以修改标题，并添加各种装饰属性。

(3) 打开“标题设置”选项卡，如图 4—122 所示。

1) 在“标题位置”选项组选择标题位置，有两种选择，数值设定和自动设定，选择数值设定，则激活“X”坐标、“Y 坐标”文本框，此处的 X、Y 是相对于文字块左上角的偏移值。这里选择自动设定的左上角位置。

2) 在“标题区大小”中设置标题区的宽度和高度值。这里设置宽度为 30 个字、高度为 5 行。右侧框中可预览其设置。

3) 在“标题设置”中选择所需要的标题类型和排版方式。这里选中“引题”、“副题”复选框，并在右侧设置引题、主题和副题的位置，并选中右边的“主题居中”复选框，使主题居中排版。排版方式选择正向横排。选中“不分栏串文”，则标题区附近的文字不分栏串文。这里不选中。

4) 单击对话框右侧的“新建标题”。新建一个标题，弹出对话框。

5)“删除标题”：选中“标题列表”框中的标题，单击此按钮，可以删除当前“标题列表”框中选中的标题。

6)“存储标题格式”：单击该按钮，会弹出“存储标题风格”对话框，输入标题名（默认为 Unnamed），单击“增加”按钮，此格式就按此名称保存，若要删除某一格式，选中该格式，单击“删除”按钮即可。此功能可以将设置好的标题格式保存起来，以后要设置同样格式的标题时，就可以直接调用存储的标题格式。

7）“读入标题格式”：单击该按钮，会弹出“读入标题风格”对话框，选中所要的标题格式名称，单击“确定”按钮即可。当要设置的标题格式和以前曾经保存过的标题格式相同时，可以读取已保存的标题格式，直接使用。

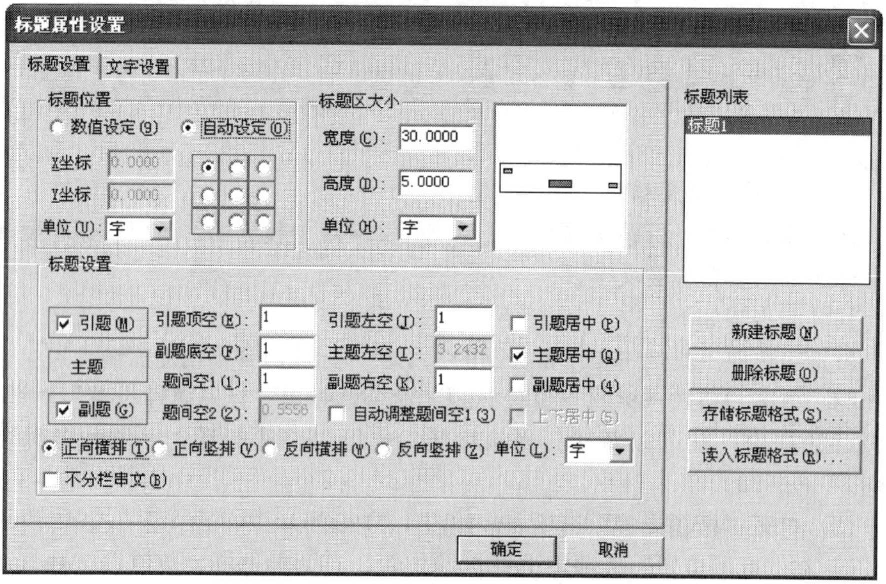

图 4—122 “标题属性设置”对话框

提示

一个文字块可以设置多个标题，反复单击“新建标题”按钮即可为文字块建立多个标题。

（4）打开“文字设置”选项卡，在“标题文字区”选中标题 1、引题、副题，然后在下面的“文字”框中分别输入相应的文字内容。在标题文字区的右侧可设置标题区的线型、花边、底纹、底纹位置；在“文字”框的右侧可设置标题的字体、字号和设置标题装饰属性，如变体字、底纹与划线、装饰字等，这里采取默认值，如图 4—123 所示。

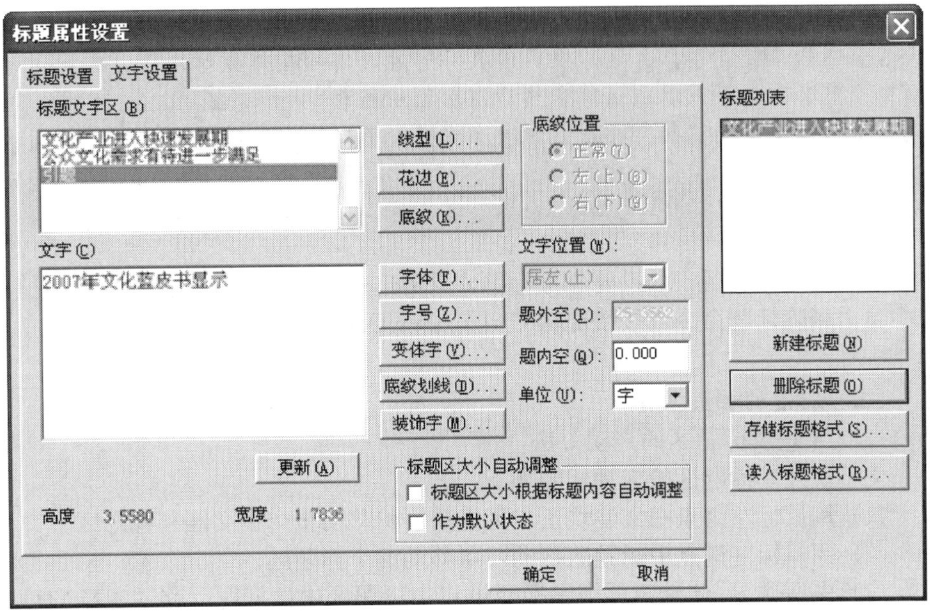

图 4—123 “文字设置”选项卡

(5) 设置完成后，单击“确定”按钮，在文字块中形成如图 4—124 所示的标题。

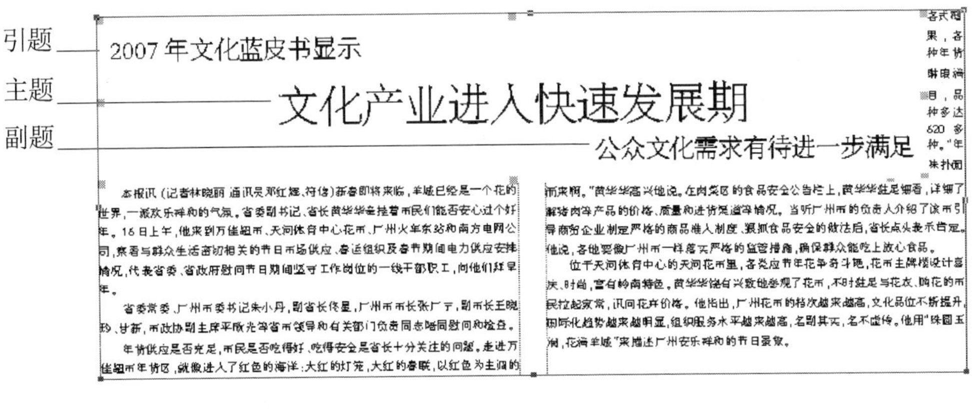

图 4—124 生成标题效果

提示

(1) 对于标题区在文字块中的位置，标题区的大小，主题、引题、副题在标题区中的位置、字体、字号及其他文字属性，均可在排版时修改，因此对话框中设置参数时可采用默认值，然后在版面中修改。

(2) 如果不在“文字设置”选项卡中设置标题的内容，则在生成的标题区内，标题、引题和副题内的文字分别为“标题1”、“引题”和“副题”，形成标题区后排版时可用文字工具选中标题区内的这些文字，输入相应的内容。

(6) 生成标题后，如果要删除标题，只需选中标题，右击，在弹出的快捷菜单中单击删除标题命令或按快捷键 Ctrl＋Alt＋D 即可。

（三）标题的相关操作

1. 文字块及标题区的拖动方法

文字块及其标题区的拖动规则如下：

(1) 用鼠标左键点中文字块正文区拖动，可移动整个正文区和标题区。

(2) 用鼠标左键点中标题区拖动，可移动整个标题区。

(3) 先按住 Shift 键，再用鼠标左键点中标题区中的标题，移动鼠标即可移动标题区中的标题。

提示

用在文字块中新建标题的方法建立的标题，其主题、引题和副题在标题区中是独立的，可以分别移动它们。

2. 明确标题文字位置

横、竖排对文字方向以及引题、标题和副题的位置都有影响，正、反排除了对文字方向起作用外，也对引题、标题和副题的位置有影响。对标题文字设置的具体规定如下：

(1) “正向横排”时，从左到右分别是引题、标题和副题，而“反向横排”时，从右到左分别是引题、标题和副题（如图 4—125)。

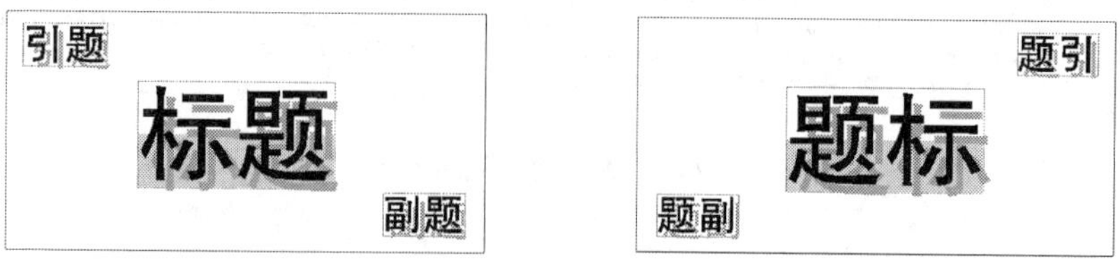

正向横排　　　反向横排

图 4—125　“正向横排”和“反向横排”的效果

（2）“正向竖排”时，从左到右分别是副题、标题和引题，而“反向竖排”时，从左到右分别是引题、标题和副题（如图 4—126）。

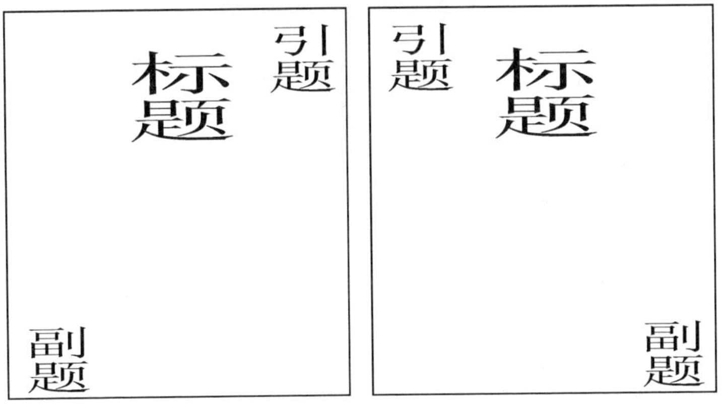

正向竖排　　　　反向竖排

图 4—126　“正向竖排”和“反向竖排”的效果

3. 调整标题大小时，各子标题的位置

调整标题区大小时，各子标题的位置在标题区中的移动规定如下：

（1）调整标题区大小时，若标题为“正向横排”或“反向竖排”时，各子标题的位置都以标题区的左上点为原点调整，副题的位置以右下点为原点调整，即如果拖拽标题区，则标题区中的引题和标题位于标题区的左上角，副题总是位于标题区的右下角。

（2）调整标题区大小时，若标题为“正向竖排”或“反向横排”时，各子标题的位置都以标题区的右上点为原点调整，副题的位置以左下点为原点调整，即如果拖动标题区，则标题区中的引题和标题总是位于标题区的右上角，副题总是位于标题区的左下角。

（四）标题区加底纹和衬图

针对标题的操作还有两种：一是给整个标题区设置底纹，这与只能给各个子标题设置底纹不同；二是给标题增加衬底图片。但给标题增加衬底图片时，不能对所衬底图片进行裁剪勾边、自动勾边操作。

1. 给标题区加底纹

其操作步骤如下：

（1）选中已设置好的标题区，单击“格式→标题→设置标题区底纹”命令，或单击右键菜单中的“设置标题区底纹”命令，弹出“设置标题区底纹”对话框。如图 4—127 所示。

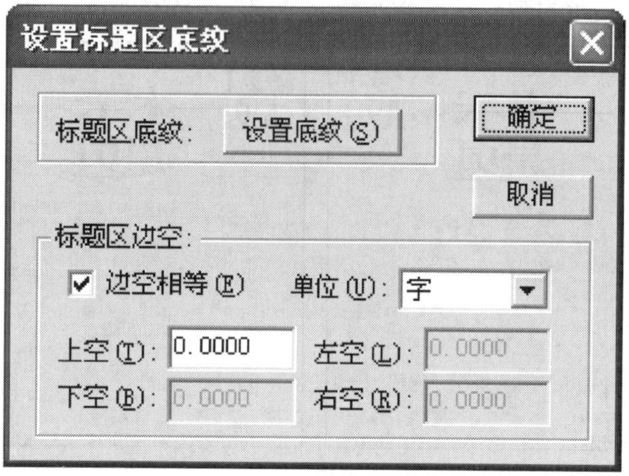

图 4—127 “设置标题区底纹”对话框

(2) 在“标题区边空”选项组设置底纹距标题区边界的距离，这里取默认值。

(3) 单击“设置底纹”按钮，在弹出的底纹对话框中进行设置。这里给出品红色。

(4) 设置完毕，单击“确定”按钮，得出如图 4—128 所示的效果。

图 4—128 设置了底纹的标题区效果

提示

(1) 选中设置好的标题，单击鼠标右键，可发现有许多项功能可以从右键菜单中设置。其中包括裁剪文字块、粘贴文字块、复制文字块、设置标题衬底图片、设置标题区底纹题间空、排版方式、删除标题、标题居中等功能。

(2) 虽然在选中标题块时，标题文字也被选中，但通过这种方式设置标题块的颜色只对标题块起作用，标题中文字的颜色不会发生任何改变。

2. 给标题区加衬底图片

其操作步骤如下：

（1）选中标题区，单击“格式→设置标题衬底图片”命令，或单击右键菜单中的“设置标题衬底图片”命令，弹出“设置标题衬底图片”对话框，如图 4—129 所示。

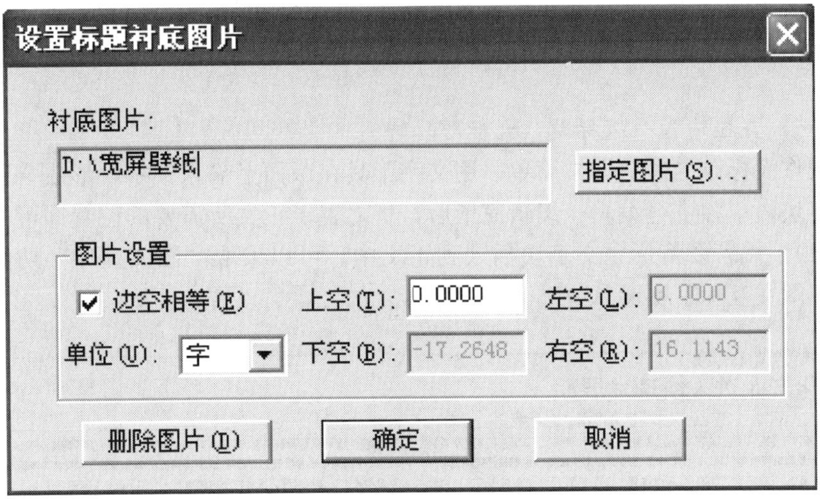

图 4—129 “设置标题衬底图片”对话框

（2）在图片设置选项组可以设定数值，调整衬底图片与标题区的边空大小。此处取默认值。

（3）单击“指定图片”，弹出“图像排版”对话框，选择所需要的图片，确定后效果如图 4—130 所示。

图 4—130 设置标题衬底图片效果

提示 图片排到标题区后，会根据标题区大小自动压缩或扩大，改变图片的原有形状，因此建议选择衬底图片时，要选择与标题区尺寸大小相符的图片，以免使图片变形，影响排版效果。

二、制作标题

倘若新闻标题与正文处于一个文字块中，非常影响正常的排版，那么，编辑可以手动制作标题。其中，小标题的制作最好是由编辑手动进行制作。

（一）直接输入一级标题（大标题）

制作大标题的做法非常简单，用文字工具在版面上输入文字，形成自己独立的文字块，单独进行编辑，编辑完毕后，将之置于正文所需要的位置即可（如图4—131）。倘若要将标题文字块插入到正文中，可以采取“图文互斥”功能（详情见“图文互斥”实验章节）。

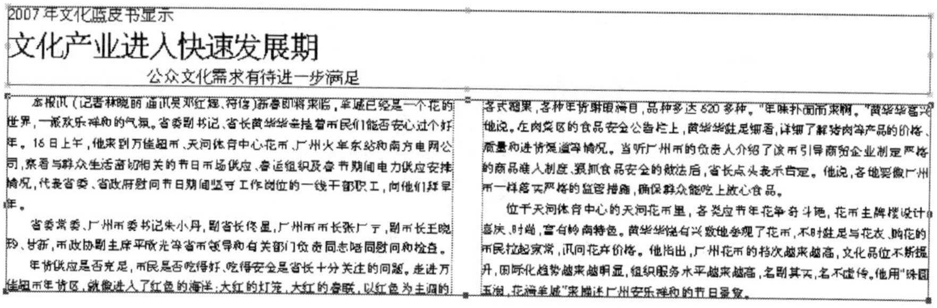

2007年文化蓝皮书显示

文化产业进入快速发展期

公众文化需求有待进一步满足

本报讯（记者林晓丽 通讯员郑红辉、符倩）新春即将来临，羊城已经是一个花的世界，一派欢乐祥和的气氛。省委副书记、省长黄华华牵挂着市民们能否安心过个好年。16日上午，他来到万佳超市、天河体育中心花市、广州火车东站和南方电网公司，察看与群众生活密切相关的节日市场供应、春运组织及春节期间电力供应安排情况，代表省委、省政府慰问节日期间坚守工作岗位的一线干部职工，向他们拜早年。

省委常委、广州市委书记朱小丹，副省长佟星，广州市市长张广宁，副市长王晓玲、甘新，市政协副主席平欣光等省市领导和有关部门负责同志陪同慰问和检查。

年货供应是否充足，市民是否吃得好、吃得安全是省长十分关注的问题。走进万佳超市年货区，就像进入了红色的海洋：大红的灯笼，大红的春联，以红色为主调的各式糖果，各种年货琳琅满目，品种多达620多种。“年味扑面而来啊。”黄华华高兴地说。在肉菜区的食品安全公告栏上，黄华华驻足细看，详细了解猪肉等产品的价格、质量和进货渠道等情况。当听广州市的负责人介绍了该市引导商贸企业制定严格的商品准入制度、狠抓食品安全的做法后，省长点头表示肯定。他说，各地要像广州市一样落实严格的监管措施，确保群众能吃上放心食品。

位于天河体育中心的天河花市里，各类应节年花争奇斗艳，花市主牌楼设计喜庆、时尚，富有岭南特色。黄华华饶有兴致地参观了花市，不时驻足与花农、购花的市民拉起家常，询问花卉价格。他指出，广州花市的档次越来越高，文化品位不断提升，国际化趋势越来越明显，组织服务水平越来越高，名副其实，名不虚传。他用“珠圆玉润，花满羊城”来描述广州安乐祥和的节日景象。

图4—131　用文字工具输入大标题

（二）排版格式

对于排版来说，一般都是采用系统提供的默认格式先排好版，然后再对它进行一些调整，在飞腾系统中提供了一种可按用户自己定义的排版方式进行排版的工具，即排版格式的定义及使用。排版者可以将已经定义好的排版格式应用于文字块或文字。新闻文稿中的小标题就可以采取这种功能完成。

1. 定义排版格式

飞腾里自定义排版方式有两种方法，一种是选中“格式”菜单的“定义排版格式”，弹出“定义排版格式”对话框，如图4—132所示。另一种方法是在排版格式窗口中使用鼠标右键菜单，如4—133所示。

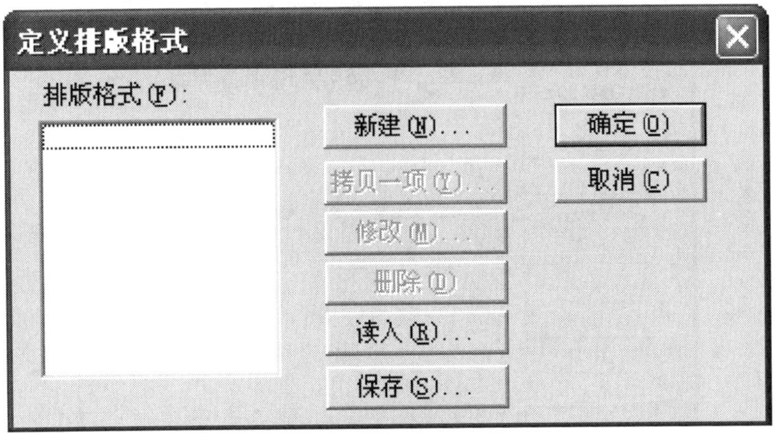

图 4—132　“定义排版格式”对话框

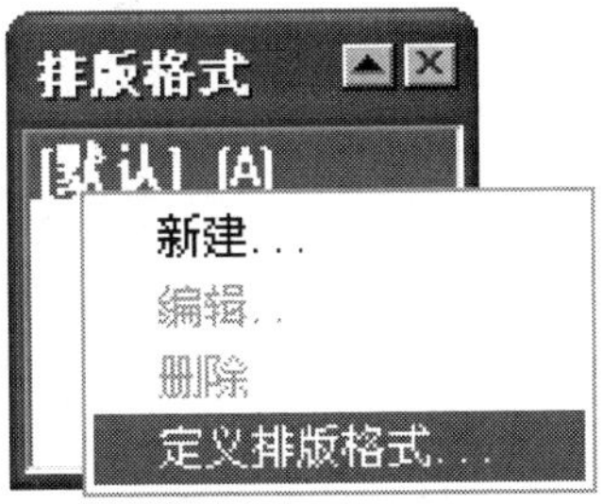

图 4—133　“定义排版格式”右键菜单

（1）运用已有格式定义排版格式。

其操作步骤同实验章节：运用已有排版格式制作小标题。

（2）新建排版格式。

其操作步骤如下：

1）单击“格式→定义排版格式”命令，弹出“定义排版格式”对话框，单击“新建”按钮，弹出“排版格式”对话框（如图 4—134）。

2）在设置快捷键下拉列表中为排版格式设置快捷键。

快捷键的使用：先按下 Ctrl 和 F12，然后放开这两个键，再按一下定义的快捷键的数字或字母。例如，定义快捷键为 W，则选中所需设置排版格式的文字，先按下 Ctrl 和 F12，然后放开这两个键，再按一下 W 键，定义的相应排版格式就会应用到文字中。

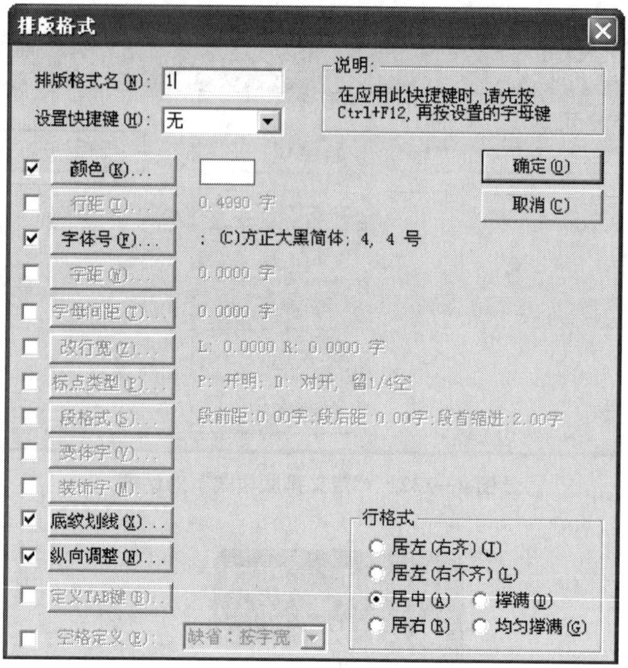

图 4—134 设置“排版格式”对话框

提示 使用快捷键时，输入法必须是在英文状态下。使用快捷键时，英文字母不区分大小写。Ctrl 键不区分左右键。

3）排版格式提供了许多复选框供排版者选择所需要的排版属性，选中左边需要设置的复选框，则激活右边的按钮，单击相应按钮，在弹出的对话框中设置相应属性。

4）单击“确定”，完成设置。

2. 编辑排版格式

（1）拷贝排版格式。

“定义排版格式”对话框中“拷贝一项”选项的功能是简化操作，比如要新建的一种排版格式，但是此格式的某些设置和另一排版格式中的设置相同，这时就可以运用“排版格式”列表中的“拷贝一项”。

例如，现在要新建的一个排版格式是“二级标题”，而且“二级标题”中的有些设置和已经有的“一级标题”中的设置相同，于是，就可以在“定义排版格式”对话框中选中“一级标题”。单击“拷贝一项”选项，弹出“排版格式”对话框。在“排版格式名”中输入“二级标题”的字样，并修改对话框的各个选项为二级标题的设置，最后单击“确定”按钮，新的“二级标题”的排版格式就设置好了。

（2）修改排版格式。

需要改变已读入的排版格式时，在“排版格式”列表中选中该排版格式，单击“修改”按钮，系统会弹出已读入的、做了属性设置的“排版格式”对话框。可以对各种属性设置进行修改，然后单击“确定”按钮，完成操作。

（3）删除排版格式。

当不需要有些已登入的排版格式时，可以删除这些排版格式。在“排版格式”列表中选中该排版格式，单击“删除”按钮。

（4）保存、读入排版格式。

可以将已经定义好的排版格式保存起来，以便其他排版文件调用。在“定义排版格式”对话框中选择要保存的排版格式，单击“保存”按钮，弹出“另存为”对话框，如图 4—135 所示。

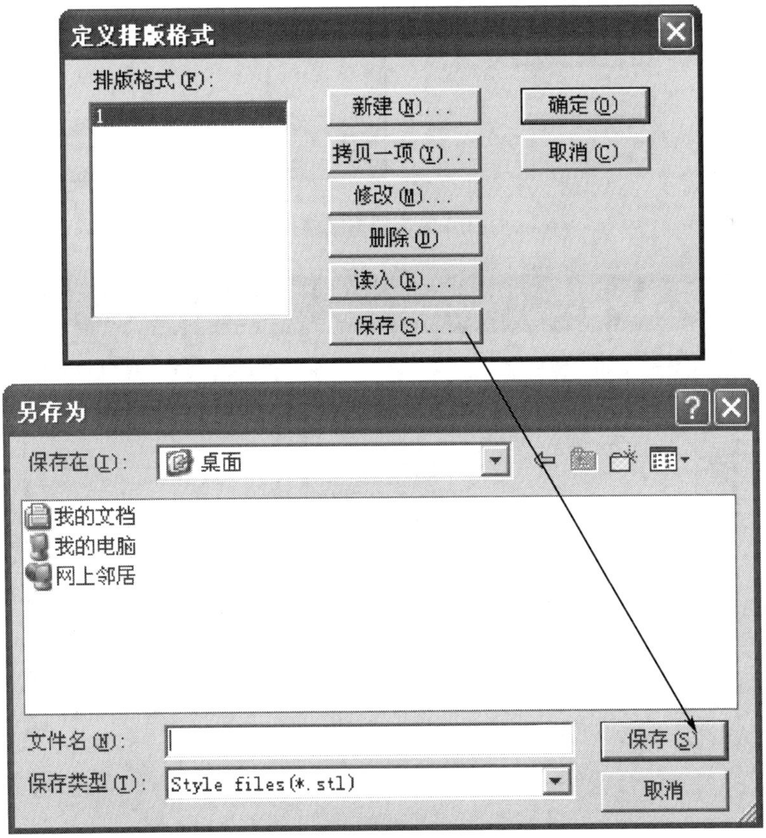

图 4—135 保存排版格式

在排版过程中，如果一个新建文件要使用的排版格式在另外一个飞腾文件中已经定义好了，这时就不必在新文件中重新定义，可以使用“读入”按钮，将另一个飞腾文件中已经定义好的排版格式拷贝到新文件的“定义排版格式”对话框中。读入选择好的排版格式，则弹出“读入排版格式”对话框（如图4—136），单击“全选择”，则“源格式列表”中的所有排版格式都被读入到“增加的格式列表”中。如果选中“源格式列表”框中的一个文件，单击“追加”按钮，被选中的文件则被读入“增加的格式列表”中。从“增加的格式列表”中选择一个文件，单击“删除”按钮，则将该文件还原到“源格式列表”中。

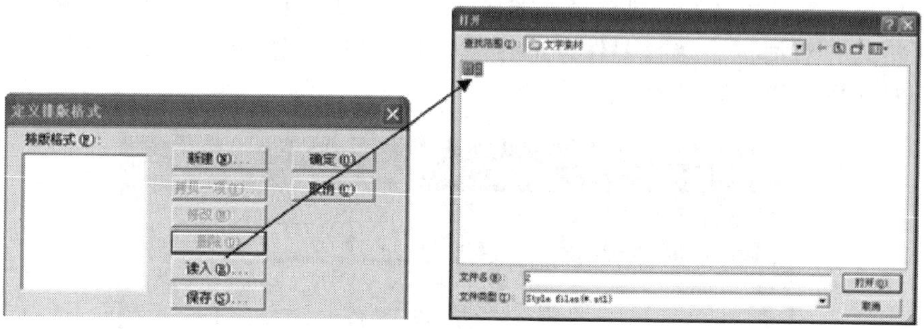

打开保存的排版格式

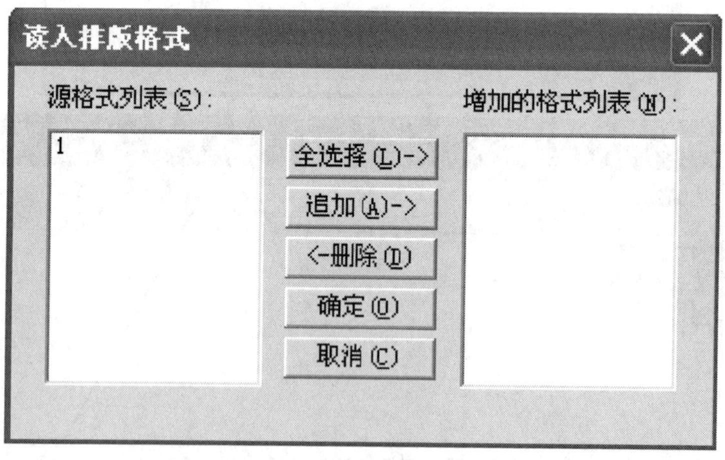

图4—136　“读入排版格式”对话框

3. 应用排版格式

定义好排版格式后，在排版过程中可以将这些排版格式应用于文字块和文字。

（1）改变文字块的排版格式。

其操作步骤如下：

1）选择“工具”中的选取工具。

2）选中准备使用排版格式的文字块。

3）单击“视窗→排版格式窗口”命令，弹出“排版格式窗口”。

4）双击某种排版格式的名称。

（2）改变文字的排版格式。

先选取“工具”中的文字工具，选中准备使用排版格式的文字，以后的方法同上。如果用户改变了某一排版格式本身的定义，那么已经应用了该排版格式的文字也将自动按照修改后的排版格式重新排版。如果对已经使用某一排版格式排版的文字重新修改属性，则当该排版格式的定义修改时，这部分被重新修改过的文字不会自动应用新的排版格式。

提示

（1）运用排版格式不仅可以制作小标题，凡是版面上有同样操作的排版内容，都可以采取“定义排版格式”，这样可以大大加快排版速度。

（2）如果文字属性与版心文字属性相同，或是与文件量中定义的属性相同，则在排版格式中视为没有特殊定义该属性，如版心行距为0.25字，选中文字的行距也为0.25字，则自动读入的属性不包括行距。

（3）如果选中的文字中包含不同的属性（如颜色不同），则自动取选中的第一个字的属性。类似地，如果选中多段文字，各个段格式不一样，则自动取第一段的属性。

（4）在选中文字块的情况下，定义排版格式读入的属性是文字块的属性；如果用表格工具选中单元格，则读入的属性为表格的属性；如果用文字工具选中单元格的文字，则读入的属性为文字的属性。

（三）运用排版格式制作小标题

1. 运用已有格式定义排版格式

范例 通过第一种办法，给下面的新闻稿件制作小标题。

其操作步骤如下：

（1）如图 4—137，这是排入版面的新闻稿件，有四个二级标题。

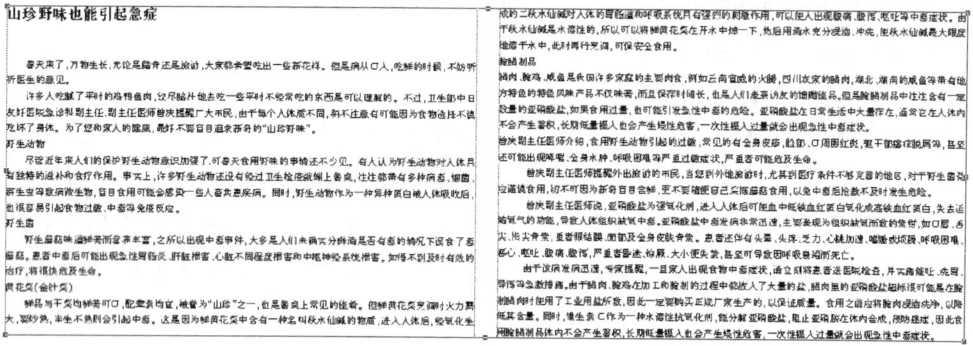

山珍野味也能引起急症

春天来了，万物生长，无论是踏青还是旅游，大家都希望吃出一些新花样。但是病从口入，吃鲜的时候，不妨听听医生的意见。

许多人吃腻了平时的鸡鸭鱼肉，纷尽脑汁他去吃一些平时不经常吃的东西是可以理解的。不过，卫生部中日友好医院急诊科副主任、副主任医师曾庆提醒广大市民，由于每个人体质不同，稍不注意有可能因为食物选择不慎吃坏了身体。为了您和家人的健康，最好不要盲目追求新奇的"山珍野味"。

野生动物

尽管近年来人们的保护野生动物意识加强了，可春天食用野味的事情还不少见。有人认为野生动物对人体具有独特的滋补和食疗作用。事实上，许多野生动物还没有经过卫生检疫就端上餐桌，往往都带有多种病毒、细菌、寄生虫等致病微生物，盲目食用可能会感染一些人畜共患疾病。同时，野生动物作为一种异种蛋白被人体吸收后，也很容易引起食物过敏、中毒等免疫反应。

野生菌

野生蘑菇味道鲜美而营养丰富，之所以出现中毒事件，大多是人们未确实分辨清是否有毒的情况下误食了毒蘑菇。患者中毒后可能出现急性胃肠炎、肝脏损害、心脏不同程度损害和中枢神经系统损害。如得不到及时有效的治疗，将很快危及生命。

黄花菜（金针菜）

鲜品与干菜均鲜美可口，配荤素均宜，被誉为"山珍"之一，也是餐桌上常见的佳肴。但鲜黄花菜烹调时火力需大，要炒熟，半生不熟则会引起中毒。这是因为鲜黄花菜中含有一种名叫秋水仙碱的物质，进入人体后，经氧化生成的二秋水仙碱对人体的胃肠道和呼吸系统具有强烈的刺激作用，可以使人出现腹痛、腹泻、呕吐等中毒症状。由于秋水仙碱是水溶性的，所以可以将鲜黄花菜在开水中焯一下，然后用清水充分浸泡、冲洗，使秋水仙碱最大限度地溶于水中，此时再行烹调，可保安全食用。

腌腊制品

腊肉、腌鸡、咸鱼是我国许多家庭的主要肉食，例如云南宣威的火腿，四川农家的腊肉，湖北、湖南的咸鱼等带有地方特色的特色风味产品不仅味美，而且保存时间长，也是人们走亲访友的馈赠佳品。但是腌腊制品中往往含有一定数量的亚硝酸盐，如果食用过量，也可能引发急性中毒的危险。亚硝酸盐在日常生活中大量存在，通常它在人体内不会产生蓄积，长期低量摄入也会产生慢性危害，一次性摄入过量就会出现急性中毒症状。

曾庆副主任医师介绍，食用野生动物引起的过敏，常见的有全身皮疹，脸部、口周围红斑，躯干部痛痒脱屑等，甚至还可能出现哮喘、全身水肿、呼吸困难等严重过敏症状，严重者可能危及生命。

曾庆副主任医师提醒外出旅游的市民，当您到外地旅游时，尤其到医疗条件不够完善的地区，对于野生菌类应谨慎食用，切不可因为新奇盲目尝鲜，更不要随便自己采摘蘑菇食用，以免中毒后抢救不及时发生危险。

曾庆副主任医师说，亚硝酸盐为强氧化剂，进入人体后可使血中低铁血红蛋白氧化成高铁血红蛋白，失去运输氧气的功能，导致人体组织缺氧中毒。亚硝酸盐中毒发病非常迅速，主要表现为组织缺氧而致的紫绀，如口唇、舌尖、指尖青紫，重者眼结膜、面部及全身皮肤青紫。患者还伴有头晕、头疼、乏力、心跳加速、嗜睡或烦躁、呼吸困难、恶心、呕吐、腹痛、腹泻，严重者昏迷、惊厥、大小便失禁，甚至可导致因呼吸衰竭而死亡。

由于该病发病迅速，专家提醒，一旦家人出现食物中毒症状，请立刻将患者送医院检查，并实施催吐、洗胃、导泻等急救措施。由于腊肉、腌鸡在加工和腌制的过程中都放入了大量的盐，腊肉里的亚硝酸盐超标很可能是在腌制腊肉时使用了工业用盐所致，因此一定要购买正规厂家生产的，以保证质量。食用之前应将腌肉浸泡洗净，以降低其含量。同时，维生素 C 作为一种水溶性抗氧化剂，能分解亚硝酸盐，阻止亚硝胺在体内合成，预防癌症，因此食用腌腊制品体内不会产生蓄积，长期低量摄入也会产生慢性危害，一次性摄入过量就会出现急性中毒症状。

图 4—137 编辑的稿件

（2）开始制作第一个小标题，该标题使用了横向居中、底纹与划线、设置字体颜色、纵向调整（纵向居中，标题占 3 行高度）操作（如图 4—138）。

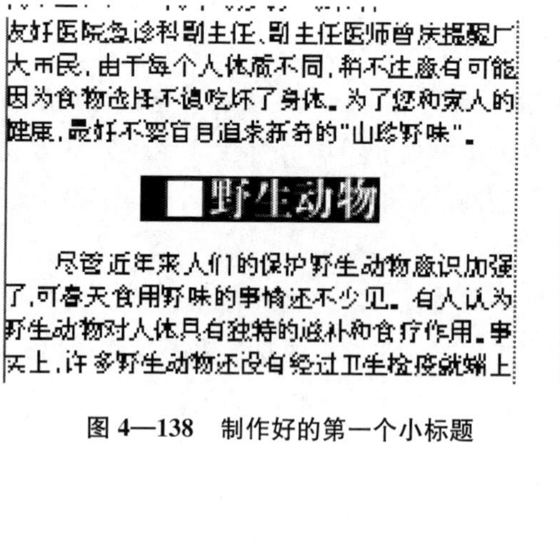

友好医院急诊科副主任、副主任医师曾庆提醒广大市民，由于每个人体质不同，稍不注意有可能因为食物选择不慎吃坏了身体。为了您和家人的健康，最好不要盲目追求新奇的"山珍野味"。

■野生动物

尽管近年来人们的保护野生动物意识加强了，可春天食用野味的事情还不少见。有人认为野生动物对人体具有独特的滋补和食疗作用。事实上，许多野生动物还没有经过卫生检疫就端上

图 4—138 制作好的第一个小标题

（3）选中此标题，单击“格式→定义排版格式”命令，弹出“排版格式”对话框，可见底纹划线、颜色、纵向调整、字体号已被选中，“行格式”则显示为居中，这说明飞腾已经自动在“排版格式”对话框读入第一个标题的属性，这时可以在“排版格式名”文本框中给第一个标题的格式命名为“1”，如图4—139所示。

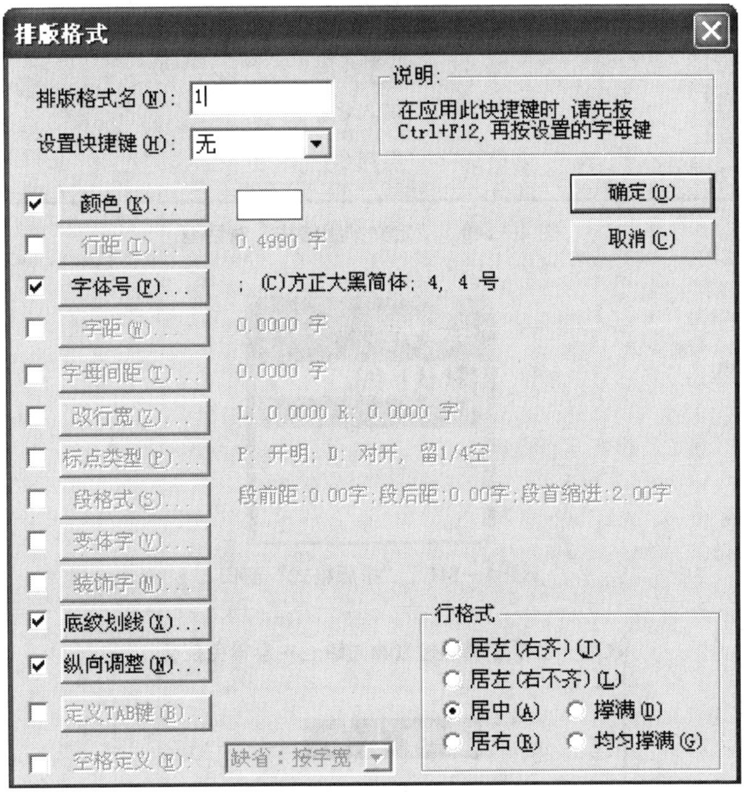

图4—139　“排版格式”对话框

（4）单击“确定”按钮，弹出“定义排版格式”窗口，如图4—140所示。单击“确定”按钮，则排版格式“1”被保存到“排版格式”窗口中。

（5）选中第二个待制作的小标题文字，单击“窗口→排版格式窗口”命令，如图4—141所示，选中排版格式“1”，双击鼠标左键，则排版格式“1”自动应用到第二个小标题中，如图4—142所示。

（6）第三、第四个小标题制作方法同（5）。

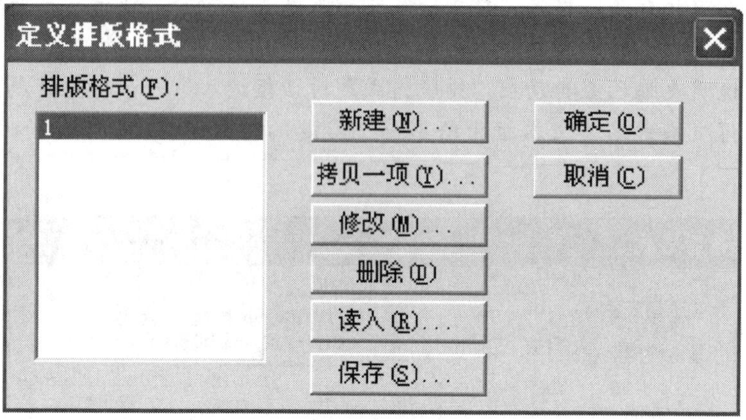

图 4—140 “定义排版格式”对话框

图 4—141 “排版格式”窗口

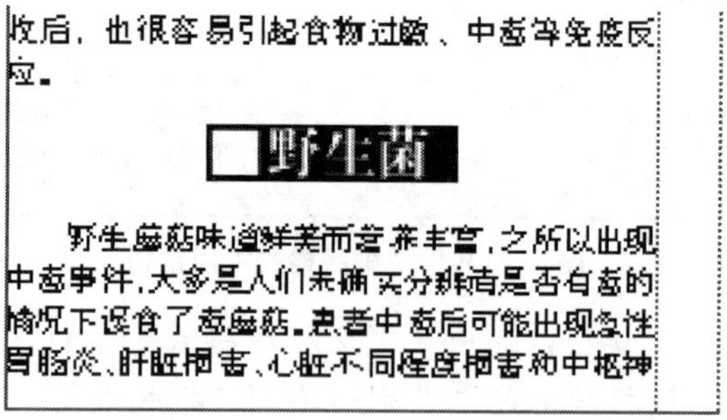

图 4—142 应用排版格式制作第二个小标题

2. 用“新建排版格式”制作小标题

可以不先设置第一个小标题的各种排版属性，而是先用“新建排版格式”的方法定义排版格式，再应用到各级小标题文字中，此操作步骤略。

学习与思考

1. 你能尝试着分解出下面《广州日报》的版面新闻稿件分栏的情况吗?

广州日报

珠三角

PEARL RIVER DELTA NEWS

“河源猪王”昨 11 岁

祝广东乡亲新年如意

为逃债报假案　除夕被拘留

三水千名外来工除夕共享团圆宴

新春佳节：给您一个惊喜！

老人报月末版推出靓汤靓粥专辑

2. 如何才能设置出下图中着重点效果?

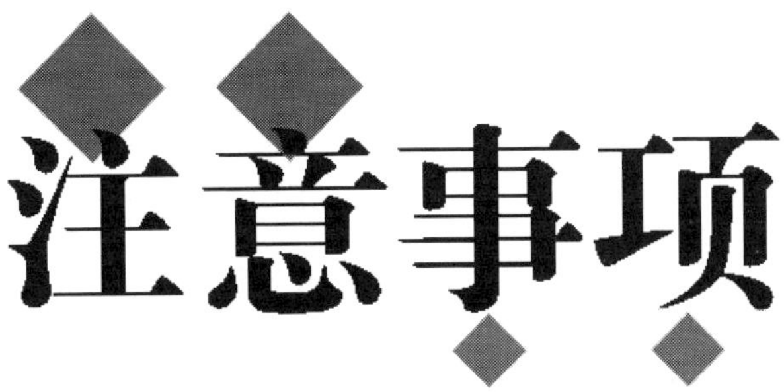

3. 当新闻稿件正文上下文的文字字号不同时，假设行距为 2 字，请以行顶、行中和行底为基准，设置行间距不同的效果。

4. 请仿照下图《华西都市报》中第一个新闻小标题的排版格式，制作出第二、第三个小标题。

06 WORLD 国际

卢武铉：韩国不担心中国强大

"核"话惊人

紧凑52小时
总理"融冰"忙

4.11

4.12

4.13

第五章

图元处理

图元是报纸组版的主要操作对象之一，在学习图元处理实验章节之前，我们有必要先了解清楚图元在报纸排版中的应用。

图元是除文字、图像以外在版面中使用得最多的版面编排元素之一，在版面中起着非常重要的作用。

（1）分界作用：在稿件与稿件之间进行分界，以便于阅读和区分内容（如图 5—1）。

（2）突出作用：重要的稿件可以借助线条使其突出，往往加框（矩形或隐边矩形）比用线段更加强势（如图 5—2）。

（3）组合作用：将内容类似或主题相同的稿件统摄在一起。专栏经常需要围边、勾线（如图 5—3）。

（4）标识提醒作用：用线条可以起到提醒、标识作用，导读窗口经常使用线段或者围框（如图 5—4）。

（5）美化表情作用：各种线条由于形状不同，风格色彩不相同，可以给视觉带来不同的感受。通常，花边、花线比较生动，水线比较朴实，曲线比较活泼，加粗线比较深沉。线条的这种美化表情作用可以使版面编排形式生动起来（如图 5—5）。

既然图元在报纸版面中起着十分重要的作用，那么，编辑首先要掌握图元的绘制技巧及基本编辑技巧，这就是本章所要学习的图元处理实验内容。

直线

人民日报

一项需要带头履行的领导责任

湖南力推农村废弃物能源化

贾庆林会见马来西亚总理巴达维

全面落实科学发展观 深入推进文化体制改革

中国和平发展和世界共同繁荣

矩形

图 5—1 图元的分界作用

译者博客：写在翻译边上

线段

不敌太阳队遭遇四连败

湖人季后赛资格岌岌可危

网队晋级季后赛

加框

图 5—2 图元的突出作用

四朵金花斗艳决赛场
申花一球侥幸擒蓝狮
大学校园：人文精神要弘扬 自身修养不可缺

围边

股市开户数又创新高
截至 4 月 10 日，沪深两市账户总数已达 8845.22 万户
"交行并非股份制"

围边、勾线

图 5—3 图元的组合作用

实验目的

本实验主要介绍图元的绘制方法和基本编辑方法，以及如何对图元进行修饰，包括图元的线型、花边和底纹处理。

实验原理

报纸版面中的线条、矩形框，其实都是编辑根据版面编排的需要在飞腾中进行绘制的，不同的绘制方法构成了线条和矩形框的形状和粗细，也构成了其他不同形状的图饰。

图元线型的粗细、颜色、形状与新闻稿件的重要程度和类别有着密切的关系，设定图元的不同线型、花边和底纹，不但可以揭示不同新闻稿件的重要程度，还可以将“硬”新闻和“软”新闻区别开来。

此外，图元通过勾边、路径属性、立体底纹、平面透视等功能，可以创建出各式各样不同风格和特点的报纸版面。

椭圆

改变圆角矩形形状并转为曲线

人民日报

RENMIN RIBAO

我国22个人口较少民族获重点扶持

吴邦国会见美国国务卿基辛格

国务院召开第十次全体会议

贾庆林会见欧盟委员会副主席

李长春出席鞭会网络拉党欢迎仪式

使命

毛岸青同志遗体在京火化

农机补贴加速装备我国现代农业

河北启动六大环保工程

直线及矩形

医改将有六套备选方案

酒库失火

京津城轨六月底跨越三环

艾滋新药被纳入审批快速通道

探月工程纳入空间科学规划

东三环临坑填料六千吨

矩形

图 5—4　图元的标识提醒作用

婚姻有时需要加工
学会与人分享
向上的树叶
借车的烦恼
矮的优势
骗钱有理
最新签名
我小时最丑
领导的博客

曲线

A10 国际 时事
日本08版教科书坚持淡化侵略史
三大改动 试图掩盖历史事实
伊朗：担心美以军事打击
俄建议俄美共建联合导弹防御系统

加粗线

图 5—5　图元的美化表情作用

实验条件

，画垂直水平线工具；，画线工具，用于绘制直线；，画矩形工具，用于绘制矩形或正方形；，画圆角矩形工具，用于绘制圆角矩形；，画椭圆形工具，用于绘制椭圆形或圆形；，画菱形工具，用于绘制菱形；，画多边形工具，用于绘制多边形或折线；，画贝塞尔曲线工具，用于绘制贝塞尔曲线；图元合并、矩形分割和合并工具，“美工”菜单功能栏（如图元勾边、路径属性、立体底纹、平面透视功能）。

实验内容

实验九　图元的绘制及基本编辑

一、绘制直线

（一）直线

其操作步骤如下：

（1）单击“工具”中的按钮＼，就进入了绘制线段状态，此时光标形状变成了“＋字形”。

（2）在任意位置单击（该点即为线段的起点），并按住鼠标不放，拖动鼠标到线段终点。

（3）松开鼠标左键，系统生成一条线段，线段的线型由已经设定的环境量决定。

如果在按住 Shift 键的同时，分别朝水平、上下、倾斜方向拖动，将分别产生水平、垂直或倾斜角度为 45°、135°的线段。

（二）画水平线垂直线

其操作步骤如下：

（1）单击“工具”中的＋按钮，进入绘制线段状态，此时光标变成“＋”字形。

（2）在任意位置单击（该点即为线段的起点），并按住鼠标左键不放，拖动鼠标到线段终点。

（3）松开鼠标左键，即形成一条水平或垂直的线段。

二、绘制矩形

（一）矩形

其操作步骤如下：

（1）单击“工具”中的按钮□，系统进入绘制矩形状态，系统光标变成了

“”字形。

（2）将光标移至待画矩形的左上角位置单击，并按住鼠标左键不放，拖动鼠标到矩形的右下角。

（3）松开鼠标左键，系统生成矩形，矩形的线型由设定的环境量决定。

如果在按住 Shift 键的同时，再执行上述步骤（2）～（3），则系统将生成一个正方形。

（二）隐边矩形

其操作步骤如下：

（1）用选取工具选中矩形。

（2）单击“美工→隐边矩形”命令，弹出“隐边矩形”对话框，如图 5—6 所示。

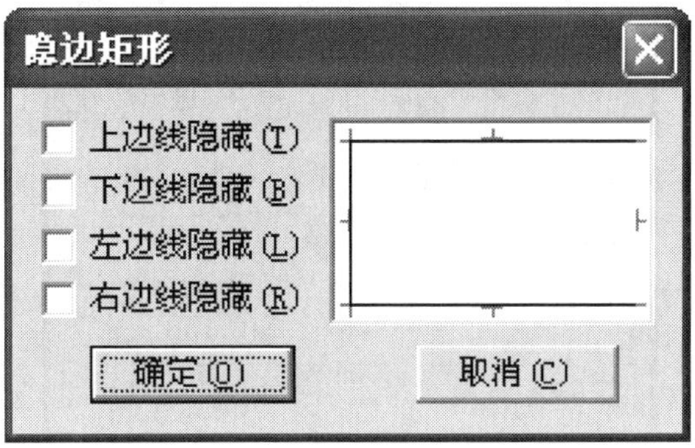

图 5—6　“隐边矩形”对话框

3. 选中其中任意复选框，则达到隐藏矩形边的效果。

三、圆角矩形

（一）绘制圆角矩形

其操作步骤如下：

（1）单击“工具”中的按钮稍作停留，则出现按钮。前者绘制外圆角矩形，后者绘制内圆角矩形。单击其中一个按钮，进入绘制圆角矩形状态，系统光标变成十字形。

（2）将光标移至待画的圆角矩形的左上角单击，并按住鼠标不放，拖动鼠标到矩形的右下角。

(3) 松开鼠标左键，系统生成圆角矩形，其线型由设定的环境量决定。

如果先按住 Shift 键，再执行上述步骤（2）～(3)，则系统生成圆角正方形。矩形是圆角矩形的一种特例，其角度比例是 0%。默认情况下，用上述方法绘制的圆角矩形由设定的环境量决定，如果不满意，可以修改画好的圆角矩形。

(二) 圆角矩形的修改

其操作步骤如下：

(1) 选中要修改的圆角矩形，单击“美工→圆角矩形”命令，弹出“设置圆角属性”对话框。如图 5—7 所示。

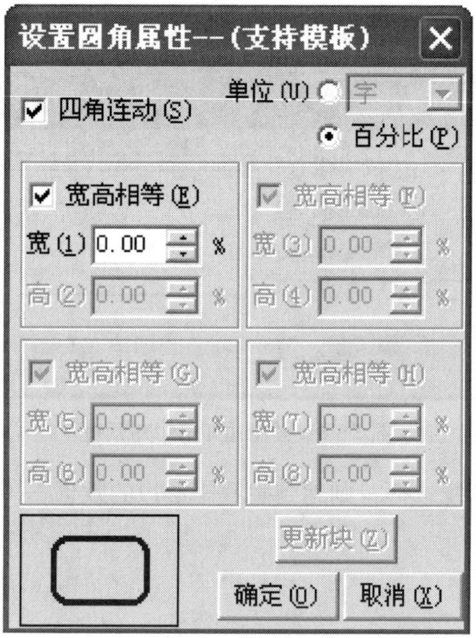

图 5—7　“设置圆角属性”对话框

(2)“四角连动”：默认状态下该复选框是被选中的，也即当修改了某一个角，其他的角也相应改动。如果“宽高相等”的复选框是被选中的，表明当前是正圆角。取消“四角连动”，则其余三个角的选项组被激活，可以分别设置各个角的宽、高的值。

(3)“宽高相等”：指圆角 X 轴方向、Y 轴方向的绝对长度值相等，而不是相对边长的百分比值相等。所以在选择各种宽高相等复选框时，则该角的高微调框被置灰。

(4) 对话框左下角的矩形框用来设置内角和外角，在没有选中“四角连动”复选框的情况下，分别单击矩形框的四个角，可以分别使四个角在内角和外角之间切换，如果选中四角连动，则四个角同时在内外角之间切换。

(5) 通过“圆角设置属性”对话框可以制作出不规则的图元（如图 5—8)。

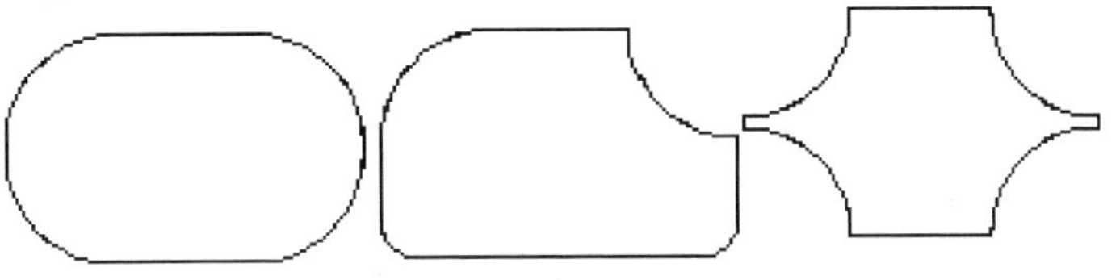

图 5—8 绘制不同形状的圆角矩形

四、圆和椭圆

其操作步骤如下：

(1) 单击“工具”中的按钮，进入绘制椭圆的状态，光标变成十字形。

(2) 将光标移至待画的椭圆的左上角，按住鼠标左键不放，拖动鼠标到椭圆右下角。

(3) 松开鼠标左键，系统生成椭圆，椭圆的线型由设定的环境量决定。

如果先按住 Shift 键，再执行上述步骤 (2) ～ (3)，则系统自动生成一个以 X 轴方向长和 Y 轴方向长中较短的一条为直径的圆。

五、菱形

其操作步骤如下：

(1) 单击“工具”中的按钮，进入绘制菱形的状态，光标变成十字形。

(2) 将光标移至待画的菱形的左上角，按住鼠标左键不放，拖动鼠标到菱形右下角。

(3) 松开鼠标左键，系统生成菱形，菱形的线型由设定的环境量决定。

如果执行上述步骤时按住 Shift 键，则系统自动生成一个对角线相等的正菱形。

六、多边形

（一）绘制多边形

其操作步骤如下：

（1）如果绘制任意的多边形，则单击“工具”中的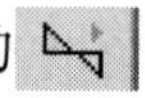按钮，如果绘制五边形、六边形、八边形，则单击该按钮后停顿一下，系统会弹出子工具条，在子工具条中单击相应按钮，进入绘制多边形、多折线的状态，光标变成十字形。

（2）将光标移至适当位置单击，就确定多边形的一个节点。移动光标，确定多边形的多个节点，系统将自动在节点之间加上连线。

（3）双击确定多折线的终点。如果需要生成多边形，则必须先将光标移至第1个节点的附近（会出现一个方框表示捕捉到了该点），双击鼠标则生成闭合多边形。

如果在多边形生成的过程中，同时按住Shift键，系统将生成一条特殊角度的边（水平、垂直或水平夹角为45°）（如图5—9）。

图5—9 绘制多折线时按Shift键的效果

（二）绘制过程中多边形节点的删除

在多边形的绘制过程中，如果单击后，发现位置不理想，按Esc键可以取消当前节点，继续按Esc键可取消所有节点。

（三）改变多边形的形状

其操作步骤如下：

（1）用选取工具选中待修改的多边形。

（2）将光标指向多边形的控制点，光标变成。

（3）按住鼠标左键拖动，多边形形状随之改变。

（4）松开鼠标左键，完成多边形的修改。图 5—10 为改变前和改变后的多边形。

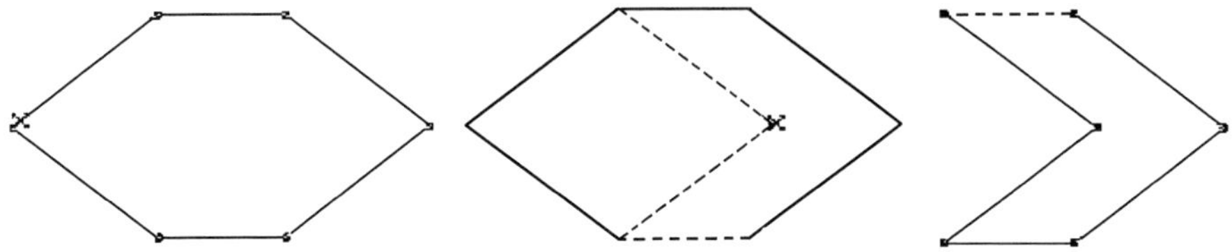

图 5—10　拖动节点改变多边形的形状

（四）增加多边形的边

其操作步骤如下：

（1）用选取工具选中要增加边的多边形。

（2）在要添加新边的边上双击。

（3）此时在该边上增加一个节点。

（4）选中此节点并拖动，多边形形状随之改变。

（5）移到合适的位置，松开鼠标左键，完成增加边的操作。操作过程如图 5—11所示。

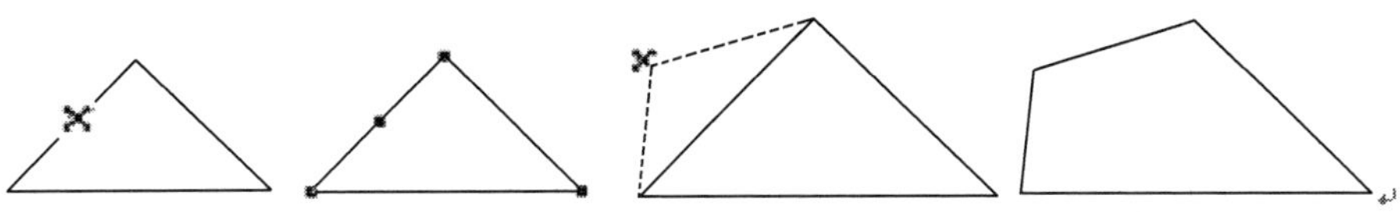

图 5—11　增加多边形的边

（五）删除多边形的节点

其操作步骤如下：

（1）用选取工具选中要删除节点的多边形。

（2）双击要删除的多边形节点。

（3）系统将此点删除，该节点引出的两边消失，与该节点相邻的两节点连成多边形的一边。

提示

画五边形、六边形和八边形的方法与画矩形相同，但画完后再修改时就与多边形一样，只能逐个节点修改。

七、贝塞尔曲线

（一）绘制贝塞尔曲线

其操作步骤如下：

（1）单击“工具”中的  按钮，光标变成十字形，系统进入画贝塞尔曲线的状态。

（2）在版面任意位置单击，就确定了曲线的起点，依次在版面单击，确定其他节点，若在按下鼠标左键的同时按住 Shift 键，该节点将不作光滑处理。

（3）双击鼠标将结束作图，光标所在点即是曲线终点。若在双击的同时按下 Ctrl 键，会弹出一个菜单，单击“闭合”即可生成闭合的贝塞尔曲线，若在起始点上双击，会直接生成闭合曲线。如图 5—12 所示。

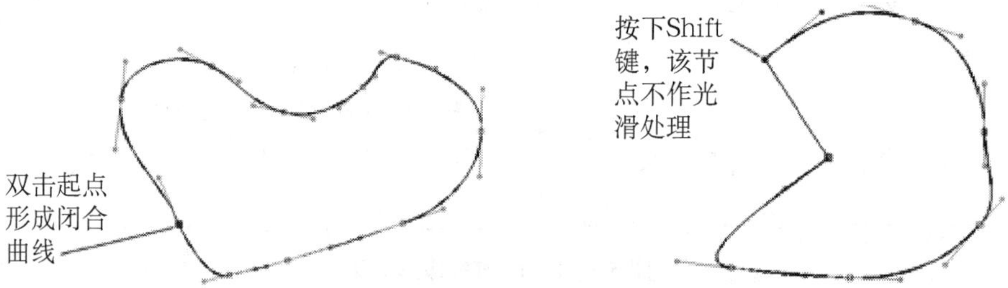

图 5—12　绘制贝塞尔曲线

（二）绘制过程中删除贝塞尔曲线的节点

绘制过程中，节点位置不理想时，可以用 Esc 键取消当前曲线的最后一个节点，继续单击 Esc 键可取消所有节点。

（三）改变贝塞尔曲线的形状

其操作步骤如下：

（1）用选取工具选中要修改的贝塞尔曲线，将显示出该曲线的节点。

（2）拖动曲线上的节点，其切线上的节点将同时移动（如图 5—13）。

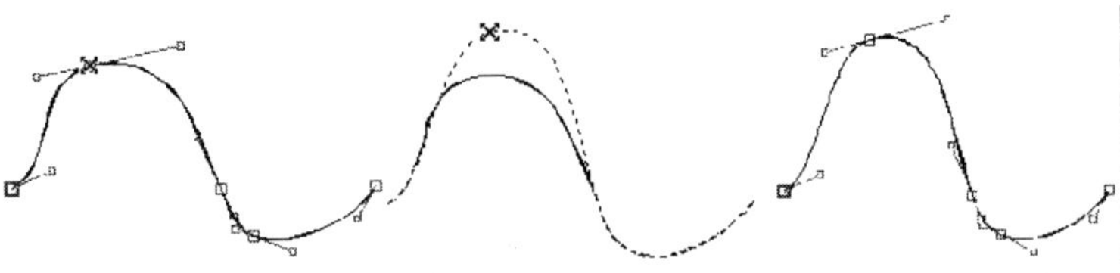

图 5—13 拖动节点改变贝塞尔曲线形状

（3）拖动切线端点上的节点，将改变曲线在此点处的切线方向，对应曲线上的节点位置不变（如图 5—14）。

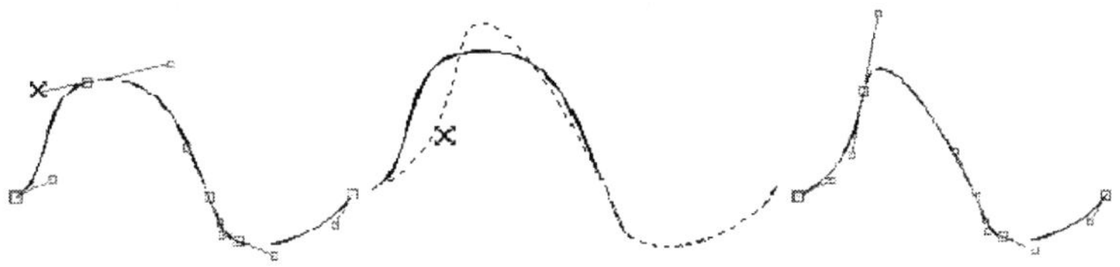

图 5—14 拖动切线端点上的节点改变曲线形状

（4）在曲线的节点处双击，将弹出一个菜单，选择所需要的命令，可以删除该节点或改变曲线在此处的性质，可将该点设为尖锐、光滑、比例或者对称。尖锐指节点两侧切向量可独立变化，尖锐锚点使用红色锚点标示；光滑指该节点两侧切向量保持在一条直线上；比例指该控制点两侧切向量反向且长度保持原有比例；对称指节点两侧切向量反向但长度相同（如图5—15 左）。

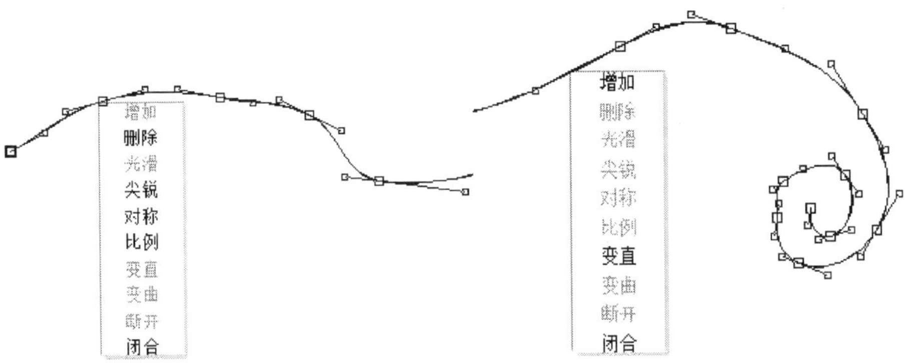

在曲线上节点处双击　　在曲线上非节点处双击

图 5—15 改变贝塞尔曲线形状

（5）在曲线的非节点处双击，将弹出如上图右所示的菜单，选择“变直”命令，可以使曲线变直，如果非节点的曲线变直，则弹出菜单中的变曲命令可选。

（6）在非闭合贝塞尔曲线的任意处双击，选择弹出菜单中的“闭合”命令，可以将曲线闭合。

（7）在闭合贝塞尔曲线上的任一处双击，选择菜单中的“断开”命令，将在该处断开该曲线。

（8）反复修改曲线直到得到满意的结果为止。

（四）增加曲线的节点

增加曲线的节点，可以改变此两点间曲线的形状。

（1）选中该曲线，光标变为带箭头的十字形，双击要在曲线上增加节点的相应位置处。

（2）系统将弹出菜单，单击“增加”命令，系统在此段内增加一个节点。

（3）选中该节点，进行改变曲线形状的操作。

（五）删除曲线的节点

可以删除绘制好的曲线上的任意一个节点，以减少两点之间的弯曲来改变曲线形状。

（1）选中该曲线，光标变为带箭头的十字形，双击要删除的节点。

（2）系统将弹出菜单，单击“删除”命令，将此节点删除。

（3）执行改变曲线形状的各步，以达到满意的效果。

八、图元合并

利用图元合并功能，可将多个图元合并为一个图元块，会起到镂空效果。

其操作步骤如下：

（1）选中两个以上图元，单击“美工→图元合并→重叠部分合并/非重叠部分合并”命令，即可将它们合并（如图 5—16）。

（2）如果图元中设有底纹（没有底纹可以理解为底纹为无色），按住 Shift 键依次选中图元，则合并后的图元块底纹为合并前最后选中的图元的底纹。例如，上述三个图元的底纹分别为以下三种颜色，进行图元合并后效果如图5—17。

（3）如果用框选法进行以上两步操作，则合并后的图元块底纹为最底层的图元的底纹。效果如图 5—18 所示。

（4）选中图元合并块，单击版面“块分离”，将合并块分离，则图元块恢复成如图 5—19 的效果，且各图元底纹都为合并后的图元底纹。

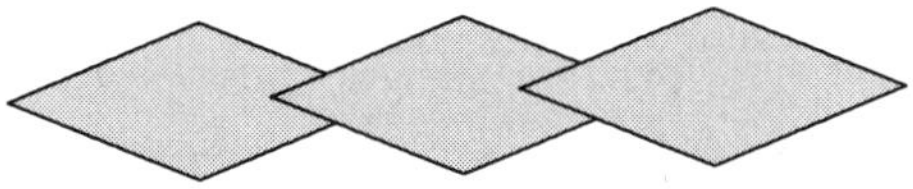

将图元重叠在一起

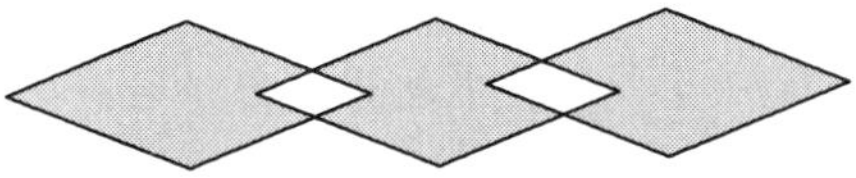

重叠部分合并

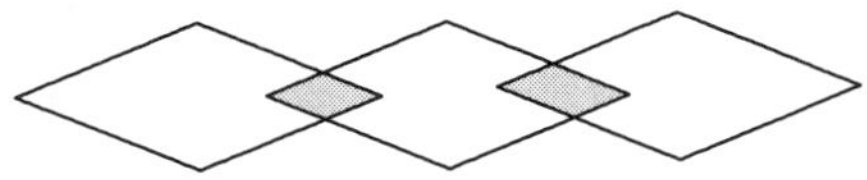

非重叠部分合并

图 5—16　图元合并后效果

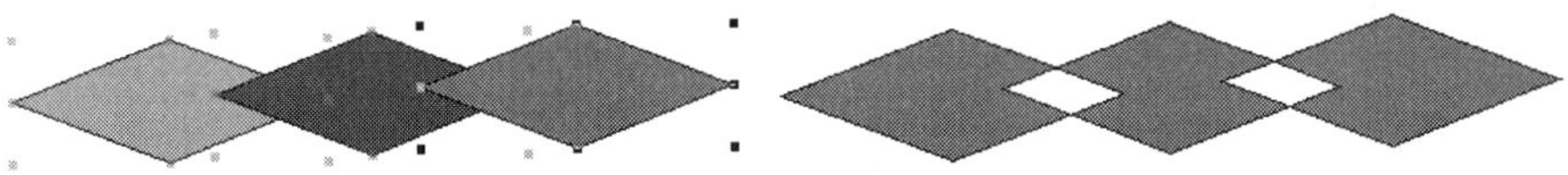

图 5—17　不同底纹图元合并效果

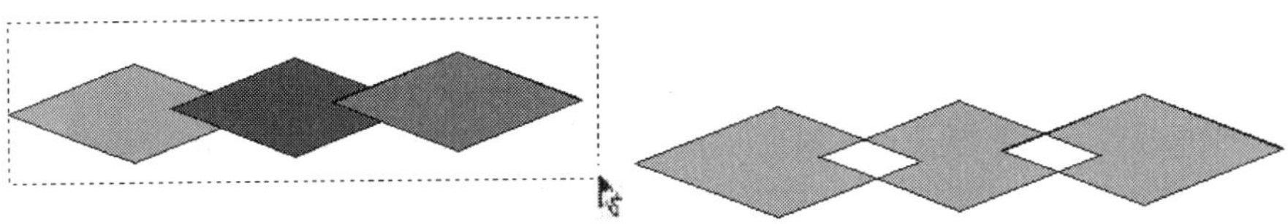

图 5—18　用框选法进行图元合并

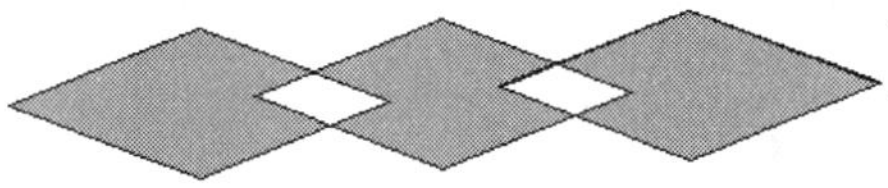

图元合并后的效果

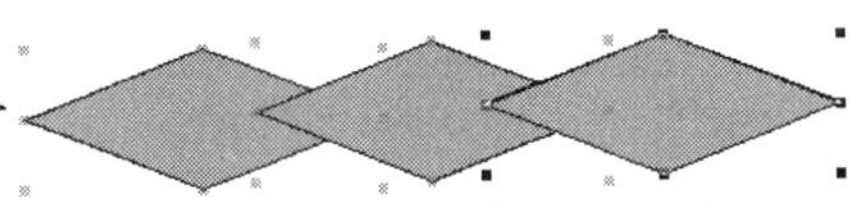

进行块分离后的效果

图 5—19　进行“块分离”操作

(5) 用“转换为曲线”的办法进行简单的补字时，对已经转换为曲线的文字进行块分离操作后，有的文字会出现一团黑的情况，此时用图元合并功能即可分出文字的笔画（如图 5—20)。

转为曲线

块分离

图元合并（重叠部分合并）

图 5—20　对转换为曲线的文字进行图元合并的效果

提示

(1) 操作完块分离，分离的所有块仍然处于全选中状态，移动其中的任意一个图元，其他块都会跟着移动。这时，只要在版面任意处单击，然后再去选择分离的图元，即可分别选中每个图元。

(2) 图元合并和块合并的效果不同，块合并只是简单地将对象块合并，并不会起到镂空的效果。

(3) 图元合并或块合并后的块不能再和其他图元进行图元合并。

九、矩形分割与合并

(一) 矩形分割

选中要分割的矩形，单击“美工→矩形变换→矩形分割”命令，弹出“矩形分割”对话框，如图 5—21 所示。设置好要分割的矩形数和间隔，则该矩形就会被分成相应的数个小矩形（如图 5—22)。

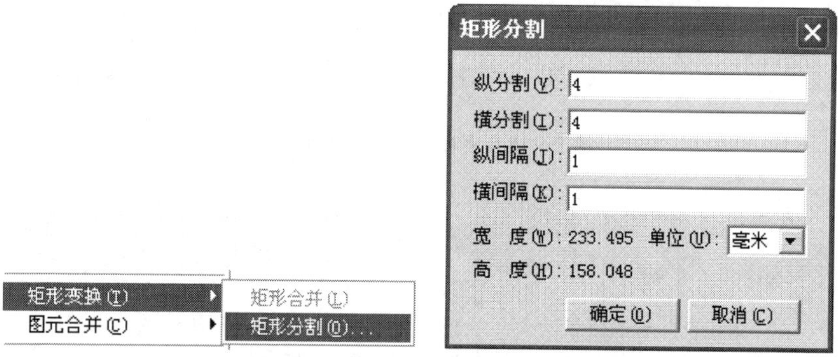

图 5—21 “矩形分割”菜单和对话框

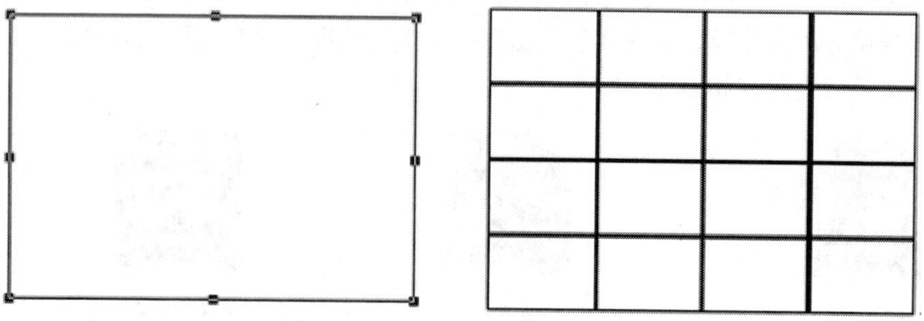

图 5—22 矩形分割后的效果

（二）矩形合并

同时选中多个需要合并的矩形，单击“美工→矩形变换→矩形合并”命令，生成一个包含所有矩形的最小矩形。如图 5—23 所示。

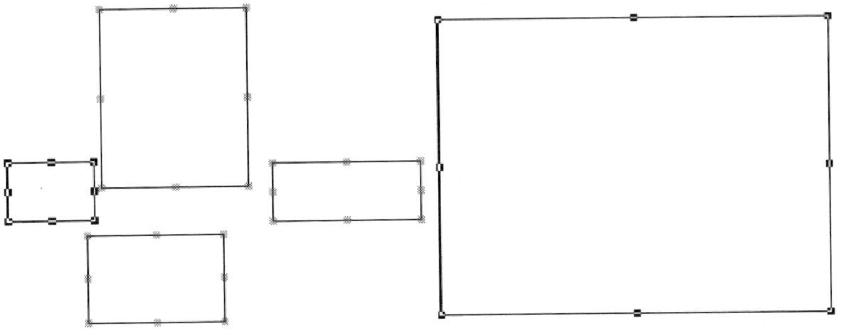

图 5—23　矩形合并效果

十、等比例块变形

等比例改变图元大小时，首先用选取工具选中对象，将光标挪到块的任意一个控制点上，则光标变成双箭头，按住 Ctrl 键，再按住鼠标左键拖动图元的控制点，则可以等比例改变图元的大小，即只改变块的大小，不改变其长宽比。

对于直线，按住 Ctrl 键，可以沿着直线的方向改变直线的长短，即直线的斜率不变。

提示

（1）对于旋转、倾斜和拉压的图元，同样可以等比例地改变大小。

（2）图元的选中、移动，图元的大小和形状的改变，图元的删除、复制和粘贴请参见对象的操作实验章节。

实验十　图元的线型、花边和底纹

一、线型的设置

通常情况下，飞腾绘制的线段、曲线、矩形、圆角矩形、菱形、椭圆和多边形，系统默认值是单线，默认线宽是 0.1 毫米（0.027 字），除此之外，可以选择空线、单线、文武线、双线、点线、点划线、双点划线、单波线和双波线等，并且可指定宽度来设置线型。

（一）通过“线型”对话框设置线型

其操作步骤如下：

（1）选中要改变线型的图元。

（2）单击“美工→线型”命令。弹出“线型”对话框，如图 5—24 所示。

（3）在“粗细”微调框中设置线宽，在“前后装饰”中的“前缀字符”和“后缀字符”文本框中输入非封闭图元的两端设置字符，在“字符大小”文本框中设置字符大小，在“线型”选项组中选择一种线型。

提示 选中“文武线”单选按钮，才可以设置“武线宽”和“间隔”，“武线宽”设置文武线中较粗的武线的粗细，“间隔”是指武线和文线之间的距离。

（4）设置颜色。在“颜色设置”选项组里可设置双色沿线渐变，双色法线渐变，彩虹沿线渐变和彩虹法线渐变四种类型的渐变效果（如图 5—25）。

提示 只有在“线型”选项组选中单线，才能设置彩虹渐变效果。

（5）在箭头选项组中设置图元是否带箭头及带何种类型的箭头。其中空线、文武线、单波线和双波线这四种线型不能设置箭头。

（6）在“端点”和“交角”选项组中设置图元的端点类型和交角类型（如图 5—26）。

（7）设好线型的各参数后，单击“确定”按钮，或者按回车键，线型设置就完成了。

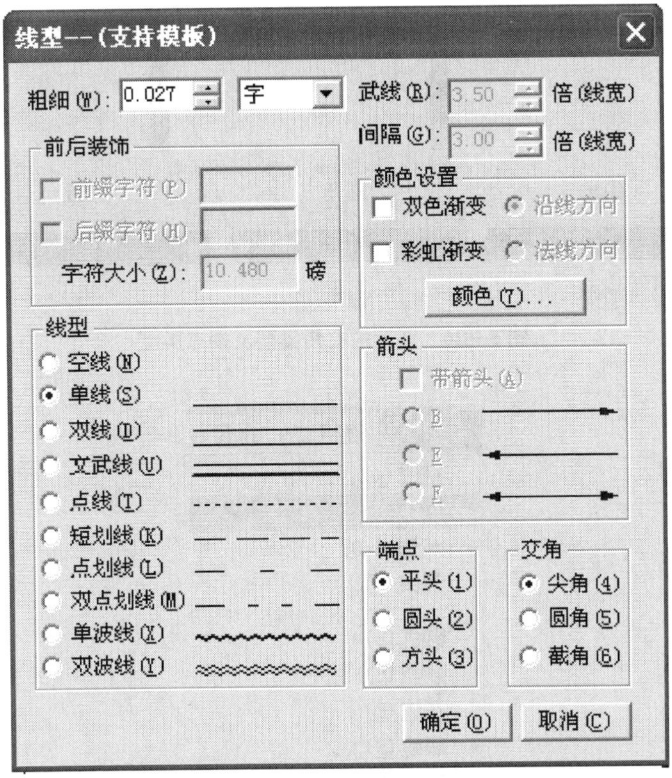

图 5—24　“线型”对话框

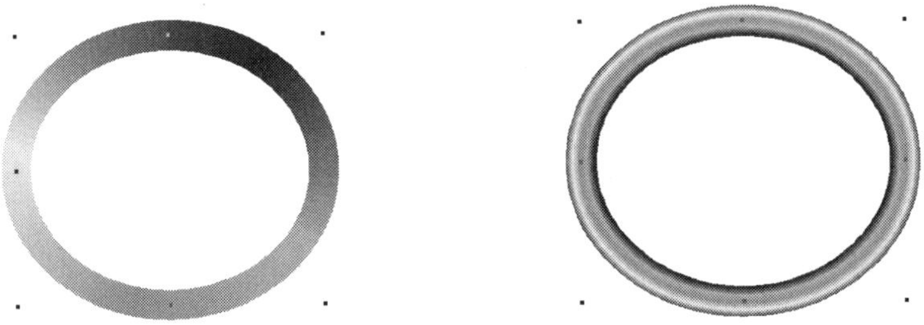

彩虹渐变沿线方向　　　　彩虹渐变法线方向

图 5—25　渐变效果（起点都为 0%）

（二）用菜单命令改变线型

单击“美工→线型→空线/单线”命令可设置线型，利用菜单命令还可以设置点划线和箭头（如图 5—27）。

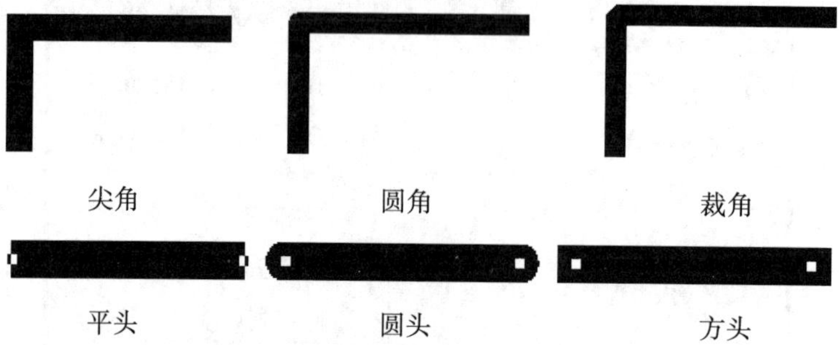

图 5—26　图元的交角类型及端点类型

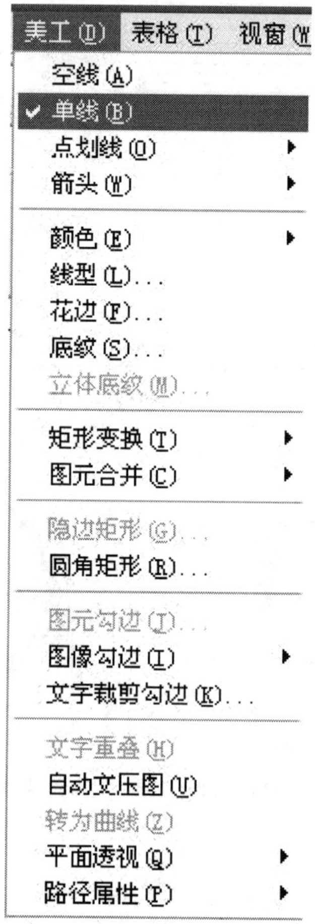

图 5—27　设置线型的菜单命令

（三）通过“花边底纹窗口”面板设置线型

单击“视窗→花边底纹窗口”命令，打开“花边底纹窗口”面板，在排版过程中，该面板也可以一直保持打开的状态。此时可选择“线型”选项卡，如图5—28所示，具体设置与设置线型的第一种方法相同，只是设置完后需单击“应用”按钮，设置即起作用。

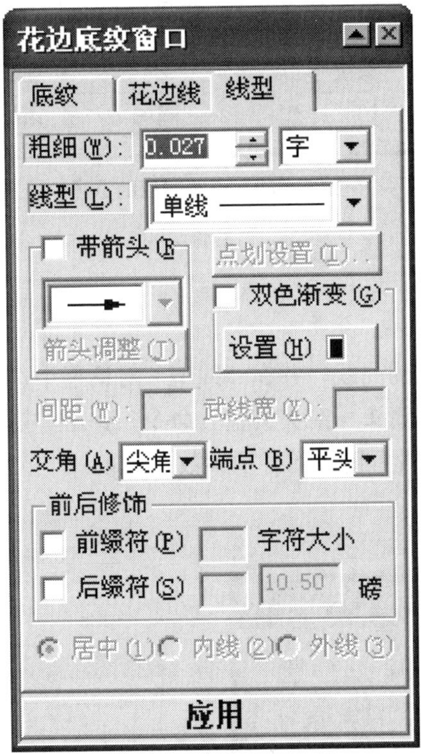

图5—28 “花边底纹窗口”面板中的线型设定

（四）点划线的设置

飞腾中的虚线包含四种类型：点线、短划线、点划线和双点划线。可以通过设置起点位置、点长、划长和间隔来修改这四种线型的参数，其中划长为划线的长度，点长为点线的长度，间隙为点线和划线的距离，起点为开始绘制点划线的地方。

设置点划线的步骤如下：

（1）先画一条直线，用前面介绍的方法将线型设为四种线型的任意一种。

（2）单击“美工→点划线→点划设置”命令，将弹出“点划设置”对话框，对不同的线型，可编辑的选项也不同（如图5—29）。

图5—29　点线对应的选项

（五）箭头的设置

其操作步骤如下：

（1）画一条不封闭的曲线，并在“线型”对话框中选中“带箭头”复选框。

（2）单击“美工→箭头→箭头调整”命令，弹出“箭头调整”对话框，如图5—30所示，可在其中设置箭头的各项参数。

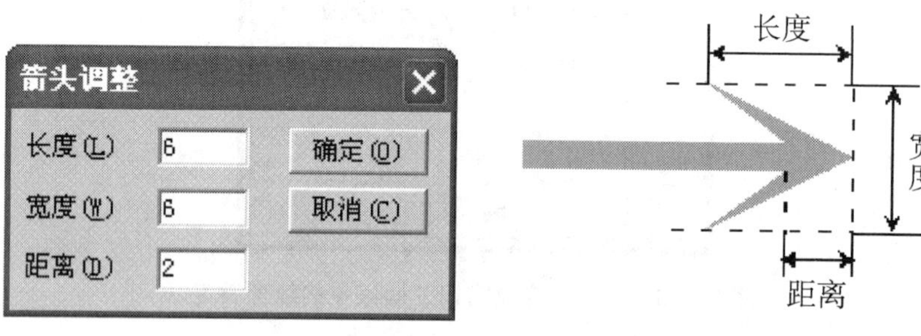

图5—30　箭头的设置及各参数的意义

（3）其中“长度”是指箭头顶部与尾部之间的距离，“宽度”指的是箭头尾部的宽度，“距离”为箭头两夹角顶点的距离。当距离等于长度时，为箭头。

提示

选中某一不封闭的曲线，单击“箭头→右箭头”命令，可以给该曲线加上右箭头，单击“左箭头”命令，则加上左箭头；单击“双箭头”命令，则加上双箭头；选中带箭头的曲线，单击“箭头→无箭头”命令，可以取消箭头。

二、花边的设置

飞腾提供了 102 种花边，包括单波纹线、双波纹线（在“线型”菜单中设置）及 100 种花边（花边的编号范围为 0～99），花边的作用对象是线段、矩形和多边形，排版者可以指定花边的编号和粗细，花边的粗细值用一种字号级别代表。

系统默认的花边编号为 0，默认粗细值为 10.5 磅。

设置花边有如下两种方法。

（一）通过菜单“美工→花边”命令

提示

带圆的图元不能加花边，比如椭圆、圆角矩形等。

其操作步骤如下：

（1）选中要设置花边的图元，单击“美工→花边”命令，弹出“花边”对话框，如图 5—31 所示。

（2）选中“花边线”单选按钮，在“种类”列表中选择需要的花边类型，或在“编号”文本框中直接输入花边的编号。

（3）如果要改变花边的粗细，在“粗细”文本框中输入值。

（4）若要设置渐变，则选中“渐变”复选框，单击“颜色”按钮设置花边的颜色。

（5）如果是非封闭图元，还可以选中“前后装饰”中的“前缀字符”和“后缀字符”（指在非封闭图元的两端设置字符），在其后的文本框中输入字符。

（6）设置完毕，单击“确定”或按回车键，完成花边的操作。效果如图 5—32所示。

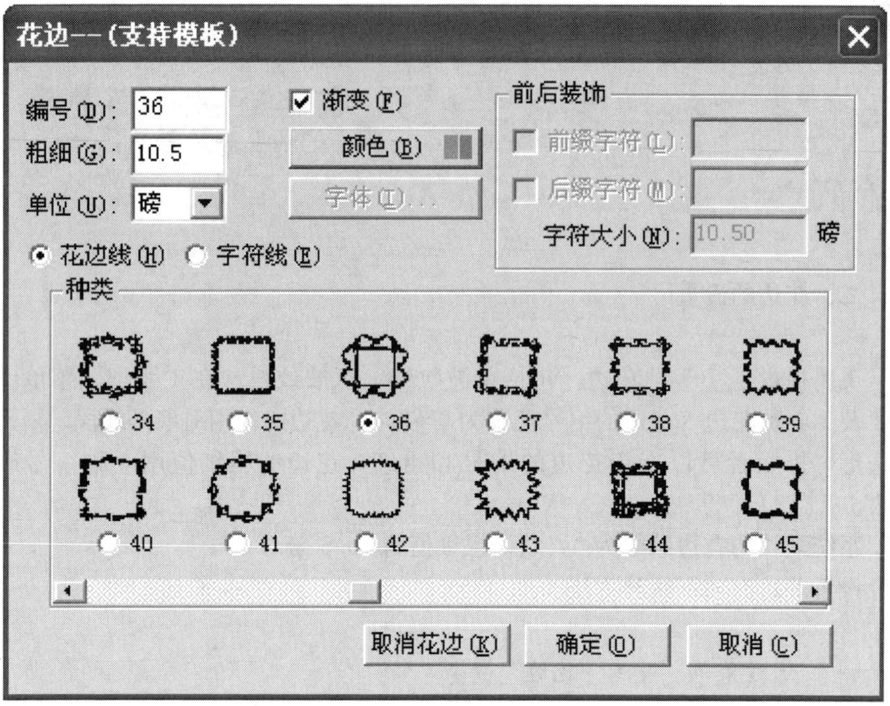

图 5—31 “花边”对话框

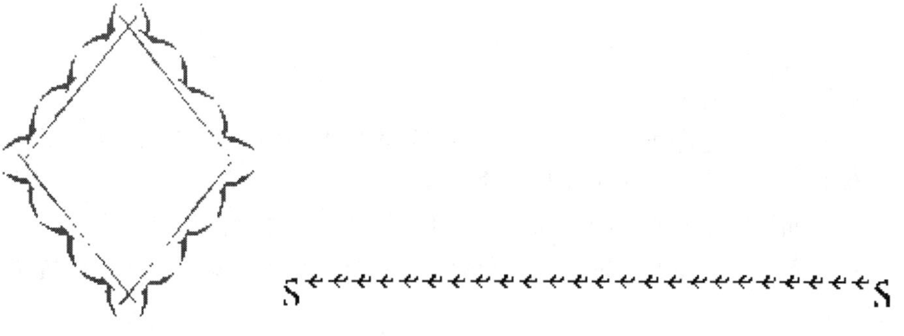

图 5—32 设置花边效果

（7）如果要用字符作花边线，则选中字符线按钮，“花边”对话框中则自动出现字符线文本框，在其中输入用作花边的字符，单击“字体”设置好字符的字体，设置好颜色，单击“确定”按钮即可。效果如图 5—33 所示。

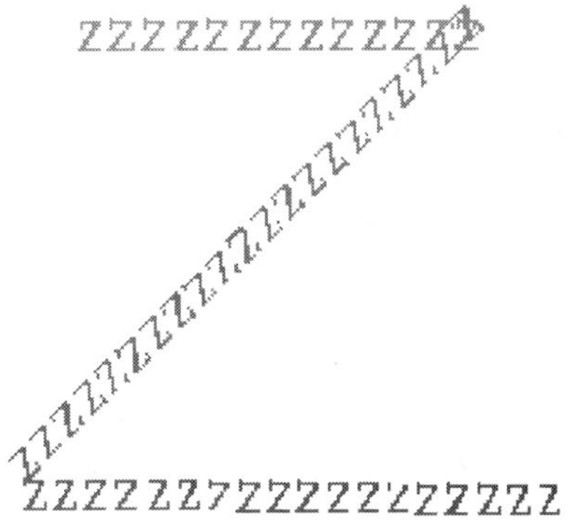

图 5—33　设置字符作花边效果

如果要取消花边，则选中对象后，打开“花边”对话框，单击“取消花边”按钮即可。

（二）通过花边底纹面板设置花边

单击“视窗→花边底纹窗口”命令，打开“花边底纹窗口”面板，单击“花边线”标签，切换到“花边线”选项卡，即可进行花边的设置，设置完毕，单击“应用”按钮即可。

三、底纹的设置

飞腾提供 273 种底纹，底纹编号为 1～273。底纹的作用对象是矩形、菱形和椭圆等封闭的图元、文字块及其他组合块。每种底纹都可以有单一颜色或渐变颜色。底纹有两种方式：取代和取反。

（一）设置底纹的方法

1. 通过“美工→底纹”命令或右键菜单“底纹”命令

其操作步骤如下：

（1）选中要设置底纹的图元。

（2）单击“美工→底纹”命令或者单击右键菜单中的“底纹”命令，弹出“底纹”对话框，如图 5—34 所示。

（3）单击所需的底纹类型，或是在该“底纹”对话框中的“编号”文本框中直接输入对应的编号即可。32 号以后的底纹，在底纹对话框中显示都差不多，在屏幕上显示也没有什么区别，但是输出后是有区别的。

（4）选择单一或者渐变底纹，并单击“颜色设置”按钮设置相应的颜色。

（5）选择底纹的作用方式。底纹的作用方式指底纹对下层的块的作用效果，包括取代和取反。取代表示底纹颜色遮住下层的块，取反表示处于下层的块的颜色与底纹的颜色相反。取代和取反是带底纹的块相对于其下层的块而言的（图5—35）。

（6）单击“确定”按钮后即完成了底纹设置。

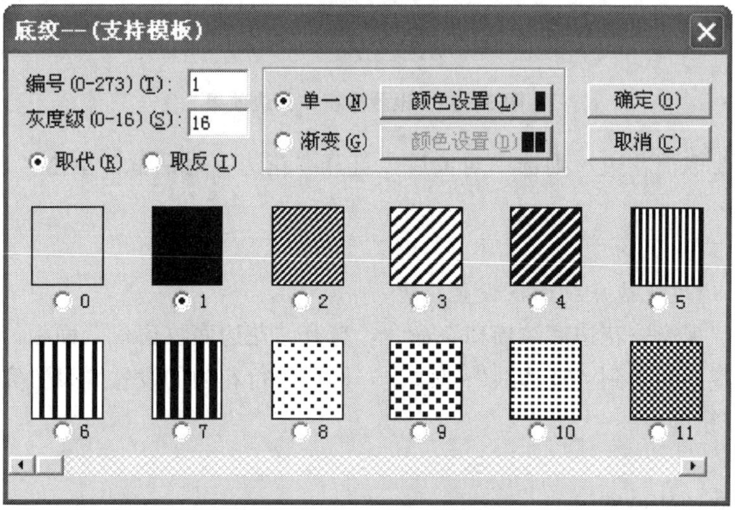

图 5—34 “底纹”对话框

图 5—35 底纹取反和取代效果

2. 通过“花边底纹窗口”面板设置

单击“视窗→花边底纹窗口”命令，打开“花边底纹窗口”面板，系统默认显示“底纹”选项卡。设置完毕，单击“应用”按钮即可。

（二）底纹渐变形状的设置

设置渐变底纹时，不仅可以设置不同颜色的渐变，而且可以设置不同形状的渐变。飞腾底纹渐变的形状有：线型渐变、双线型渐变、方形渐变、菱形渐变、圆形渐变、单向直线扇形线型渐变等 11 种渐变形状。每种渐变形状都可直接使用，也可进行编辑。

其操作步骤如下：

(1) 在“底纹”对话框中，选择要使用的底纹，然后选中“渐变”单选按钮，单击右边的“颜色设置”按钮，弹出“渐变颜色设置”对话框，如图 5—36 所示。

(2) 设置完参数后，单击“确定”按钮即可。

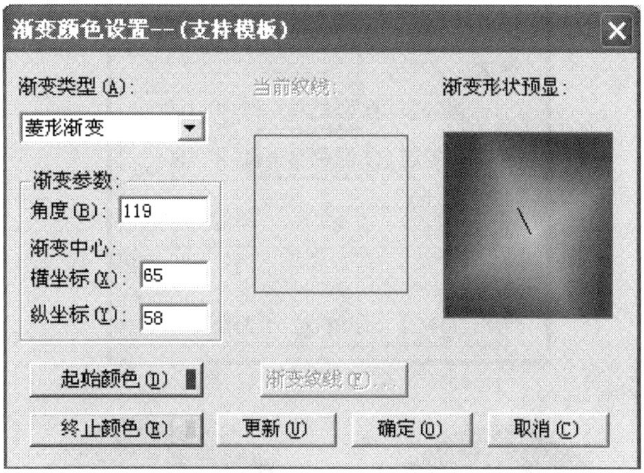

图 5—36　底纹渐变形状

提示　在渐变形状预显框中用鼠标单击乃至划线，可以改变渐变中心。

实验十一　图元的处理

一、图元勾边

使用图元勾边功能可以在图元边框线的内外侧都沿线勾上一层或两层边，并且可以设置勾边线的颜色和粗细。图元勾边有两种方式：直接勾边和裁剪勾边。

（一）直接勾边

其操作步骤如下：

（1）用选取工具选中需勾边的图元。

（2）单击“美工→图元勾边”命令，弹出“图元勾边”对话框，如图5—37所示。

一重勾边　　　　二重勾边

图5—37　“图元勾边”对话框的设置及效果

（3）选中“一重勾边”单选按钮，其右侧的W微调框变为可编辑的，输入勾边线的宽度数值，默认值为0.135，对应的单位为字。

（4）单击“颜色”按钮，将弹出“颜色”对话框，选择所需颜色，单击“确定”按钮，将在该“颜色”显示对应的颜色。

（5）若需设两种颜色的勾边，选中“二重勾边”单选按钮，同样设定二重勾边的宽度和颜色。

（6）设置好各项后，单击“确定”按钮，则可得到勾过边的图元。

（二）裁剪勾边

对图元进行裁剪勾边的目的是使压在相近颜色底层图片上的图元轮廓可以清楚地显示出来。通常使用的方法是在图元周围勾一圈白边，但并不是整个图元都勾上，而是只勾压在图片上的部分。在飞腾中不仅能对文字作裁剪勾边，而且也可以对图元做裁剪勾边。

其操作步骤如下：

（1）选中要“裁剪勾边”的图元。

（2）单击“美工→图元勾边”命令，弹出“图元勾边”对话框，进行设置。

（3）单击“确定”按钮，效果如图5—38所示。

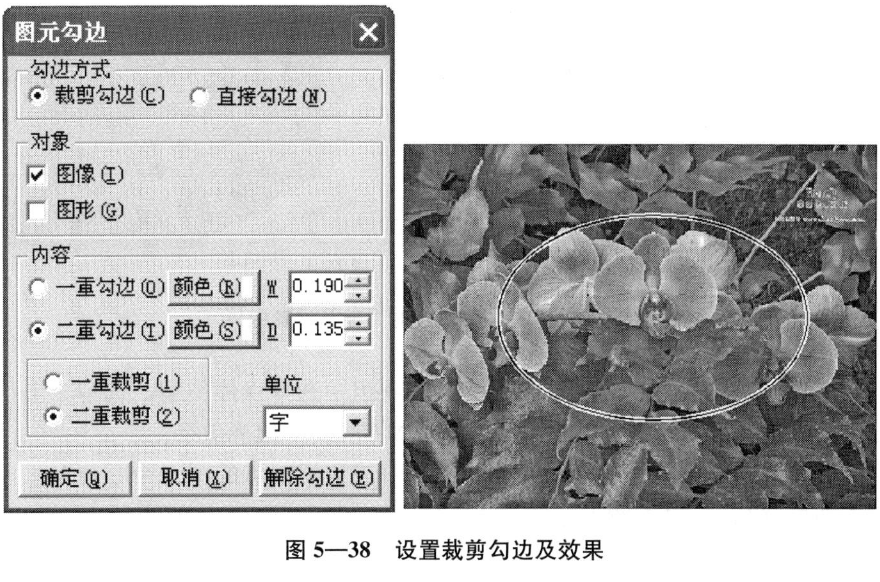

图5—38 设置裁剪勾边及效果

二、立体底纹

飞腾可以对图元、图像、文字块以及各种对象的合并块制作立体底纹效果，立体底纹有两种：平行和透视。

其操作步骤如下：

（1）选中要操作的对象，单击“美工→立体底纹”命令，弹出“立体底纹”对话框，如图 5—39 所示。

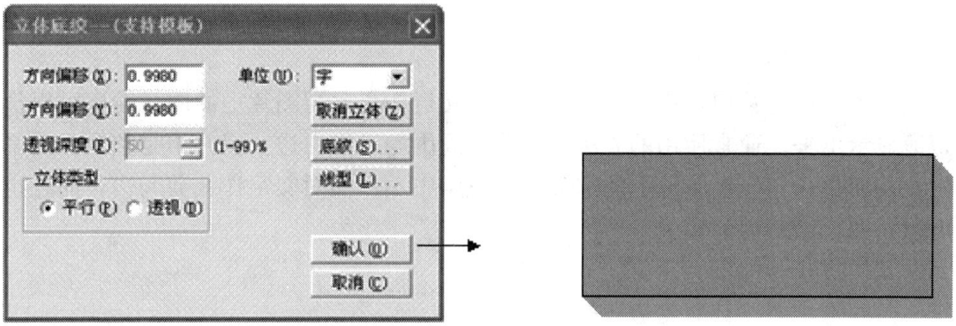

矩形加平行立体底纹

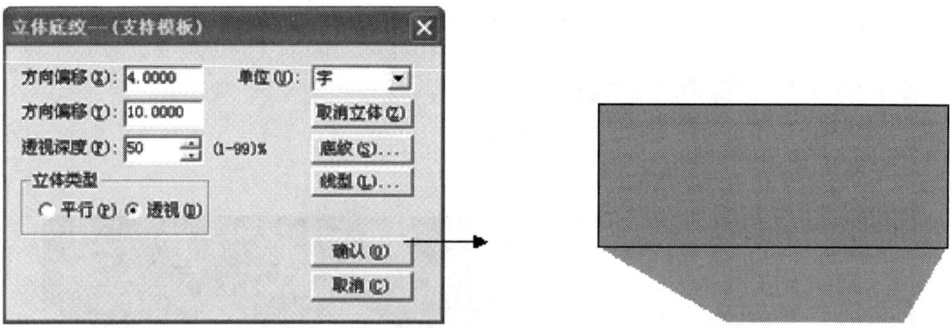

矩形加透视立体底纹

图 5—39　“立体底纹”对话框及设置效果

（2）选择立体类型。在“立体类型”选项组中选择立体类型，选中“平行”，则立体底纹为平行效果；选中“透视”，则立体底纹为透视效果。

（3）设置方向偏移。方向偏移是指平移（或透视）后的图元中心相对于原图元中心的偏移值。其中正值表示立体底纹向右、向下偏，负值表示向左、向上偏。通过在“方向偏移（X）”和“方向偏移（Y）”文本框中输入数值，可以控制立体底纹的方向和厚度。

（4）设置透视深度。当选择透视类型时，“透视深度”微调框有效。透视深度用来定义立体底纹透视效果的程度。如果透视后的图元面积是原面积的 1％，那么透视深度是 99％。

提示 选择透视类型时，输入的方向偏移值必须足够大，使得透视后的图元不是全部在原图元之内，否则透视效果的立体底纹不会出现。

(5) 设置底纹和线型。单击“底纹”按钮，弹出“底纹”对话框，设置立体部分的底纹，底纹类型的默认值为空；单击“线型”按钮，弹出“线型”对话框，设置立体底纹边界线的线型，默认线型为空线（如图 5—40）。

(6) 设置完毕，单击“确定”按钮即可。如果要取消立体底纹的设置，单击“取消立体”按钮。

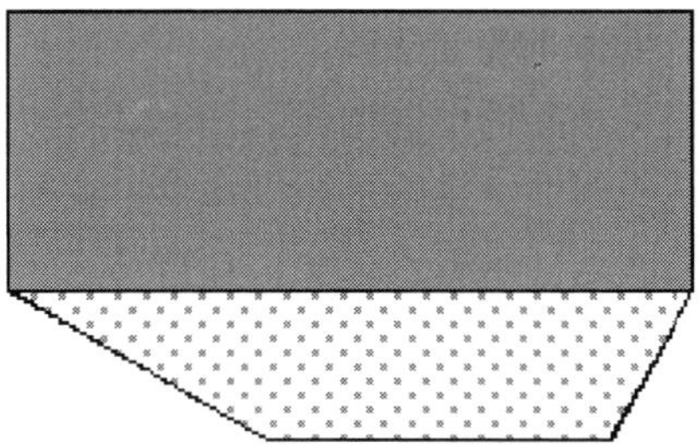

图 5—40 单线加底纹透视立体底纹效果

提示 倘若在“选项”对话框的“版面设置”选项卡中，选中“用轮廓线显示立体底纹”复选框，则只显示立体底纹的轮廓。效果如图 5—41 所示。

图 5—41 立体底纹显示轮廓

三、路径属性

飞腾系统可以通过执行“美工→路径属性”子菜单中的命令对文字块和封闭的图元设置不同的路径属性，对具有不同属性的图元可以做不同的操作，生成图元默认的路径属性为正常。

（一）正常

正常是指对象本身默认的路径属性，生成图元的默认路径属性为正常。譬如：文字块的正常路径属性就是排版区域。对曾经变更过路径属性的对象可重新选中正常命令来恢复其默认的状态，此时，该命令将被标记。

（二）排版区域

飞腾可以把图元对象设置为排版区域，定义为排版区域后的图元变成空的文字块，可以实现灌文等一系列文字排版区域的操作。

设置排版区域属性的操作步骤如下：

（1）绘制任意闭合图元，并选中该图元。

（2）单击“美工→路径属性→排版区域”命令，此时的图元变为一特殊文字块，在此图元内能直接输入文字或灌入文字。在特殊文字块中输入文字或灌入文字的方法与普通文字块一样。

提示

设置图元排版区域的版面边空和普通文字块不同：普通文字块的边空设置在“块参数”对话框中设置，图元排版区域的版面边空在“区域内空”对话框中设置。操作方法是单击“美工→路径属性→排版区域内空”，也可以选中图元排版区域，单击鼠标右键，在弹出的菜单中选择“排版区域内空”命令，在弹出的对话框中设置（图5—42）。

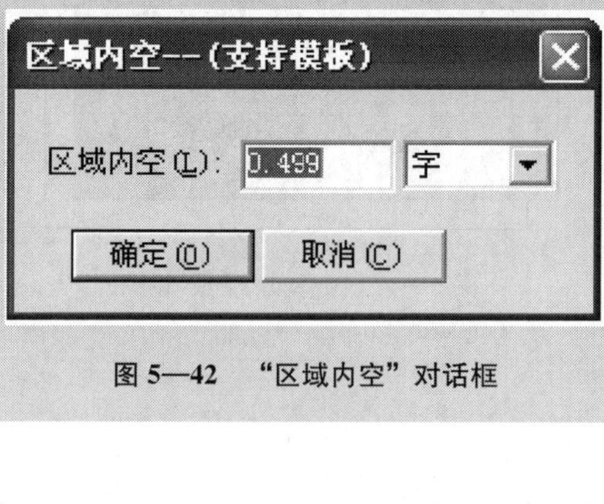

图5—42 “区域内空”对话框

（三）裁剪路径

裁剪路径的功能是利用封闭的图元块或文字块，对图像或图元有用的一部分进行裁剪。裁剪路径内容包括以下两方面。

1. 封闭的图元作为裁剪路径裁剪其他块

其操作步骤如下：

（1）选中要定义为裁剪路径的图元。

（2）单击“美工→路径属性→裁剪路径”命令。

（3）将要裁剪的图像和已定义为裁剪路径的图元重叠放置，并同时选中它们，然后执行“版面”菜单中的“块合并”命令，或者按快捷键 F4。效果如图 5—43 所示。

（4）对于要裁剪的块，还可以调整裁剪效果。选择“工具”中的 工具，单击裁剪区域并按住鼠标左键不放，光标变成手形，按住鼠标左键拖动，被裁剪的图像也跟着移动区域，到合适的位置，松开鼠标即可。

2. 具有裁剪路径属性的文字块裁剪加底纹的图元

其具体操作步骤如下：

（1）绘制一个图元，给图元设置底纹，再用文字工具生成一个文字块。

（2）选中文字块，设置裁剪路径属性，然后单击“美工→路径属性→裁剪路径”命令。

（3）拖动该文字块到图元上合适的位置，再同时选中图元和文字块。

（4）按快捷键 F4 或单击版面“块合并”命令，即得到裁剪后的合并块。

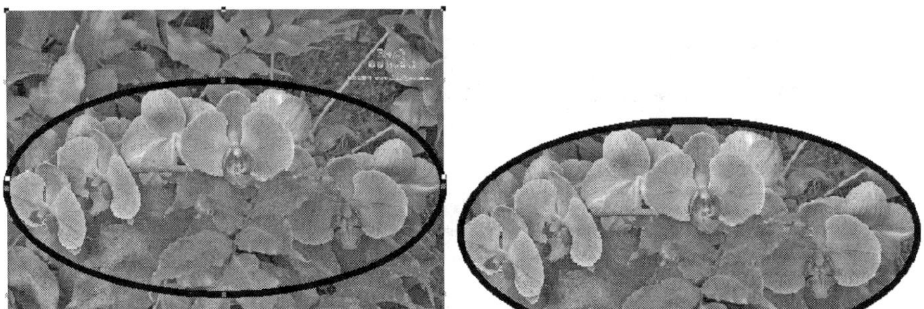

图 5—43 图元裁剪图片效果

范例 例一：用文字块裁剪图元，如图 5—44 所示。

裁剪前的图元和文字块

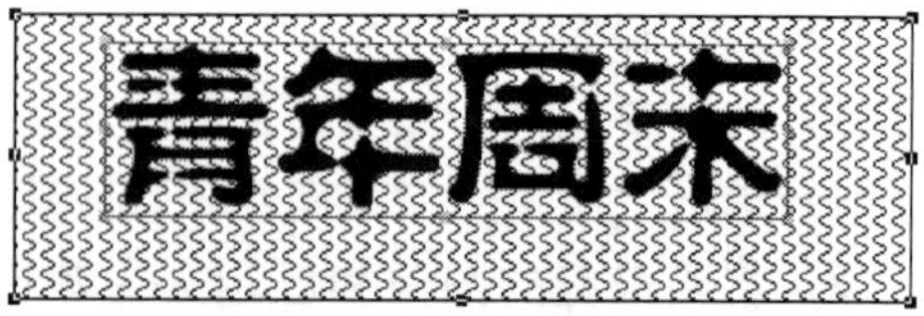

设置文字块裁剪属性并与图元重叠放置

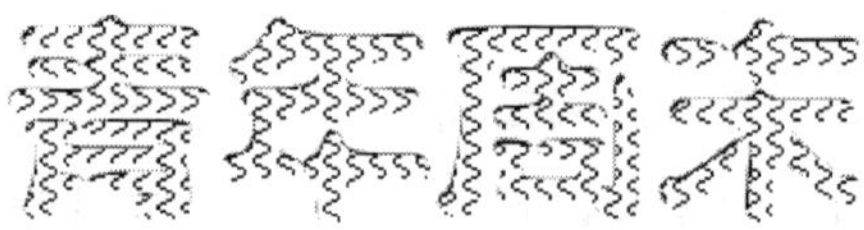

同时选中并进行块合并

图 5—44　文字裁剪图元效果

例二：利用组图元块制作多色彩字，如图 5—45 至图 5—47 所示。

(1) 在版面中绘制三个形状大小相同的矩形，分别添加不同颜色的底纹，并同时选中，进行纵向中齐，最后进行块合并。

(2) 将“色彩缤纷”定义为裁剪路径并压在已经进行块合并的组图元块上，然后同时选中组图元块与文字块，进行块合并。

(3) 出现多色彩字效果，步骤图示如图 5—45 至图 5—47。

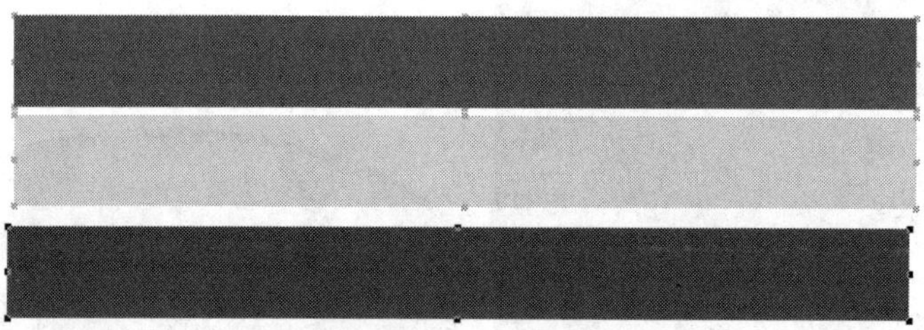

图 5—45　绘制矩形

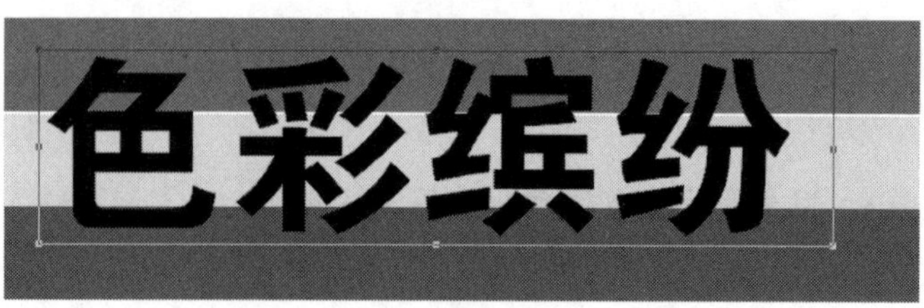

图 5—46　定义裁剪路径并块合并

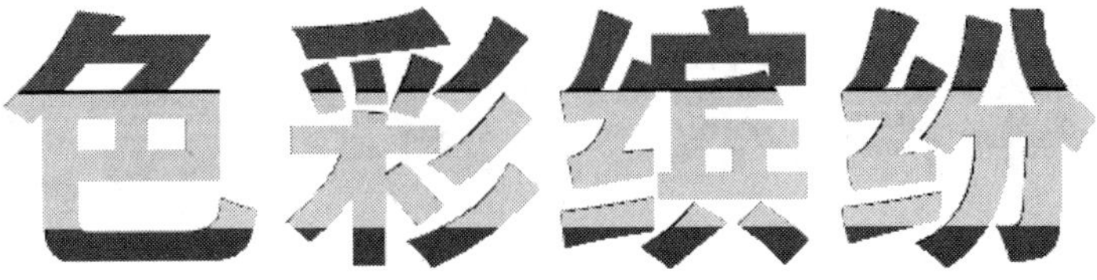

图 5—47 多色彩字效果

四、平面透视

飞腾中的平面透视功能可以使文字（要先转化为曲线）及图形实现一种平面透视的美术效果，即让图形或文字看起来有一种由近及远的感觉。

平面透视的可操作对象包括任意的图元块、转换为曲线的文字块和只包含图元块的组成块。

（一）编辑透视

编辑透视指对图元、文字或成组的图元块实现平面透视效果的操作，其操作步骤如下：

（1）选中要设置透视效果的对象。

（2）单击“美工→平面透视→编辑透视”命令，如图 5—48 所示。

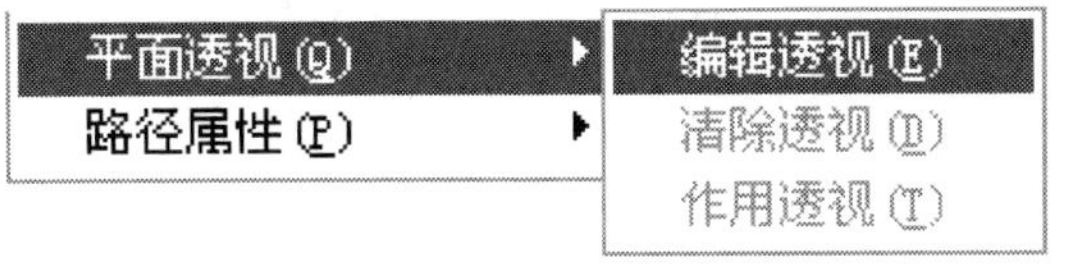

图 5—48 “平面透视”子菜单

（3）这时，在当前选择块的周围生成一个透视外包框，同时光标变成形状。

（4）将光标移到某个控制点时，光标又变成形状，按住鼠标左键，就可以拖动该控制点，移动到合适的位置，松开鼠标左键。效果如图 5—49 和图 5—50所示。

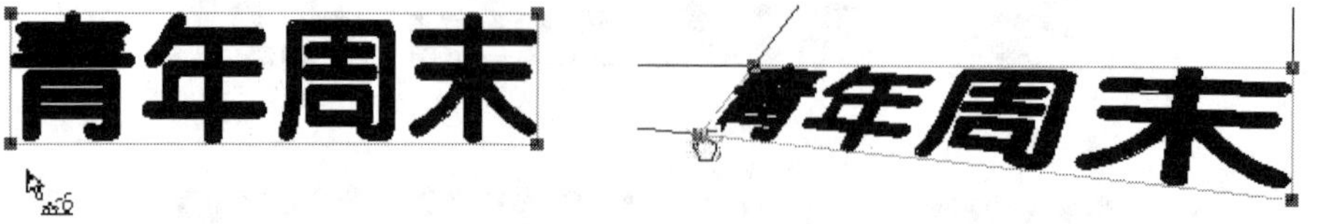

图 5—49 设置文字块平面透视效果

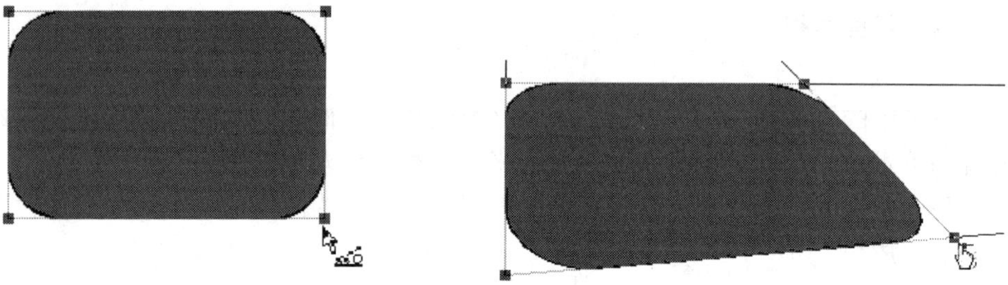

图 5—50 设置图元块平面透视效果

> **提示**
>
> (1) 如果选择的操作对象是成组的块而且块中已经有透视过的块时，则出现一个对话框，提示将作用于块的原有的透视属性，询问是否继续。
>
> (2) 当块处在透视变换的状态，用鼠标拖动控制点移动时，透视外包框中不允许出现某个角大于或等于 180°的情况，即透视外包框必须是凸多边形。当拖动控制点使某个角等于或大于 180°时，光标将重置到上一个位置点。

(二) 清除透视

清除透视指删除透视变换过的图元、文字或成组的块的透视效果。其操作步骤如下：

(1) 选中要清除透视的对象。

(2) 选择“美工→平面透视→清除透视”命令，则对象恢复到没有透视变换之前的状态。

> **提示**
>
> 清除块的透视属性，对块的旋转、倾斜和拉压等参数没有影响，清除透视时，这些参数都可以保留下来。

(三) 作用透视

作用透视指将进行过编辑透视的块的透视属性作用到块上，即用编辑透视后的块的形状来代替没有透视的块的形状。

其操作步骤如下：

(1) 选择某个进行过透视变换的块。

(2) 单击"美工→平面透视→作用透视"命令，则会将矩形、菱形转换成多边形，而将圆角矩形、椭圆转换成曲线（成组块需解组后才能看出效果），如图5—51 所示。

(3) 透视块的透视属性将被删除，此时，图元必须使用编辑透视功能才能再次编辑透视属性，而不是拖动节点进行编辑。

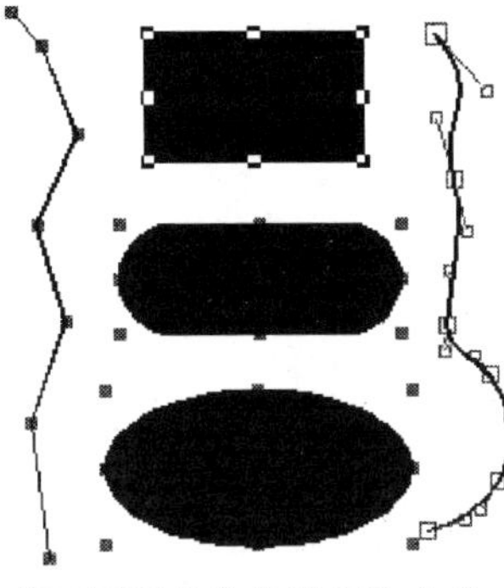

将不同形状的块进行块合并

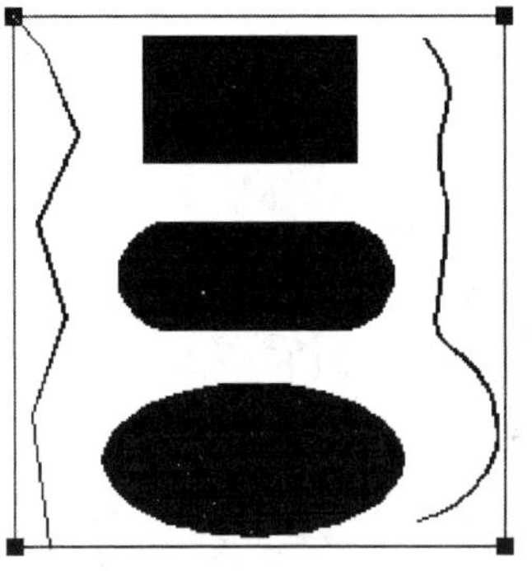

准备进行编辑透视前的组合块

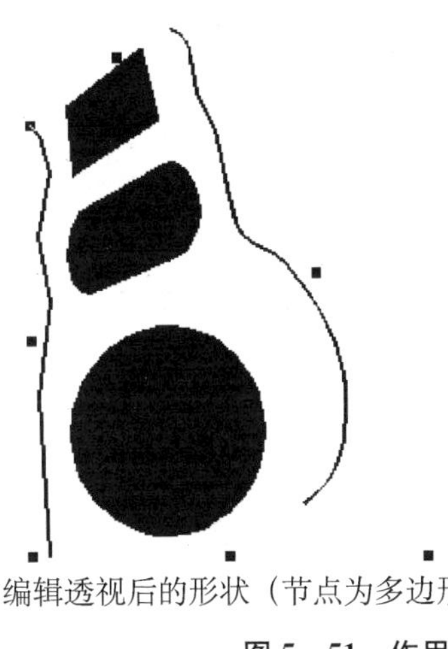

编辑透视后的形状（节点为多边形）

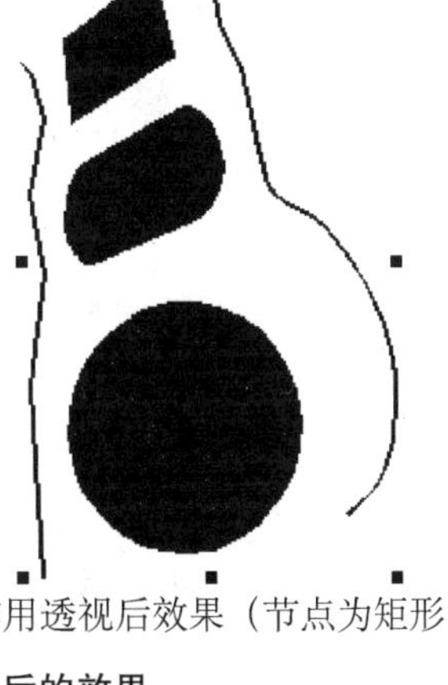

作用透视后效果（节点为矩形）

图 5—51　作用平面透视后的效果

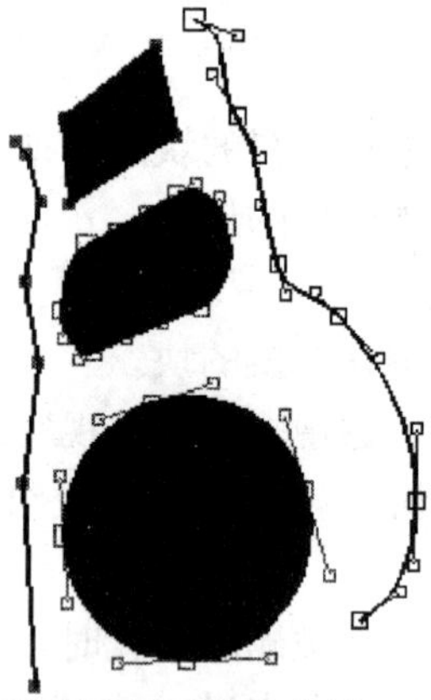

进行块分离，圆角矩形及椭圆转为曲线，各块形状
也被编辑透视后的形状所取代

图 5—51　作用平面透视后的效果（续图）

（四）复制透视

复制透视指将一个已经设置了平面透视属性的对象的透视属性复制到另一个块上。其操作步骤如下：

选中已经设置了平面透视属性的对象，单击“编辑→复制”命令，再选中另一个对象，单击“编辑→粘贴透视属性”命令。

提示

（1）如果当前被选中的复制对象是成组块，而且块中有已经透视过的子块，则出现一个提示框，询问是否真的要将该成组块进行透视变换。

（2）直线的透视属性只能复制到直线上，不能复制到其他对象上，而其他对象的透视属性则可以复制到直线上。

范例 制作平面透视效果。

（1）用文字工具做成如图 5—52 的两个文字块。

（2）分别单击“美工→转为曲线”，将文字块转为曲线，如图 5—53。

（3）单击“美工→平面透视→编辑透视”，将两个转为曲线的图元块进行编辑透视，得到如图 5—54 的效果。

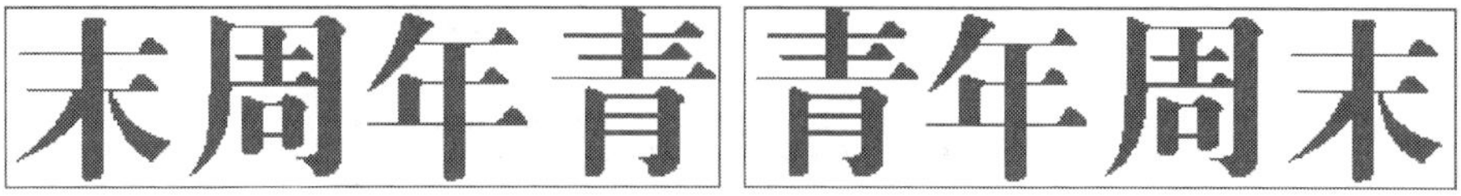

图 5—52　形成文字块

图 5—53　文字转曲线

图 5—54　进行编辑透视

学习与思考

1. 请绘制以下《广州日报》报纸版面中的图元。
2. 请尝试根据某期报纸，设置出其版面中的图元线型、花边和底纹。

A32

海鸿腾龙

1-0小胜韩国队 中国女曲取得三连胜

“洋帅”金昶伯心里难受

网球女团4强不进

中国队仅获第4名

一再夺冠 永不言倦

米其林轮胎

MICHELIN

第六章

图像处理

图像是报纸版面上不可缺少的重要组成部分。随着报纸视觉艺术的快速发展，越来越多的报业单位开始重视报纸的版面包装，重视形式上的完美。图像是一种生动形象的编排元素，在报纸形式设计创新与突破的发展历程中，占据着一席重要之地。研究图像的编辑艺术成为一项重要的课题。

飞腾系统支持各种格式的图像，包括 BMP、TIF、GRH、TGA、GIF、PCX、JPG、PS、EPS 以及 PIC 等，并且可以完成对图像的各种编辑功能，本章实验内容主要介绍飞腾关于图像处理和排版的功能。

实验目的

通过对图像编辑的学习，掌握报纸排版中图像的编辑技巧和艺术。

实验原理

图像在报纸编辑中的地位越来越高，“图文并重”说明图像起着与文字同样重要的作用，它具有传播信息、证明事实、视觉冲击的功能，因此，通过对图像进行选择、裁剪等编辑处理，可以创造性地表达版面编排思想。

实验条件

图像排版按钮、图像显示工具、图像裁剪工具、图文互斥对话框等。

实验内容

实验十二　图像的编辑

一、图像的排入和显示

（一）图像的排入

图像排入的操作步骤如下：

（1）单击“文件→排入图像”命令，或者单击常用工具条中的 按钮，弹出“图像排版”对话框，如图 6—1 所示。在“文件类型”下拉列表中选择对应的图像格式，在“查找范围”下拉列表中选择图像所在路径，单击“网上邻居”可以选择网上其他机器中的图像。

图 6—1　“图像排版”对话框

（2）选中图像所在的根目录后，在对话框中的文件列表中依次选择子目录，直到找到所需要的图像文件，如果选中“图像排版”对话框右上角的“预显”复选框，将在该对话框中显示图像，否则不显示。

（3）单击“排版”按钮或双击选中的图像文件名，图像排版对话框消失，光标变为 状态。如果排入的图像是 RGB 图像，且在“环境设置”选项卡中选中了“不使用 RGB”复选框，则会弹出“RGB 颜色图像”对话框，如图 6—2 所示，单击“是”按钮，光标才会变为 状态。

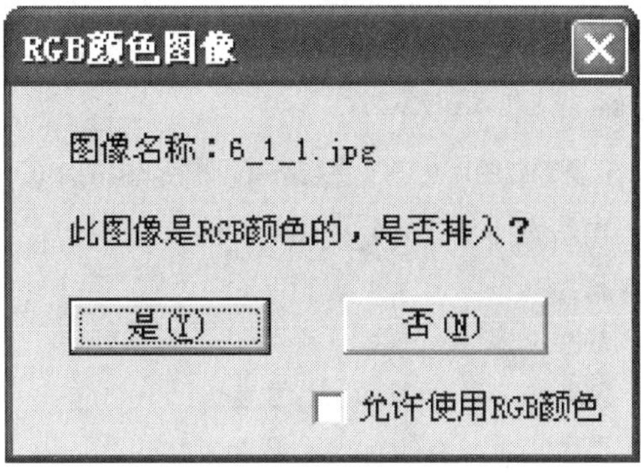

图 6—2　“RGB 颜色图像”对话框

（4）若在版面上的合适位置单击，则以该位置为图像的左上角位置，将图像排入版面。在图像块的四周围形成八个控制点，此时排入的图像为原图大小，如图 6—3 所示。

图 6—3　单击排入的图像

（5）若按住鼠标左键不放，直接在版面上拖动画出想排入图像块的大小，则释放鼠标左键后，图像按所画区域排入版面。如果先按住 Shift 键，再拖动鼠标左键，则图片的大小变化，但长、宽保持原图的比例不发生变化。

（二）图片信息

飞腾可以在灌图前后提供显示图片文件中所包含的相关信息的对话框。可以看到的图片信息包括：图片名（包含路径）、格式、颜色、宽度（像素）、高度、文件大小（千字节）、X 分辨率和 Y 分辨率（DPI）等。甚至还可以通过图片重命名编辑框修改图片名称。

图片信息可以通过两种方式查看：一种是排入图像前，点击“图像排版”对话框中右下角的图片信息按钮，可以弹出“图片信息”对话框，如图 6—4 所示。

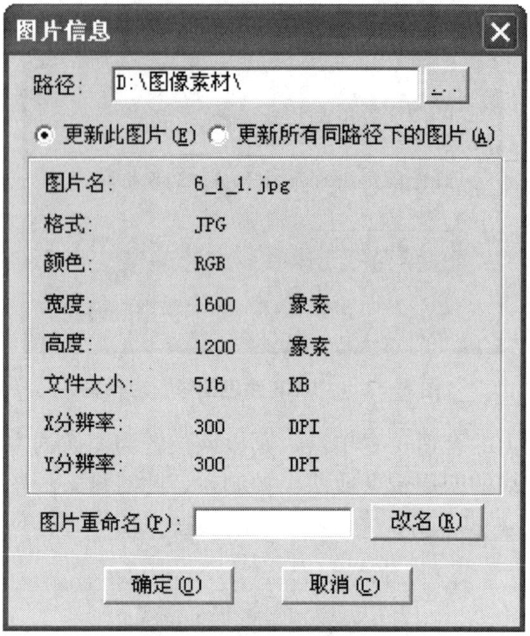

图 6—4　“图片信息”对话框

第二种是当图片灌入版面后，单击右键，可通过快捷菜单上的“图片信息”命令来查阅被选图像的有关信息（如图 6—5）。

图 6—5　快捷菜单

GIF、PIC和TGA类型的图片不含分辨率信息，这时的“图片信息”对话框中有关X分辨率和Y分辨率的值由环境量确定，可单击文件设置选项“环境设置”命令，在弹出的选项对话框中的“环境设置”选项卡中设置图片默认分辨率，该分辨率将作用于所有不含分辨率信息的图片。如果排入的图片本身就含有分辨率信息，那么，“图片信息”对话框中显示的将是图片自身的分辨率。

（三）图像的显示

为了提高系统显示图像的速度，飞腾提供了部分显示和图像不显示功能。如果是EPS图片，还可以设置透明显示或EPS显示方式。

1. 部分显示

选中一个图像或多个图像（发排生成的EPS和PS图像除外），单击“部分显示”命令，或按快捷键F2，则在版面上只显示选中的图像，其他图像只显示图像的轮廓和对应的文件名，如图6—6所示。使用该命令可以加快版面的显示速度。

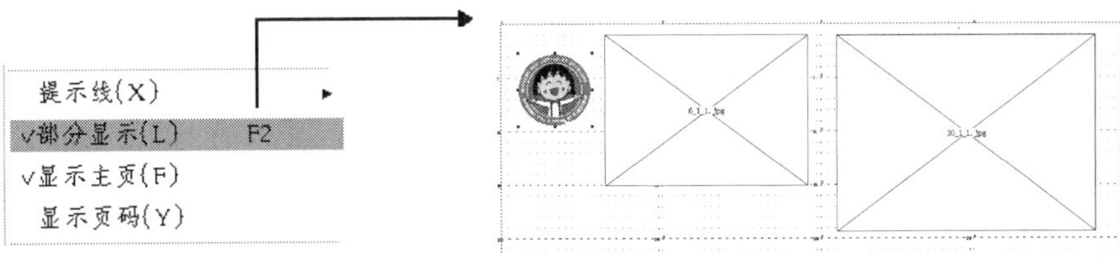

图6—6 只显示选中的图像

如果在不选中任何图像的情况下单击“显示→部分显示”命令，使“部分显示”命令处于选中状态，则版面上的所有图像都不显示，再次单击“显示→部分显示”命令，又可显示所有图像。

提示 文字块及其他版面中的对象均可以看作特殊的图像。

2. 图像不显示

选中了“显示→不显示图像”命令后，版面上只显示图像的轮廓和对应的文件名，如图6—7所示。

“不显示图像”命令有两种情况：

(1)“不显示图像”属性是一个文件量，这种设置只对以后排入的图像起作用。如果在选中“不显示图像”前排入一个图像，则显示该图像；如在选中“不显示图像”后排入一个图像，则不显示该图像。

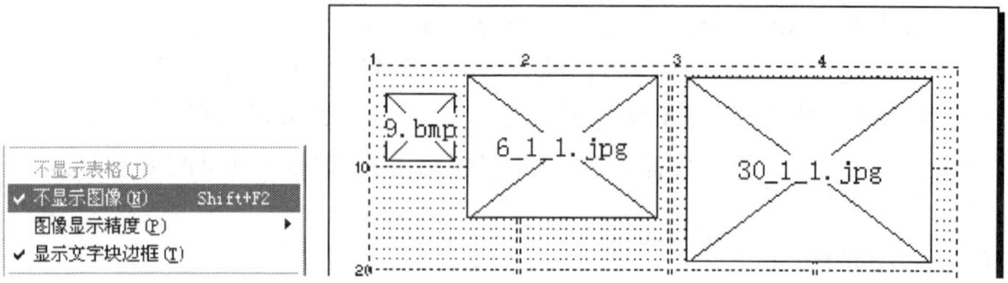

图 6—7　不显示图像

(2)“不显示图像”属性同时又是一个对象量，对不显示的图像，选中该图像后，再选中“显示→不显示图像”命令，则该图像能显示。

通过飞腾生成的 EPS 图像如果带有 Tiff 预显图或 MetaFile 预显图（在“部分发排”对话框中选中“生成 Tiff 预显图”复选框或“生成 MetaFile 预显图”复选框），则在排入版面后，图像可以通过预显头（在“选项”对话框的“版面设置”选项卡中选中“通过预显头显示 EPS”单选按钮）显示；如果不带有 Tiff 预显图，则在排入版面后，图像可以通过 RIP 解释器（在“选项”对话框的“版面设置”选项卡中选中“通过 RIP 解释器显示 EPS”单选按钮）显示。通过飞腾生成的 PS 图像只能通过 RIP 解释器显示。

当版面上有比较多的图像显示，版面刷新屏幕比较慢时，可以按 F12 键，在当前对象刷新完毕后，中断版面上的刷新操作。

3. EPS 图像的透明显示

飞腾生成的带有 Tiff 预显图或 MetaFile 预显图的 EPS 图像在通过预显头显示及 RIP 解释器方式显示的情况下，可以实现透明显示。选中要进行透明显示的图像，在右键菜单中单击“以透明方式显示”命令即可。如图 6—8 所示：此图左上角是一个用飞腾制作的 EPS 图，其中白色的部分影响了整个图片的显示效果，显得很不美观，因此，可以以透明方式显示此 EPS 图。

（四）图像显示精度的选择

飞腾提供了选择图像显示精度的功能，以便在图像的显示效果和显示速度之间取舍。

通过“显示→图像显示精度”子菜单或在右键菜单中选择显示的精度，可以确定将图像排入飞腾版面时所读取的图像信息量。例如，一个 2MB 大小的图片，如果在被排入飞腾中时全部读入 2MB 的信息，那么就会很消耗资源，而且版面的刷新速度会慢下来。所以可以在“图像显示精度”子菜单中选择“粗略显示”，

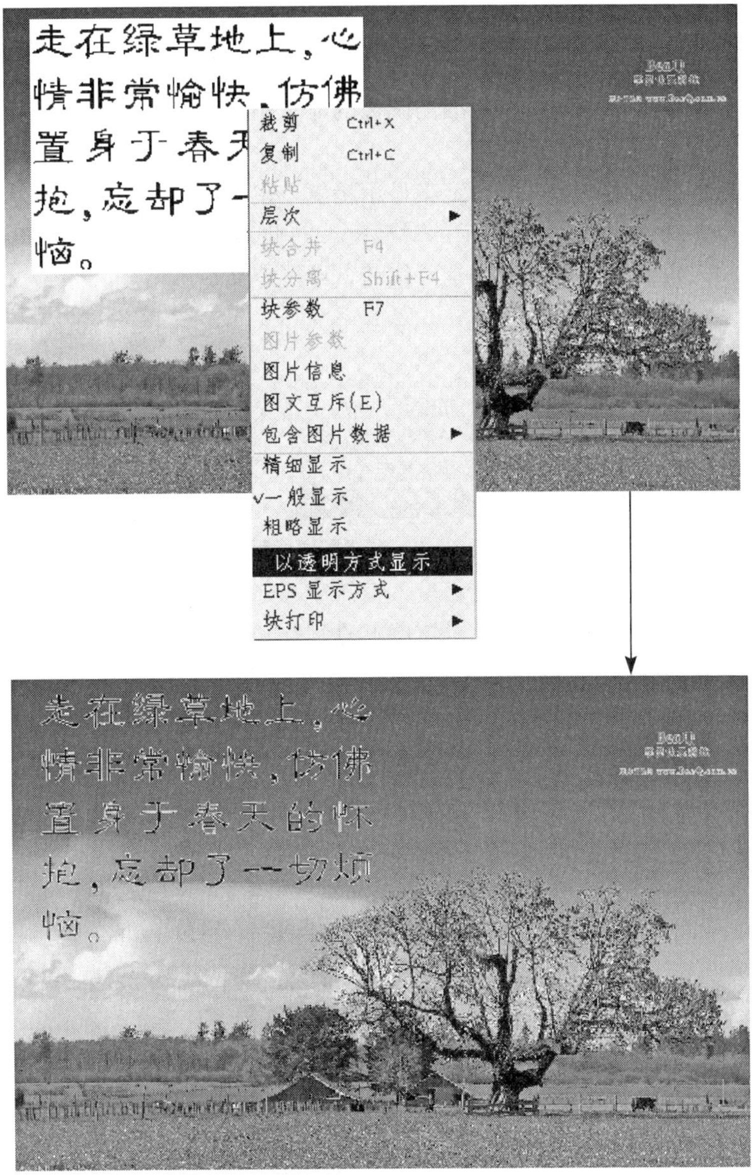

图 6—8　透明显示效果

也就是排入图片时只读取图片中 16KB 的信息，这样就节省了资源和提高了刷新速度。当要清楚地看图片的内容时，还可以再选择“图像显示精度”菜单或右键菜单中的“精细显示”命令。最快的方法就是选中图像后，在右键菜单中单击“精细显示”命令。

图像显示精度是可以随时改变的，在没有选中任何图像的情况下，如果改变了图像显示精度，则先排入版面的图像的显示精度不变，后排入版面的图像显示精度变为后来定义的显示精度。

如果需要，用户还可以自定义显示精度，单击“显示→图像显示精度→自定义”命令，弹出如图 6—9 所示的对话框。在此对话框中可输入 12～100 之间的数值，输入数值后，单击“确定”按钮，即可定义显示精度。

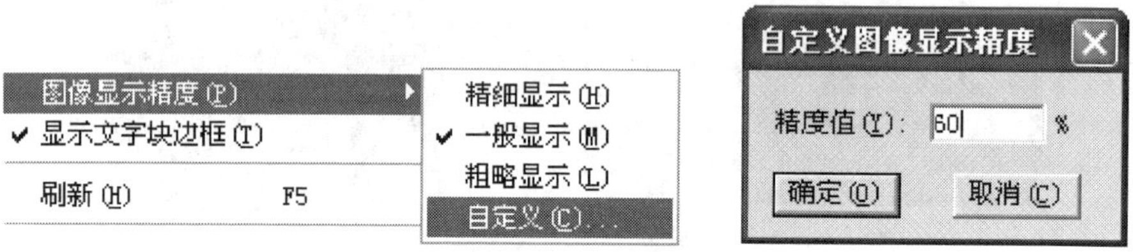

图 6—9　选择图像显示精度

范例　同一图像在不同显示精度下的效果（图 6—10）。

精细显示

一般显示

粗略显示

图 6—10　同一图像在不同显示精度下的效果

二、图像的设置与管理

（一）设置图片参数

飞腾中可以通过设置图片参数来设置图像（除 EPS、PS 外）的作用方式、属性等。其操作步骤如下：

（1）用选取工具选中图像，该图像呈选中状态（显示控制点）。

（2）单击“版面→图片参数”或单击右键菜单中的“图片参数”命令，弹出“图片参数”对话框，如图 6—11 所示。

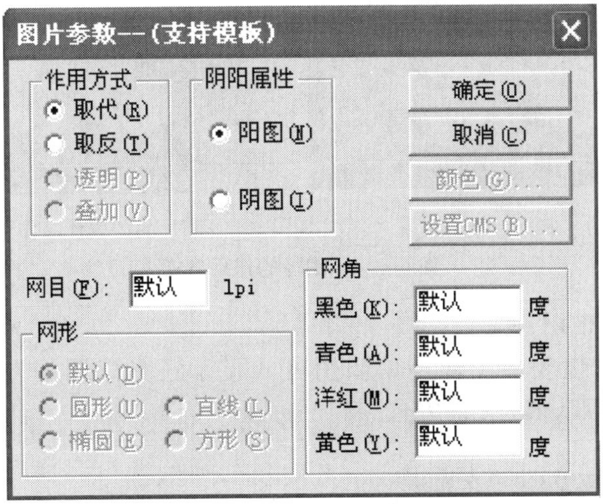

图 6—11　“图片参数”对话框

（3）根据需要设置相关选项并确认。

1）设置作用方式。

当图像与其他对象相叠压时，上面一层的图像对下一层的对象有取代、取反、透明和叠加四种作用方式。

“取代”（默认设置）：选中图像，在“图片参数”对话框中把图像的作用方式设为取代，则在重叠部分，该选中的图像将覆盖住其下面的对象。

“取反”：选中图像，在“图片参数”对话框中把作用方式设为取反，则压在该选中图像下一层的对象将反转显示。二者效果如图 6—12 所示。

“透明”（只对二值图有效）：只有选中二值图时再设置图片参数，该对话框中“透明”才为可选的，对其他类型的图像该复选框为不可选。所谓二值图，就是没有灰阶的单色图，设置了透明属性的二值图放在别的对象上时，图中空白的地方变为透明，可以显示出其下层的对象，此作用方式在报纸排版中经常被使用到。

“叠加”（只对二值图有效）：叠加也只对二值图有效。选择叠加后，所选择的图片将以叠印的方式输出。该功能可用于分色后的胶片处理，把分色后的C、M、Y、K这四张胶片分别扫描，生成四个单色的图片，然后排到版面的同一个位置（互相叠加），把四个图片的属性设置为叠加，则输出能达到原来的彩色效果。

图片的“取反”作用效果

图片的“取代”作用效果

图 6—12　图像的作用方式

2）设置阴阳属性。

图的阴阳属性表示图像是用阳图方式显示还是以阴图方式显示（如图6—13），该项的默认值为阳图方式。

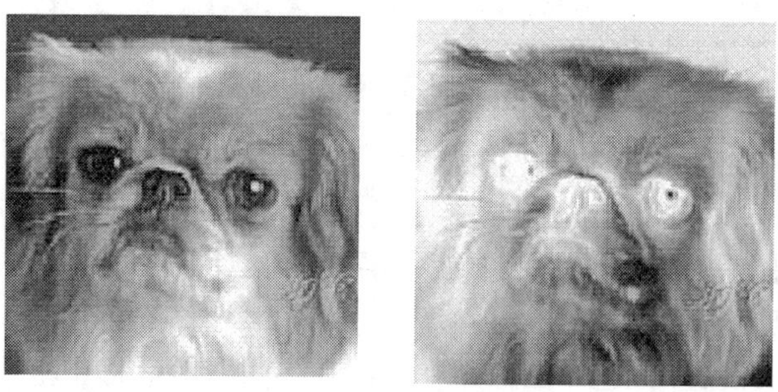

图 6—13　对同一图像，左边为阳图显示，右边为阴图显示

3）设置网目、网形和网角。

“网目”：只有灰度图和彩色图可以设置此参数。该项设置输出胶片时的挂网目数，图像数据通过RIP输出时，设置有效。该项对应的单位为Ipi。Ipi是指每英寸所含的网线的数目（即Line per inch）。

“网形”：只能对灰度图设置此参数。该项用来设置网点的形状，有圆形、直线、方形、椭圆。选中“默认”表示用后端输出 RIP 中的默认设置。

“网角”：只有灰度图和彩色图可以设置此参数。对彩色图，通常的设置是：黑（K）45°，青（C）15°，品红（M）75°，黄（Y）0°。对灰度图能设置黑版的网角。

提示

网目、网形、网角一般不在飞腾排版时设定，通常在后端输出系统中设定，因此，在这里将网目、网形、网角均设为默认值即可。

（二）设置图像路径

将图像文件排入飞腾后，飞腾会自动记录这些排入图像文件的存储路径、修改时间、文件形态和大小等，建立文件来源处与飞腾文件之间的链接关系。如果文件来源处改变，或者原路径下的相应图像已不存在，这时可以通过以下途径重新设置图像路径：

1. 打开文件时重设图像路径

如果在“选项”对话框中的“版面设置”选项卡中选中了“自动更新图片”复选框，而用户改变了尚未打开的 FIT 文件中所含图像文件的路径，或原路径下的相应图像已不存在，当打开该 FIT 文件时，飞腾系统会给出“设置路径”对话框，如图 6—14 所示，可对已改变路径的图像重新指定路径。此时可以在路径对应的文本框中输入新的路径，或单击“浏览”按钮，进入如图 6—15 所示的对话框，来设定图像新的路径。

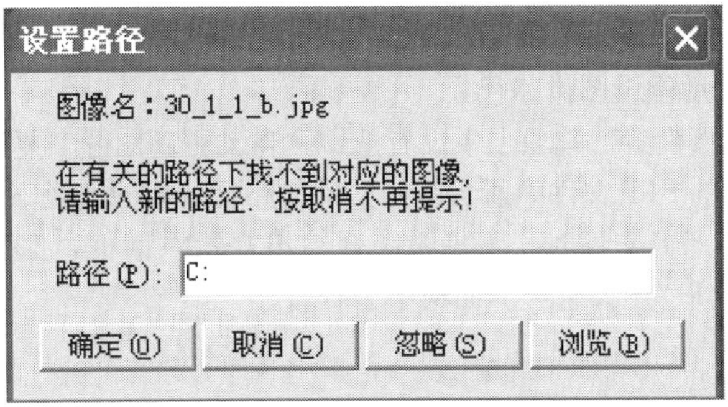

图 6—14　“设置路径”对话框

选择“忽略”或“取消”按钮，飞腾将用矩形框来代表该图像的位置和大小，这时可以在版面上利用下面介绍的“图像管理”面板来重新设置该图像的路径。

提示 如果遇到多个图像文件找不到，单击“取消”按钮关闭该对话框，所有找不到的图像都将用矩形框显示，单击“忽略”按钮，只对“设置路径”对话框中显示的图像用矩形框显示，对其他找不到的图像都将依次弹出“设置路径”对话框，要求重新设置每个图像文件的路径。

图 6—15 选择新的图像路径

2. 打开文件后重设图像路径

如果在“版面设置”选项卡中没有选中“自动更新图片”复选框，而排版者改变了尚未打开的FIT文件中所含图像文件的路径，或原路径下的相应图像已不存在，当打开该FIT文件时，飞腾系统会给出提示对话框，提示有图像发生变化，排版者可以到“图像管理”面板中去查看。

(三) 图像管理

“图像管理”面板用来管理飞腾文件中的图像，可以管理版面上排入的图像或含有图像的对象、各个页面中的图像以及以盒子形式插入文字块中的图像。

单击“视窗→图像管理窗口”命令，弹出“图像管理”面板，如图 6—16 所示。在这个面板中列出了文件中排入图像的文件名、格式、颜色、排入的页号、图像的所在路径、链接信息、文件修改时间、图片类型等，这些信息可以通过该面板中的打印按钮直接打印出来。在这个对话框中，还可以改变图像文件的链接关系，即选用其他图像文件来替换某个选中的图像文件。

1. 输出

该功能可以设置图像是否输出。在图像前打“√”，该图像会输出；在图像前打“×”，则该图像在屏幕打印（PS 打印和非 PS 打印）、发排和部分发排时都不会被输出。

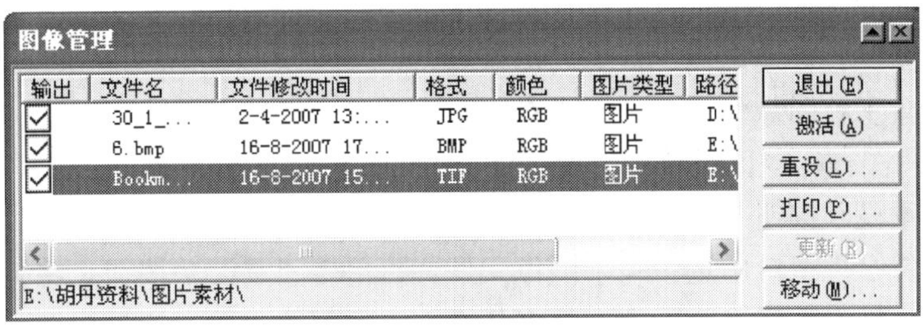

图 6—16　“图像管理”面板

2. 链接信息

在图像自动更新状态下，图像的链接信息为：正常、找不到和已更换。在图像不自动更新状态下，图像的链接信息为：正常、找不到、已更换和图变化。

（1）“正常”：表示图像排入后没有被删除、更改路径或者做任何修改。

（2）“找不到”：表示图像在排入的路径下已经不存在了。

（3）“已更换”：表示图像在排入后被重新制定过路径（使用图片右键菜单中的“图片信息”中的“更换图片路径”）或被重设过（使用“图像管理”面板中的“重设”按钮）。

（4）图变化：表示图像排入后，排版者可能用别的图像处理软件对此图像作过修改（但是图像没有被重设过并且也没有被重新制定过路径）。此时版面上的此图像用略图显示（即粗略显示，变得模糊不清）。此时，排版者可以在“图像管理”面板中选中此图像，“更新”按钮置亮，可以单击此“更新”按钮，更新此图像。

如果图像原来的状态是“已更换”，后图像改变，状态变为“图变化”，再次被用户更新后（使用“图像管理”面板中的“更新”按钮）状态仍旧是“已更换”。如果图像原来的状态是“正常”，后图像改变，状态变为“图变化”，再次被用户更新后，状态仍旧是“正常”。

在图像管理面板中，如果用户选中的图像链接信息不是“图变化”，“更新”按钮置灰。当选中的多个图片只要有一个链接信息是“图变化”的，“更新”按钮置亮，单击“更新”按钮后，飞腾只更新链接信息是“图变化”的图像的显示。

3. 文件修改时间

该栏显示图像文件的最后修改时间。文件修改时间不记录图像排入飞腾后所作的裁剪等改变。

4. 图片类型

该栏显示图像以何种方式排入文件中，包括三种类型：

(1) 图片：普通图像、裁剪的图像等。

(2) 盒子：图像作为盒子插入在文本中。

(3) 衬图：标题区设置的衬底图像。

5. “重设”按钮

在图像管理窗口中选中一个图像文件，再单击“重设”按钮，将弹出“图像排版”对话框，选择一个图像文件来替换选中的图像文件。如果原图大小和新图大小的原始尺寸（图片没有被缩放时的尺寸大小）不相同时，飞腾 4.1 将弹出“重设图片”对话框，如图 6—17 所示。选择新图取代旧图的缩放方式有三种。此时，该图片的链接信息为“已更换”。

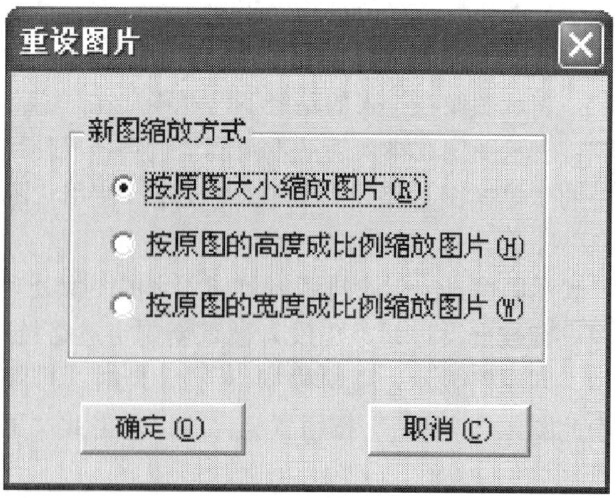

图 6—17 “重设图片”对话框

6．“移动”按钮

此功能可以将图像管理窗口中所有的图像统一复制到指定目录下。其操作步骤如下：

（1）单击“图像管理”面板中的“移动”按钮，弹出“统一移动图片”对话框，如图 6—18 所示。

（2）在“统一移动图片”对话框中指定移动图像的目标路径，选择是否“覆盖已有的图片文件”，然后单击“确定”按钮完成移动操作。如果不选择“覆盖已有的图片文件”复选框，而且目标文件路径下已存在同名图像文件，则系统会自动将新移动的同名图像更名，并在图像名后加“_ *”表示。例如，将已经排入版面的“新闻图片.tif”图片文件移到新的目标路径下，可是该目标路径已经存在“新闻图片.tif”，在移动时又没有选择“覆盖已有的图片文件”，则系统将自动把新移动的“新闻图片.tif”更名为“新闻图片_ 1. TIF”，如果再次移到另一个同名文件至该目标路径下，则新文件更名为“新闻图片_ 2. TIF”。

提示

（1）在“图像管理”面板中，移动后的图像在“链接信息”中显示为“已更换”。

（2）在“图像管理”面板中选中或不选图像，“移动”后都会将版面内所有图像都移动到指定的目录下。

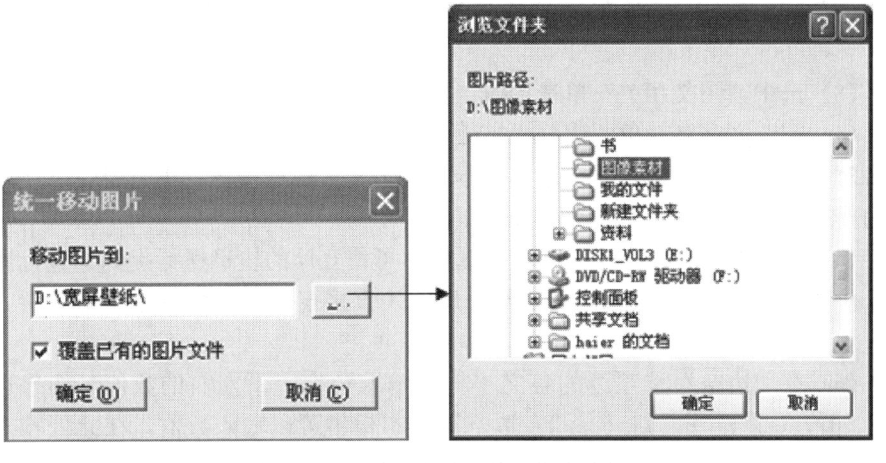

图 6—18 统一移动图片到指定路径

三、图像的排版格式及修饰

（一）图文互斥

在图像排入版面后，文字块倘若和图像重叠放置时，“图文互斥”命令可以设置它们之间的关系是否为互斥。设置为互斥后，可以定义互斥边空（文字块与图像之间的空白）。

其操作步骤如下：

（1）用选取工具选中要定义为与文字块中文字互斥的图像。

（2）单击“版面→图文互斥”命令，弹出“图文互斥”对话框，如图6—19所示。

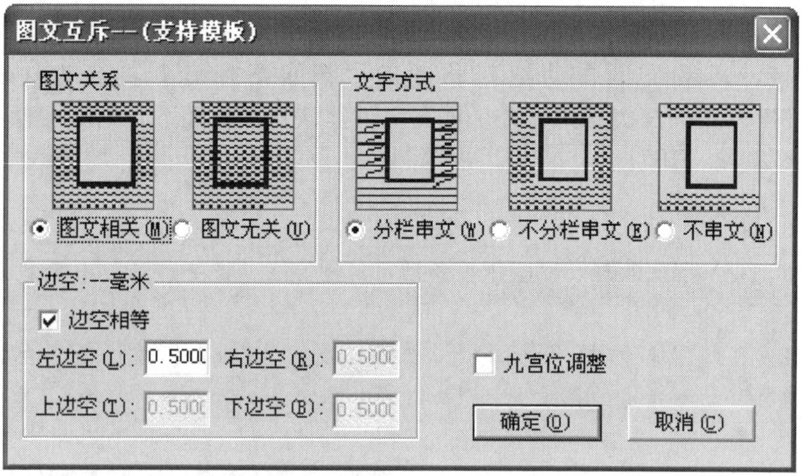

图6—19 “图文互斥”对话框

（3）选中“图文相关”单选按钮（默认设置为“图文无关”）。

（4）需要文字绕对象两边分栏排版时，选中“分栏串文”单选按钮；需要文字绕对象两边不分栏排版时，选中“不分栏串文”单选按钮；不需要文字绕对象两边排版时，选中“不串文”单选按钮。

（5）如果选中“九宫位调整”复选框，可使互斥的块迅速捕捉到靠近标题的九个位置，并且按快捷键1～9可使互斥的块直接定位到排版者指定的位置，这就大大提高了排版速度。

（6）在“边空”选项组的各文本框中输入边空上下左右的数值。如果选中“边空相等”复选框，则只有“左边空”文本框中可以输入数值，在此处输入的数值即为四个边空的值。

（7）设置完成后，单击“确定”按钮。

范例

（1）选中一张图像，分别设置为“图文相关”中的“分栏串文”、“不分栏串文”、“不串文”，效果如图 6—20 所示。

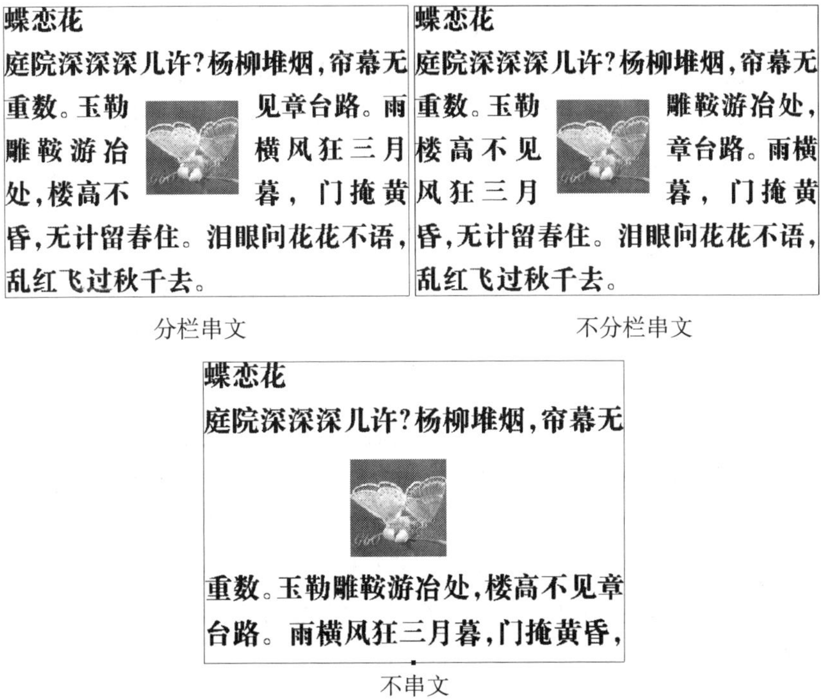

图 6—20　设置图文互斥图文相关各选项后的效果

（2）如果选择“图文无关”，那么将图像放在文字块上，图像将压住文字块，这时，选中文字块，单击“美工→自动文压图”命令，可以使文字块压住图像，如图 6—21 所示。也可以利用“版面→层次”子菜单中的命令进行调整。

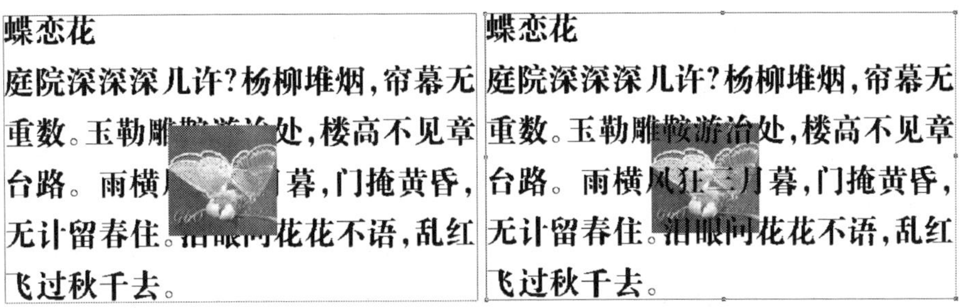

图 6—21　“图文无关”和“自动文压图”命令效果

（3）九宫位调整可以使互斥的块在标题的九个位置附近捕捉（如图 6—22）。

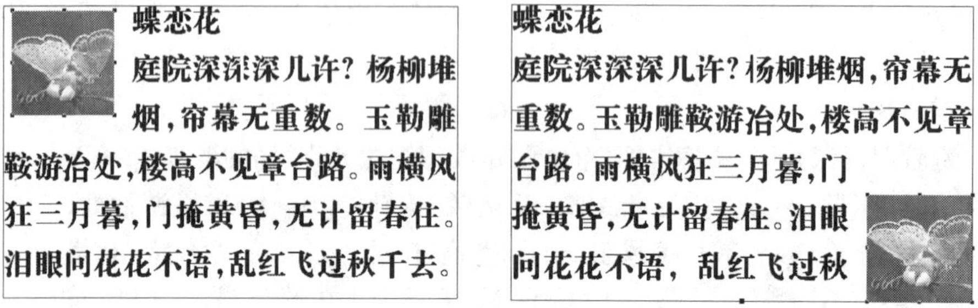

图 6—22 利用“九宫位调整”设置图像在 1 和 9 的位置

（4）图文互斥不仅仅是用于图像与文字的重叠排版，还可用于文字块与文字块等对象的排版。例如，将两个文字块重叠放置，设置“图文互斥”属性后，可以做出标题的效果（如图 6—23）。

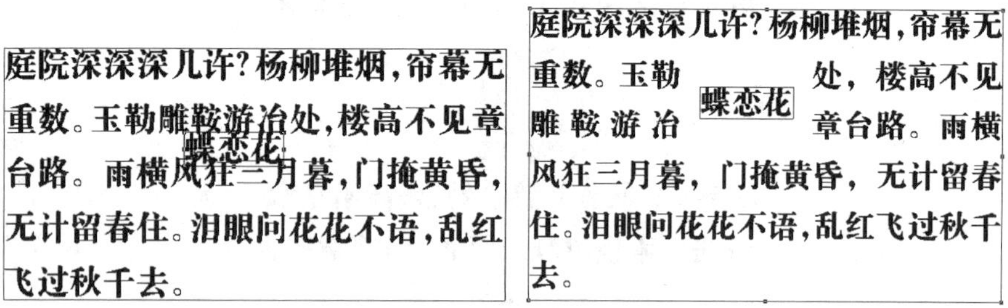

图 6—23 图文互斥的对象为文字块

（5）飞腾还支持特殊的互斥效果，例如支持对带路径的 EPS 图沿路径精确互斥，支持贝塞尔曲线作图文互斥等（如图 6—24）。

（二）图像勾边

在飞腾中可以用折线勾出一个图像的轮廓线，有两种方式的勾边：一是不裁图勾边，勾边后的图像不能改变形状；二是裁图勾边，勾边后的图像可以通过拖曳勾边线来裁剪图像，可以随意地对图像制作一些特殊效果。

其具体操作步骤如下：

（1）用选取工具选中一幅图像。

（2）单击“美工→图像勾边→不裁图”命令，将显示出该图的勾边线，通过拖动节点可以改变图片的长宽比例，而图片的内容不变。如图 6—25 所示，执行命令后，拖动图片下方的控制点，则图片变长。

图 6—24　特别互斥效果

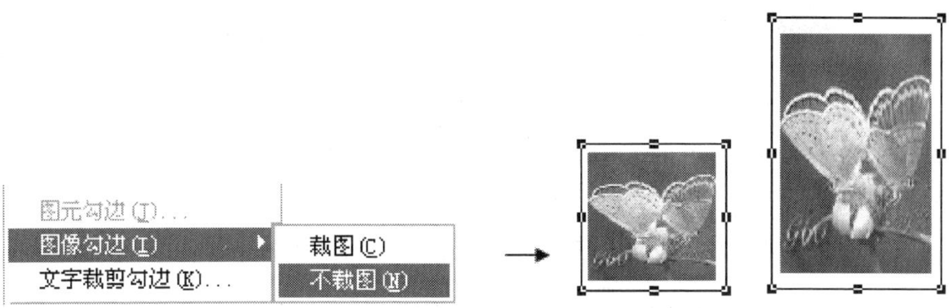

图 6—25　图像勾边不裁图

（3）单击“美工→图像勾边→裁图”命令，将显示出该图的勾边线。如图 6—26 所示，通过操作可以改变图片的形状、裁剪图片的内容。双击勾边线上的一点，将在勾边线上增加节点，且显示出图片的控制点。在节点上双击，可以删除此节点，拖动勾边线上的节点可任意调整勾边后图像的形状。当同时显示勾边线的节点及图片的控制点时，拖动图片的控制点，也可以得到裁剪的效果。

图 6—26　图像勾边裁图

提示

图像编辑可在 Photoshop 软件中对要排入版面的图像先进行抠图处理，然后将其排入飞腾版面中，选择“图像勾边→裁图”命令，飞腾会保持图像在 Photoshop 中的抠图路径。

（4）勾边后的图像还可以改变勾边线的线型和加花边。如图 6—27。

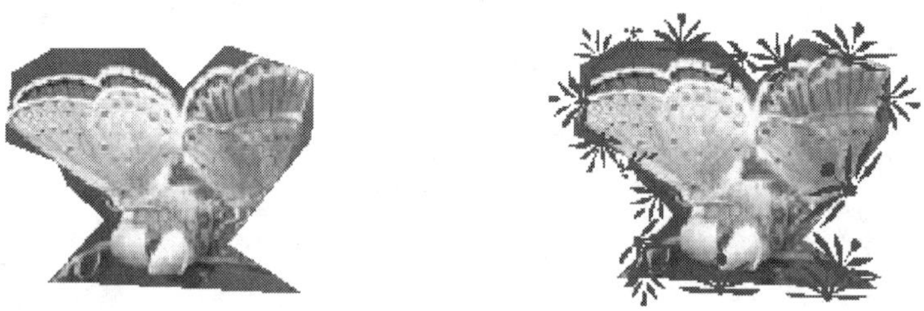

图 6—27　将勾边线设为空线（左图）和加花边（右图）

（5）选中勾边后的图像，单击“版面→块分离”命令，然后用鼠标拖动图像将图像与勾边分开，再选择“美工→路径属性→排版区域”命令，将勾边设为排版区域。向设为排版区域的勾边内灌入文字，效果如图 6—28、图 6—29 所示。

图 6—28　执行块分离

图 6—29 设置排版区域并灌入文字

（三）图像的裁剪

图像的裁剪有两种方式：一种是利用“工具”中的裁剪工具裁剪图像；一种是利用封闭图元或文字块作为裁剪路径裁剪图像。

1. 用裁剪工具裁剪图像

使用裁剪工具，可以对图像进行最简单的裁剪，但只能在一个矩形区域中作裁剪。其操作步骤如下：

（1）选中“工具”中的图像裁剪工具 ，光标变成裁剪状态。

（2）单击要裁剪的图像，图像显示出控制点。

（3）将光标移到相应的控制点处，按下鼠标左键，光标变为双箭头形状。

（4）拖动控制点，移到合适位置，释放鼠标。裁剪前后的图像如图 6—30 所示。

图 6—30 裁剪前后的图像

(5) 如果按下鼠标左键的同时按下 Ctrl 键，拖动控制点可以把图像边框拉得比图像大，如图 6—31 所示。

图 6—31　图像边框比图像大

2. 被具有裁剪属性的路径裁剪

裁剪路径是一条闭合路径，用于裁剪对象，只有在这个闭合路径内的对象才显示，其外面的部分将被裁剪掉。飞腾可以把封闭图元、文字块定义为裁剪路径。其操作步骤如下：

(1) 选中要定义为裁剪路径的封闭图元或文字块。

(2) 单击“美工→路径属性→裁剪路径”命令。

(3) 拖动定义为裁剪路径的对象，与要被裁剪的图像重合，按住 Shift 键同时选中两个对象。

(4) 单击“版面→块合并”命令，被裁剪的对象只显示在裁剪路径中的那部分。

(5) 利用“工具”中的图像裁剪工具在裁剪路径中拖动，可以选择出对象的最佳裁剪区域。

范例 用有裁剪路径属性的图元和文字块来裁剪图像（图 6—32 至图 6—34）。

图 6—32　用贝塞尔封闭曲线裁剪图像

将文字块压在图像上，选中文字块，点击“美工→路径属性→裁剪路径”

同时选中文字块和图像，进行块合并

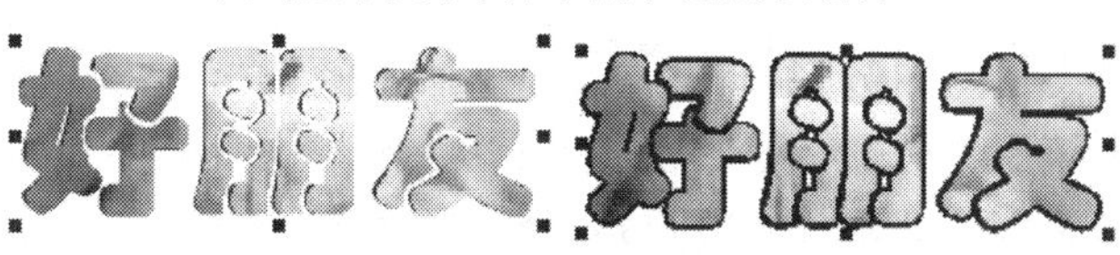

文字块裁剪图像后的效果（右图文字在设置裁剪路径前设了带边框空心字属性）

图 6—33　文字块裁剪图像

图 6—34　文字块作为裁剪路径裁剪图像后，放在原图上的效果

提示

（1）选中没有设裁剪路径的封闭图元，直接向图元内部排入图像，使用裁剪工具裁剪图元，图像也会被裁剪。但是，文字块不具备此属性，即直接向没有设置裁剪路径的文字块中排入图像，图像不能被裁剪。

（2）用图元裁剪图像的操作见实验十六种路径属性内容。图元裁剪图像成功后，如果选中图元，按 Delete 键，则将图元和图元里的图像都删除，如果选择“工具”中的图像裁剪工具，选中排入了图像的图元，按 Delete 键，则只删除图像，而图元还保留在版面中。

3. 裁剪状态下对外包图元的拉压

在裁剪状态下，即选取“工具”中的图像裁剪工具，对于含有外包图元（包括矩形、圆角矩形、椭圆、菱形和多边形）的图像，飞腾不仅能对图像进行裁剪操作，而且也可以单独选中外包图元并操作外包图元的控制点来裁剪图片。

单击不同区域将选中不同的对象，分为三种情况：

（1）单击外包图元以外的区域，则外包图元与图像均不被选中。

（2）单击外包图元与图像之间的区域（包括外包图元本身），则只选中外包图元。

（3）单击图像内的区域，则只选中图像。

图像或外包图元被选中之后就可以进行相应的拉压操作。

（四）文字裁剪勾边

文字块对图像或图元进行裁剪后，倘若层次不分明，可以采取文字裁剪勾边的办法，使图像和文字之间层次分明起来。

选中文字块，单击“美工→文字裁剪勾边”命令，弹出“文字裁剪勾边”对话框，如图6—35所示，进行相关设置后，在该对话框中必须单击“调整”或者“全部调整”按钮才能将裁剪勾边属性射到选中的文字块上。

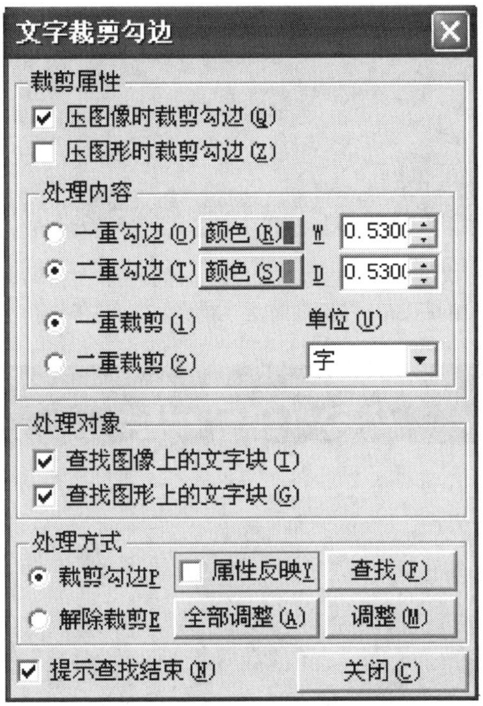

图6—35　“文字裁剪勾边”对话框

文字裁剪勾边对话框各选项含义如下：

（1）选中“压图像时裁剪勾边”，可对压在图像上的文字设置裁剪勾边；选中“压图形时裁剪勾边”，则可对压在图形上的文字设置裁剪勾边，此两个复选框可同时选中。

（2）在“处理内容”选项组中设置文字勾边的重数、颜色和勾边宽度。当选中了“二重勾边”后，可以选择是否要“二重裁剪”。如果选择“一重裁剪”，则对于加了两重勾边的文字、图像内的文字两层勾边都保留，图像外的文字只裁掉外层勾边，保留内层勾边；如果选择“二重裁剪”，则对于两重勾边的文字，图像内的文字两层勾边都保留，图像外的文字无论外层勾边还是内层勾边都被裁掉。效果如图 6—36、图 6—37 所示。

从上往下依次是一重勾边，二重勾边一重裁剪，二重勾边二重裁剪

图 6—36　压图像时文字裁剪勾边的三种效果

图 6—37　压图形时文字裁剪勾边

（3）设置好对话框中的选项后，单击“调整”按钮，则在图像或图元内的文字被加上勾边，并且文字在图像内的部分保留勾边，而在图像外的部分其勾边被部分或全部裁掉。

（4）为了确定查找的范围，可以在“处理对象”选项组中选中查找“图像上的文字块”或“查找图形上的文字块”，也可以两个复选框同时选中，表明查找的范围。

（5）在“处理方式”选项组中，如果选择解除裁剪，则对话框中的“处理内容”选项组中的内容置灰，文字的裁剪勾边属性被解除。

（6）选中“属性反映”复选框，则在查找过程中，可以显示当前选中的文字块的裁剪勾边的属性。这些属性反映在“处理内容”选项组中，如勾边的颜色、层数等。

（7）单击“查找”按钮，则依次查找压在图像或图元上的文字块，根据需要单击“调整”或“查找”按钮。如果单击“调整”按钮，则将设置的参数应用于该文字块。如果选择“查找”按钮，则不做处理。如果单击“全部调整”按钮，则可将整个文件中所有压在图像或图元上的文字块均按此对话框中设置的参数进行裁剪勾边。

（8）如果选中“提示查找结束”复选框，则当查找完图元或图像上的所有文字块时，会弹出提示对话框，如图 6—38 所示，询问是否继续查找。如果不选中此复选框，则可以循环查找，不会弹出提示复选框。

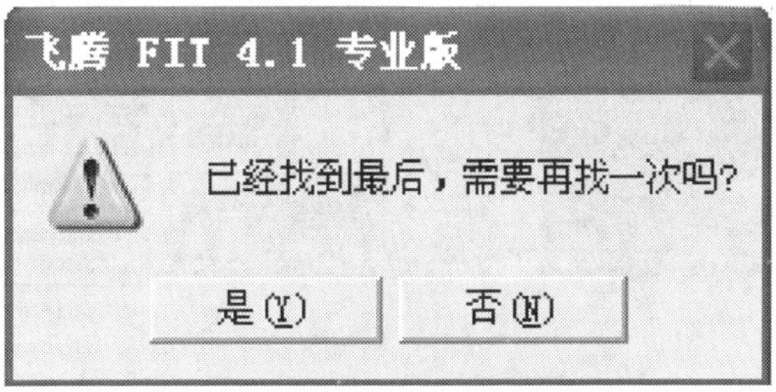

图 6—38 查找时的提示对话框

提示

对于多页的文件，文字裁剪的设置只对当前页面上的文字起作用，对其他页面上的文字要另外打开后另外进行设置。

学习与思考

如何用曲线对下面《广州日报》报纸版面中的图像进行裁剪？版面中图像采取了什么编辑技巧？

C4 时尚·育儿

两小与无猜

开学不适症

妙法对付“麻烦”孩子

喂奶不当也是大问题

春季招生启示

第七章

表格编辑

当新闻文稿中有大量的数字资料时，用文字描述可能会造成表达不清、篇幅冗长的情况。此时，采取表格的形式，将信息从正文中提炼出来，以直观的方法展示，不但可以有条理地表达信息，缩短文字稿件的篇幅，还可以活跃美化版面，大量节省读者的读报时间。因此，新闻表格在版面上运用的频率越来越高，成为报纸版面编排的重要元素之一。

实验目的

本实验主要通过对表格编辑的讲解，使读者掌握报纸排版中表格的编辑技巧。

实验原理

报纸版面中许多重要的新闻信息例如数据，往往需要借助表格的形式将主要信息罗列出来，以便更加清晰地传递给受众。

实验条件

表格工具按钮、表格工具条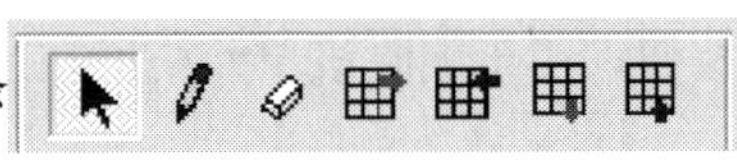等。

实验内容

实验十三　新建表格

创建表格的方法有两种：第一种是通过飞腾菜单中的命令实现；第二种是通过表格工具条中的画笔工具实现。

一、表格工具条

当表格工具按钮被按下时，如图 7—1 所示，会弹出另一个工具条，如图 7—2所示，当单击了飞腾工具条中的其他按钮时，“表格”工具条会关闭或按钮被禁止。

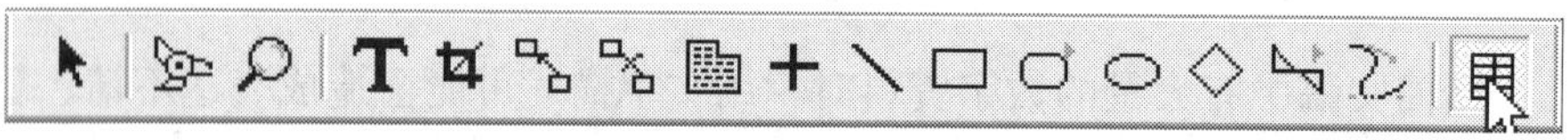

图 7—1　表格工具按钮

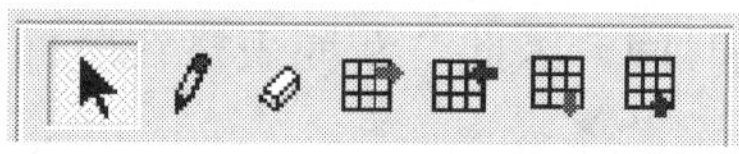

图 7—2　表格工具条

表格工具条中各按钮的作用如下：

：表格的箭头工具，在箭头工具状态下，可以做表线的移动、单元格的选中等操作。

：画笔工具，用于手绘表线。

：橡皮工具，用于擦除表线。

：删除行按钮，用于删除该单元格所在的行。

：插入行按钮，用于在该单元格所在行的前一行或者后一行插入新的一行。

：删除列按钮，用于删除该单元格所在的列。

：插入列按钮，用于在该单元格所在列的前一列或者后一列插入新的一列。

提示

(1) 飞腾的选取工具状态下与在表格的箭头工具状态下，其功能是不一样的。

(2) 在表格的箭头工具、画笔工具和橡皮工具下进行切换，热键分别是大键盘的1、2、3。

二、通过菜单创建表格

其操作步骤如下：

(1) 单击“表格→新建表格”命令，弹出“新建表格”对话框，如图7—3所示。

(2) 各个项目设置完成后，单击“确定”按钮，即可得到所需要的表格。

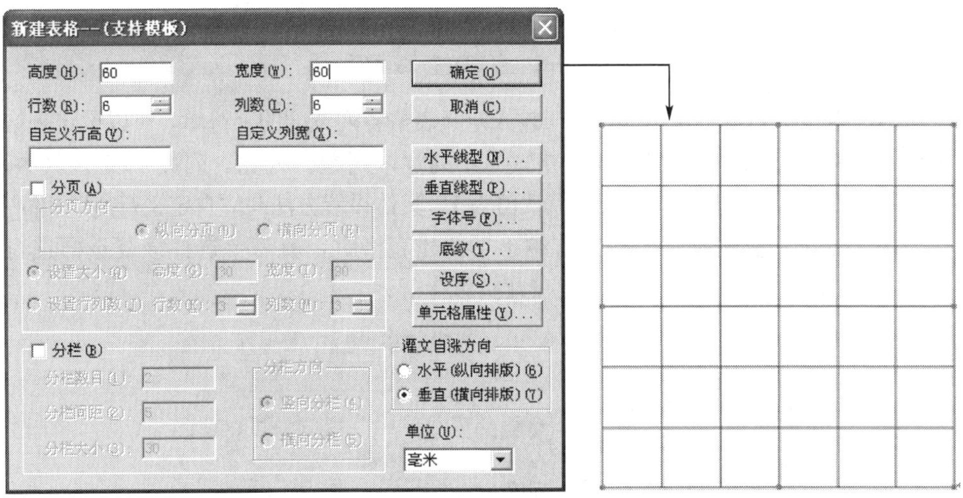

图7—3　“新建表格”对话框及新建的表格

“新建表格”对话框中各选项的具体设置含义如下。

1) “高度”文本框：设置整个表格所占的高度。

2)“宽度”文本框：设置整个表格所占的宽度。

3)“行数”微调框：设置整个表格的行数。

4)“列数”微调框：设置整个表格的列数。

5)“自定义行高”文本框：用于输入设定表格中各行行高的字符串。自定义行高的字符串的格式是：行高×行数＋行高×行数＋…… 其中，行高为实数，行数为整数，行数的默认值为 1。省略号表示还可以有别的“行高×行数”跟在后面。例如，表格的高度为 60，行数为 6，用来自定义行高的字符串为：25×1＋5×4＋15×1，这表示第 1 行的高度为 25，紧接着的 4 行高度为 5，最后 1 行的高度为 15。这样的表格如图 7—5 所示。

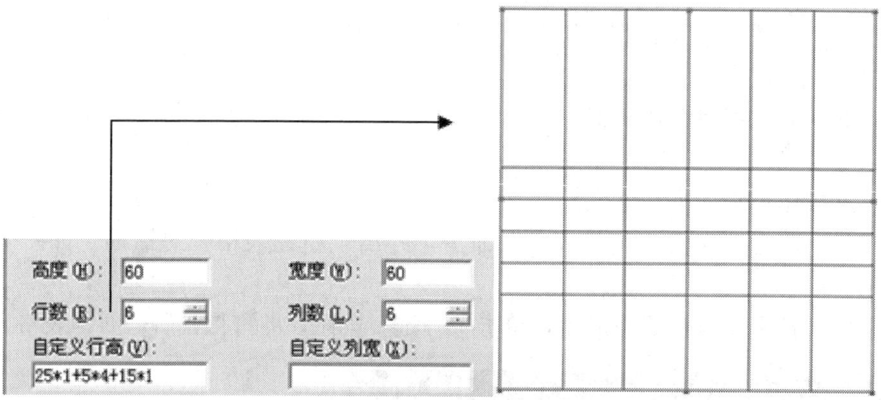

图 7—5　自定义行高示例

6)“自定义列宽”文本框：用于输入定义表格各列宽度的字符串，可以设定表格中每一列的列宽。用来定义列宽的格式是：列宽×列数＋列宽×列数＋…… 其中，列宽为实数，列数为整数，列数的默认值为 1。具体设置方法与“自定义行高”相同。

7)“分页”复选框：当一页容纳不下新建表格时，就需要选择该复选框进行分页（如图 7—6），使新建表格能在几页纸上显示。

图 7—6　“分页”选项组

当新建表格的高度超过纸张的高度时，需要选择“纵向分页”，各分页的表格纵向排列，当新建表格的宽度超过纸张的宽度时，需要选择“横向分页”，各分页的表格横向排列（如图 7—7）。

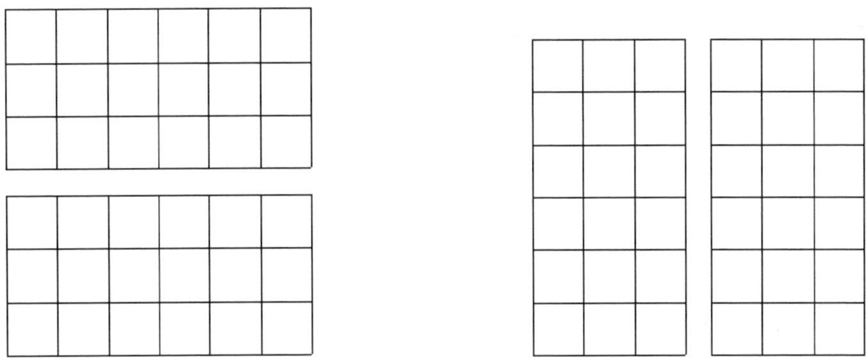

图 7—7　纵向分页和横向分页

选中“设置大小”，则由每个分页表格的高度（纵向分页时，在“高度”文本框中设置）或宽度（横向分页时，在“宽度”文本框中设置）决定分页表格的大小。

选中“设置行列数”，则由行数或列数决定每个分页的大小。纵向分页时，在“行数”微调框中设置每个分页表格的行数；横向分页时，在“列数”微调框中设置每个分页表格的列数。

提示　分页表格的高度或宽度不能超过表格的总高度或总宽度。

8）“分栏”复选框。当一个表格纵向很长或横向很宽的时候，需要选择该复选框。选中该复选框，“分栏”选项组被激活，如图 7—8 所示。

图 7—8　“分栏”选项组

“分栏数目”用来设置分栏的数目，决定分为几栏，数目不能小于 2。“分栏间距”用来设置表格各个分栏块之间的距离。“分栏大小”用来设置每一个分栏块的大小。

当新建表格的高度超过纸张的高度时，需要选择竖向分栏，各分栏的表格横向排列。当新建表格的宽度超过纸张的宽度时，需要选择横向分栏，各分栏的表格纵向排列（如图 7—9）。

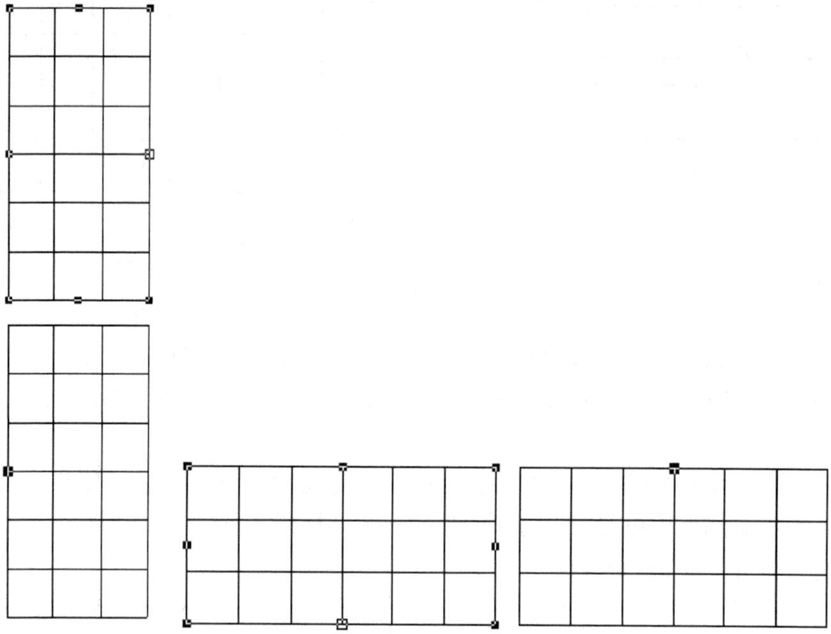

图 7—9　横向分栏和竖向分栏

提示

（1）当分栏数目和分栏大小发生矛盾时，排入版心中的分栏表格是以分栏大小的设置为基准的，同时对已经排入版心中的分栏表格，可以用 Shift＋鼠标左键拖动分栏标志的方法重新对表格进行分栏。

（2）如果分栏表格的高度超过了飞腾页面的高度，当将这个分栏表格排入版心的时候，会提示表格太大，超出了页面边界，则此次建立分栏表格的操作失败。

9）其余选项。

“水平线型”、“垂直线型”：用于设置表格中各水平、垂直表线的线型。

“字体号”：用于设置表格的字体、字号。

“底纹”：用于设置表格的底纹，此时设置的底纹是所有单元格的底纹，如果要对个别单元格设置底纹，则选中要设置的单元格，单击“美工→底纹”命令，在弹出的“底纹”对话框中进行设置即可。

“设序”：单击此按钮，则弹出“选择表格的序”对话框，用于设置表格的序。

“单元格属性”：用于设置单元格属性。

“灌文自涨方向”：用于设置向表格中灌文时表格的自涨方向。

三、通过手绘创建表格

另一种新建表格的方法是，直接用表格工具条中的画笔工具来创建新表格。在表格的画笔工具状态下用鼠标拉出一个矩形框作为表格的外边界，再在其中进行手绘或分裂单元格生成所需要的表格。其操作步骤如下：

（1）选中表格按钮，弹出表格工具条。

（2）选中表格工具条上的画笔工具。

（3）在屏幕上按下左键，拖动鼠标拉出一个矩形，释放左键。

（4）手绘表线或者分裂单元格，直到形成需要的表格，如图 7—10 所示。

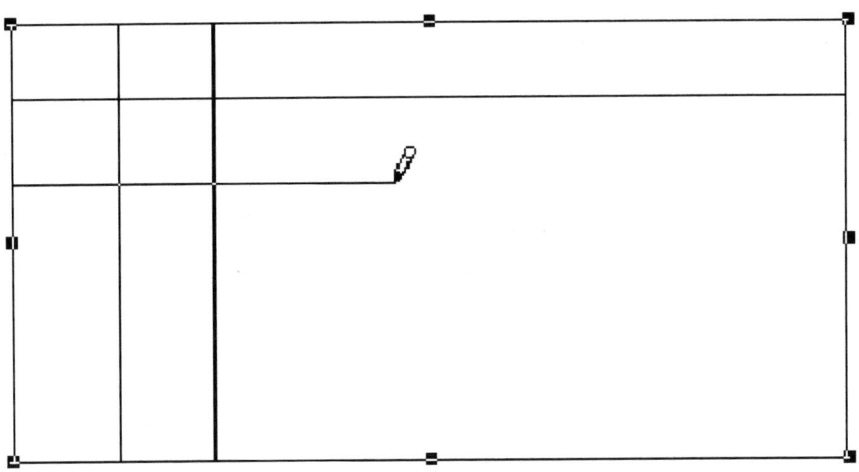

图 7—10　手绘表格

提示

(1) 手绘表格产生的表线只能是横线或竖线，如果拖动鼠标时显示的斜线与垂直线的夹角小于45°，那么产生的是竖线，如果夹角大于45°，那么产生的是横线。

(2) 如果产生的是竖线，此线的起始位置是从鼠标按下点向上找到的第一条线，此线的终止位置是从鼠标释放点向下找到的第一条线；如果产生的是横线，此线的起始位置是从鼠标按下点向左找到的第一条线，此线的终止位置是从鼠标释放点向右找到的第一条线。

(3) 如果按下或抬起鼠标键的位置在表格外，那么画线操作不起作用。

四、修改新建表格

（一）移动表线

表格中的表线是可以被移动的，被鼠标捕捉的表线为当前表线，移动部分有以下几种情况：

(1) 直接拖动表线时，只移动当前表线，其他表线不变。

(2) 当按住 Shift 键时，当前表线以右和以下的所有表线都要被移动，并保持其相对位置不变。

(3) 当按住 Ctrl 键时，只移动当前表线中鼠标单击位置附近处能移动的最短的一段线段。

(4) 当 Shift 键和 Ctrl 键同时按下时，只移动当前表线中鼠标单击位置附近处的能移动的最短的一段线段，并且当前表线以右和以下的所有表线都要被移动，且保持其相对位置不变。

提示

表线移动的距离为鼠标按下和释放点间的距离，其大小要受表格本身结构的限制。

其操作步骤如下：

(1) 选中表格工具条上的箭头工具。

(2) 将光标置于要移动的表线上，当光标变为╫或≑形状时，按住鼠标，向所需要的方向移动，如图 7—11 所示。

(3) 释放鼠标，即可将表线移到需要的位置。

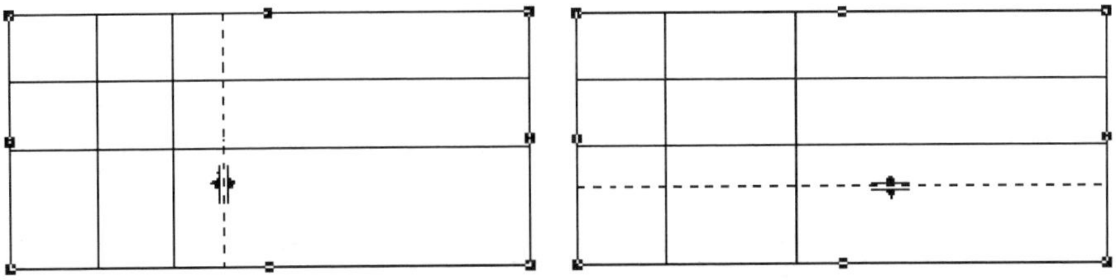

图 7—11　移动表线

（二）删除表线

对于不需要的表线，可以将它们删除。删除表线的操作是通过表格中的橡皮工具完成的。其操作步骤如下：

（1）选中表格工具条中的橡皮工具。

（2）在要删除的表线段上，按下鼠标左键不要抬起，拖动鼠标产生一条虚线并使这条虚线与要删除的表线重合，如图 7—12 所示，抬起鼠标左键，则表线段被删除。鼠标左键按下时出现光标表示表线不可删除，出现光标表示此时可以删除表线。

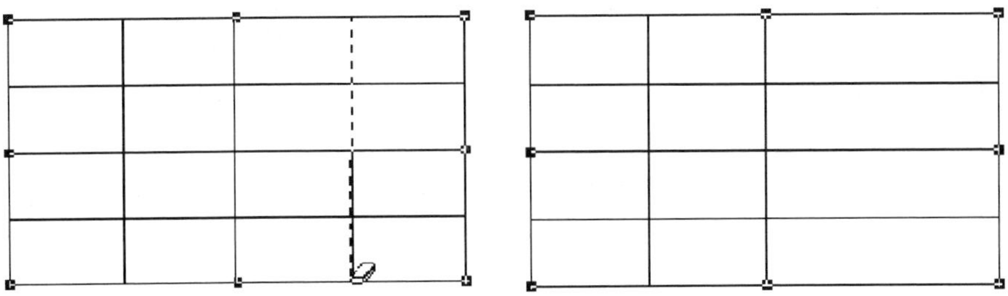

图 7—12　删除表线

提示

（1）拖动鼠标时会产生一条虚线，应尽量使虚线靠近要被删除的表线段。

（2）任何删除表线的操作都不会改变别的表线，如果一条表线被删除时影响到别的表线，那么这条表线不可删除。

（三）设置表线线型

在“新建表格”对话框中单击“水平线型”或“垂直线型”按钮，会弹出“线型”对话框，如图7—13所示，在此对话框中可对新建表格的表线进行设置。

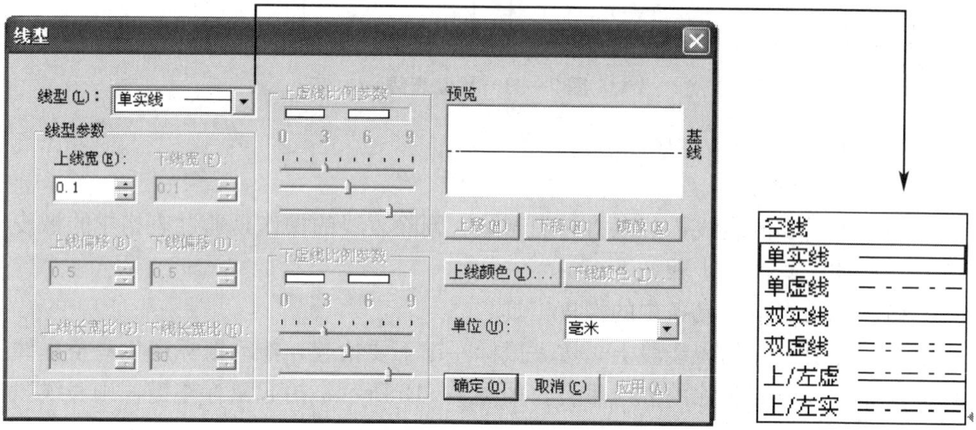

图7—13　“线型”对话框及表格中的七种线型

（1）“线型”：线型是表线的类型，在表格中可以设置七种线型。

（2）“上线偏移”：如果线型是单线，上线偏移无意义。如果线型是双线，上线偏移是指上线与基线之间的距离。基线是指预览框中那条不动的基准线。

（3）“下线偏移”：如果线型是单线，下线偏移无意义。如果线型是双线，下线偏移是指下线与基线之间的距离。

（4）“上线长宽比”和“下线长宽比”：这两个选项在线型是虚线的情况下有效。所谓虚线就是线段和空白交替画出来的线，顺序依次是：第一条线段、第一个空白、第二条线段、第二个空白……虚线周期就是指线段和空白重复交替出现，一个虚线周期指连续两次出现线段和空白。一个个周期地重复下去，就画出了一条虚线。长宽比的含义就是一个虚线周期的长与宽的比。“上线长宽比”是指上线是虚线时，虚线的长宽比；“下线长宽比”是指下线是虚线时，虚线的长宽比。

（5）“上虚线比例参数”和“下虚线比例参数”：指组成一个虚线周期的各个部分占这个周期的百分比。

（6）“上移”：单击该按钮，则预览框中双线的两条线同时上移。

（7）“下移”：单击该按钮，则预览框中双线的两条线同时下移。

（8）“镜像”：单击该按钮，则预览框中双线的两条线的所有线型参数交替。

(9)“上线颜色”和“下线颜色”：单击这两个按钮，可以分别设置上线和下线的颜色。

(四) 设置斜线

在飞腾表格中可以设置斜线，还可以设置斜线的类型、线宽和颜色，并且可以清除单元格中的斜线。其操作步骤如下：

(1) 选中要设置斜线的单元格，可以是一个单元格，也可以是多个单元格，如图7—14所示。

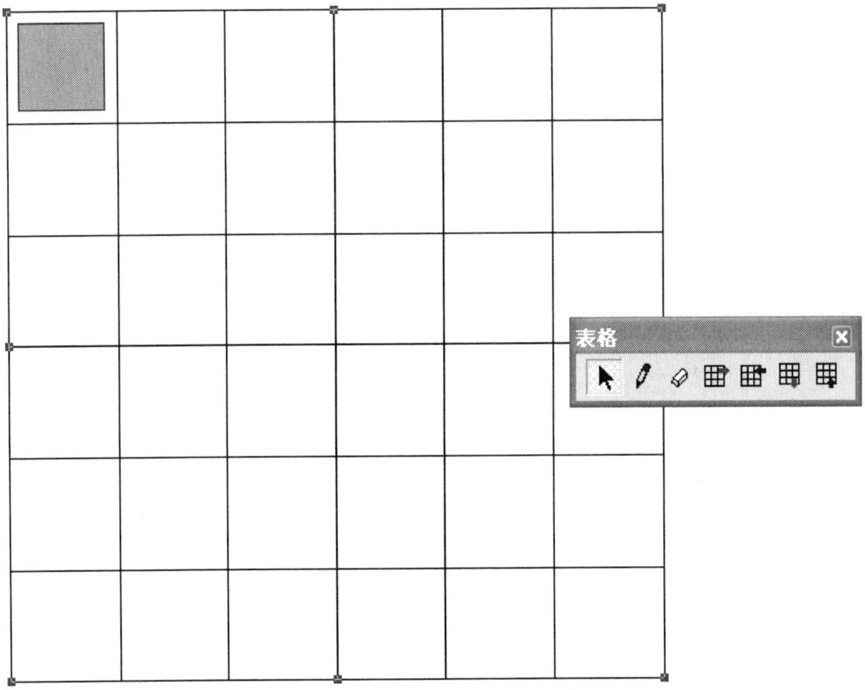

图7—14　选中要设置斜线的单元格

(2) 单击“表格→斜线操作→类型”命令，弹出“设置斜线类型”对话框，如图7—15所示，在此对话框中选择一种斜线类型。

(3) 单击“线宽”按钮，弹出“设置斜线线宽”对话框，如图7—15所示，在“斜线宽”文本框中输入数值，单击“确定”按钮。

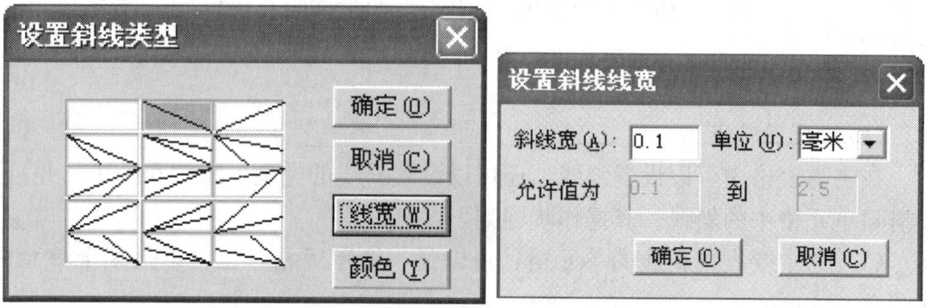

图 7—15 “设置斜线类型”和“设置斜线线宽”对话框

（4）单击“颜色”按钮，弹出“颜色”对话框，选择一种颜色，单击“确定”按钮。

（5）设置完斜线的线宽和颜色后，单击“确定”按钮，结果如图 7—16 所示。

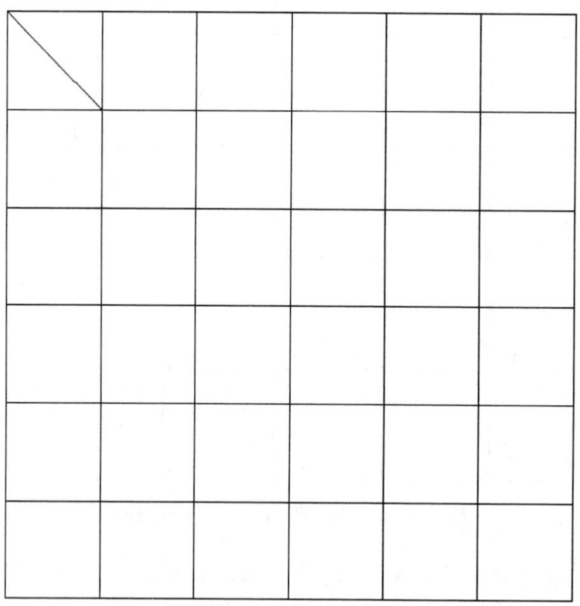

图 7—16 设置斜线效果

（6）要取消斜线，选中有斜线的单元格，单击“表格→斜线操作→清除”命令即可。

实验十四　表格的处理

一、表格中的文字操作

（一）输入文字

向表格块中某个单元格输入文字。其操作步骤如下：

（1）选中飞腾的文字工具。

（2）在要输入文字的单元格中单击，然后输入文字即可。

提示

如果输入的文字很多，单元格容纳不下，单元格可能自涨或者文字自动缩排，至于是哪种情况要取决于单元格属性中“单元格自涨”或者“文字自缩”的设置情况。如果单元格的属性既不是“单元格自涨”，也不是“文字自缩”，当输入过多文字使得单元格容纳不下时，超过单元格的内容会不显示，若要显示出来则需要对行高或列宽重新进行调整。

（二）表格灌文

如果有待排入表格的文字小样，则可以向表格中灌入文字，其操作步骤如下：

（1）选中表格中的一个或几个单元格（也可以选中整个表格）。

（2）按快捷键 Ctrl＋D，弹出“排入文字”对话框，在对话框中选择要排入表格的小样文件。

（3）单击排版按钮，屏幕上出现灌文光标 ，单击表格中某一单元格，文字被排入各单元格中。如图 7—17 所示。

提示

（1）在飞腾中，排入表格的小样文件有特殊的格式，即每个表项之间要用“\&”符号或“&”隔开，例如，“姓名\&性别\&年龄……”或“姓名&性别&年龄……”。如果选用其他表项间隔符，可在飞腾自定义安装时，在“其他属性”中自行设置。

(2) 建议在灌文的时候，在“排入文字”对话框中选择“回车（换行）符转换”为“忽略”，目的是去掉单元格中不必要的回车（换行）符号。

(3) 在选中多个单元格的情况下灌文（选中的单元格中原来可能有内容），如果灌文的内容不能灌满所有被选中的单元格，飞腾将自动删除已被选中而又没有被更新的单元格中的内容。

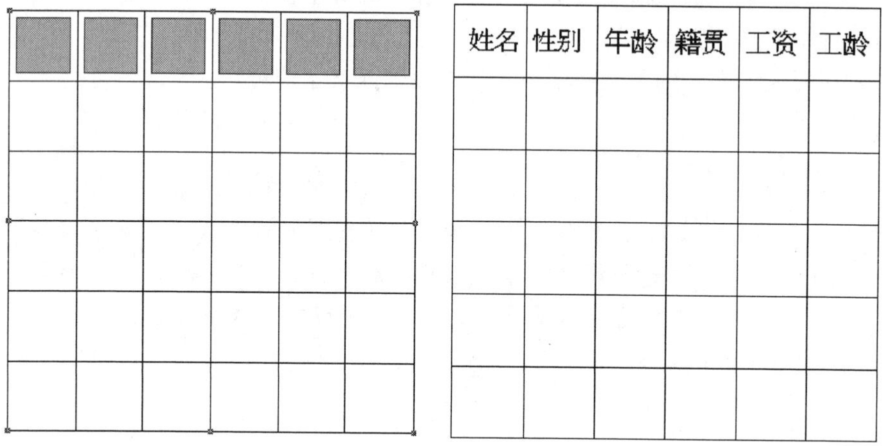

图 7—17　选中单元格并排入文字

（三）表格灌文时的续排

有时一个小样文稿中包含的内容可能比灌文的目标表格块能容纳的内容更多，这时，会在右下角出现续排标志，记录未排完的内容。例如，小样文稿中的表项间隔符指出，这个文稿中包含有 40 个单元格的信息，但是灌文目标表格块可能只有 30 格，这时，灌文的结果是，将会有部分小样文稿中的内容不能灌入到目标表格块中去，这些内容被称为剩余内容。表格续灌指的是，在灌文操作已经结束后，还能将这些剩余的内容记录下来，并在需要的时候，灌入到指定的表格块中去的操作。

具有剩余内容的表格，将在该表格的每个分页块的右下角出现一个绿色续排标志。单击该标志，出现灌文光标。在目标表格块上单击，即可进行续灌。

如果在“表格环境量”对话框中选择了表格行列随灌文自动增加，当表格排不下时，会自动增加行列。

（四）导出为纯文本

飞腾中可以将表格中的文字导出为纯文本或带表项间隔符的纯文本。两个单元格的导出内容间用给定的分隔符分隔，给定的分隔符是“\&”或“@”。在导出的时候文字的排序和表格本身的序一致。

其操作步骤如下：

（1）用表格工具中的箭头工具选中要导出文字的表格单元格。

（2）单击“表格→导出为纯文本”命令，弹出“另存为”对话框。

（3）在“另存为”对话框中输入导出文本的文件名，单击“确定”按钮，即可将表格中的内容导出，如图 7—18 所示。

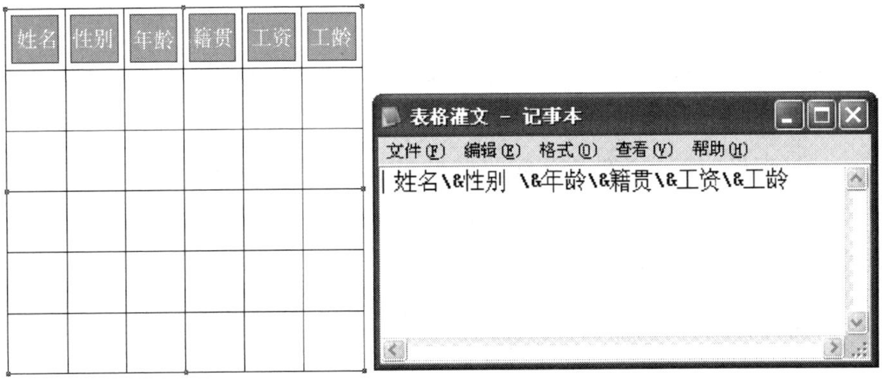

选中表格内即将要导出的文字　　将表格内文字导出至文本文件中

图 7—18　选中表格导出纯文本

（五）表格中文字与颜色的修改

如果要改变多个单元格中文字的字体时，可用表格的箭头工具选中这些单元格，同时改变这些字的字体，也可以用文字工具一个个地进行修改。

其操作步骤如下：

（1）用表格工具条中的箭头工具选中要改变字体的单元格。

（2）按住 Ctrl+F 快捷键，弹出“字体号”对话框。

（3）设置成需要的字体、字号，单击“确定”按钮就可。

如果要改变多个单元格中文字的颜色时，可用表格的箭头工具选中这些单元格，同时改变这些字的颜色，也可用文字工具一个个地进行修改。

其操作步骤如下：

（1）用表格的箭头工具选中要改变字的颜色的单元格。

（2）按快捷键 F6，弹出“颜色”对话框。

（3）在该对话框中选择所需要的颜色，单击“确定”按钮即可。

提示

飞腾中所有文字属性的设置，在表格中都支持，如改行宽、文字的立体底纹、文字的装饰字和通字底纹等，具体操作和飞腾版面中的操作方法相同。

二、表格块的操作

（一）表格块的基本操作

1. 表格的选中、拖动、复制、删除和粘贴

表格的选中、拖动、复制、删除和粘贴的操作方法与图元的操作相同。

2. 未分页表格的整体拉伸或压缩

未分页表格的整体拉伸或压缩的操作方法与图元的操作相同。分页和分栏表格不能拉伸和压缩，Shift＋鼠标左键拖曳续排标志可调整续排表。

3. 表格的变倍与旋转

表格的变倍与旋转的操作方法与图元的操作相同，但是，表格不支持倾斜的操作。

（二）未分页表格的分页

分页有两种方式：横向分页与纵向分页

1. 未分页表格块的纵向分页

其操作步骤如下：

（1）选中一个未分页的表格块。

（2）单击被选中表格块的下边线中间红色小方块，出现上下箭头后，按住 Shift 键，同时移动鼠标压缩（不要拉伸）表格块。此时，出现分页标志（也叫续排标志）。

（3）单击分页标志（续排标记），光标变成方形  。

（4）在屏幕上的任意位置单击并按住左键拖动鼠标，拖出一个矩形。

（5）释放左键，屏幕上出现新分页表格块，此时，屏幕两个表格块的大小的

和等于开始时未被分页的表格块的大小。

提示

1. 分页标志是蓝色小方块。未分页的表格块上没有分页标志。

2. 纵向分页过的表格块不能进行横向分页。经过横向分页的表格块也不能进行纵向分页。

3. 光标变成方形后，单击鼠标也能分页，但会弹出“默认块大小”对话框，点“确定”后生成的分页表大小即“默认块大小”对话框设定的块大小。

4. 可以按照上面的操作步骤将一个表格分成若干个分页表，同时分页表也可以按照上面的方法再分页。

2. 未分页表格块的横向分页

其操作步骤如下：

(1) 选中一个未分页的表格块。

(2) 单击被选中表格块右边线的中间红色小方块，出现左右箭头后，按住Shift键，同时移动鼠标压缩（不要拉伸）表格块，此时，出现分页标记。

(3) 单击分页标记，光标变成方形  。

(4) 在屏幕上的任意位置单击并拖动鼠标，形成一个矩形，释放左键。

(5) 在屏幕上出现新分页表格块，此时，屏幕上两个表格块的大小的和等于开始时未被分页的表格块的大小。

3. 隐藏分页块的上下边线或左右边线

对于横向分页块，可以隐藏其左右边线；对于纵向分页块，可以隐藏其上下边线。其操作步骤如下：

(1) 选中分页表格块。

(2) 单击“表格→表格块操作→不显示下边线（右边线）/不显示上边线（左边线）”命令。

(3) 分页块的某边线被隐藏。

4. 分页块再分页

其操作步骤如下：

(1) 选中一个分页表格块。

(2) 选择“表格→表格块操作→分页块再分页”命令，弹出“分页块再分页”对话框，如图7—19所示。

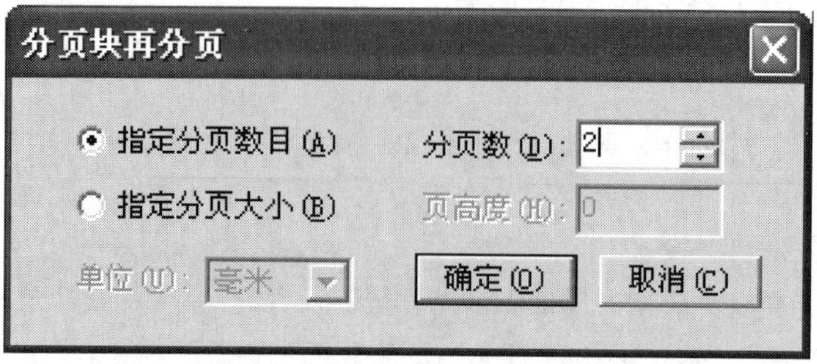

图 7—19 分页块再分页

（3）如果选中“指定分页数目”单选按钮，则在“分页数”微调框中输入要分页的数目，如果选中“指定分页大小”单选按钮，则在“页面宽”文本框中输入分页宽度，设置完成后，单击“确定”按钮。

（4）此时再次弹出一个提示对话框（如图 7—20）。单击“是”按钮。效果如图 7—21 所示。

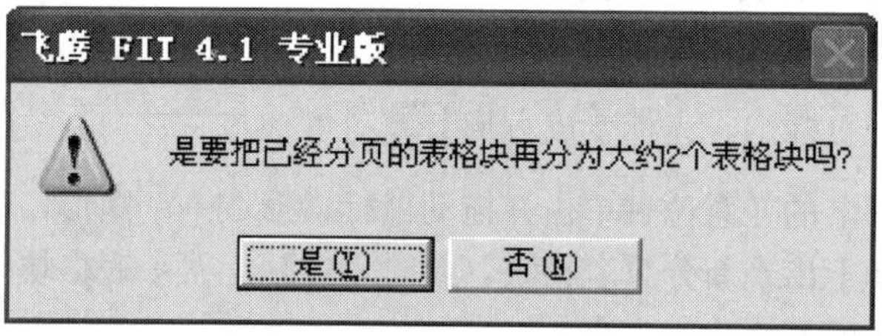

图 7—20 确认分页操作

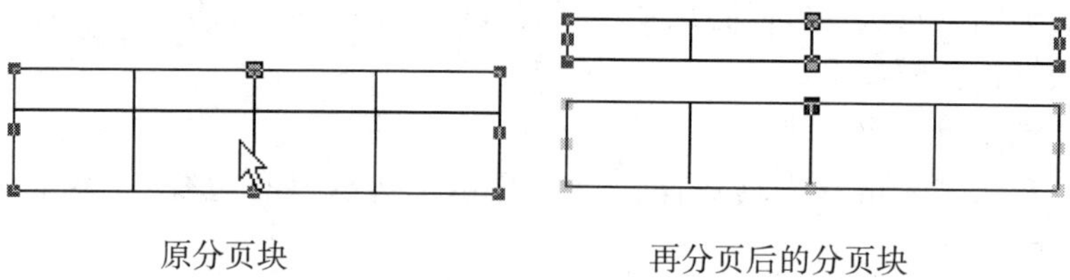

图 7—21 分页块再分页操作效果

5. 合并连续的分页块

同时选中几个连续的分页表格块时，可以合并它们，合并后的分页块形成的表格还可以调整大小并进行分页或分栏。操作步骤如下：

（1）同时选中要合并的连续分页块（分页块要彼此相关联）。

（2）单击“表格→表格块操作→合并连续分页块”命令。效果如图 7—22

所示。

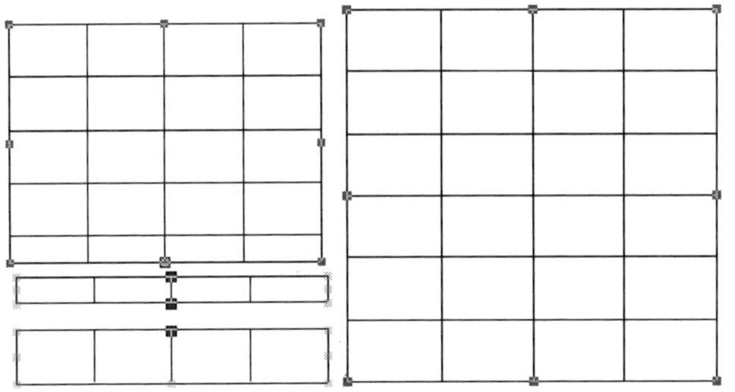

原分页块　　合并后的表格

图 7—22　合并连续的分页块

6. 删除所有分页块

其操作步骤如下：

(1) 选中要删除的表格的某个分页块。

(2) 选中“表格→表格块操作→删除所有分页块”命令。

(3) 弹出警告对话框，单击“是”按钮，则删除此表格所有分页块。

7. 设置分页参数

其操作步骤如下：

(1) 选中一个分页表格块。

(2) 单击“表格→表格块操作→设置分页参数”命令，弹出“设置分页参数”对话框。

(3) 在“页面宽”文本框中输入数值，然后单击“确定”按钮。

提示

改变一个表格块的大小，只能影响到下一个表格块，不会影响上一个或下下一个表格块。

(三) 设置分栏

其操作步骤如下：

(1) 选中要分栏的表格块。

(2) 单击“表格→表格块操作→设置分栏”命令，弹出“分栏属性”对话框，如图 7—23 所示。

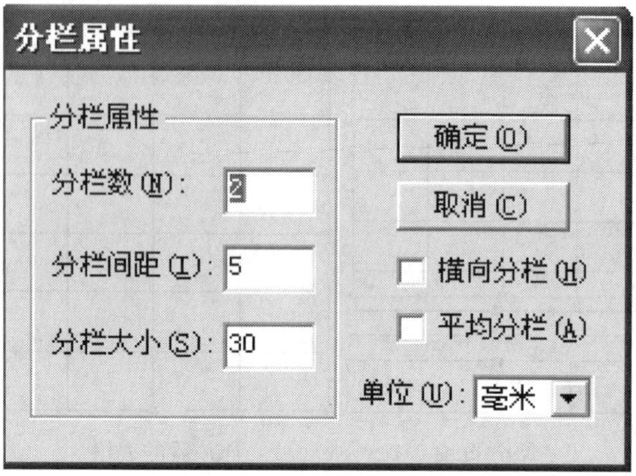

图 7—23　“分栏属性”对话框

(3) 设置好各项参数，单击“确定”按钮即可。

“分栏数”：指设置分栏的栏数。

“分栏间距”：指所分各栏之间的间距。

“分栏大小”：指每栏的大小。

“横向分栏”：选中此复选框，则分栏大小为横向分栏，否则为纵向分栏。

“平均分栏”：指按照表格总的高度，以及输入的分栏数平均分配表格，实现平均分栏。选中此复选框，“分栏大小”文本框被置灰。

提示

(1) 选中“横向分栏”复选框，设置分栏后，版面上的表格只显示设置参数的部分，即所分的栏数和分栏的大小。如果表格很大，还有剩余的部分，则剩余的部分不被显示，而是在分栏的表格中显示续排标志。

(2) 如果设置的分栏数与分栏大小有相矛盾的地方，则以分栏的大小为基础。

取消分栏则只需选中要取消分栏的表格，单击“表格→表格块操作→取消分栏”命令即可。

(四) 设为反表

反表主要体现在灌文分页和单元格自涨时与正表相反。反表的特点主要有：

(1) 右上方为表格的原点。

(2) 定义为反表以后的序在水平方向上是相反的。

(3) 当单元格是竖排版式的时候，单元格的自涨方向向左。

(4) 当表格的结构发生改变而导致表格块大小改变的时候，表格的右上角不动。

(5) 表格续排块的排列也是从右到左。

(6) 横向分页时，需要拖动表格块左边线中间的红色小方块。

设置反表的操作步骤如下：

(1) 建立一个表格，或选中要设置的表格块。

(2) 单击“表格→表格块操作→设为反表”命令，即可将表格设为反表。

(五) 阶梯表

阶梯表的主要功能是选中表格中的单元格，生成阶梯幅度为一行或一列的阶梯表。其操作步骤如下：

(1) 用表格工具条中的箭头工具，选中第 1 行或第 1 列中的一个或多个单元格（如图 7—24）。如果是选中多个单元格，则它们必须是紧挨着的。

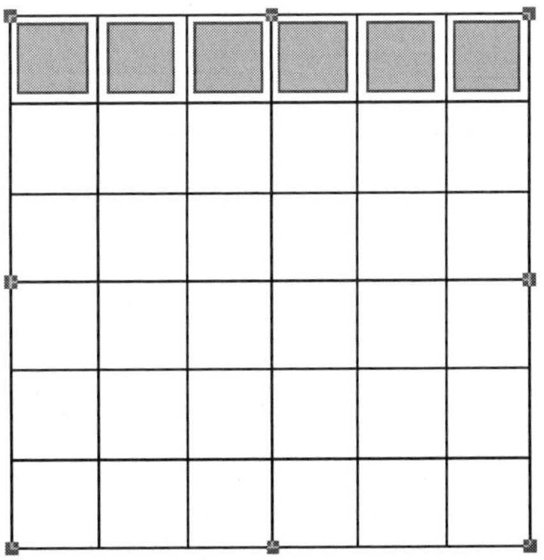

图 7—24　选中单元格

(2) 单击“表格→阶梯表”命令，弹出“阶梯表”对话框（如图 7—25）。

(3) 设置对话框中的参数，单击“确定”按钮，则可以看到阶梯表的效果。

“保留边线”：决定生成的阶梯表是否保留表格的边线（如图 7—26）。

“只选中”：只在要设置的阶梯表中选中单元格，并不生成阶梯表（如图 7—27）。此时，对话框中的“隐藏首行”和“隐藏首列”变为“忽略首行”和“忽略首列”。

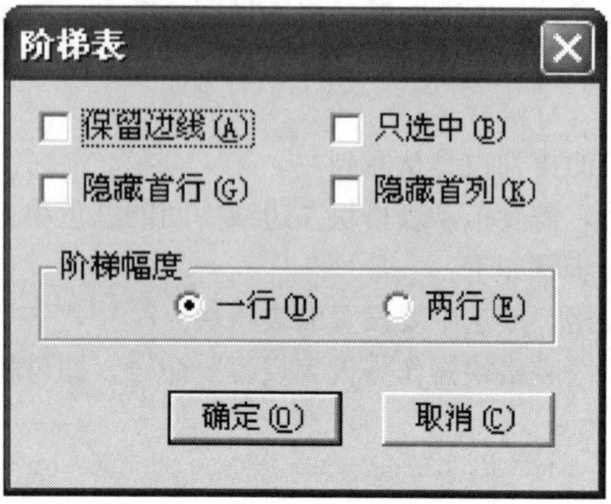

图 7—25 “阶梯表”对话框

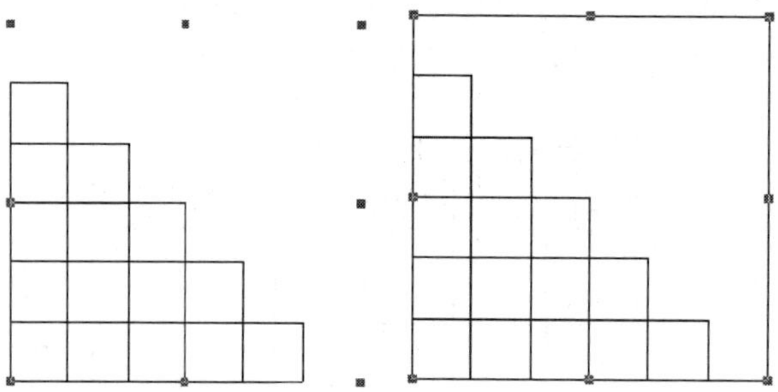

图 7—26 不保留边线和保留边线的阶梯表效果

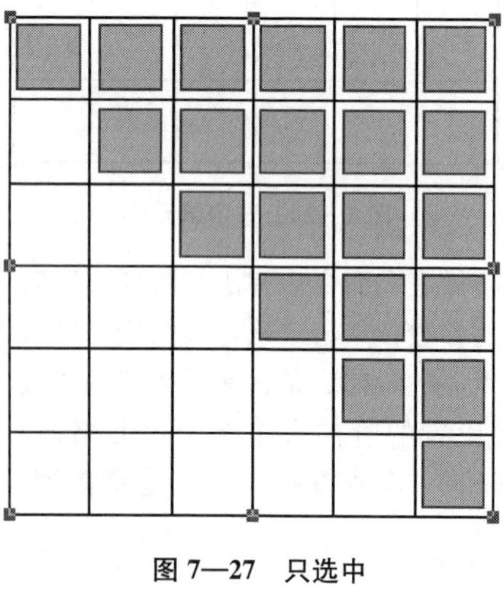

图 7—27 只选中

“隐藏首行”、“隐藏首列”：设置阶梯表后，首行、首列被隐藏（如图7—28）。

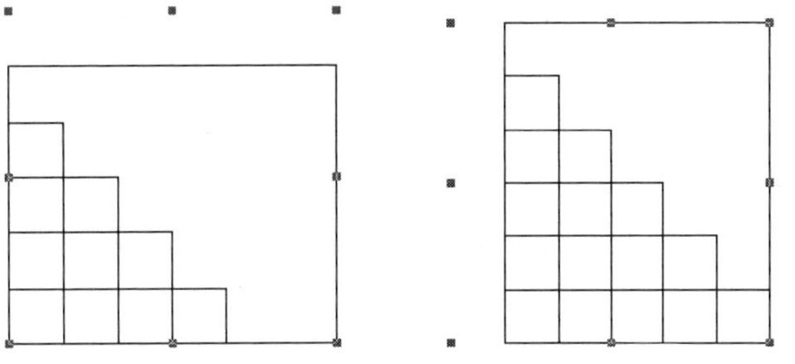

图 7—28　隐藏首行和隐藏首列

“阶梯幅度”：有一行和两行可供选择（如图 7—29）。

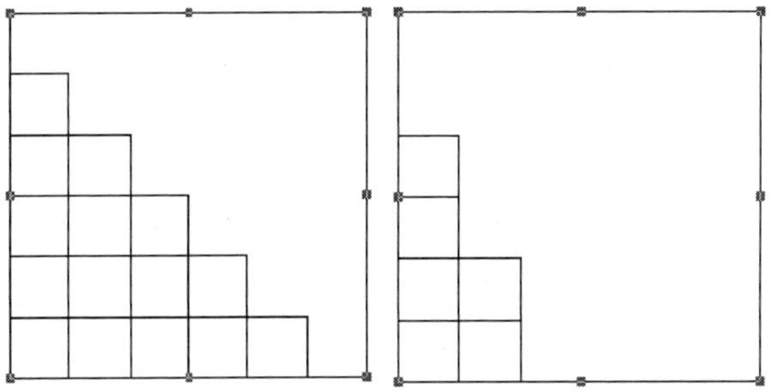

图 7—29　阶梯幅度为一行和两行

提示

（1）分栏、分页表格以及含有不规则单元的表格不能设置为阶梯表。

（2）只选中一个单元格是无法设置阶梯表的。

（六）表格的边框

表格外边框的线型是可以设置的，操作步骤如下：

（1）用“工具”中的选取工具选中表格。

（2）单击“表格→表格外边框”命令，弹出“单元格线型”对话框。

（3）设置对话框中的参数，单击“确定”按钮。

(七)表格设序

表格的设序功能是表格灌文、移动表格内容的辅助功能。对于一个结构复杂的表格来说,设序的功能是否强大直接影响到制作表格的效率。

1. 自定义表格的序

表格创建之后,如果表格的结构发生了变化,最后得到的序可能不令人满意,因此,可以对表格进行自定义序。其操作步骤如下:

(1) 选中单元格,按下 D 键,就进入了设序状态,此时弹出"选择表格的序"对话框,该对话框提供了九种排序的方法,其中第一种是表格中已经存在的排序方式,而后面八种为规则排序,选择其中一种,表示新的自定义序将以某种规则排序方式为基础(如图 7—30)。

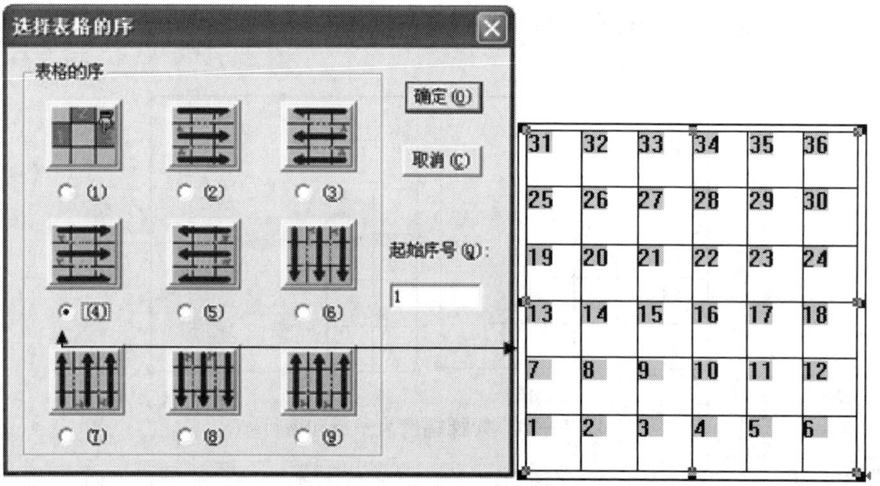

图 7—30 "选择表格的序"对话框及选择一种规则排序

(2) 该对话框中有一个起始序号文本框,默认值为 1,表示设序起始的序号。设为 1,则第一次按下鼠标选中一个单元格,该单元格的序将被设为 1,以后依次加 1;如果设为 10,则第一次按下鼠标选中一个单元格,该单元格的序将被设为 10 ,以后依次加 1。该文本框的作用在于:如果排版者不想改变前九个单元格的序号,只想从之后某个数字开始设,就可以用这种方法:

(3) 单击"确定"按钮,则自定义序完成。此时,当用户还想个别改动单元格的序,则可以使用以下的方法:

1) 每次用鼠标单击一个单元格,设置该单元格的序(如图 7—31)。

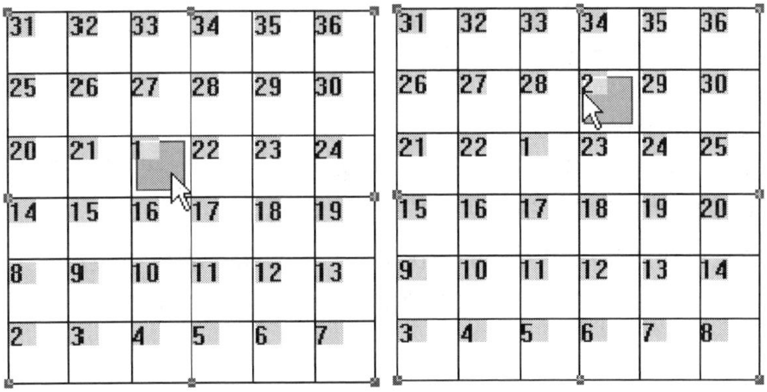

图 7—31 使用鼠标单击设置单元格的序

2）选中多个单元格，则相当于按照这些单元格的排序顺序依次用鼠标单击一个单元格。

3）在选中多个单元格的同时按下 Ctrl 键，会弹出“选择表格的序”对话框，可以设置这些单元格的局部序。

4）在用鼠标单击一个单元格的同时按下 Ctrl 键，弹出“调整单元的序”对话框，选择“交换序号”，并输入“目标序号”，被选中的单元格的序号将与目标单元格的序号发生交换，如图 7—32 所示。

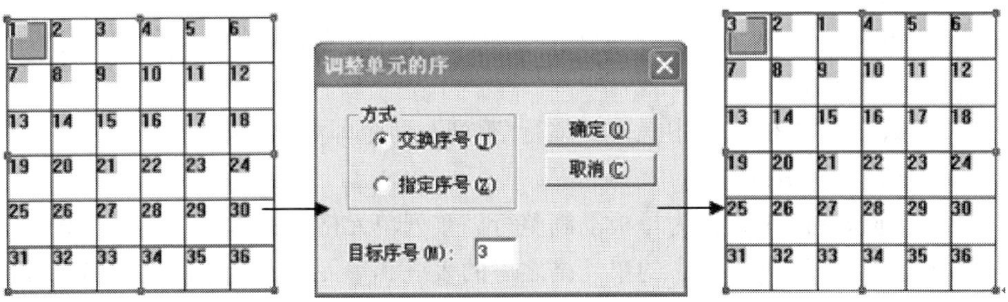

图 7—32 交换单元格的序号

5）在用鼠标单击一个单元格的同时按下 Ctrl 键，弹出“调整单元的序”对话框，选择“指定序号”，并输入“目标序号”，被选中的单元格的序号将设为目标序号，其余的单元格的序号将被调整。

6）在得到了所想要的序后，按下 D 键，或者是按下鼠标右键，退出设序状态。

提示

设序仅在向表格灌文的时候起作用，对于已经有内容的表格，改变序不会影响单元格中已经存在的内容的排列。

2. 锁定灌文顺序

“锁定灌文顺序”其实就是不允许再对表格进行设序，即按下快捷键D后不再弹出“选择表格的序”对话框。

在选中表格块或选中单元格的情况下，只要单击“表格→锁定灌文顺序”命令，就可以锁定该表格的序。要取消锁定，只需要再次单击“表格→锁定灌文顺序”命令即可。

提示

对于分页的表格，只要其中一个分页块的序被锁定，则其他分页块的序也被锁定。在进入了设序状态后，该命令被置灰，只有在退出设序状态后，才能重新锁定序。

三、表格的行列操作

1. 选中整行、整列

其操作步骤如下：

（1）选中一个单元格（行列操作中的选中使用的是表格工具条中的箭头工具，以后说明略）。

（2）单击“表格→选中操作→整行/整列”命令即可。

2. 复制、粘贴行列

以当前选中的单元格为母板复制整行、整列单元格，插入到当前选中的单元格之前或之后，而当前选中的单元格之后的表线和单元格则往后移动。其操作步骤如下：

（1）选中要复制的一行（一列）或者多行（或多列）单元格（选中的单元格必须是一个整行或多个整行，且中间非空）。

（2）单击“编辑→复制”命令，或按快捷键Ctrl+C。

（3）选中要粘贴的位置，即某个单元格，单击“编辑→粘贴”命令，或按快捷键Ctrl+V。

（4）弹出“复制行列”对话框。

（5）选中“粘贴内容”复选框，则“粘贴行列”选项组置灰，只粘贴单元格中的内容，不粘贴行列。粘贴内容可以是单元格中文字的字体、排版格式，单元格的底纹、边空、斜线、立体底纹、特殊符号以及单元格内容。

（6）选中“粘贴行列”复选框，则可在方向选项组中选择“粘贴行列”的方向，在“粘贴次数”文本框中输入粘贴的次数，选中“包括内容、属性”复选框，则不但粘贴行列，而且粘贴行列中的内容和属性。

（7）单击“确定”按钮，复制、粘贴行列操作完成。

提示

1. 如果指定位置处不是规则行（列），无法粘贴，则取消粘贴操作。在复制之后，表格中被复制的结构不可改变，否则粘贴会失败。

2. 如果选择粘贴位置的时候选择的是一个以上的单元格，则弹出的“复制行列”对话框中“粘贴行列”是置灰的，也就是说这种情况下只能够粘贴内容。

3. 删除行列

其操作步骤如下：

（1）选中一整行、整列单元格。

（2）单击“表格→行列操作→删除行/删除列”命令。

提示

选中的单元格必须是一整行或一整列，但是一个表格（不是一个表格块）全部被选中时，不能删除整行或整列。

4. 平均分布行列

将选定的若干行、列的行高、列宽设为相等的行高、列宽，其操作步骤如下：

（1）选中表格中的若干行、列或整行、整列单元格。

（2）单击“表格→行列操作→平均分布行/平均分布列”命令。

5. 整表平均分布

将整个表格的所有行调整为相同的高度，将所有列调整为相同的宽度。其操作步骤如下：

（1）选中表格中的所有单元格。

（2）单击“表格→行列操作→整表平均分布”命令。

6. 调整行高和列宽

在单元格中有文字的情况下，调整行的高度为文字的高度，或在单元格中有文字，并且文字为竖排的情况下，调整列的宽度为文字的宽度。操作步骤如下：

(1) 选中表格中有文字的单元格。

(2) 单击“表格→行列操作→调整行高/调整列宽”命令。

提示

如果要固定表格中行的高度，则单击“表格→行列操作→锁定行高”命令。解除“锁定行高”只需再次单击该命令。

7. 插入通栏行（列）

当只选中了一个单元格，且该单元格的上（左）边线所在的表线为通线时，就可以在其前面插一个通栏行（列），而下（右）边线所在的表线为通线时，则可以在其后插一个通栏行（列）。其操作步骤如下：

(1) 选中单元格，单击“表格→行列操作→插入通栏行（列）”命令，弹出“插入通栏行（列）”对话框，如图7—33所示。

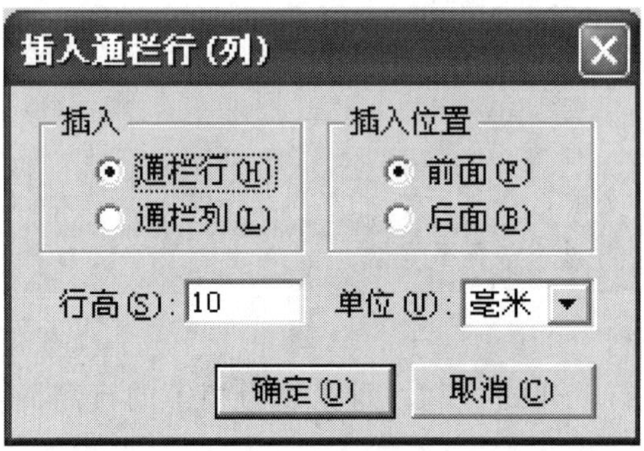

图7—33 “插入通栏行（列）”对话框

(2) 在“插入”选项组中设置通栏行或是通栏列，在“插入位置”选项组中设置插入通栏行（或列）的位置，在“行高”（或“列宽”）文本框中输入通栏行的行高（或通栏列的列宽），在“单位”下拉列表中设置行高（或列宽）的单位，设置完毕后，单击“确定”按钮。效果如图7—34所示。

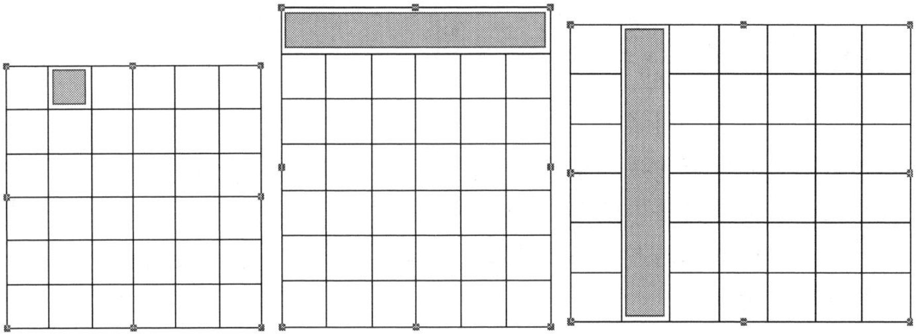

图 7—34　在单元格前面插入通栏行（列）

提示

（1）在表格的环境量中有一个“向通栏行（列）中灌文”复选框，如果选中此复选框，则在灌文时，小样文字可以灌入通栏行（列）中，否则，灌文将略过通栏行（列），这些单元格中的内容必须手工输入。但是已经进行过合并单元所形成的通行（列）单元被认为是普通行（列），不作为通栏行（列）处理。

（2）通栏行（列）中的文字设置同普通行（列）相同，也可以进行分裂、合并操作，且被分裂后的新单元格仍被看作是通栏行（列）；而多个单元格被合并，新单元格是否是通栏行（列）取决于第一个单元格（按序）是否是通栏行（列）。

（3）通栏行（列）单元格和非通栏行（列）单元格之间不能相互转换。

四、单元格的操作

（一）选中单元格基本操作

1. 选中单元格

单元格指表格中的方格，方格内部没有表线。单元格是表格的基本单位，选中单元格是一种基本操作。其操作步骤如下：

（1）选中表格工具条中的箭头工具。

（2）单击要选的单元格，选中的单元格背景色会变成深色。

（3）按下 Shift 键，单击其他单元格，则可以选中多个单元格，重复单击其他单元格，直到选中所有想要选中的单元格，释放 Shift 键即可。

提示

按住 Ctrl 键也可以逐个选中多个单元格，但按住 Ctrl 键的同时单击已经选中的单元格时，会取消选中该单元格。

2. 通过鼠标拖动选中多个单元格

这种方法只能选择连续的单元格，其操作步骤如下：

(1) 选中表格工具条中的箭头工具。

(2) 在表格块上单击左键不要抬起，拖动鼠标产生一个虚线矩形。

(3) 释放左键。

3. 选中所有单元格

(1) 选中一个表格块。

(2) 单击“表格→选中操作→全选”命令。

4. 作用范围是当前表格块时反向选取单元格的情况

作用范围是当前表格块时，反向选取单元格是把当前页面上某表格块中已经被选中的单元格置为未选中状态，而把未被选中的单元格置为被选中状态。其操作步骤如下：

(1) 选中一个或者多个单元格。

(2) 单击“表格→选中操作→反选”命令。

5. 查找未排完单元格

当单元格属性没有设为自涨或自缩时，如果单元格中文字很多，单元格排不下，单元格则只显示部分内容，这时，可以查找未排完单元格。其操作步骤如下：

(1) 选中表格工具条中的箭头工具，选中有未排完单元格的表格中的某个单元格。

(2) 单击“表格→查找未排完单元格”命令，则第一个未排完单元格（按序）会被选中。

(3) 按快捷键 G，可以继续查找未排完单元格。

（二）设置选中单元格内文字的排版方式

表格中的单元格内文字的排版方式有四种：正向横排、正向竖排、反向横排、反向竖排。其操作步骤如下：

(1) 选中表格工具条中的箭头工具。

(2) 用该箭头工具选中某个或者某几个已经输入文字的单元格。

(3) 单击“版面→排版方式→正向横排/反向横排/正向竖排/方向竖排”命

令，或者分别单击常用工具条上的 按钮即可。

（三）纵向对齐方式与行格式

文字在单元格中的位置有三种：正常、居中和居下。纵向对齐方式与排版方式共同决定文字在单元格中的位置。其操作步骤如下：

（1）用表格工具条中的箭头工具选中某个或某几个已经输入文字的单元格。

（2）单击“表格→纵向对齐方式”命令，弹出“纵向对齐方式”对话框，如图 7—35 所示。

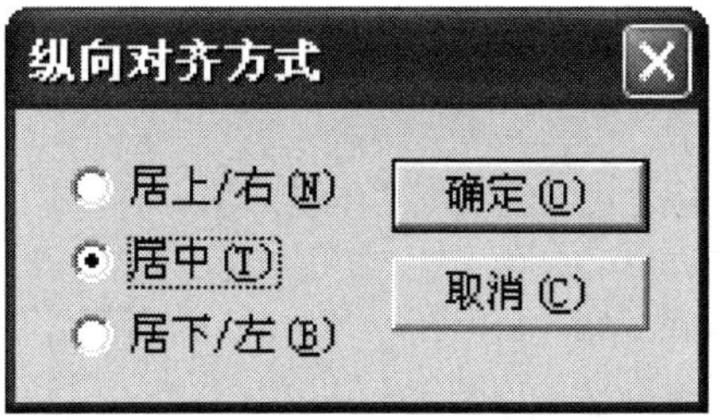

图 7—35　“纵向对齐方式”对话框

（3）选择需要的选项，单击“确定”按钮即可。

表格中的单元格也可以设置行格式，单元格中的每一行文字可以全部居左、居右、居中或者撑满等，相应的概念和设置方法和飞腾中对文字的操作相同，所不同的是选取工具采取表格工具条中的箭头工具。

提示

当单元格是正向横排时，纵向对齐方式的操作设置的是文字在单元格中的上、中、下三种位置，而行格式设置的是文字在单元格中的左、中、右三种位置。

（四）符号对齐

如果一列表格中所有单元格中全是数字，而且大多有小数点，为了美观，要求这一行数字中的小数点在同一条纵向直线上，这就必须按照某特殊符号对齐。特殊符号含义很广泛，可以是小数点，也可以是字母、汉字或其他特殊符号。其操作步骤如下：

（1）选中同一列上某几个已经输入文字的单元格，或者选中有多行文字的一个单元格。

提示 选中多个单元格，执行符号对齐，则对多个单元格的内容统一按符号对齐；选中一个单元格，则使该单元格内的多行文字按符号对齐。

（2）单击“表格→符号对齐”命令，弹出“符号对齐”对话框，如图 7—36 所示。

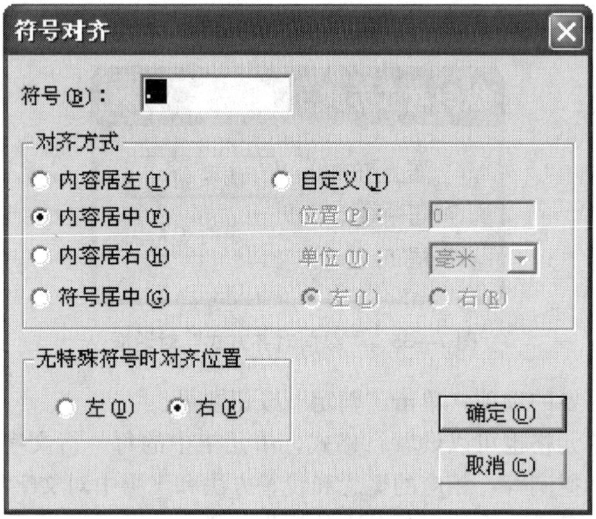

图 7—36 “符号对齐”对话框

（3）各个项目设置完成，单击“确定”按钮。

1）“内容居左（居右）”：是指按指定的特殊符号对齐后，移动到能够保持对齐状态不被破坏的最左（最右）的位置。

2）“内容居中”：是指单元格中的内容在单元格中居右对齐。

3）“符号居中”：将特殊符号对齐到单元格的中线上，如果不行，则对齐在能够保持对齐状态不被破坏的最靠近中线的位置上。

4）“自定义”：通过自己设置参数定义对齐的方式，选中此单选按钮，对话框中其余置灰的选项被激活。

5）“符号”：指设定的特殊符号。

6）“左”：是指以特殊符号与排版区域左边界之间的距离决定特殊符号的位置。

7）“右”：是指以特殊符号与排版区域右边界之间的距离决定特殊符号的位置。

8）“位置”：是指特殊符号与排版区域边界之间的距离决定特殊符号的位置。在“位置”文本框中输入的数值应能实现，即如果单元格宽 20 厘米，要是在位置文本框中输入 30 厘米，则所输入的数值无效，显示结果不发生任何变化。

9）“无特殊符号时对齐方式”的“左”指对于不含有特殊符号的字符串，以这个字符串的左边和其他字符串中的特殊符号对齐，“右”指对于不含有特殊符号的字符串，以这个字符串的右边和其他字符串中的特殊符号对齐。

提示

（1）在某些特殊情况下不能对齐。例如，“右”对齐、“位置”为 1 毫米、“符号”是小数点、单元格中的数字是 13.135 。小数点后面的 135 不能在 1 毫米的空间显示出来，就不能对齐。

（2）对齐位置时特殊符号在单元格文字排版区域中的位置。

（3）单元格文字排版区域是单元格的大小减去单元格的边空。

（4）如果某一列单元格中的字符串已经是按照符号对齐的了，但若是改变表格大小等原因而改变了单元格的大小，那么需要重新执行“符号对齐”功能。

（五）合并和分裂选中的单元格

1. 合并单元格

合并后单元格的大小是被合并单元格组大小的和，合并后单元格的内容包括了被选中单元格中的所有内容，但是，合并单元格会影响文字的排版区域，单元里的文字要重排。

其操作步骤如下：

（1）通过鼠标拖动选取多个单元格。

（2）单击“表格→单元格操作→合并”命令即可。

2. 分裂单元格

一个选中的单元格可以进行再分单元格的操作。如果单元格被分裂成 m 行 n 列，则每个选中的单元格位置不变，宽度变为原宽的 $1/n$，高度变为原高的$1/m$，同时新生成 $m\times n-1$ 个单元格，其状态为被选中。

其操作步骤如下：

（1）选中某个单元格。

（2）单击“表格→单元格操作→分裂”命令，弹出“分裂选中的单元格”对话框，如图 7—37 所示。

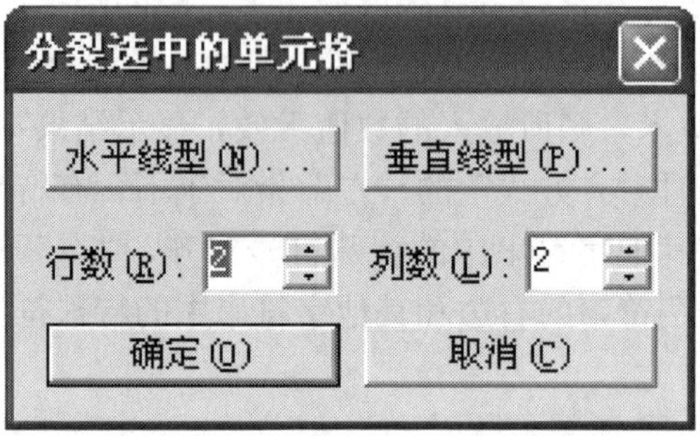

图 7—37　“分裂选中的单元格”对话框

（3）单击“水平线型”或“垂直线型”按钮，可以设置新生成的单元格所有水平线、垂直线的线型。在“行数”微调框中输入要分裂成的行数，在“列数”微调框中输入要分裂成的列数。

（4）设置完毕，单击“确定”按钮。

提示

（1）分裂单元格会影响文字的排版区域，单元格里的文字要重排。

（2）如果选中了多个单元格，那么同时分裂。

（3）在分裂单元格时，当给定分裂行列数超过最大可分裂行列数后，按最大行列数分裂。

（六）调整选中单元格的大小

飞腾 4.1 专业版能发排清楚的最小单元格是 1.00 毫米×1.00 毫米（边空为 0），单元格字号最小为 2 磅。飞腾的表格操作中，单元格的大小是可以精确调整的，但是此操作会影响文字的排版区域，单元格里的文字要重排，其操作步骤如下：

（1）选中某个单元格。

（2）单击“表格→单元格操作→单元格大小”命令，弹出“单元格大小”对话框，如图 7—38 所示。

（3）选择调整方式。“指定”指在高度和宽度文本框中输入的值是调整单元格的实际大小。“增加”指在原来单元格的大小上增加高度和宽度文本框中输入的值。“减少”指在原来单元格的大小上减少高度和宽度文本框中输入的值。

（4）高度、宽度复选框。可在其后的文本框中输入要调整的数值。

(5) 设置完成后，单击“确定”按钮。

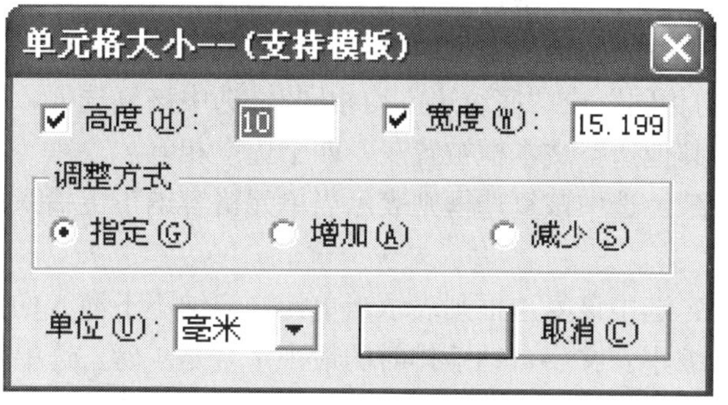

图 7—38 “单元格大小”对话框

(七) 设置单元格的属性

单元格属性有单元格自涨、文字自缩和边空设置。设置这些属性会影响多种操作，如拉伸、输入文字等，还能影响单元格内文字的布局。其操作步骤如下：

(1) 选中表格工具条中的箭头工具。

(2) 选中一个或者多个要设置的单元格。

(3) 单击“表格→单元格操作→单元格属性”命令，弹出“单元格属性”对话框，如图 7—39 所示。

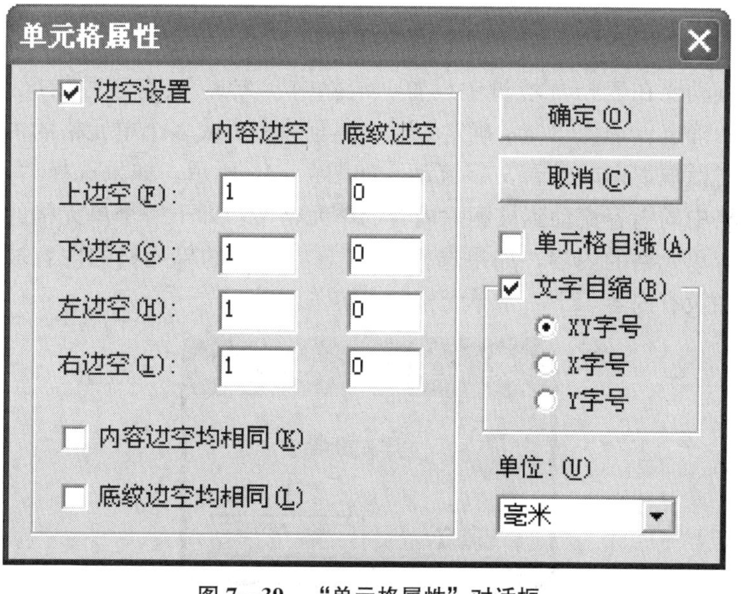

图 7—39 “单元格属性”对话框

（4）各个项目设置完毕，单击“确定”按钮。

“边空设置”：该选项组中选项用来分别设置单元格中的内容或底纹的边空。在相应的文本框中输入的值决定了内容或底纹与单元格的距离。

“内容边空均相同”或“底纹边空均相同”：选中该复选框，则只有上边空文本框是激活的，其他边空文本框被置灰，四个边空相等。

“单元格自涨”：选中该复选框则表示当单元格容纳不下输入的文字时，单元格会自动扩大。

“文字自缩”：选中该复选框则表示当单元格容纳不下灌入的文字时，单元格中的文字会自动缩小。文字自动缩排时的最小字号是4磅。选中“XY字号”，则文字的横向和纵向均自缩，选中“X字号”，则文字横向自缩，选中“Y字号”，则文字纵向自缩。

提示

单元格具有自涨属性时，单元格的边线在输入文字时是可以自动移动的。

“单元格自涨”、“文字自缩”复选框均为三态按钮。所谓三态是指当选择了多个单元格，同时设置它们的自动缩排属性时，如果有的单元格是自动缩排，有的不是自动缩排，那么当前文字自缩复选框就应该是第三态状态（即文字自缩复选框置灰，不可选）。

（八）文字流动

文字流动要在表格环境量中设置“清除内容方式”，有三种情况：不流动、流动和提示确定。选择“提示确定”时，当删除一个或多个单元格的内容时，会弹出提示对话框，询问是否文字流动，如图7—40所示。如果选择“是”，则下一个单元格中的内容流动到被删除内容的单元格中，即下一个单元格的内容取代被删除内容单元格的内容，如果选择“否”，则选中的单元格的内容被删除，这个单元格中没有内容，下一个单元格的内容不流动。

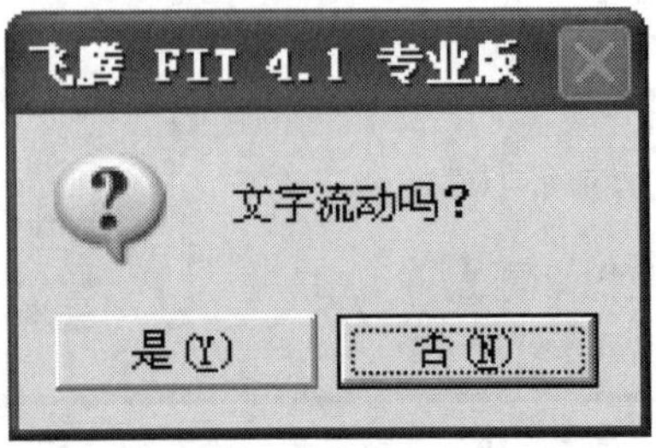

图7—40 提示确定文字是否流动

（九）单元格边缘线段线型的设置

在表格操作中可以对选中单元格的左边界、右边界、上边界、下边界、内部横线、内部竖线的线型进行分别设置。其操作步骤如下：

（1）选中要设置的单元格或单元格组。

（2）单击"美工→线型"命令或单击鼠标右键，在弹出的菜单中选择线型命令，弹出"单元格线型"对话框，如图 7—41 所示。

（3）各个项目设置完成，单击"确定"按钮。

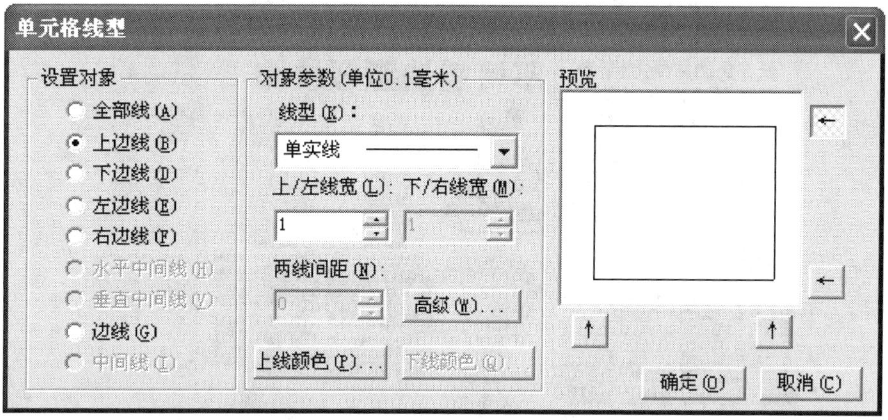

图 7—41 "单元格线型"对话框

（十）设置表头

表头是表页（表格块）的边界部分，表页中除去表头的部分称为表体，表体必须是规则的矩形，表头可以分布在表页四周的任何地方，双实线是表格的边沿，四条单虚线以外的部分是表格的表头，四条单虚线以内的部分是表格的表体。在表格中设置表头的主要作用是在分页的时候使某些页具有相同的表头信息。

设置表头的操作方法是：选中要设置为表头的单元格，单击"表格→表头→设为表头"命令。要取消表头的操作方法是：选中设置为表头的单元格，单击"表格→表头→取消表头"命令。

提示

（1）被选中的单元格必须在表页的边界。

（2）未被选中的单元格组成规则的矩形。表头可以分多次设置。

（3）在纵向分页时只能有上下的表头，在横向分页时只能有左右的表头。

学习与思考

模仿下面报纸版面表格形式，尝试制作一条表格新闻。

广州日报 理财周·收藏 COLLECTION

书画市场

是"抄底"时机还是仍处于交易僵局?

买卖双方博弈结果春拍揭晓

长方壳比方壳、圆壳贵 三角形又比方形表贵

不可重造型轻纹饰

和田籽玉身价7年上涨100倍

广东省宝玉石展将于2月底开幕

收藏可切换视角

藏书票中另藏"风景"

第八章

颜色的编辑

色彩分无彩色系和有彩色系两类，无彩色系是指黑、白、灰色系列，有彩色系指包括在可见光谱中的全部色彩。报纸的版面也可分为黑白版及彩色版。

色彩包括三要素：明度（色彩的深浅、明暗程度）、色相（色彩面貌）和纯度（即彩度，色彩的鲜艳程度、饱和度）。其中不同的色相有不同的情感，欢乐、明快、鲜亮的色彩能增添喜气，单调、朴素、庄重的色彩加强肃穆之感，高明度色给人以愉快、活泼、明亮、华丽、轻盈之感，低明度色给人以低沉、含蓄、朴素、沉重之感，纯度高而明度高的色有活泼、前进、膨胀感，浊而暗的色有忧郁、后退、收缩感等。正是因为色彩有情感的象征意义，因此在版面的构成元素中，色彩是最直接、最迅速打动人心的元素，它比文字和图元更具有强势，具有信息传递、感情表达、组织导读功能。比如，爱情内容的版面常用玫瑰红色，健康内容的版面常用绿色，报道重大喜庆活动的版面，运用的是红、橙、黄等暖色调，报道严肃、悲伤内容用黑、蓝、绿等冷色调。女性内容的版面，常用的是粉红色、浅紫色，少儿内容的版面常用纯度、明度较高的红色、黄色、绿色等。要突出新闻稿件，可以为之装饰上彩色底纹。

一方面，彩色报纸版面往往比黑白报纸版面更能受到读者的关注，1982 年《今日美国》的创刊带动了一股彩色版面的风潮，就连传统的守护者《华尔街日报》也开始慢慢接受彩色版面的设计思路。1992 年 6 月 1 日，我国的《科技日报》首先使用方正排版系统出版彩色报纸，从此，彩色报纸在我国报业中迅速普及。另一方面，无彩色系的黑、白、灰系列在版面也不可忽略。比如，黑色具有最强的视觉效果，因此，新闻稿件正文通常使用黑色，主要文章大标题尽量用黑色，或者黑底白字；不同明度的灰色与任何色彩搭配都比较雅致；而白色则是版面留白和栏间距不可缺少的用色。

版面用色要掌握一定的度。版面的色彩应有主色调，许多报纸版面的主色调与新闻照片一致，这是很好的处理办法。版面色彩也不宜多，色彩数量的增加并不与新闻的表现力成正比，超过三种颜色的版面处理不好会使版面变得很花哨且不整洁，色彩用得过多还会造成形式与新闻内容的剥离。版面铺色要注意防止文字的可见度降低。要闻版面的用色与休闲娱乐版面的用色也要有所不同。可见，颜色的编辑，对于报纸版面来说非常重要。

实验目的

本实验将通过对色彩的编辑技巧和艺术的讲解，使读者掌握报纸的用色技巧和艺术。

实验原理

颜色可以用不同的体系描述，描述颜色的每一种体系就是一种颜色模型，常用的颜色模型有 CMYK、RGB、灰度模型等。CMYK 颜色模型用 C（青色）、M（品红）、Y（黄色）、K（黑色）四色表现颜色；RGB 颜色模型用三原色（自然色）R（红色）、G（绿色）、B（蓝色）为基本色，组合生成各种颜色。灰度模型则只能用灰度定义颜色。

飞腾提供 CMYK、RGB 和灰度模型。在排版时选用其中的任何一种，通过选色或定义各颜色分量的百分比，可以给对象设置颜色。飞腾发排时生成的 PS 文件在输出胶片时，可以分成 C、M、Y、K 四色版。在后期印刷过程中，经过 C、M、Y、K 四色的重叠印刷，则可再现为对象所设置的颜色，因此在设计印刷品时通常采用 CMYK 颜色模型。通常报纸采取的就为 CMYK 模型。

如果飞腾排版的结果直接从彩色喷墨打印机输出，则可以使用 RGB 模型定义颜色。排版结果用于印刷，一般不使用 RGB 模型。

排版结果用于印刷，一般不使用灰度模型，即使在排灰度版面时，大多数情况下还是使用 CMYK 模型定义颜色，将 C、M、Y 的值定为 0，然后通过调整 K 的值得到不同灰度的颜色。

实验条件

颜色对话框、调色板等工具。

实验内容

实验十五　颜色的编辑

一、颜色的设置

颜色的设置有三种方式：

（一）“管理颜色”对话框

选中所需文字块或图元操作对象，单击“美工→颜色→其他”命令（如图8—1）或按快捷键F6，将弹出如图8—2所示的“管理颜色”对话框。

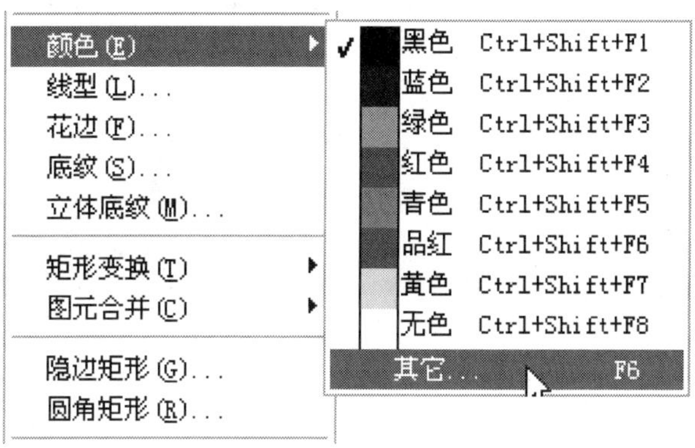

图8—1　“颜色”子菜单

选中在“管理颜色”对话框的“种类”下方的下拉列表中的“CMYK颜色模型”，表示系统颜色处于“CMYK颜色模型”状态，设置颜色有两种方式：

（1）此时可以在对话框右下角的“颜色值”选项中的C、M、Y、K各颜色分量微调框中输入数值，或者利用微调按钮来设置色值。

（2）可以在CMYK颜色空间模型 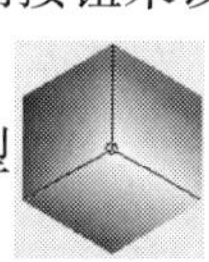 （C、M、Y三色空间立体模型）中用鼠标直接设置颜色值，方法是：单击任何位置即可得到一种颜色，拖动坐标轴上的小圆圈可以改变C、M、Y的值。立方体右边的颜色条为K值，单击颜色条或者拖动其上的滑块都可以得到或改变K值。

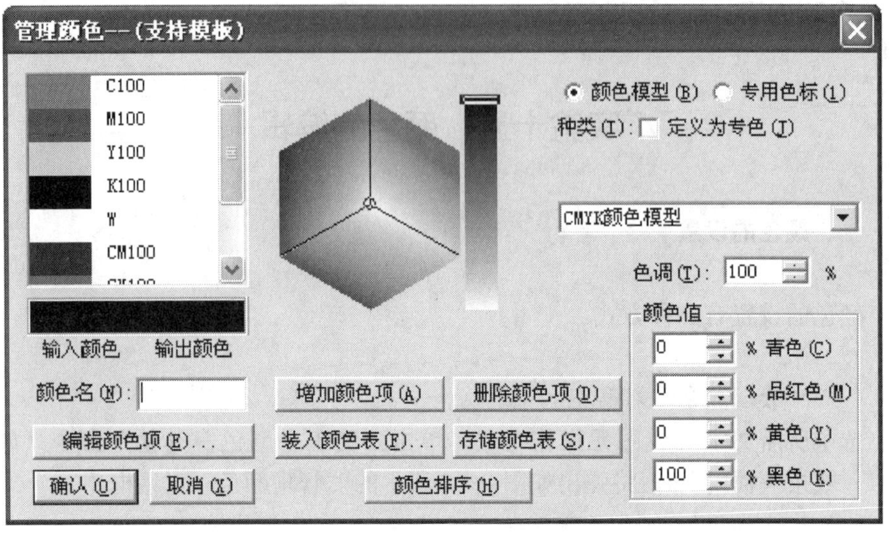

图 8—2 “管理颜色”对话框

提示 另外可以选中“专用色标”，从专用色标颜色表中选择所需要的颜色，但是，这种方法不常用，只有个别做广告和装帧设计的高档用户在版面中需要使用专用色标的颜色时，才用这种方法来定义颜色。用这种方法定义颜色还要求印刷时使用专色油墨和高档设备，费用较高，一般用户很少使用。

（二）菜单命令

选中对象，如果所需颜色是基本颜色，如 RGB、CMYK、白色等，可以单击“美工→颜色”子菜单中的命令，如图 8—1 所示。如果选用了“颜色”子菜单中的蓝色、绿色、红色（属于 RGB 颜色模型），而所操作文件是用来制作印刷品的，则输出前必须将它们转成 CMYK 颜色模型。

（三）调色板

见“调色板的使用”内容。

二、颜色项的编辑

（一）增加颜色项

即命名一种新编辑的颜色，加入“管理颜色”对话框中的颜色列表框和调色板供以后使用。其操作步骤如下：

（1）设置一种颜色。

（2）在“颜色名”文本框中输入新设颜色的名称。

（3）单击“增加颜色项”按钮，调色板中显示出新设的颜色，或单击“确认”按钮，新设颜色立即作用于选中对象，并加进调色板，可供以后再次调用。

（二）删除颜色项

即删除调色板中的颜色项，在“管理颜色”对话框的颜色列表框和调色板中将不再出现该颜色项。其操作步骤如下：

（1）在“管理颜色”对话框左边的颜色列表框中单击要删除的颜色。

（2）单击“删除颜色项”按钮，对应的颜色项将从该颜色列表框中消失。

（三）颜色排序

即将列表框中的颜色项重新按颜色名称排序。单击“颜色排序”按钮，“管理颜色”对话框中的颜色列表将按颜色名的字母顺序排列。

（四）装入颜色表

飞腾系统提供了几种已经命名的颜色表文件，用户可以把这些颜色表读入调色板，选择读入颜色表包含的颜色项，确认后将显示在“管理颜色”对话框的颜色列表框和调色板中，用户可以单击使用。

（五）存储颜色表

即将调色板中的所有颜色项存成一个新的颜色表，以备再次装入。其操作步骤如下：

（1）单击“管理颜色”对话框中的“存储颜色表”按钮。

（2）弹出“另存为”对话框，“保存类型”下拉列表中显示为“*.clr”。

（3）选择要保存文件的驱动器和文件夹。

（4）单击“保存”按钮，在所选目录下将生成一个.clr文件。

（六）自定义颜色表

通过增加颜色项和删除颜色项，用户可以根据自己的使用习惯自定义一个调色板，并将其保存到颜色表文件中，作为自定义的颜色表。

三、调色板的使用

调色板是一个浮动面板，在“管理颜色”对话框中编辑好的颜色项在调色板中都可以直接使用。调色板不能编辑定义颜色本身，只是用来改变排入版面对象的颜色。

单击“视窗→调色板”命令，打开“调色板”面板，在调色板中列出了颜色对话框中的各种颜色项，并且在各颜色后面同时显示对应的颜色名（如图 8—3）。拖动“调色板”面板的边框，可以改变该面板的大小。

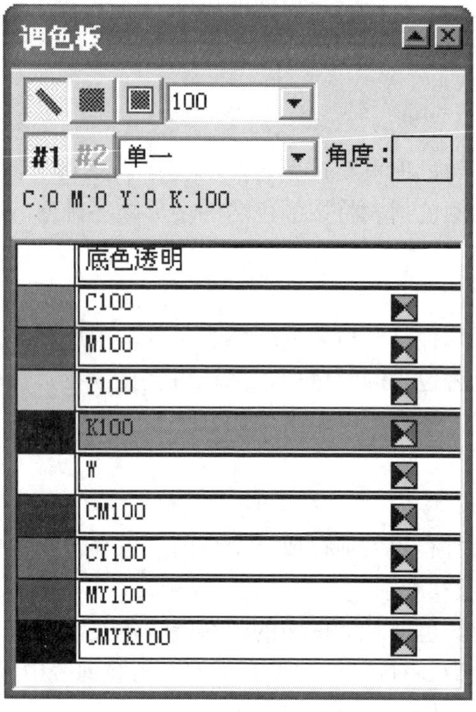

图 8—3 “调色板”面板

（一）线（文字）颜色按钮

当选中图元或文字时，该按钮显示图标，并呈凹下状态，此时可单击调色板中的某一颜色，颜色立即作用于对象。

（二）底纹颜色按钮

选中该按钮，单击调色板中的某一颜色，可以将颜色作用于选中对象的底纹。

（三）底纹线型颜色按钮

选中该按钮，单击调色板中的某一颜色，可以同时定义对象的底纹和线型的颜色。其中，线型的颜色由起始颜色按钮 #1 和终止颜色按钮 #2 决定，底纹颜色由起始颜色和终止颜色按钮及渐变方式决定。

底纹线型颜色按钮右侧的下拉列表框用来设置色调值。终止颜色按钮右侧的下拉列表框用来设置渐变方式。

（四）“角度”编辑框

“角度”编辑框用来设置底纹颜色或底纹线型颜色渐变时的旋转角度，在编辑框内输入角度数值即可。在单色情况下被置灰，不能使用。

提示

为了减少颜色的显示与输出之间的差别，最好使用真彩色显示方式。在设置真彩色显示方式之前，应先确认显示卡是否支持 24 位真彩色，以及显示内存容量等是否有问题。

学习与思考

请搜集不同类别的报纸，根据它们的版面用色情况，思考为什么报纸版面用色会有差别。

第九章

文件的输出

对于报纸电子编辑来说，组版完毕后，还要经历发排、制版、印刷的环节，才能见到报纸的成品。其中，发排是文件输出的主要方式。文件有两种输出方式：一是通过打印的方式直接从飞腾系统打印输出纸样，这可以提供给编辑进行大样检查；二是通过发排，版面文件经过后端的发排软件解释后，通过激光照排机，生成的PS文件输出到胶片或者纸样上，利用胶片，可以制作印刷用的版样。

实验目的

本章将通过讲解文件的输出，使读者掌握报纸版面在经过编辑选稿、改稿、组版之后，还必须经历的环节——输出编排好的版面。

实验原理

编辑组版完成后，通常需要通过输出文件来检查效果，或者通过输出正式完成编辑工作。

实验条件

“打印选项”对话框、“部分发排”对话框、“发排”对话框等工具。

实验内容

实验十六　文件的输出

一、文件的直接打印

飞腾的直接打印功能是用来作校样用的，打印出来的结果会和屏幕上的效果有差别，如打印不出勾边字及一些复杂效果。

其操作步骤如下：

(1) 单击“文件→打印”命令，系统弹出“打印选项”对话框，如图 9—1 所示。

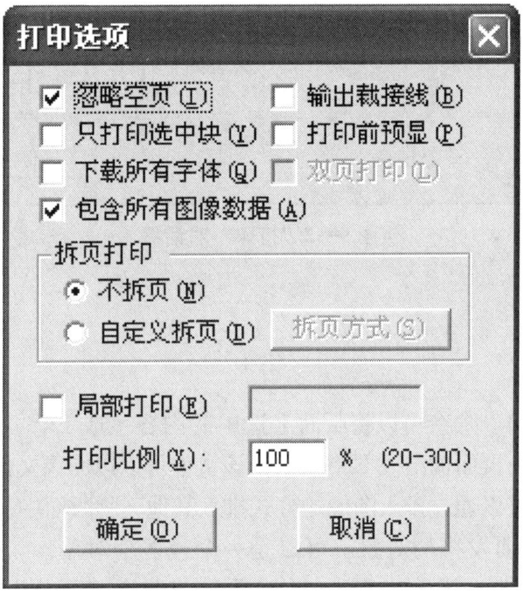

图 9—1　“打印选项”对话框

(2) 在“打印选项”对话框中进行所需设置后，单击“确定”按钮，则弹出“打印”对话框，如图 9—2 所示 。

(3) 单击“打印”对话框中的“确定”按钮，开始向打印机输出该版面文件，单击“取消”按钮，则设置无效，不打印，直接回到版面窗口。

提示 若此时版面中有未排完的文字块，则飞腾 4.1 打印前弹出打印提示。

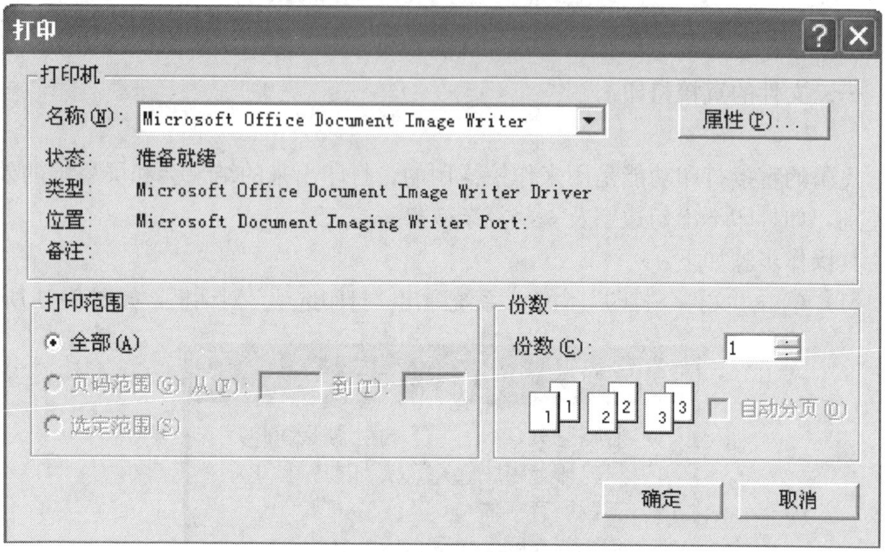

图 9—2 “打印”对话框

二、文件的发排

（一）部分发排

选用“部分发排”命令可以将版面上选中的内容生成 EPS 文件，也可以不选中任何内容，而将当前页面输出成 EPS 文件。该文件可以以图像文件的格式在其他软件中打开和处理，也可以通过排入图像的方式排入其他飞腾版面中。其操作步骤如下：

（1）选中版面要发排的对象，可以是一个或多个对象。

（2）单击“文件→部分发排”命令，系统将弹出“部分发排”对话框，如图 9—3 所示。

（3）在该对话框中选择所要的对象，包括当前所选块、当前层、当前页、可见层。如果版面是双页排版，还可以选择对应的页面，包括双页、左页、右页。

（4）如果希望生成的 EPS 文件包含预显图像的信息，则在该对话框中选择“生成 Tiff 预显图”，并选定预显图像的位数，或选中“生成 MetaFile 预显图”，这样在排入该 EPS 文件时，在版面上会用此生成的预显图像显示 EPS 图。若不选，则版面上只显示图的大小和图的文件名。预显图像位数越高，则图像的显示效果越好，但文件也会越大。

（5）如果选择“输出 OK 文档”，则会生成以 EPS 文件名为前缀，以 OK 为后缀的文件，它记录了 EPS 文件的若干资源信息，如所有图片的全路径名，所用到的字体，EPS 文件产生的时间、大小等。可以使用记事本或写字板等文字编辑工具打开 OK 文档，阅读文档信息。

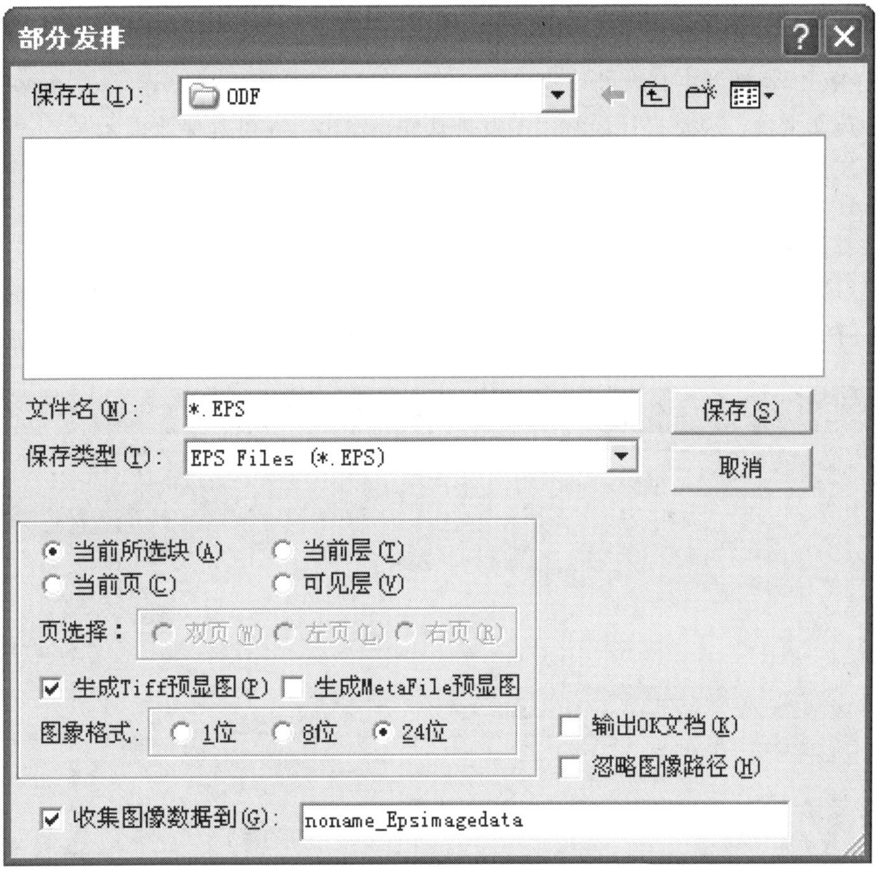

图 9—3　“部分发排”对话框

（6）选中“收集图像数据到”复选框，则激活其下的文本框，可以输入路径，将发排后的文件中所包含的图像数据保存到此路径中。默认状态下，是将图像信息保存到飞腾程序的安装路径下，该复选框一般情况下不选中（前提是环境设置中选择了包含图像数据）。

（7）如果不选中“忽略图像路径”复选框，则生成的 EPS 文件中包含图像的全路径名；如选中该复选框，则生成的 EPS 文件中只包含图像的文件名，不包含图像的路径名。

（8）选择保存该 EPS 文件的文件夹，在“文件名”文本框中输入所要保存的 EPS 文件名称。

（9）设置完成，单击“保存”按钮则生成对应的 EPS 文件。

（二）发排

直接打印文件会造成输出效果和屏幕显示的差别，只有用后端输出系统（如 PSPPRO，它是方正开发的一套跨平台输出软件，能够支持 Windows 众多版本的中英文平台，现是报社最常用的发排软件）输出，才可确保效果无误。

发排有两种方式：一种是打开文件发排；另一种是不打开文件发排。

1. 打开飞腾文件发排

其操作步骤如下：

（1）打开一个要发排的飞腾文件，单击“文件→发排”命令，或按快捷键 Ctrl+P，或单击版面工具条按钮 PS ，系统将弹出“发排”对话框，如图 9—4 所示。

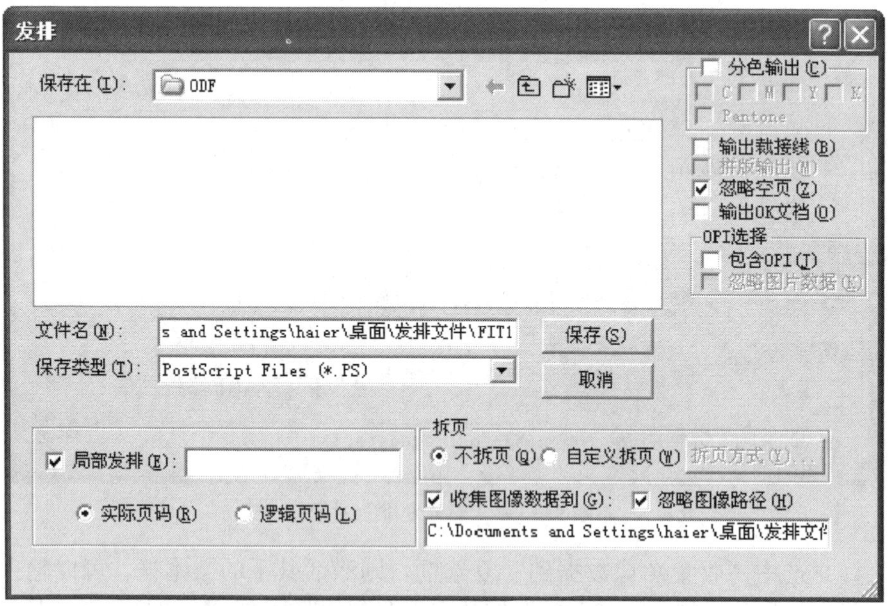

图 9—4 “发排”对话框

（2）在“文件名”文本框中输入要生成的 PS 文件的名称。

（3）在“保存”在下拉列表中选择保存该 PS 文件的文件夹。

（4）设置各项发排选项。

“局部发排”：选中此复选框，可在其后的文本框中输入要发排的页，如“1，2，3”，用逗号隔开打印页的页号，或者像“1～3”这样指定输出页的范围。不选中该复选框，则发排所有页面。“实际页码”是指为当前页定义的页码值，“逻辑页码”是指当前页相对于文件的总页数的页码值。

“分色输出”：如果后端输出 RIP 不支持分色输出，则可以选择此复选框，这样，可以在前段控制分色输出，生成包含分色信息的 PS 文件，该 PS 文件在不支持分色输出的 RIP 上输出时，同样也可以生成 CMYK 四色的灰度页，可以满足彩色印刷的需要。需要注意的是，由于方正的后端输出软件支持分色输出，所以如果后端使用的是方正的输出软件，请不要选择该复选框。

“输出裁接线”：如果要求输出的胶片或者纸样上带有裁接线，则可以选择此复选框。这样，发排生成的 PS 文件中将包含输出裁接线的信息。裁接线不同于裁剪线，裁接线有两条，一条是出血线，另一条是文字警戒线。在实际出片的时候不要选中该复选框，一般只在输出纸样时才选中。

“拼版输出”：对非单页印刷的文件，该复选框有效。选中该复选框，发排时第 1 页单独输出，第 2 页与最后一页，第 3 页和倒数第 2 页拼版输出，依此类推，此时左边空为内空，右边空为外空。

“忽略空页”：选中该复选框，版面文件若包含空白页，则不输出空白页，反之则遇到空白页也正常输出。

“输出 OK 文档”：当用户发排 FIT 文件时，如选中该复选框，会生成以 FIT 文件名为前缀，以 OK 为后缀的文件，它记录了 PS 文件的若干资源信息。在异地印刷或传版时，使用该复选框便于管理 PS 文件所包含的资源信息。

“OPI 选择”：OPI 是开放的印前接口。指排版时在前端排入 TIFF 图及显示低分辨率的图，以提高显示速度，在后端则输出高分辨率的图，以保证输出质量。一般该选项不选中。

“收集图像数据到”：选中该复选框，则激活其下的文本框，可以输入路径，将发排后的文件中所包含的图像数据保存到该路径中。默认状态下，是将图像信息保存到飞腾程序的安装路径下。该复选框一般情况下不选中。如果选中，则发排时必须将发排的图像路径指定到收集图像数据的目录下，否则，图像不能输出。

“忽略图像路径”：用于指定发排的 PS 文件中是否包含图像的全路径名。如果不选中该复选框，则生成的 PS 文件中包含图像的全路径名，如果选中，则生成的 PS 文件中只包含图像的文件名，不包含图像的全路径名。注意：如果飞腾版面中用到的某个图像文件名在多个路径下存在，且数据不同，这时必须不选中此复选框，否则在后面输出时会报错。

（5）完成后，单击“保存”按钮。

提示

飞腾发排生成 PS 文件，进而将 PS 文件在方正后端输出软件上输出的过程中，影响图像输出的参数主要有三个：

(1)“选项”对话框的“环境设置”选项卡中的“包含图片数据设定（如图 9—5）。”

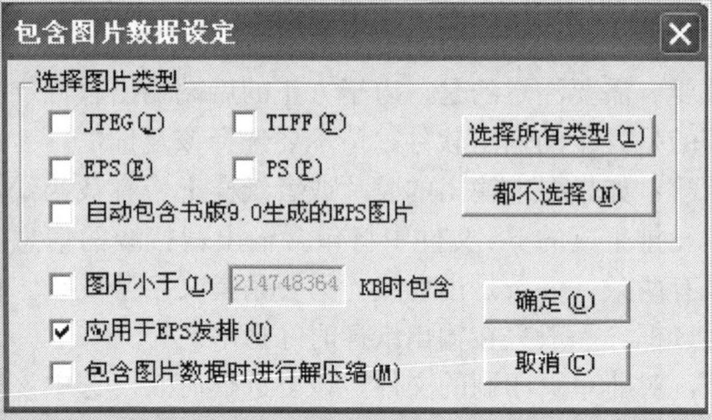

图 9—5 “包含图片数据”对话框

单击“选择所有类型”，则“选择图片类型”选项组中除了“自动包含书版 9.0 生成的 EPS 图片”选项置灰外，其他选项都被选中，PS 文件中将包含所有的图片数据。如果单击“都不选择”按钮，则 PS 文件中将不包含所有的图片数据。如果不单击这两个按钮，则可以选择所需要的图片类型。

如果选中“自动包含书版 9.0 生成的 EPS 图片”复选框，则发排生成的 PS 文件中包含书版 9.0 生成的 EPS 图片，反之，则不包含。

选中“图片小于”复选框，则可以选择包含小于一定字节数的图片文件。

如果选中“应用于 EPS 发排”复选框，则发排生成的 EPS 文件中包含图片数据，反之，则不包含，只在生成的 PS 文件中包含图片数据。

如果选中了“包含图片数据时进行解压缩”，则在发排时会对包含了压缩格式的图进行解压缩后再发排，这样 PS 文件就会比较大。如果没选中，则不对压缩格式的图片进行解压缩。

(2) 飞腾“发排”对话框中的“忽略图像路径”。

(3) 方正后端输出软件中的“图像搜索路径”。

在方正的输出软件中可以手工设置图像的路径，这样，方正的 RIP 解释器在解释 PS 文件时，遇到图文件后，首先查看 PS 文件中是否给出了图像路径。

下面分三种情况来说明这三个参数的设置关系：

(1) 在“包含图片数据设定”对话框中选择了“选择所有类型”。

这时飞腾在发排时生成的PS文件包含了所有图片的信息。该文件在RIP上输出时，RIP直接从PS文件中读取图像的数据，不需要去搜索图文件。

(2) 在“包含图片数据设定”对话框中不选择“选择所有类型”。

这时飞腾在发排时生成的PS文件不包含图像的数据。RIP在解释该文件时需要去搜索图文件。此时，如果发排时选择了“忽略图片路径”，则生成的PS文件中只有图像的文件名，RIP在解释该文件时，先到PS文件所在的目录下去搜索图文件，如果没有，则到RIP指定的图像搜索路径下去找。这时如果PS文件和图文件在同一目录下，则必须要在RIP的图像搜索路径中指定图像所在的路径。

如果发排时不选择“忽略图片路径”，则生成的PS文件中包含图像的文件名和路径名。RIP在解释该文件时，按照PS文件中指定的路径、PS文件所在目录、RIP指定的图像搜索路径的顺序去寻找图片。当RIP可以在PS文件指定的图像路径下找到图文件，或者虽然没找到，但是PS文件和图文件在同一目录下，这时在RIP上不用指定图像搜索路径。如果RIP在PS文件指定的图像路径下没有找到图文件，而且PS文件和图文件不在同一目录下，这时必须在RIP的图像搜索路径中指定图像所在的路径，否则RIP在解释PS文件时会丢失图像信息。

(3) 在“包含图片数据设定”对话框中设置为包含部分格式的图片。

飞腾在发排生成PS文件时，只包含在“包含图片数据设定”对话框中指定的图像格式的图像信息，RIP在处理这部分图像时，直接从PS文件中读取图像数据，对于其他格式的图像信息，在生成的PS文件中不包含这部分图像的数据，RIP在解释PS文件时，仍然需要去搜索这部分图像的图文件。搜索方法同第二种情况。

2. 不打开飞腾文件发排

不打开飞腾文件，在飞腾主窗口中单击“文件→发排”命令，弹出“发排”对话框，如图9—6所示。

此对话框的设置与打开飞腾文件时弹出的“发排”对话框的设置基本相同，不同的是，需要在“查找范围”下拉列表中选择要发排的FIT文件所在的目录，在“文件名”文本框中输入（或选中）要发排的文件名，然后在“发排路径”文本框中输入发排的路径和发排后的文件名。

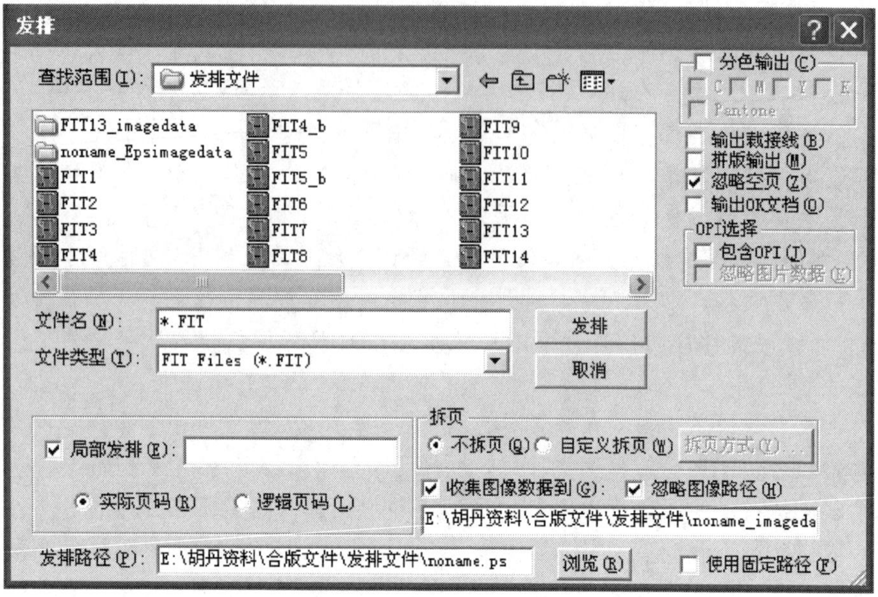

图 9—6 "发排"对话框

提示

(1) 执行发排命令生成 EPS 文件后，如要修改版面内容，则需在 FIT 文件中修改，修改保存后必须重新发排生成 PS 文件，这样输出的才是修改后的版面内容。

(2) 在将 FIT 文件发排成 PS 文件后，在版面中用到的图文件不能再修改，如果使用图像处理软件修改了飞腾版面中用到的图片，则必须在 FIT 文件中重新调入修改过的图片，保存后再发排生成 PS 文件。

学习与思考

请尝试用"部分发排"功能形成 EPS 文件。

附　录

飞腾作品一览

夕阳红

老年学研究中的重大问题及对策

养老保障面临市场化抉择

南昌大学新闻与传播学系王雪作品

专题报道

日本警方逮捕三名 Share 职人

字幕组动画恐将断源？

SUNRISE 被指事件“幕后黑手”

《反叛的鲁路修 R2》收视率创新低

日本成立专门协会

打击滥用文件共享行为

南昌大学新闻与传播学系曹昊作品

影人故事
李连杰在汶川
止戈为武 大爱有声
功夫皇帝的慈善大片
Act I 心中有灾区 血脉连同胞
Act II 从“小我”到“大我”的跨越
Act III 灾难体验催生慈善事业
Act IV 电影是梦 可以推广慈善
Act V 把自己捐出去
Act VI 心是不能计算的

南昌大学新闻与传播学系董煜作品

中外对比
好报
中外教育对比全接触
好书推荐
CHINESE EDUCATION Foreign

南昌大学新闻与传播学系关雪垠作品

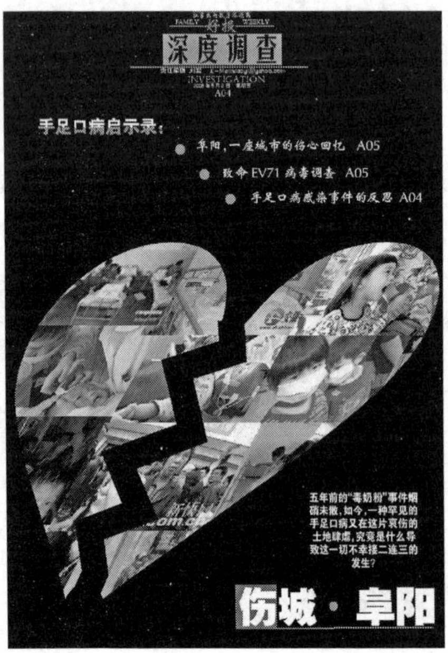
好报
深度调查
INVESTIGATION
A04
手足口病启示录：
阜阳，一座城市的伤心回忆 A05
致命EV71病毒调查 A05
手足口病感染事件的反思 A04
五年前的“毒奶粉”事件阴霾未散，如今，一种罕见的手足口病又在这片哀伤的土地肆虐，究竟是什么导致这一切不幸接二连三的发生？
伤城·阜阳

南昌大学新闻与传播学系刘毅作品

A13 小葵书单 书式生活 葵报
与杨澜相约“知性”
杨澜简介
知性作品
《凭海临风》：她的文字，她的感情
《杨澜访谈录》：记录一个人和她的时代
《天下女人》：分享名女人故事
《让未来记住今天》：一百年后是怎样的

南昌大学新闻与传播学系张琰慧作品

A12 小葵财讯　葵报

新手理财"四大步骤 八大原则"开源节流认清自己

股市风云

A股6月开门红意义不大

沪、深两市股价连显跌势
沪指跌21点报收3329

人民币对美元至见"阴线"
——人民币汇率昨日跌水61点

南昌大学新闻与传播学系刘梦作品

老年生活报

办老年人自己的报纸　为老年人服务

南昌传圣火　加油为灾区

南昌市老年人为迎奥运显风采

南昌大学新闻与传播学系彭昭之作品

A02　游城　旅行画报
Travel Pictorial

走在河坊街

美食

清河坊：素颜点点年代远

南昌大学新闻与传播学系雷建华作品

旅游画报　异域　B5

威尼斯——亚得里亚海明珠

邂逅马尔代夫

南昌大学新闻与传播学系李伟作品

晚报

绿丝带在行动！

让我们把阳光、健康、坚强、爱与希望传递给它的主人：孩子

六一节 我们把欢乐还给孩子

灾后重建：绿丝带是全社会漫长的心理治疗

重点

南昌大学新闻与传播学系游为作品

晚报

娱乐生活

WOGGING 在城市里"行暴跑"

电影《欲望都市》的时尚 LOOK

娱乐生活

南昌大学新闻与传播学系明萌作品

新锐体育 国际版

NBA 湖人 VS 凯尔特人

欧战七豪强终极大亮相

意法荷：稳步上升 葡西：各有烦恼 德国：夺冠热门

牙买加天才横空出世 9 秒 72 创男子百米新纪录

9"72 博尔特

南昌大学新闻与传播学系熊向荣作品

5 | 光影记忆 手动式电影地图 好·周末

光影的记忆 伴我们勇敢面对困难

一个人的奥林匹克

南昌大学新闻与传播学系张露作品

农报

端午节里常用哪些中草药

高考学生最佳睡眠时间

市卫生监督所开展食品卫生检查

健康风向标：脑瘤要及时发现

养生宝典之汤水秘笈

农业市场动态

南昌大学新闻与传播学系马琳作品

风尚 TODAY

地震突发时 十二星座的反应

晒后修护皮肤的四重警报

美女厨房 经典推荐

漂亮女人每天必做的5件事

南昌大学新闻与传播学系何菲、俞呈晛作品

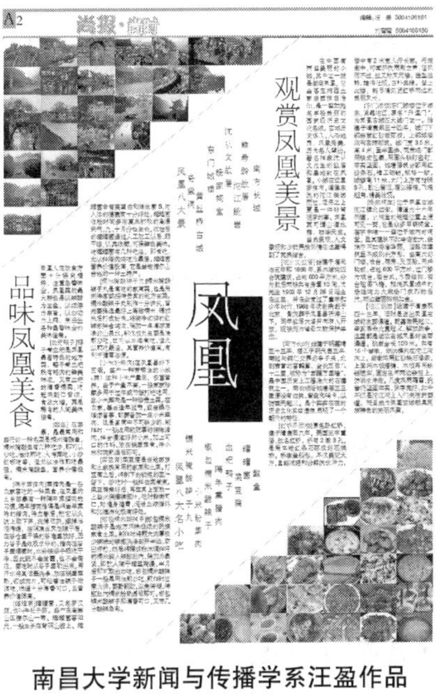

观赏凤凰美景

品味凤凰美食

凤凰

南昌大学新闻与传播学系汪盈作品

大学生导报

赴澳留学新政策 有经验者可加分

港校成内地学子优选 研究生课程含金量高

从08考研看未来动向

申请港校读研竞争激烈 报考录取比平均10:1

大学生就业"另辟蹊径"走"偏门"

导读

A2 名师扬子江：你应知道的留学知识

A3 考研又一季 "后重试时代"需刚复试的战场

A4 大学生就业不应歧视中小企业

B1 女性就业要自信做只刺猬又何妨

南昌大学新闻与传播学系秦梦迪作品

导报 大学生导报 B1

女性就业要自信，做只刺猬又何妨？

成功求职

都是性别惹得祸——女大学生就业现状调查报告

女性职场：五类职业让女性闪亮职场

女性求职多遭歧视，就业路难上加难！

南昌大学新闻与传播学系叶丽、郭强作品

大学生导报 五·一 掘金之旅

女生求职被“裸测”谁开的绿灯

危 险 兼 职 礼 仪 小 姐

五一兼职新时尚——去当伴娘伴郎

南昌大学新闻与传播学系章校颖作品

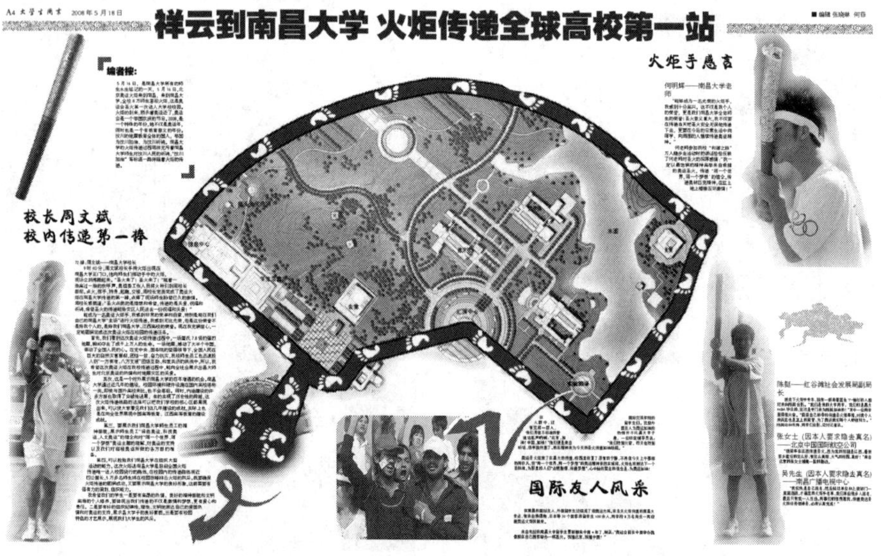
祥云到南昌大学 火炬传递全球高校第一站

火炬手感言

校长周文斌校内传递第一棒

国际友人风采

南昌大学新闻与传播学系张晓琳、何菲作品

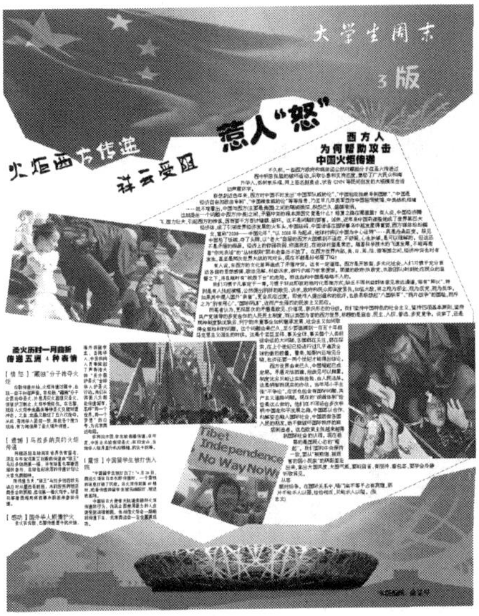

南昌大学新闻与传播学系俞呈晛作品

南昌大学新闻与传播学系邵琰作品

南昌大学新闻与传播学系邹庆作品

南昌大学新闻与传播学系刘广作品

南昌大学新闻与传播学系袁冬、张晨作品

提示

作品制作成功后，可以通过飞腾“部分发排”功能，再借助Photoshop软件，将作品版面转化成图片格式，以方便保存和使用。其具体步骤如下：

(1) 在飞腾里打开想转为图片的版面，点击“文件→部分发排”命令（如图1）。

(2) 弹出“部分发排”对话框后，给文件取名，设置如图2所示（选择“生成Tiff预显图”，图像格式为24位，不选“输出OK文档”和“忽略图像路径”），设置好后将生成的EPS文件保存。

(3) 打开Photoshop，点击“文件→打开为”（注意：不能选“打开”）命令。

(4) 在弹出的“打开为:”对话框中选择“EPS TIFF预览（*.EPS）”格式，然后选中飞腾中生成的EPS文件打开，如图3。

(5) 将该图片另存为（存储为）其他格式（通常为JPG格式），图片就生成了。

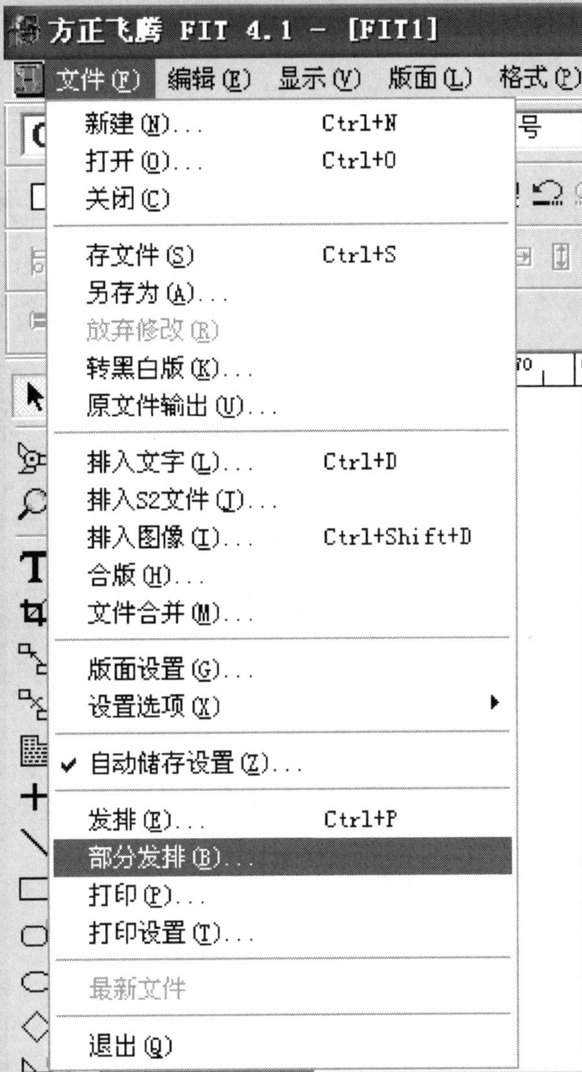
方正飞腾 FIT 4.1 - [FIT1]
文件(F)
编辑(E)
显示(V)
版面(L)
格式(P)
新建(N)... Ctrl+N
打开(O)... Ctrl+O
关闭(C)
存文件(S) Ctrl+S
另存为(A)...
放弃修改(R)
转黑白版(K)...
原文件输出(U)...
排入文字(L)... Ctrl+D
排入S2文件(J)...
排入图像(I)... Ctrl+Shift+D
合版(H)...
文件合并(M)...
版面设置(G)...
设置选项(X)
自动储存设置(Z)...
发排(E)... Ctrl+P
部分发排(B)...
打印(P)...
打印设置(T)...
最新文件
退出(Q)

图 1　“部分发排”命令

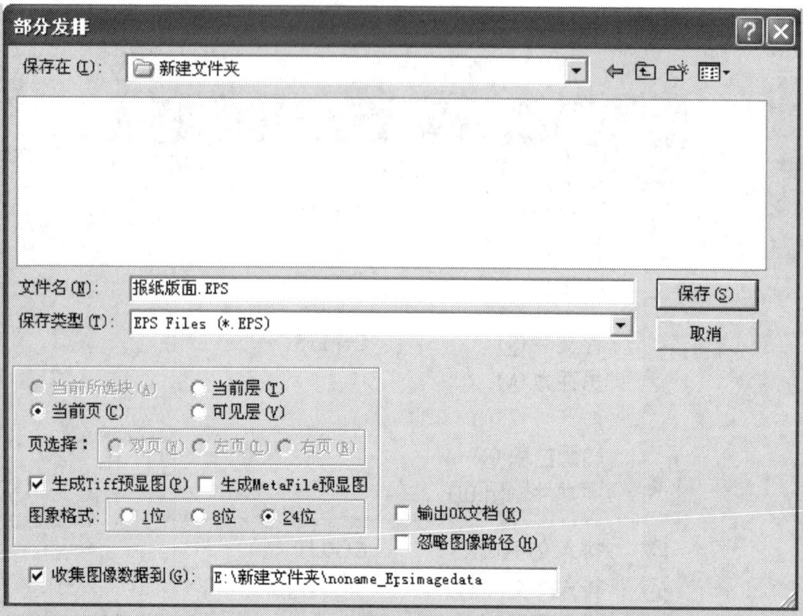

图 2 “部分发排”对话框

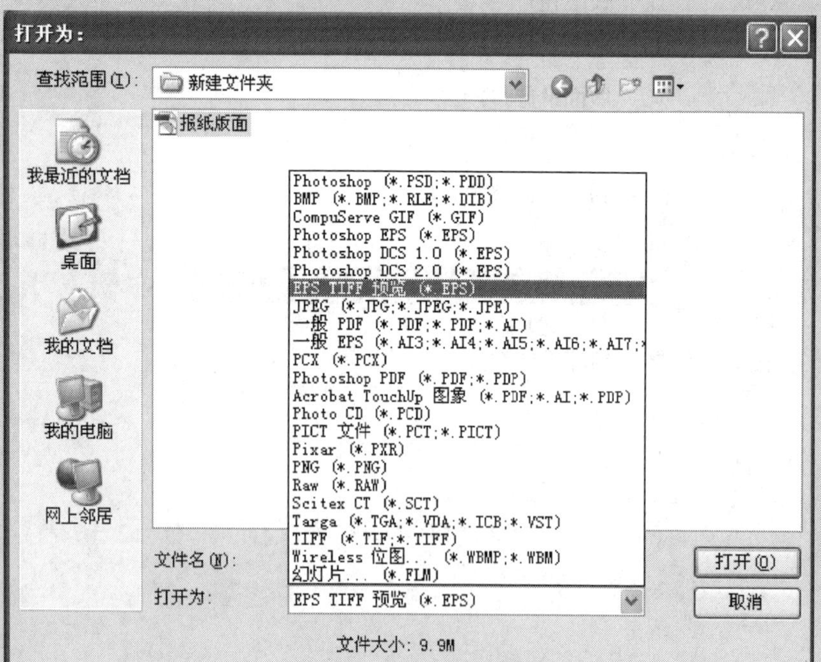

图 3 “打开为:”对话框

后 记

本书的写作目的和体例已经在前言中表明，这里想说的是，本书编写的内容中，参考了许多报纸版面案例。理论来源于实践，这些案例作品是编辑们辛勤耕耘的劳动成果，是真正值得我们敬佩和学习的。

这里我要对修读过“报纸电子编辑”课程的同学们表示感谢，正是他们对于新闻知识的渴望与追求，使我产生了写作本书的冲动和动力。

同时，我要感谢南昌大学各位领导、同事对于本书的帮助和支持，他们对我的鼓励、督促，对于本书内容的认真审核，使得我克服了许多写作中的困难。最后要感谢我的家人，没有他们的支持，我很难顺利如期完成本书。

由于水平有限，本书或许还存在不足和纰漏，请各位读者不吝指正。最后真心希望本书能够为我们的新闻事业添砖加瓦。

胡丹

2008 年 9 月　南昌大学

图书在版编目（CIP）数据

报纸电子编辑实验教程/胡丹主编.
北京：中国人民大学出版社，2009
（21世纪新闻传播学实验系列教材）
ISBN 978-7-300-10299-3

Ⅰ.报…
Ⅱ.胡…
Ⅲ.报纸—电子编辑—高等学校—教材
Ⅳ.G213

中国版本图书馆CIP数据核字（2009）第018218号

21世纪新闻传播学实验系列教材
丛书主编　黄秋生
报纸电子编辑实验教程
胡丹　主编

出版发行	中国人民大学出版社		
社　　址	北京中关村大街31号	**邮政编码**	100080
电　　话	010－62511242（总编室）		010－62511770（质管部）
	010－82501766（邮购部）		010－62514148（门市部）
	010－62515195（发行公司）		010－62515275（盗版举报）
网　　址	http://www.crup.com.cn		
经　　销	新华书店		
印　　刷	北京昌联印刷有限公司		
规　　格	170mm×228mm　16开本	**版　　次**	2009年3月第1版
印　　张	21	**印　　次**	2022年2月第9次印刷
字　　数	383 000	**定　　价**	49.90元